근현대 동아시아

지식장과 정치변동

근현대 동아시아 지식장과 정치변동

초판 1쇄 인쇄 2023년 2월 18일
초판 1쇄 발행 2023년 2월 28일

책임편집 박은영·손민석
편 집 인 김경호(동아시아학술원)
　　　　　 성균관대학교 동아시아학술원
펴 낸 이 유지범
펴 낸 곳 성균관대학교 출판부
등　 록 1975년 5월 21일 제1975-9호
주　 소 03063 서울특별시 종로구 성균관로 25-2

ISBN　　 979-11-5550-578-6　93150

* 이 저서는 2018년 대한민국 교육부와 한국연구재단의 지원을 받아 수행된 연구임.
　(NRF-2018S1A6A3A01023515)

동아시아
교양총서
0 4

근현대 동아시아
지식장과 정치변동

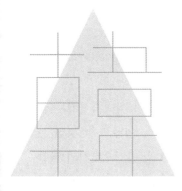

박은영

손민석

책임 편집

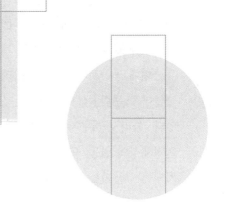

성균관대학교
출 판 부

동아시아의 '근현대'를 재고하는 지적 계기

이 책은 성균관대학교 동아시아학술원 교양총서 시리즈 4권으로, 동아시아학 입문서로 기획된 1권 『동아시아 연구, 어떻게 할 것인가』(2016), 2권 『동아시아로부터 생각한다』(2017), 3권 『방법으로서의 열린 동아시아』(2022)에 이은 성과이다. 우선 1권과 2권을 통해 동아시아 연구의 구체적인 사례들을 제시하고, 통합적이고 보편적인 학문 패러다임의 창출을 목표로 했다면, 3권에서는 방법과 시각을 넘어선 비전으로서의 열린 동아시아를 구축하고 제안하여 인문학적 가치의 대중사회화를 모색하고자 했다. 이번에 발행되는 4권은 '근현대' 동아시아 세계 형성에 영향을 미친 지식담론을 다각도로 검토하여 동아시아의 '근현대'를 재고하는 다양한 지적 계기들을 제공하고자 한다.

근현대 동아시아 세계는 다양한 가치와 이질적 정체성이 정치적으로 충돌하고 문화적으로 융합되는 '지식'의 역동적인 변화를 거쳐 형성되었다. 따라서 서구지식의 수용과 변용의 과정, 정치와 종교 관계 및 문화정체성의 변동, 역사적으로 축적된 정치담론이 어떻게 경합하고, 배치되어 왔는지를 검토하는 작업은 우리 삶의 공간을 이해하는 데 중요한 의미를 지닌다. 본서의 제목을 『근현대 동아시아 지식장과 정치변동』으로 한 것은 '지식'이 수행한 지난하면서도 역동적인 과정을 보여주는 여러 양상들을 확인하는 작업을 통해 '지식'의 층위를 맥락화하고, 시대의 위기에 대응한 문화적, 정치적 담론을 성찰하기 위해서이다.

또한 이 책은 서양 지식을 먼저 수용하여 근대국가를 형성한 일본 사례로부터 출발하여 근대 동아시아 세계의 형성과 지식 담론으로 논의를 확장한다. 이를 통해 문명의 전환기를 통과하면서 시대의 도전에 다양한 방식으로 응답해 온 지식담론을 이해할 뿐 아니라, 위계적인 정치질서가 변동하는 흐름 속에서 개인적·집합적 수준에서 정치적·문화적 정체성이 역동적으로 재구성되는 양상을 확인할 수 있을 것이다.

이러한 문제의식을 바탕으로 이 책은 총 4부로 구성되어 있다. 먼저 제1부 '서구 지식의 수용과 변용'은 서구 지식이 어떠한 의도와 맥락에서 번역되고 이해되었는지를 살펴본다. 김태진의 글은 'society'가 일본사회에서 번역되는 과정에서 '사회(社會)'라는 용법으로 정착된 맥락에 착목했다. 이 글은 동아시아 지식인이 무엇을 '사회적인 것'으로 파악하고 묘사하고 있었는지에 주목함으로써, society의 번역이 전통적 용어의 용법을 변화시키는 형태로 새로운 용법으로 사용하게 되었다고 말한다. 김도형의 글은 메이지 초기 서구사상의 도입에 큰 영향을 끼친 가토 히로유키(加藤弘之)의 진화론 수용 문제에 주목한다. 특히 가토의 진화론 수용을 그의 사상적 연속성이라는 점에 착목하여, 막말에서 메이지로 이어지는 시대 상황 속에서 가토의 사상적 과제가 어떻게 서구사상과 매개되는지를 분석하였다. 김현의 글은 기존 유길준 자유주의 사상 연구에서 상대적으로 간과된 '윤리적' 국면에 착목했다. 저자는 웨일랜드 및 버튼과 비교를 통해 후대 시각에서 보면 '비자유주의적'으로 보이는 유길준의 사유가 당대 윤리적 자유주의자들의 맥락에서는 '자유주의적인' 것으로 수용 가능한 것이었음을 보여준다. 소진형의 글은 전병훈의『정신철학통편』의 분석을 통해 서양식 교육을 받지 않은 조선 지식인의 서양 서적의 독해방식을 규명했다. 저자는 전병훈이 서양사상을 그 자체로 이해하기보다는 기존 번역서 중 전통사상 개념으로 번역된 부분을 인용하는 과정에서 자의적으로 독해했음을 지적한다.

이어서 제2부 '일본의 정치와 종교, 문화유산'에서는 정치적 권위와 통치를 둘러싼 국가와 종교의 문제, 그리고 일본 근대화의 유산을 검토한다. 김태진의 글은 메이지 일본의 통치성 담론을 신체정치의 측면에서 살폈다. 곧 메이지기 여러 텍스트에서 보이는 바디폴리틱적 요소들이 서양적 근대 통치 개념과 전근대적 사유가 접합되면서 새로운 통치성을 준비하는 과정에서 등장한 것이라는 점을 보여준다. 박은영의 글은 천황에 대한 극도의 신격화를 바탕으로 침략적 내셔널리즘을 드러냈던 15년 전쟁기 일본 기독교의 전쟁 협력 문제에 주목했다. 이 글은 일본 기독교가 천황에 대한 절대성을 강제하는 국가에 협력을 맹세하고, 국가의 전쟁에 적극적으로 동참한 이유와 협력의 구체적 양상을 밝히는 한편, 전후 일본 기독교의 전쟁책임에 대한 문제를 환기하였다. 박삼헌의 글은 일본 근대화 산업 유산과 도시재생의 관계를 고찰했다. 일본의 '근대산업유산'으로서 최초로 유네스코 세계문화유산에 등재된 도미오카 제사장이 비서구 국가 중에 유일하게 근대화에 성공한 국가라는 선전물이 투사된 최초의 근대화 유산으로 인식되는 과정을 밝혔다.

제3부에서는 '냉전과 탈냉전기 문화지형'을 살펴본다. 손민석의 글은 냉전의 국제질서라는 특정한 맥락 안에서 형성된 복음주의운동의 태동기를 추적했다. 먼저 대공황과 2차 대전 시기에 시류를 따라 변화하는 근본주의 운동과 근육질 기독교 문화를 살펴본다. 또한 전후

세계에서 미국 패권이 확산되는 경로를 따라 복음주의 종교문화가 확산되는 과정을 살피면서 한반도의 분쟁 상황이 패권국 미국의 종교담론 안에서 소비되는 차원을 검토했다. 정주아의 글은 냉전기 디아스포라 문학이 지닌 정치성을 김은국 소설을 통해 탐색했다. 저자는 한국전쟁 시기 월남한 이후 미국으로 망명한 김은국의 독특한 삶의 자리에 주목하고, 그가 미국에서 영어로 작품 활동하는 행위의 정치성을 다층적으로 분석하여 디아스포라 문학이 실향민의 문학뿐 아니라 정착민의 문학으로도 읽힐 수 있는 복합적인 양상을 드러냈다. 이헌미의 글은 냉전사와 남북한사 모두에서 누락된 디아스포라의 경험과 기억에 주목했다. 저자는 기존의 도식화된 방식의 재현을 넘어 무국적자들의 역사적 재현의 다양한 감각을 되살려낸다. 이를 통해 탈냉전기 중앙아시아는 다양한 정체성이 교차하면서 주체의 위치성이 지속적으로 재형성되는 공간임을 보여준다.

제4부에서는 '정치담론의 역사성과 동시대성'의 문제를 다룬다. 먼저 김현과 송경호의 글은 안보 개념의 역사성을 논했다. 국제정치에서 안보문제가 핵심개념임에도 불구하고, 국제정치이론과 정책 분과에서 축적된 안보연구에 비해 정작 시큐리티(security) 개념이 한국 사회에 수용된 과정에 대한 개념사 연구는 상대적으로 불충분하다. 이 글은 19세기 동아시아에서 시큐리티 개념의 초기 수용 과정에서부터 해방 이후 '안보'라는 용법이 일반적인 번역어로 자리 매김되는 과정을 추적했다. 이어지는 두 편의 글은 동시대 민주주의 담론에서 논쟁적으로 다루어지고 있는 포퓰리즘 문제를 정면으로 마주한다. 홍철기의 글은 오늘날 다양하게 제기되는 정치논쟁 가운데 포퓰리즘 논쟁의 독특성을 주목하고, 현대 포퓰리즘 개념의 원형이 발견되는 미국의 냉전자유주의 시대의 논쟁으로 우리를 초대한다. 저자는 호프스테

터, 실스 등의 저작에서 관찰되는 포퓰리즘 개념을 검토하고 그들이 대안으로 제시하는 탈 이데올로기적 지식인 정치의 구체적인 내용을 비판적으로 톺아본다. 끝으로 이관후의 글은 현대 포퓰리즘이 정치의 핵심적인 물음인 누가 통치할 것인지를 질문하고 있음을 주지시킨다. 이 글은 르네상스 이전의 상황에서부터 근현대사상가들에 이르기까지 서구지성사 풍경을 폭넓게 조망하면서 통치 주체의 문제를 검토하고 있다. 저자는 포퓰리즘 문제는 민주주의가 태생적으로 안고 있는 문제라는 점을 지적하면서 홉스의 문제의식을 심화시켜 우리가 결정한 것에 우리가 따른다는 집단적 결정을 보다 잘 내리기 위한 방안을 모색했다.

이상과 같이, 이 책에 수록된 글들은 근대 메이지 지식장에서 구한말 조선 지식인들의 담론장, 제국일본에서의 이념투쟁과 전후 동아시아 냉전질서의 문화풍경, 냉전기 권력국가의 문제와 탈냉전기 이산의 경험세계, 고전 자유주의에서 현대 포퓰리즘 논쟁에 이르기까지 다양한 주제를 아우르고 있다. 비록 한정된 지면과 제한된 조건으로 각 주제를 총체적으로 다루지는 못했더라도, 이 책은 여러 분과학문을 횡단하면서 전통과 현대, 정치와 예술, 종교와 정치, 내셔널리즘과 트랜스내셔널리즘 등 우리가 성찰할 여러 질문을 던지고 있다. 이 책이 '동아시아 지식장과 정치변동'을 보다 심도 있게 숙고하고, 폭넓게 탐구하는 후속연구 발판이 되는 작은 디딤돌이 되기를 희망한다.

필자들을 대신해
박은영, 손민석 씀

1부

서구 지식의 수용과 변용

'society'를 번역하다

|

서구 지식의 수용으로서
'사회적인 것'의 상상

김태진

1. 번역의 불가능성: '사회'와 '사회적인 것'

우리는 society를 보면 바로 '사회'라는 번역어가 생각나지만, 이 번역어가 곧바로 정착된 것은 아니었다. society의 번역어로서 사회라는 말은 여러 가지 번역어 중에서 경합하던 단어 중 하나로, 꽤나 뒤늦게나 정착된 말이었다. 물론 사회(社會)라는 말은 이전에도 있었던 단어였다. 고대 중국에서 사회란 토지신인 '사'(社)의 제례일의 의미였고, 송대에는 지역적인 지역공동체의 자치 조직을 '사'(社)라고 하며 그 회합을 '사회'라 했다. 고대 중국에서뿐만 아니라 일본 에도시대에도 동업사 단체와 지역적인 지연 소집단 혹은 종교적인 교단 조직을 나타내는 말로 자주 사용되었다. 아오치 린소(青地林宗)가 『여지지략(輿地誌略)』(1826)에서 남자 수도원을 의미하는 네덜란드어 Kloofter의 번역어로 '사회'를 사용한 용례도 보인다. 하지만 이때 사회라는 말이 지금의 용법처럼 쓰인 것은 아니었다. society의 번역어로서 '사회'가 쓰이게 된 것은 후쿠자와 유키치(福澤諭吉)와 당시 '천하의 양대 후쿠'로 불렸던 후쿠치 오치(福地櫻痴)가 1875년 사용한 것이 처음이라고 이야기

---

*   본고는 2017년 『개념과 소통』 19호에 실린 「근대 일본과 중국의 'society' 번역—전통적 개념 속에서의 '사회적인 것'의 상상」을 수정한 논문이다.

된다.[1]

그러나 '사회'라는 단어가 언제 등장했는가 단발적인 용례들을 확인하는 것이나, 사회가 지금의 말과 어떻게 달랐는가보다 더 중요한 것은 당시 사람들이 'society'를 어떻게 상상했는가일지 모른다. 그런 점에서 '사회(society)'와 '사회적(the social)인 것'을 구별할 필요가 있다. 즉 사회라는 말이 전통적으로 어떻게 쓰였는가, 새로운 번역어로 언제 등장하는가 역시 중요하지만, 무엇을 사회적인 것이라 상상, 파악, 이미지화 했는가가 보다 중요할 수 있다는 것이다. 그런 점에서 society의 번역어에 대한 기존연구가 많이 존재함에도 불구하고, 본 연구는 어떤 말이 번역어로 채택되었는가가 아니라, 새로운 상상이 어떤 식으로 전개되었는가에 초점을 맞추고자 한다. 그런 점에서 개념 자체의 수용에 초점을 맞추는 '개념사'보다 개념을 어떻게 상징화하고 비유하는가를 다루는 '은유사(Metapherngeschichte)'의 문제의식에 가깝다고 할 수 있다.[2]

따라서 사회란 무엇인가라는 질문 대신에 무엇을 사회적인 것으로 파악하느냐로 접근할 필요가 있다. 사회란 무엇인가라는 질문이 사회를 어떤 본질적인 고유성을 가진 것으로 파악하게 함으로써 질문하는 대상을 실체화해 버릴 우려가 있기 때문이다. 그 대신 사회적인 것을 어떻게 파악하고 상상하는가라고 우회적으로 물음으로써, 근대 동아

---

1 일본에서 본격적으로 'society=사회'라는 의미에서 사회라는 말이 사용된 것은 늦어도 1875년부터이고, 일반에게 보급되기 시작한 것은 메이지 1877년 무렵이라고 지적된다(鈴木修次 1981, 60). 사회의 전통적 용례에 대해서는 鈴木修次(1981); 齋藤毅(2005); 진관타오 · 류칭펑(2010) 등 참조. society 개념의 번역과 관련해서는 야나부 아키라(2011) 참조.

2 은유사와 관련해서는 박근갑(2010) 및 은유사 관련 논문들을 모아놓은 사이트 http://www.metaphorik.de를 참고.

시아라는 시공간 하에서 society라는 개념을 어떤 형태로 이미지화했는가로 바꿔 질문할 필요가 있다.[3]

이는 특히 근대 동아시아 지식인들이 society를 번역불가능한 개념이라 생각했다는 점과도 관련된다. 근대 일본의 지식인들이 보기에 society란 서양인들의 삶의 핵심이었다. 하지만 이를 어떻게 이해할지에 대해서는 확신이 서지 않았다. 전통적인 개념들, 가령 인(仁)이나 군(群) 같은 개념을 가지고 사회를 설명하기도 하지만 society가 이런 전통적 개념들과 차이가 있다는 점을 모르는 것도 아니었다. 그런 점에서 전통적 어휘들로 설명하면서도 이들과 차이를 밝히는 방식이 동원되었다. 이 속에서 새로운 집합적 형태로서 사회적인 것을 구성하려는 노력이 등장한다.[4] 이는 본격적으로 'society=사회'라는 의미에서 사회라는 말이 정착되기 이전의 번역어들 속에서 찾아볼 수 있다.[5]

society라는 말과 일본어의 최초의 만남은 난학에서 시작된 근대

---

3 이때 '−적인 것'이란 어떻게 이를 인식하느냐의 문제이며, 어떤 특정한 방식으로 사유하는 조건과 배치를 보고자 하는 것이다. 즉 명사로서 그것들의 실체를 '정의'하는 것이 아니라 형용사로서 그것들의 '특성'을 찾을 때 고정된 본질이 아닌 상황과 조건의 변이를 고려하는 역사적 접근이 가능할 것이다. 이러한 논의는 무언가 실체를 상정하는 '사회'라는 명사가 아니라, 어떤 양상이나 상태, 나아가 운동을 표현하는 '사회적(social)'이라는 형용(동)사와 그로부터 파생하는 '사회적인 것(the social)'이라는 개념을 다루고자 함을 밝히고 있는 이치노카와의 작업에서도 볼 수 있다(이치노카와 2015).

4 물론 '사회적'인 것은 여러 차원의 문제와 관련된다. 사회(society)란 말은 이 시기 모임을 의미하는 협회 차원이나 집합적 의미에서의 공동체적인 의미로 사용되기도 했으며, 또는 국가와 같은 정치체(body politic)를 의미하는 것으로 쓰이기도 했다. 이 장에서 다루는 '사회적'인 것은 이를 전체적으로 포괄하는 의미로서의 '사회' 내지 'society'를 어떻게 상상했는가에 대한 인식을 다루고자 한다.

5 본고의 문제의식은 기무라 나오에(木村直恵)의 작업에 많이 시사 받았음을 밝혀둔다. 그녀는 근대 일본에서 society라는 개념이 어떻게 번역되었는가, '사회적인' 상상력이 어떻게 구성되었는가 관련된 연구들을 진행했다. 본고는 기무라의 작업에 기반하면서 이를 전통과 근대라는 관점 속에서 동아시아로 확장하고자 한다.

어 학습과 사전 번역의 과정에서부터 시작되었다. 처음에는 사전 속에 고립된 한 단어로서, 콘텍스트가 단절된 상태로 이 개념을 만나게 되었다. 가령 처음 난불사전(蘭佛辭典)이 일본어로 번역된 1770년부터 1870년대 이르기까지 100년 사이에 네덜란드어, 프랑스어, 영어 번역사전 중에 society 개념에 대응되는 번역어군으로는 '交る, 集る, 朋友, 会衆, 侶伴, ソウバン(相伴), 交り, 一致, 寄合, 集会, 仲間, つき合い, 組合, 懇' 등이 쓰였다. 이들 용어는 지금 우리가 사회를 상상하는 것보다 전체적으로 추상도가 낮고, 구체적이고 직접적인 인간관계를 상기시키는 말이라는 점에 특징이 있다.[6]

그러나 이는 society에 대한 이해부족에서 기인한 것이라기보다 당시 유럽에서의 society라는 단어의 사용법에서 기인했다고 보아야 한다. society란 말의 어원이 보여주듯이 이는 그 뿌리인 'seq-', 'sequi'라는 '따르다(follow)'라는 뜻에서 나온 말로, 라틴어 socius도 동료(companion, associate)의 의미에 가깝다. 여러 다른 언어에서도 social이란 말은 첫째 누군가를 따른다는 뜻으로부터, 입회하고, 동맹을 맺는 것 그리고 최종적으로는 무언가를 공유하는 것으로 의미되었다(Bruno Latour 2007, 5). 이 시기 유럽에서도 지금 우리가 알고 있는 것과 같은 society 개념은 확립되지 않았었다. 즉 18-19세기 서양에서도 society 개념은 구체적이고 직접적인 인간관계를 가리키는 의미로 쓰였으며, 이로부터 추상성과 일반성이 높은 근대적 사회라는 의미로 변해가는 과정 중에 있었다. 즉 일본에서 society 개념을 직접적이고 구체적인 의미를 가진 말들로 번역하던 시기는 서양에서도 이 개념이 변화중이

---

6 초기 사전에서의 society 번역어에 대해서는 木村直惠(2007, 12) 등 참조.

던 과도기적 상황과 겹친다.[7]

　하지만 서양을 직접 체험한 이들이 늘어나면서 society라는 기존의 일본어 혹은 한어로 치환하는 것은 불충분하며 거의 번역불가능한 개념이라는 생각에 도달하게 된다(木村直惠 2013, 270-271). 대표적으로 1871년에서 1872년까지의 이와쿠라 사절단의 일원으로 미국을 경험한 구메 구니타케(久米邦武)의 기록을 볼 수 있다.

> "이때 곤란했던 역어로, 예를 들면 (미국)헌법 서두에 '정부의 임무는 justice와 society에 있다'라는 원어가 있다. 이에 맞는 한자를 할당하면 의(義)와 인(仁)이라는 두 글자면 끝나는데, 이는 너무 단촐하기 때문에 justice는 정의(正義)로, society는 회사(會社)라든지 사회(社會)라든지 사교(社交) 등 여러 번역어를 찾았다. 모리 아리노리(森有礼)는 '그냥 임시로 소사이어티라고 하면 된다'고 주장했는데 그래 가지고는 번역이 아니라는 비난이 일어나 고심참담했다"(久米邦武 1934, 256).

7　물론 직접적인 서양 경험이 없던 당시의 사람들의 상상력이 society라는 미지의 개념을 파악하고자 했을 때 이를 구체적인 인간관계로 이해하게 했을 수도 있다. 이 때문에 근세 일본 고유의 구체적 인간관계, 사교에 관한 어휘들이 society 개념군의 번역어로 사용되었던 것이라 볼 수도 있을 것이다(木村直惠 2007, 14-15). 그런 점에서도 후쿠자와 유키치가 '교제'로서 사회를 그릴 때 인간관계의 교류성을 일차적으로 상상했을 것이라 추측할 수 있다. 야나부 아키라가 지적하듯 '인간교제'는 후쿠자와가 『서양사정(1866)』에서 사용한 말로, 이 책에서 society는 '교제', '인간교제', '사귐', '나라', '세상사람' 등 경우에 따라 다양하게 번역되고 있다. 이 중 교제와 인간교제의 용례가 가장 많은데, 여기서 특이한 점은 원문의 society가 주어로 쓰이는 데 비해 '인간교제'는 주어로 쓰이지 않는다는 점이다. 이 역시 society라는 개념이 그대로 치환 가능한 번역어가 아님을 보여준다. 그는 '교제'라는 단어가 기존의 뜻에서 벗어나 추상화되고 있음을 지적한다. 가령 인간 교제, 가족의 교제, 군신의 교제 등 기존 관점에서는 교제할 수 없는 것들끼리 교제한다는 것은 기존의 교제의 의미를 넘는 뜻을 포함하게 되었다는 것이다(야나부 아키라 2011, 22-26).

구메 구니타케는 미국 헌법의 justice와 society를 어떻게 번역할 것인가의 문제를 둘러싸고 당시 사절단 내에서 많은 논의가 있었다고 회고하고 있다. 결국 '회사', '사회', '사교' 그 무엇으로도 적절한 society 개념을 전달할 수 없어 '소사이어티(ソサイチ—)'로 음차할 수밖에 없었다. 하지만 이는 번역이 아니라 임시방편일 뿐이었다. 어쩌면 이는 아직 society라는 말의 번역어가 확립되지 않았던 상황에서의 고민을 보여주는 일화일 수 있다. 하지만 여기서 주목할 것은 어떤 번역어를 채택할 것인가 선택의 문제가 아니라 society라는 단어를 '번역 불가능'하다고 인식한 데 있다.

번역이란 단순히 타자의 언어를 자신의 언어로 일대일로 옮기는 과정이 아니다(윤여일 2014, 124-125). 번역 이론에서 자주 이야기되듯이, 번역의 불가능성(impossibility)은 여러 번역어 후보 중에 어떤 말을 번역어로 선택할지 어렵다는 차원이 아니다. 그런 점에서 번역은 등가적인 것들 사이의 교환관계가 아니다. 오히려 교환관계가 선행한 후 둘 사이의 등가관계가 성립된다. 따라서 번역은 "등가라서 교환되는 것이 아니라 기본적으로 교환된 것이 등가가 된다(與那覇潤 2009, 3-4)." 따라서 교환관계가 성립되지 않은 상황에서 구메가 느꼈던 '고심참담'은 어떤 번역어를 선택할 것인가의 문제가 아니라, 이것이 동양 전통에서는 없는 개념이라는 점을 인식한 데 있다. 주지하듯이 근대 동아시아의 지식인들은 하나의 번역어를 만들어내기 위해 수많은 노고를 아끼지 않았다.[8] 이는 번역이 단순히 일대일의 단어 대 단어의 문제가 아니라 전혀 알 수 없는 외국어의 다발들로 이뤄진 전혀 다

---

8 당시 번역과 관련한 근대 일본 지식인들에 대한 개괄적 설명으로는 마루야마 마사오 · 가토 슈이치(2000); 나가누마 미카코(2021) 참고.

른 가치체계를 수용하는 차원이기 때문이다. 그들이 이해할 수 있는 한도는 그들의 지식과 가치체계를 넘어섰다. 구메가 느꼈던 번역의 불가능성 역시 그런 고민의 결과였을 것이다. 따라서 이를 원어와 번역어 사이의 자동적인 치환 과정으로 생각하면 보이지 않는 부분들이 있다. 번역을 어떤 단어가 원어를 가장 그럴듯하게 번역했는가의 문제만으로 살펴볼 수 없는 이유이다.[9]

그런 점에서 society라는 개념을 이해, 상상, 재현하면서 근대 동아시아에서 어떤 방식으로 '사회적인 것'을 사유했는가를 살펴볼 필요가 있다. 이 과정은 쉽게 상상하듯이 서구에서의 새로운 개념들이 깔끔한 꾸러미로 포장된 형태로 이식된 것은 아니었다. 또한 새로운 개념의 생성과 유통이라는 언어의 문제와 앞으로 시행될 정책이나 정치적 실천은 떨어질 수 없는 문제였다(더글라스 하울랜드 2021, 12–14). 당시 지식인들이 전통적인 어휘와 개념들 속에서 이 낯섦과 차이를 어떻게 이해했는가를 살펴보아야 하는 이유이다.

---

9 야나부 아키라는 이를 '카세트 효과'라는 말로 설명한다. 카세트(cassette)란 작은 보석 상자를 의미하는데, 이는 내용물이 뭔지 모르는 사람들까지도 매혹하고 끌어당기는 물건이다. '사회'가 그런 예로, 뭔가 그 뜻은 정확히 몰라도 어려워 보이는 한자어에 뭔가 중요한 의미가 담겨 있을 거라고 막연히 생각하게 되었다는 것이다. 번역이란 다양한 경쟁관계 속에 있는 번역어들 중에서 가장 정확한 번역어가 무엇인지를 결정하고 유통시키는 문제가 아니다(야나부 아키라 2011, 46).

2. '인(仁)'과 '의필고아(意必固我)': 이욕(利慾)과 자주(自主)의 관점에 서의 society

이처럼 번역의 불가능성이 존재할 수밖에 없다면 번역 과정에서 보아야 할 것은 번역자들의 상상 혹은 은유 속에서 그것들이 어떤 방식으로 이해되는가이다. 번역에는 언제나 필연적으로 양자 사이에 좁힐 수 없는 불일치와 균열점들이 있을 수밖에 없다. 특히나 개념과 그에 따른 실천이 존재하지 않는 상황에서 이를 일대일의 관계로 번역하는 것은 불가능했다. 따라서 기존의 언어들을 사용하면서도 양자가 가질 수밖에 없는 차이를 해명, 보충하는 방식을 택할 수밖에 없었다.[10]

> "유럽에서 정치의 요점을 논할 때면 반드시 '저스티스(justice)'와 '소사이어티(society)'에 있다고 말한다. '저스티스'란 권리와 의무[權義]를 명확하게 하는 것을 말하며, '소사이어티'는 사회의 친목을 말한다. 궁극적으로는 '의(義)'와 '인(仁)' 두 글자로 귀결될 터이지만, 인의(仁義)는 도덕적인 관점에서 나온 말이고, '소사이어티'와 '저스티스'는 재산보존의 입장에서 나온 말이다. 따라서 그 의미는 정반대라고 말할 수 있다. 유럽의 정치 풍속을 관찰할 때에는 언제나 이 요점을 놓치지 않는 것이 대단히 중요하다"(구메 구니타케 2011[1877], 201).

---

10 이러한 관점에 대해서 리디아 류(2016); 리디아 류(2005) 참고. 리디아 류는 번역은 두 언어 자체의 동의관계에 기반을 두는 것이 아니라 주언어와 객언어의 중간 지대에서 동의관계라는 비유를 창출해낸다고 말한다. 이 가상적인 동의지대는 신조어의 상상과 초기호에 의해 지배되며 바로 역사 변화의 토대가 된다.

앞서 회고장면에서 등장했던 society의 번역어에 대한 고심은『미구회람실기(米歐回覽實記)』에 위와 같이 표현되고 있다. 여기서 '저스티스(justice)'와 '소사이어티(society)'는 유럽 정치의 핵심으로 정치 풍속을 관찰할 때 놓치지 말아야 할 요점이라고 강조된다. 근대 일본의 지식인들이 society가 유럽의 핵심이라고 파악했던 점은 분명해 보인다. 그들이 서양에서 받은 커다란 충격 중에 하나가 서양에서는 인프라 정비, 정치, 경제로부터 의료, 복지나 학술에 이르기까지 광범위한 영역에 걸쳐 다양한 단체, 결사 즉 어소시에이션(association)이 공적인 활동을 담당하고 있었다는 사실이었다. 근세의 일본에서도 사교나 학술 등을 목적으로 하는 사람들 사이에서 결속은 활발히 전개되고 있었지만 사람들의 결합이 공적인 활동력이 되는 것은 엄하게 금지되고 있었던 것에 비해 모든 부문에서 민간 어소시에이션이 중요한 역할을 담당하는 서양의 사정은 경탄의 대상이었다(木村直惠 2013, 271-272).[11]

그런데 society를 사회의 친목으로, 이를 인(仁)으로 설명하는 점은 특이하다. 의가 '수오지심(羞惡之心)'의 실마리[端], 인이 '측은지심(惻隱之心)'의 실마리를 가리킨다고 할 때, 이러한 이해 방식은 정의라는 의미의 justice와 사회라는 의미의 society의 원뜻과 정확히 일치하지는 않더라도 어느 정도 유사하다고 볼 수 있다. 그러나 그렇다고 해서 구메가 이 둘을 완전히 동일한 것으로 파악한 것은 아니었다. '인의(仁義)'는 도덕적 관점이고, '소사이어티(society)'와 '저스티스(justice)'는 재산보존의 입장에서 나온 말이라는 점에서 차이가 있다는 것이다. society란 사람들이 재산의 보존을 위해 모인 것이라는 이해가 깔

---

11 물론 서양에서도 19세기 프랑스에서 association 금지법이 있을 만큼 '사회적인 것'을 경계했던 흐름이 있었다.

려 있다.

이는 위 인용문의 바로 앞에 나오는 '의필고아(意必固我)'라는 말과도 관련된다. 구메는 유럽인들의 목적은 오직 이 '의필고아'를 성취함에 있으며, 이것이 동양의 풍습과는 반대라고 말한다. 이때 '의필고아'란 서양 사람들이 말하는 '이욕(利慾)'을 가리키는 것으로, 이것이 서로 경쟁하면서 생활하는 원동력으로 표현된다. 그런데 '의필고아'라는 말은 원래 『논어』 「자한」(子罕)편에 나오는 말로 이런 욕망 내지 원동력을 의미하는 것은 아니었다. "공자는 4가지가 없었는데, 사사로운 뜻[意]이 없고, 반드시 그렇다는 단정[必]이 없고, 고집[固]이 없고, 아집[我]이 없었다(子絶四, 毋意, 毋必, 毋固, 毋我)"는 구절에서 의(意), 필(必), 고(固), 아(我)를 가지고 온 것이다. 하지만 이러한 『논어』에서의 부정적 뉘앙스는 전이되어 구메에게 긍정적으로 전유된다. 서양에서는 이 뜻을 고집하는 자일수록 훌륭한 인물로 간주되어 의회를 설립하든, 기업을 조직하든, 국가를 세워 다스리든 그 목적이 모두 이 '의필고아'를 성취하는데 있다고 말하는데, 이를 구메는 '자주(自主)'라는 개념으로 설명한다. 이는 공자에게 '의필고아'가 없었다는 부정적 인식과는 정확히 대비된다(구메 구니타케 2011, 200).

이를 보아도 알 수 있듯이 구메가 인식한 society란 상부상조의 모델이라기보다 자신의 재산 혹은 생명을 보호하기 위한 결과로서 이루어진 '친목'에 가깝다. 그는 society를 설명하기에 앞서 '유럽의 정치와 법률의 본질은 생명과 재산을 보호하는 데 있다'고 명시적으로 밝히고 있다. 이처럼 사람들 간의 전통적 관계를 규정하던 인(仁) 개념만으로는 society를 번역, 표현하기에는 무언가 안 맞는 부분이 있다고 역자들도 생각했다. 이를 '의필고아'라는 전통적인 어휘로서 보충 설명하면서도 그냥 가지고 오는 것이 아니라 한 번 비틀어 가지고 온 것이다. 사회적인 것이란 기존의 공동체적 관계와 달리, 이러한 욕망을 가진 개인들을 단위로 해서 설정된다. 이것이야말로 동양에는 근본적으로 부재하는 것으로 society라는 서양의 독특한 관계성을 보여주는 개념이라 인식한 것이었다.

이처럼 society는 당시 지식인들에게 번역하기 난해한 개념이었다. 이는 개념과 실천이 부재한 상황 속에서 전통적인 개념들을 가지고 와서 서구의 개념들과의 공통점과 차이점을 통해 설명하려는 노력들로 나타났다. 이 때 society는 도덕이나 존재론적인 관점이 아니라 이익적인 관점에서 해석되고 있었으며, 의필고아, 즉 이욕에 기반한 '자주'의 원리로 구성된 것임을 보여주고 있다. 이는 '인'이라는 전통적 공동체 관계를 넘어 사회적인 것을 경제와 관련된 것으로 설명하고자 한 것이었다.[12]

3. '상생양의 도[相生養之道]'와 '역공통사(易功通事)': 상생(相生)과 분업의 성질로서의 society

사회를 전통적인 개념 속에서 상상하는 일단을 보여주는 예로 니시 아마네(西周)의 '상생양의 도[相生養之道]'라는 번역어 역시 주목할 필요가 있다.[13] 이는 기존의 사전류의 번역에서 보이는 구체적이고 직접

---

12 마르크스는 일찍이 '사회적'이라는 말을 다른 공동체에서 서로 무관하게 살아가고 있는 사람들이 (그렇다는 것을 모르고) 화폐를 통한 교환에 의해 관계가 맺어지는 것을 지적할 때 사용한다. 사회적이란 그런 점에서 공동체적 또는 국가적인 것과 구별된다 (가라타니 고진 2011, 83).

13 니시 아마네의 '상생양의 도'라는 번역어에 주목한 연구로는 木村直恵(2008); 木村直恵(2013); 大久保健晴(2011a); 鈴木修次(1981) 등이 있다. 이 논의들에서 역시 전통

적인 인간관계를 파악하는 방식에서 한 걸음 더 나간 작업인 동시에 번역의 불가능성을 극복하려는 시도였다.[14] 니시 뿐만 아니라 쓰다 마미치(津田眞道), 간다 다카히라(神田孝平), 가토 히로유키(加藤弘之) 같은 양학자 사이에서도 '상생양의 도[相生養之道]' 혹은 '상생양(相生養)', '상제양(相済養)'이라는 말이 사용되었던 점을 보면 이 말은 당시 사회상에 대한 공유된 논리를 보여준다(木村直惠 2008, 69). 중요한 문장이므로 좀 길지만 인용해 보고자 한다.

> "Society(社)는 '상생양의 도[相生養之道]'로 번역한다. 소사이어티라는 말은 보통 사(社)라는 글자로 번역하지만, 당(党)이라는 글자로 번역하는 것이 더 나은 것 같다. 무릇 사람이 사는데 반드시 한 몸[一己]으로는 생양(生養)할 수 없다. 금수들은 한 몸으로 생양한다고 해도 사람인 이상 그럴 수 없다. 반드시 인민이 서로 주고받지[相與] 않으면 생양할 수 없다. 그러므로 기꺼이 서로 도와가며 생활하는 것을 상생양의 도라 부른다. 소사이어티 즉 당이란 인민이 아직 나라를 만들기 이전의 상태로 향당(郷党)의 생(生)이라는 의미이다. 상생양의 도란 division of labour or profession, 즉 노동을 나누고 직업을 나눈다는 뜻으로, 인민은 각자 고립해 생활할 수 없기에 어떤 이는 밭을 갈고, 어떤 이는 옷을 짜고, 어떤 이는 기물을 제작하는 등 반드시 직업을 나누고 노동을 나누어 살지 않을 수 없는 것이다. 그리하여 서로 물건을 교환해 사용해야 비로소 '생양의 도'가

논리와의 공통점이나 차이점에 주목하지만, 어떻게 전통 논리들이 변용되고 전유되고 있는지에 대한 설명이 부족해 보인다.

14 물론 니시가 society를 상생양의 도로 일관되게 번역한 것은 아니다. '당'이라는 번역어를 제시하거나, '사교', '위군(爲群)' 등의 용어를 사용하기도 한다.

성립한다. 또 반드시 노동을 나누지 않으면 안 된다. 만약 한 사람이라도 자신이 노동하지 않으면서 타인이 노동한 결과물을 사용할 수 있다면 이는 천도(天道)의 적(賊)이 된다. 위로는 천자(天子)로부터 아래로는 만민에 이르기까지 각각의 직업에 귀천이 있다 해도, 모두가 노동을 나눠 살지 않음이 없는 것이다. 그리하여 비로소 국가라는 것이 성립한다. 사농공상은 물론 모든 직업은 모두 소사이어티 안에 있는데, 시계의 조립과 마찬가지로 한 점의 티끌[塵]은 해가 없지만 톱니바퀴 하나라도 빠지면 쓸모가 없어지는 것과 같다. 인민이 각자 그 직업과 노동을 나눠서 서로 주고받으며 살지 않으면 안 된다. 맹자가 말한 역공통사(易功通事)라는 것 역시 이 뜻이다."(西周 1981[1870] 卷4, 239-240)

이 글에는 몇 가지 주목해야 할 지점이 있다. 우선 첫째 'society'와 '상생양의 도'라는 두 개념어 사이에는 정확한 일대일의 번역관계를 이루지 않는 것처럼 보인다는 점이다. 니시는 society를 흔히 생각하듯 눈에 보이는 어떤 집합이나 공적인 조직과 같은 실체가 아닌 인간관계의 추상적 원리인 '상생양하는 도(道)'로서 번역한다. society라는 말을 기존의 '사(社)'나 '당(黨)'처럼 집합적 명사로 인식하고 있으면서도 동시에 원리적 측면을 강조하며 상생양의 도, 즉 '늘 서로 도와가며 생활하는 도리'로 번역한 것은 인상적이다. 즉 '상생양의 도'는 초기 번역어 사전에서 나타나듯 어떤 구체적인 인간관계를 가리키는 것이 아니라, 그 인간관계의 특징으로 형용화되어 채택되고 있는 것이다. 인간이란 '한 몸'으로는 살 수 없는 존재로서 인간은 서로 '생양'하면서 집합적으로 살 수밖에 없다는 인식은 동양이나 서양 모두 일반적인 사고였다. 인간은 '정치적 동물'이라고 말한 아리스토텔레스부터 앞서 논의했던 society를 인으로 번역했던 이들까지 논의의 출발점은 모두 이러한 집합적 존재로서의 삶에서부터였다. society를 집합명사가 아니라 추상명사로서의 '상생양의 도' 차원으로 해석한 것은 주목할 필요가 있다.

두 번째로 니시가 society를 『맹자』 등문공편에 나오는 '통공역사(通功易事)'와 같은 개념으로 파악하고 있다는 점이다. 원래 이 말은 사(士)가 아무 일 없이 얻어먹고 다니는 것이 옳지 않은 것 아니냐고 제자 팽갱(彭更)이 묻자 맹자가 다음과 같이 대답하는 대목에서 나온다.

> "자네가 만일 통공역사(通功易事)를 해서 남는 것을 가지고 모자란 것을 보충하지 않는다면, 농부는 곡식이 남아돌아가고, 여인들에게는 천이 남아돌아갈 것일세. 그러나 만일 자네가 이를 유통시킨다면 목수와 수레를 만드는 사람들이 모두 자네에게서 얻어먹을 수있을 것이네. 여기에 어떤 사람이 있어 집에 들어와서는 효도하고, 밖에 나가서는 공경하며, 선왕의 도를 잘 지켜서, 후세의 배우는 사람을 기다리지만, 자네로부터 얻어먹을 수 없으니, 자네는 어찌 목수와 수레를 만드는 사람들은 높이면서 인의(仁義)를 행하는 사람은 경시하는가?"(『맹자』,「등문공하(滕文公下)」)[15]

이는 허행(許行) 등 신농(神農)씨의 도를 받들어 자급자족하는 생활을 이상으로 삼는 농가(農家) 사상에 대한 비판으로, '통공역사(通功易事)'란 공적(功績)을 유통케 하고 결과물을 서로 교역하는 것을 의미한

---

15 주자는 이에 대해 '통공역사(通功易事)'는 남의 일을 통하여 서로 일을 교역함을 이른다(謂通人之功而交易其事)고 설명한다.

다. 니시는 이때 통공역사를 가지고 와서 인민이 각자 그 업과 일을 나눠 더불어 힘쓰지 않으면 안 된다는 뜻으로 풀어 '사회적인 것'과 동일한 것으로 파악한다.

니시가 society란 무엇인가를 이해할 때 먼저 떠올렸던 것은 상생양이나 통공역사와 같은 전통적 어휘들이었다. 당대의 많은 지식인들이 그러했듯이 서구적 교육뿐만 아니라 전통적 교육을 받았던 니시에게 이러한 고전의 경구들은 언제든 꺼내 쓸 수 있는 익숙한 도구였다. 그렇다면 '상생양'이라는 말은 어디에서 온 것일까. '상생양의 도'라는 말을 두고 그가 논어와 순자의 구절을 떠올렸다고 설명하거나(鈴木修次 1981, 89), 한유의 『원도(原道)』나 대진의 『중용보주』에서 가져 왔을 거라고 이야기되기도 한다(大久保健晴 2011b, 4). 그러나 소라이의 『변도(弁道)』 텍스트에서 가지고 왔을 것이라는 평가가 더 타당해 보인다(木村直惠 2008, 70-72).

> "상친(相親)하고, 상애(相愛)하고, 상생(相生)하고, 상보(相輔)하고, 상양(相養)하고, 상광(相匡)하고, 상구(相救)하는 것은 사람의 성(性)이 그러하기 때문이다. 사람의 도는 혼자서는 이룰 수 없다. 반드시 억만 사람이 함께 해야만 이야기될 수 있다. 지금 천하를 보건대, 누가 고립해 무리 짓지 않을 수 있겠는가. 사농공상은 서로 도우며 먹는 자이다. 그렇지 않으면 존재할 수 없다. 도적이라 해도 반드시 당류(党類)가 있다. 그렇지 않으면 존재할 수 없다. 따라서 억만 사람을 아울러, 그 친애생양의 성(親愛生養の性)을 따르게 하는 것이 선왕의 도(道)이다"(荻生徂徠 1973[1740], 17-18).

소라이는 상친, 상애, 상생, 상보, 상양, 상광, 상구로서 사람의 성을 설명하면서 이를 혼자서 이룰 수 없음을 설명한다. 니시가 젊은 시절 오규 소라이의 사상에 빠져있었던 점을 고려할 때 이 개념을 소라이에게서 가져왔다는 지적은 타당해 보인다.[16] 이처럼 니시가 사용하는 society에 대한 이해는 전통적 유학 발상에 가까웠다. 그런데 '역공통사'가 서양의 society 개념과 같은 것이라면, 이는 그동안 동양에는 society 개념이 없었다고 한 니시 본인의 발언과 논리상으로 배치된다. 앞서 이와쿠라 사절단의 기록에서도 보았듯이 당시 지식인들은 society를 그동안 동양에서는 없었던 개념으로 인식하고 있었다.[17] 이것이야말로 동양과 서양의 큰 차이라고 여겼던 것이다. "한유(漢儒)에서는 이와 같은 도가 있음을 지금까지 한 번도 논한 바 없었다"고 니시가 말한 것도 이 때문이었다.[18]

그러나 조금 더 자세히 들여다보면 니시가 맹자식의 전통적 논의를 그대로 받아들인 것은 아님을 알 수 있다. 앞서 인용한 문장에서 맹자의 핵심은 단순히 일을 나누고, 함께 한다는 교역을 강조하는 부분이 아니었다. 오히려 분업에서 무의미한 듯이 보일 수 있는 '인의(仁義)'를 강조하는 뒷부분이 맹자가 말하려 했던 핵심이었다.

하지만 니시는 맹자의 강조점을 비틀어 선왕의 도에 대한 강조라는 부분은 빼버리고, 이를 마치 근대적인 교환관계에 대한 강조로

---

16 니시가 소라이학으로 전회하게 된 계기에 대해서는 松島弘(2005) 참조.

17 구메의 회고록의 절제목인 「사회 관념은 일본 역사에 없었다(社會觀念は日本歷史になし)」가 잘 보여주고 있다(久米邦武 1934, 250-259).

18 "인간의 본무(本務)는 상생양의 도(相生養の道)로서, 사람이란 어떻게 해서도 혼자서는 생양할 수 없다. 금수류는 social 즉 상친(相親)하는 도가 없다. 따라서 교합할 때에만 서로 모이거나 해후하지만, 다시 흩어져 각자 생양한다. 물론 금수라 해도 원앙과 같이 '소시알(ソシアル)'한 것도 있다. 하지만 사람은 '소시알'하지 않으면 생양할 수 없다. 한유(漢儒)에서는 이와 같은 도가 있음을 지금까지 한 번도 논한 바 없다"(西周 1981[1870] 卷4, 261).

읽어냄으로써 사회와 비슷한 이미지로 차용하고 있다. 이렇게 해서 society는 사회분업의 이미지, 'division of labour or profession'로 그려지게 된다. 인간이 고립해 살 수 없기 때문에 공동적 삶이 그 본성으로 정해져 있다는 발상은 유학적 전통이나 서양 정치사상의 전통에서 동시에 볼 수 있는 것이다. 니시는 이를 가교로 서로 다른 사람들이 호환 불가능한 존재가치를 갖고 서로 협력하는 이상사회의 이미지로서 society를 그려낸다(木村直惠 2013, 274).

세 번째로 주목할 필요가 있는 것은 니시가 들고 있는 '시계'의 비유다. 시계는 주지하듯이 데카르트 이래로 세계를 유비하는 은유로 자주 사용되어 왔다. 니시는 톱니바퀴 하나라도 빠지면 쓸모 없어지는 시계에 사회를 비유한다.[19] 이 속에서 인민은 각자 그 직업과 노동을 나눠서 서로 주고받으며 살지 않으면 안 된다고 지적하는데, 인민과 군주의 관계는 시계의 부품이 각각의 역할을 분업하듯 기능상 대등함과 상호적 관계를 특징으로 한다. 군주는 사회를 만들어내는 외재적 주체가 아니라 시계=사회의 일부분을 구성하는 분자라는 것이다. 니시는 심지어 만약 한 사람이라도 자신이 노동하지 않으면서도 타인이 노동한 결과물을 사용할 수 있다면 이는 '천도(天道)의 적(賊)'이라고까지 말한다. 이것이 니시가 '생양(生養)'이라는 말에 서로 구성한다는 의미에서 '상(相)'자를 추가해 '상생양'이란 말을 만든 이유였

---

19 「인생삼보설(人生三寶說)」에서는 개인을 구슬로, 사회를 염주에 비유한다. "인간사교는 하나의 연쇄[一連鎖], 하나의 염주[一念珠]의 환(環)과 같다. 일쇄, 일주와 비교하면, 가령 도량(度量)에서는 대소의 차이가 있어도 그 중 한 자리[一位]를 차지한 형질(形質)은 다른 것이 없다. 일연쇄, 일염주 중 일쇄, 일주만 없어도 그 이외는 이완되는 해를 당한다. 따라서 사교의 생은 한 사람이 만일 삼보(三寶)를 소홀히 하고 훼손한다면 그 화(禍)는 사교 일체(一體)에 파급되지 않을 수 없다"(西周 1970[1870] 卷1, 527-528).

다. 즉 소라이와 달리 초월적 행위주체의 부재는 전원의 상호성에 의해 메워진다(木村直惠 2008, 72-74). 이는 그가 참고했을 법한 순자 식의 군(群)에 대한 발상과도 대비된다.

> "도란 무엇인가? 임금의 도를 말한다. 임금이란 무엇인가? 많은 사람들을 잘 돌보는 것[能群]을 말한다. 많은 사람들을 생양(生養) 한다는 것은 무엇을 말하는가? 사람들을 잘 살도록 보양해 주는 이에 대해서는 모든 사람이 친근하게 대하며, 잘 다스리는 이에 대해서는 모든 사람이 안심하며, 잘 등용하는 이에 대해서는 모든 사람이 즐겁게 여기며, 제대로 신분에 맞는 옷을 입게 해주는 사람에 대해서는 모든 사람이 그를 영화롭게 해준다는 것이다"(『순자』, 「군도(君道)」).[20]

순자에게도 '생양(生養)'이라는 말이 등장하는데, 그는 생양의 네 가지 조건을 이야기한다. 즉, 사람들을 잘 살도록 보양해 주는 사람에 대해서는 모든 사람들이 친근해지며, 사람들을 잘 다스리는 사람에 대해서는 모든 사람들이 안심하게 되며, 사람들을 잘 등용하는 사람에 대해서는 모든 사람들이 즐겁게 여기며, 사람들에게 제대로 신분에 맞는 옷을 입게 해주는 사람에 대해서는 모든 사람들이 그를 영화롭게 해준다는 것이다. 그러나 이때 생양의 주체는 니시와 같이 서로 사회를 구성하는 존재가 아니라 임금이다. 순자는 능군(能群), 즉 많은 사람들을 잘 돌보는 것을 임금의 도와 연결시킨다.

---

20 이하 순자 번역은 이운구 역(2006) 참조.

"사람은 힘은 소만 못하고 달리기는 말만 못한데, 소와 말은 어째서 사람에게 부림을 받는가? 그것은 사람들은 여럿이 힘을 합쳐 모여 살 수 있으나[能群], 소나 말은 여럿이 힘을 합쳐 모여 살 수 없기 때문이다. 사람은 어떻게 여럿이 힘을 합쳐 모여 살 수 있는가? 그것은 분별[分]이 있기 때문이다. 그 분별은 어떻게 존재할 수 있는가? 그것은 의로움이 있기 때문이다. 그러므로 의로움으로써 사람들을 분별 지으면 화합하고, 화합하면 하나로 뭉치고, 하나로 뭉치면 힘이 많아지고, 힘이 많으면 강해지고, 강하면 만물을 이겨낼 수가 있다. … 임금이란 여럿이 모여 잘 살도록 해주는 사람이다[君者 善群也]. 여럿이 모여 사는 방법이 합당하면 만물이 모두 그들에게 합당케 되고, 여러 가지 가축들이 모두 나름대로 잘 자라게 될 것이며, 여러 생물도 모두 그들의 목숨대로 살게 될 것이다"(『순자』, 「왕제(王制)」).

사람들은 무리[群]를 이루는 성질이 있는데 임금이란 이러한 무리를 잘 이루도록 하는 자로, 무리를 이루기 위해서는 분별[分]이 있어야 한다. 이는 니시가 사회를 이뤄 서로 생양케 하는 것을 도로 파악한 것과는 다르다. 그에게 사회적인 것은 인민이 개인으로 고립되어 생활할 수 없기 때문에 각자 일과 업을 나누며 상호 물건을 교환하고 사용하는 관계이다. 수평적 상호의존관계로서 복수적 인간관계가 '상생양의 도'라는 말로 표현되고 있다. 서로 생양한다는 것의 이미지 속에는 스스로 돕고, 서로를 돕는 자조와 상생의 집합적 신체, 공공적 신체가 숨어있다. 즉 분업이란 단순히 생존이나 효율성 차원에 그치는 것이 아니라 연대의 이미지를 만들어내고 있다.

다른 한편 군주와 같은 외재적 존재의 역할이 배제된다는 점에서

'상(相)'-생양하는 관계는 인격적 종속과 의존관계를 매개로 전체 세상과 연결되던 관계와 달리 수평적이고 비인격적인 평등성을 바탕으로 한다. 즉 별다른 매개 없이 사회 전체와 '직접 접속'(direct access)하는 개인들의 연합을 상상하게 하는 것이다. 이제 구성원들 공동의 창건행위로부터 사회가 창출된다(찰스 테일러 2010[2004], 236-237).[21] 성인으로서 초월적 군주가 협력적 관계를 만들어 나가는 것이 유교적 사회상이라면 새로운 '사회적인 것'의 이미지는 '위로는 천자(天子)로부터 아래로는 만민에 이르기까지' 모두 각자의 일과 업을 나누어 살지 않을 수 없는 것이다. 이처럼 천자 역시도 하나의 부품과 같이 편입되어, 각자가 대등하면서도 상호 대체할 수 없는 역할을 담당해 원만한 조화를 그리는 공동적 생의 형태로 '상생양의 도'를 구상하고 있다. 이 점에서 '상생양의 도'는 전통적 개념을 쓰면서도 그 원뜻과 달리 오히려 근대적 사회 개념과 맥을 같이 하는 것이었다(木村直惠 2013, 274).

이처럼 사회의 역어로서 상생양의 도가 경제적 분업의 이미지를 갖고 등장하게 된 것에서 보듯이 근대적 사회 개념은 경제와 분리해 생각할 수 없는 문제였다. 이는 니시가 서양 근대의 개념을 소개한 『백학연환(百學連環)』이라는 사전을 통해 확인할 수 있다. 여기서 society는 politics에 해당하는 정사학(政事學)의 항목이 아니라 political economy에 해당하는 제산학(制産學)의 항목 속에 있다(木村直惠 2008, 67-69). 앞서 이와쿠라 사절단에서 사회를 자신의 '이욕'을 지키기 위

---

21 테일러는 근대적 사회의 특징으로 위계서열적 상보성(hierarchical complementarity) 대신 교환과 순환의 논리를 꼽고 있다. 고대에서 사회란 상이한 계층들이 서로를 필요로 하며 보완하지만 이러한 계층들은 철저히 위계서열 속에 놓여있는 반면 근대적 사회 구성 원리에서는 기능 배분이 우발적이며 아무런 본질적 가치도 부여되지 않는다(찰스 테일러 2010, 25-27)

한 경제적 관점에 서있었던 것에서 보았던 것처럼 당시 사회는 정치적 개념이라기보다 경제학적 개념이었다.[22]

니시는 Political Economy에 관해서 이는 국민부유의 학으로서 그 부유를 인민에게 나누고, 소비하게 하는 것이라 정의한 후, 그 학설의 주요한 성격으로서 상생양하는 특성을 들고 있다(大久保健晴 2011a, 121). 이는 분명 네덜란드 유학 시절의 피셰링 교수에게 들은 강의의 영향이라고 볼 수 있다. 니시가 피셰링의 강의를 듣고 작성한『성법략(性法略)』(1871)에서 일찍이 '상생양'이라는 말이 등장함을 볼 수 있다.

> "제1편 총론. 제1조 성법(性法)은 사람의 성(性)에 기초한 바의 법이다. 제2조 인간의 세상에서 상생양하지 않을 수 없는데 이는 명이다. 제3조 상생양하는 고로 만반의 일에 의해 일어난다"(西周 1981[1870] 卷2, 109).

첫머리에서 성법, 즉 자연법이란 사람의 성(性)에 기초한 바의 법임을 말하고, 이때 성이란 사람이 세상에 살아감에 상생양(相生養)하지 않을 수 없는 명(命)으로 해석한다. 그리고 상생양하는 까닭에 모든 일이 일어나 이를 제어할 규칙인 법이 생긴다. 즉 상생양은 사회성 있게 살아가는 인간의 성이자 명으로, 사회를 유지하기 위해 필요한 자연법의 연원이 된다. 니시와 쓰다가 배운 피셰링의 경제학은 필요의 충족을 요구하는 인간본성을 기본으로, 인간의 사적 이익의 확대와 노동, 분업, 교역을 축으로 하는 자유로운 경제활동으로부터 사회적

---

22 『백학연환』에서 정사학(법학)과 제산학으로 구별하여 정사학에서는 주로 law, droit 등 법률적 내용을, 제산학에서는 society, production 등 정치경제학적 내용을 다룬다.

번영의 기본원리를 유도한 자유주의적 경제이론에 입각한 것이었다. 그것은 또한 '통계학'에 의거하면서 자연법칙을 석출한 경험주의적 학문적 태도에 기초해 자율적인 사회생활 중에 자연적 질서를 만들어낸다(大久保健晴 2011a, 76).

즉 사회를 구성하는 한 사람 한 사람의 행복과 사회전체의 '공공의 복지'란 사람들이 만들어가는 자유로운 사회생활의 자율성 아래에서 조화된다. 그 때문에 정부에 의한 급진적인 정책이나 외재적이고 억압적인 개입은 피해야만 한다. 각각의 사회가 역사적 진전을 통해 자연적이고 점진적으로 발전해가는 형태를 문명화의 과정으로 파악한 것이 피셰링의 경제학의 특징이었다(大久保健晴 2011b, 3-4). 피셰링의 경제학의 영향 하에서 니시는 사회적인 것을 서로 돕고 살 수밖에 없는 존재론적 가치이자 명(命) 또는 도(道)로 파악한다. 이는 유학적 발상과도 친화적인 것이었다.

물론 앞서 보았듯이 니시의 '상생양의 도'라는 개념은 소라이의 영향 하에 유학적 사유에 바탕을 두고 있지만 핵심적 논리구조에서는 차이를 보인다. 일반적으로 소라이에게 도는 선왕(先王)의 존재, 즉 서로 사랑하고 서로 아끼는[相生, 相養] 본래적인 성(性)을 이룰 수 있게 해주는 존재로서 성인=선왕이라는 주체를 필요로 한다는 점에서 근대적 사회 개념과 다르다(木村直惠 2008, 73-74).

하지만 타카시 쇼기먼(Takashi Shogimen)이 소라이의 논리를 '공동체적 기능주의(communal functionalism)'로 평가한 것을 참조하면 조금은 다른 해석도 가능하다. 앞에서 본 인용문대로 서로 사랑하고 서로 아끼는 것[相生]이 인간의 본성인데 이때 각각은 공동체 속에서 그 나름의 기능을 수행하여 도에 참여한다. 소라이는 어떠한 개인이라도 이 도에 참여할 수 있고, 참여해야만 한다고 주장한다. 소라이는 유가의 논리에서는 성인만이 도를 온전히 파악하고 실현할 수 있지만, 그럼에도 불구하고 누구라도 정치적 공동체에서 그 자신의 부분적 역할을 담당함을 통해 도에 부분적으로 참여할 수 있다고 말하는데, 이러한 도의 부분적 참여를 '덕(德)'이라 부른다. 이 점에서 소라이에게 덕은 도덕적이자 정치적인 개념이었다. 공동체적 활동의 망에서 기능적인 부분을 담당하는 것은 부분들의 다양성이 단지 분화로 그치지 않으며 공동체 전체에 이바지하는 정치적 기능을 담당하게 되는 것이다 (Takashi Shogimen 2002, 511-512).

그렇다면 소라이에게 '도(道)'란 각자가 분업을 통해 공동체, 즉 공동의 생활에 기여함으로써 도달하는 삶의 궁극적 가치라는 점에서 니시의 견해와 크게 다르지 않다. 도는 '선왕'='성인'만이 알 수 있는 바로 일반 백성들이 전체상을 파악할 수는 없지만, 소라이는 백성들이 각자 자신이 할 수 있는 바를 충실히 수행하는 덕의 차원에서 도의 일부분에 참여한다. 이는 니시가 사회적인 것의 번역어로 '상생양의 도'를 골랐을 때 '도'라는 말이 쓰인 이유에서도 나타난다. '상생양의 도'에서 역시 개별적 분업을 통해 공동체에 기여하는 '공동체적 기능주의'라는 관점에서 보편적 도를 획득하는 과정으로 이해된다. 이는 단순히 경제적인 이유만이 아니라 보편적 '도'의 참여이고, 이것이 니시가 전통적인 용어로서 사회적인 것을 설명하는 이유였을 것이다.

이처럼 society의 번역어로 선택된 '상생양의 도'라는 말은 그 안에 많은 논의를 함축하고 있다. 즉 경제적 교환관계를 통해 살 수밖에 없는 인간의 사회성을 표현하기 위해 '생양(生養)'이라는 전통적인 어휘를 선택한 후에, 어떤 초월적 주체가 아닌 상호 주체성의 의미로서의 '상(相)'이라는 접두어를 붙인 후, 새로운 인간관계의 원리를 의미하는 '도(道)'라는 말을 붙여 '상(相)-생양(生養)의 도(道)'라는 말이 만들어진 것이다. 전통적인 논리 속에서 서로 돕고 서로 기르는 인간적 속성을 바탕으로 하면서도 이를 전유함으로써 집합적 신체로서의 교환관계 원리라는 '사회적인 것'이 새롭게 상상된다.

4. '군(群)'과 '치국평천하': 합군과 망국의 논리 속에서의 society

이처럼 상생하는 관계로서의 사회적인 것을 파악한 것은 일본에서 만이 아니었다. 그 일례로서 중국에서 society를 번역한 용어로서 '군(群)'이라는 역어 역시 함께 살펴볼 필요가 있다. 주지하듯이 '군'은 전통적으로 사람의 집단이나 사물의 집단을 가리킬 때 쓰이던 말이었다. 일반적으로 군이라는 말 이전에 society를 번역하기 위해 사용된 말은 '회'(會)라는 단어였다. 1870년대 이후 사신들은 구미의 사회조직을 가리키는 말로 '회'를 자주 사용하였다.[23] 회와 군 두 단어는 개인들의 모임 혹은 개인들이 모여 형성한 조직을 가리키는 말로 쓰였다. 하지만 군은 군(君)과 관련하여 더 정치적 함의를 가졌기 때문에 society의 번역어로 정착된다(진관타오·류칭펑 2010, 162~163). 군이 society의 역어로 쓰이기 시작한 것은 1895년 이후로,[24] 옌푸(嚴復)는

---

23 캉유웨이 역시 『일본서목지』(日本書目志)에서 일본의 사회학 책 21종을 소개하며 '사회'라는 번역어를 채용하면서도 이를 '회'의 논리로 설명한다. "대지 위에 하나의 대회(大會)가 있을 뿐으로 이 회가 크게 모이면(會大群) 이를 국가라 하고, 회가 적게 모이면 이를 공사(公司), 사회(社會)라 이른다." 그리고 이를 공자가 말하는 '이문회우'(以文會友), '이우보인'(以友輔仁)으로 설명하며 회를 돕는다(輔)는 뜻으로 푼다(康有爲 2007(1898), 355).

24 진관타오는 society의 번역어로서 군은 1896년부터 두드러지게 사용되기 시작한 이후 1903년에 이르러 고점에 도달하였지만, 그 이후부터 사회라는 말로 점차 대체되었다고 지적한다(진관타오·류칭펑 2010, 152).

「원강」에서 군(群)으로 society를 번역한다.

> "소위 군이라는 것은 사람이 모여 이룬 것이다. 부분에 정밀하지 못하면 그 전체를 볼 수 없다. 일군(一群), 일국(一國)의 성립 역시 체용공능(體用功能)이 생물의 몸[一體]과 다르지 않아 대소의 차이는 있어도 기관의 기능[官治]은 서로 준한다"(嚴復 2014[1895], 16).

그는 사회를 생물과 같은 유기체로서 파악하는 스펜서의 관점을 가지고 와서 사회를 설명하며, '군'이라는 말로 설명한다. 이처럼 군을 사람이 모인 집합적인 방식으로 이해한 것은 전통적인 논의와는 구별되는 것이었다. 그런데 그가 스펜서와 그의 이론을 소개하면서 군에 대해 설명하는 대목은 주목할 만하다.

> "스펜서[錫彭塞]라는 사람이 있는데 역시 영국 출신이다. (다윈의) 이치를 종지로 삼아 인류의 일을 크게 밝혀 그 학문을 일러 '군학(羣學)'이라 하였다. 군학이란 무엇인가? 순자는 "사람이 금수와 다른 것은 능히 무리[羣]를 이룰 수 있음(人之所以異於禽獸者 以其能羣也)"이라고 말한다. 무릇 민이 '상생상양(相生相養)'하고 '역사통공(易事通功)'하여 형정예악의 위대함을 이룰 수 있는 것은 모두 스스로 무리를 지을 수 있는 성[自能羣之性]에서 생기는 것이다. 고로 스펜서씨가 그 뜻을 따라 학문을 이름을 지은 것이다"(嚴復 2014, 16).[25]

---

25 「원강 수정고」에서는 조금 더 자세히 설명하고 있다. "스펜서[斯宾塞尔]라는 사람 역시 영국 출신으로 다윈과 동시대의 인물이다. 그의 책은 다윈의 『종의 기원[物種探原]』보다 일찍 나왔다. 이 책은 천연(天演)의 방법을 종지로 삼아 '인륜치화(人倫治化)'

앞서 니시 아마네가 사회의 역어로서 '상생양의 도'를 선택해 이를 '역공통사(易功通事)'의 논리 속에서 이야기했던 것과 마찬가지로 옌푸 역시 '상생상양(相生相養)'과 '역사통공(易事通功)'으로 군(群)의 논리를 뒷받침하고 있음은 대단히 흥미롭다. 스펜서의 사회학이 군학으로 번역되는데 이때 군(群)하는 성질의 바탕이 상생상양하고 역사통공하는 사람의 성질에서 비롯한다. 그는 이것이 『대학』에서 이야기하는 수신제가치국평천하[誠正修齊治平]의 논리와 유사하다고 말한다. 오히려 『대학』에서 이를 언급하면서도 상세히 이야기하지 않았던 것이 스펜서의 책에 의해 논리가 정치해지고, 뜻이 풍부해졌다고 상찬한다.

옌푸는 『군학이언(羣學肄言)』에서도 "민이 합해 군(羣)을 이룬다. 그 유닛에 차이가 있고, 군(君)과 민 사이에 세가 나뉘어진 후에야 상생양하는 체를 이룬다"라고 하여 'social aggregation'에 해당하는 부분을 '상생양(相生養)'이라는 말로 설명한다(嚴復, 2014[1903], 卷三, 45). 니시와 옌푸 둘 다 전통 유학적 담론, 순자와 맹자의 논리를 가지고 와서 사회를 설명한다. 옌푸가 니시의 저작들을 읽었는지 확인할 수 없지만 니시와 옌푸 모두 전통 유학적 소양이 풍부한 인물이었던 점, 그리고 이를 바탕으로 서양의 개념들을 이해하려고 노력했던 점을 고려하면 이해할 수 있는 대목이다.[26] 물론 옌푸가 니시처럼 적극적으로 '상생양'을 번역어로 채택한 것은 아니지만 군이라는 전통적 어휘 속에 이 뜻을 포

의 일을 크게 밝혀다. 그 학문을 일러 '군학(羣學)'이라 하는데 이는 순자가 "사람이 금수에 비해 귀한 것은 능히 무리를 이룰 수 있음이다"라 하였으므로 '군학'이라 한다. 무릇 민이 '상생상양(相生相養)'하고 '역사통공(易事通功)'하여 형정예악의 위대함을 이룰 수 있는 것은 모두 스스로 무리를 지을 수 있는 성[自能群之性]에서 생기는 것이다. 또한 오늘날 격치(格致)의 리술(理術)로써 수신제가치국평천하의 일을 이루도록 함이 정밀하고 미묘하며 풍부하고 깊다"(嚴復 2014[1901], 18).

26 니시 아마네와 옌푸를 비교하는 연구로서는 志野好伸(2014) 참조.

함시킴으로써 사회적인 것을 설명하고 있다는 점은 주목할 만하다.

물론 니시와 옌푸의 차이점 역시 존재한다. 앞서 보았듯이 니시가 사회적인 것의 자율성, 상보성을 강조한다면 옌푸는 군의 논리를 치국평천하의 가치와 연결시킨다. 이는 순자의 원문에서 도를 이루는데 왕의 역할을 상정한 것처럼 옌푸 역시 스스로 군을 이룰 수 있는 성질을 강조하면서도 그것이 치국의 논리와 연결됨을 말한다. 요컨대 옌푸에게 사회적인 것이 곧 국가적인 것 속에서 이해되었음을 보여주는 대목이다. 옌푸는 『군학이언』 역자의 말[譯餘贅語]에서도 순자를 인용하고 있다.

> "순자가 말하길 '민생유군(民生有群)'이라 했다. 군(群)이라는 것은 인도(人道)로서 벗어날 수 없는 것이다. 군에는 여러 가지가 있다. 사회는 법이 있는 군이다. 사회는 상공정학(商工政學)이 있는데 그 가장 중요한 의의는 나라를 이루는 데 있다. 육서(六書)의 뜻을 생각해보면 옛사람의 말씀과 서학(西學)이 합치함을 알 수 있다. 어째서 그러한가. 서학에서는 백성이 모여 부륵(部勒)(일본[東學]에서는 조직이라 칭한다)이 있어 기향(祈嚮)하는 것을 사회라 한다. 자서(字書)에서 읍(邑)이란 사람이 모인 회(會)를 칭한다. 口는 구역이 있음을, 卩은 법도가 있다는 것이다. 서학에서는 나라의 경계에 대해 말하길, 토지에 구역이 있고 백성이 싸움에 임해 지키는 것을 나라(國)라 한다. 자서에 이르길 國이라는 글자는 고문에서 或이라고 쓰였는데, 一은 땅이고, 口을 창(戈)으로 지킨다는 것이다. 이를 보면 중학과 서학의 뜻이 막힘없이 합치하는 것을 알 수 있다"(嚴復 2014[1903], 卷三, 10-11).

이처럼 옌푸가 읍(邑)이나 국(國)을 서양의 사회나 나라의 역어로 쓰면서 이것이 전통 사상과 합치한다고 주장하는 것은 부회론으로 볼 수 있는 여지가 없지 않다. 하지만 중요한 것은 옌푸는 역사의 각종 형태의 사회를 총칭하는 개념으로서 '군'이라는 말을 사용하고 있다는 점이다. 이처럼 서양의 개념들을 전통 속에서도 찾을 수 있다는 옌푸의 논법은 전통을 강조하기 위해서라기보다는 오히려 둘 사이 학문에서 공통점을 찾은 결과였다. 옌푸는 밀의 『자유론(On Liberty)』을 『군기권계론(群己權界論)』(1903)이라는 제목으로 번역한다. 이는 제목에서도 보이듯이 '군(群)'과 '기(己)', 즉 사회와 개인 사이의 권한의 경계를 어떻게 설정할 것인가의 문제였다. 하지만 원래 밀의 논의가 개인의 자유를 보장하기 위해 사회의 한계를 설정한 것이었다면, 옌푸의 번역본은 자유의 과잉을 방지하기 위한 수단적 성격이 강했다. 이는 옌푸가 편지에서도 밝히고 있듯 "시대의 금기를 건드리지 않도록 특별히 주의하면서 상당한 부분을 삭제"할 수밖에 없는 사회적 상황에서 기인한다(양일모 2009, 472-477).[27] 옌푸 역시 society의 논리를 전통적인 개념들 속에서 확인하고, 이를 변용하는 과정을 통해 새로운 관계성을 상상한다.

이러한 성격의 군에 대한 논의는 량치차오에게서 보다 분명하게 나타나고 있다. 그는 「설군서(說群序)」에서 '합군(合群)'에 대해 논하고 있다. '군술(群術)'로서 군을 다스리면 군은 이루어지지만, '독술(獨術)'로서 군을 다스리면 군은 붕괴한다. 량치차오는 서양에서도 이러한 군술이 나온 지 백년밖에 되지 않았지만, 군이란 천하의 공리(公理)이자

---

27 이외에도 밀의 자유론 번역에 관해서는 李セボン(2020); Douglas Howland(2005) 등 참조.

만물의 공성(公性)이라 주장한다. 그런데 만물은 군을 이뤄 서로 경쟁하는 것을 기본으로 하며, 나의 군의 붕괴는 다른 군의 이익이 된다. 이런 경쟁 상황에서 군력이 부족하면 마침내 그 종은 끊어지는데 이는 나라에서도 마찬가지다(梁啓超 1997[1897], 4).[28]

이처럼 합군론은 국가의 존(存)과 망(亡), 망국의 위기의식과 연관 속에서 제시된다. 이러한 위기의식과 군이 연관된 사유는 망명 후인 1900년 이후에도 이어져 중국의 쇠약의 근원으로 군을 이루지 못하는 국민성을 들고 있는 데서도 볼 수 있다. 이를 보아도 알 수 있듯 중국에서 사회, 즉 군(群)에 대한 논의는 출발부터 이미 망국이라는 위기의식 속에서 이야기되고 있었다. 사회적인 것이 필요했던 것은 천하의 공리이기도 하지만, 이를 통해 서로 경쟁하는 힘을 갖춰 멸종의 위기에서 벗어나고자 함이었다. 따라서 군을 이루지 못하는 개인주의적 성격이 비판된다.

"내 몸을 안으로 타인을 밖으로 하는 것이 일신(一身)의 아(我)다. 우리 군을 안으로 다른 군을 밖으로 하는 것이 일군(一群)의 아다. 마찬가지로 아(我)에게도 대아와 소아의 구별이 있다. 군의 경쟁의 승패는 군의 결합력의 강약에 의해 결정된다. 결합력을 강대히 하기 위해서는 반드시 일군의 사람이 항상 나아가 몸을 굽혀 군에 따라, 소아를 버리고 대아를 지킨다. 타를 사랑하고 타를 이롭게 한다는 의가 가장 중요하다. 중국인은 군이란 무엇인가 어떤 의가 있는지 알지 못해 사람들의 마음속에 단지 일신의 아만 있을 뿐 일군

---

28 그는 여기에서 "기록에 의하면, 무리(群)를 이룰 수 있는 자를 일러 군(君)이라 하였다. 이에 옛날 인민 위에 군림하는 자는 스스로 대중을 호령하였다"라고 하여 군(君)과 군(群)에 대해 논한다(梁啓超 1997, 3).

의 아가 없다. 이로써 사억의 사람에게 사억의 나라가 된다"(梁啓超
1970[1901], 「中國積弱遡源論」, 『飮氷室文集』 5卷, 22-23).

　량치차오는 나라가 망해도 자기에게 손해가 없으면 손을 놓고 망하
는 것에도 상관 안 하는 국민들을 비판한다. 더 심한 것은 나라가 망
해도 자기에게 이익이 있으면 힘써 망하는 것을 돕는데 전혀 부끄러
움이 없다는 것이다. 그러나 주의해야 할 점은 량치차오의 합군론이
개인의 가치를 무시하고 집단만을 강조한 것처럼 보이지만 개인의 독
립을 전제로 하고 있다는 점이다. 량치차오는 '독립의 덕'과 '합군의
덕'을 '상반(相反)'하면서도 '상성(相成)'하는 덕성이라고 제시한다(梁啓
超 1970[1901], 「十種德性相反相成義」, 43-45). 그는 중국의 독립을 말하려
면 우선 중국 개인의 독립을 말해야 한다고 주장하며 도덕상의 독립
이 있어야 형세상의 독립이 있다고 강조한다. 그에게 합군은 독립을
전제로 한 합군이었다. 즉 합군이란 다수의 독(獨)을 합해 군(群)을 이
루는 것으로 이때 독은 무위로서는 군이 될 수 없다. 흩어진 모래알을
모아놓는 것을 면하려면 '합군의 덕'이 있어야 한다. 따라서 가장 필
요한 것은 군덕(群德)을 기르는 일이다.
　량치차오는 합군은 '화광동진(和光同塵)'도 아니고 '유아독존(唯我獨
尊)'도 아니라고 표현한다. 전자라면 합군은 독립의 적이고, 후자라면
독립이 합군의 적이 된다. 그는 '독립'의 반대는 '의존'이지 '합군'이 아
니며, '합군'의 반대는 '사영[營私]'이지 '독립'이 아니라고 말한다. 요컨
대 자기의 이익만을 주장하는 방자적인 모래와 같은 상태를 극복한
유아독존이 아닌 개인의 독립을 확립해, 그것을 토대로 다수의 독을
합해 화광동진이 아닌 군을 형성하는 것이 합군이다. 이는 극히 의식
적, 주체적, 자주적인 행위이다. 이러한 합군이 있어야 중국이 생존

경쟁 우승열패의 세계에서 독립할 수 있다고 말하고 있다. 그에게 개인의 독립과 군은 관계개념이고, 내용적으로는 구국을 동인으로 하는 군으로의 의지이다. 여기서 개인의 독립과 군은 불가분의 관계를 이룬다는 점에서 개인주의도 아니며, 개인의 독립을 전제로 군을 생각하고 있다는 점에서 집단주의도 아니다.

그러나 량치차오의 이러한 설명이 기능적으로는 집단을 통합시키는 원리에 방점이 찍혀있음은 부인할 수 없다. 밀이 사회와 개인의 관계에 대해서 말하며 이 둘 간의 긴장관계에 주목한 것은 옌푸는 물론 량치차오에게 그대로 받아들여질 수 없었다. 량치차오가 밀의 자유론을 번역한 논문인 『신민총보』에 실린 「정부와 인민의 권한을 논한다」(1902)에서 '사회적 포학(暴虐)'이란 부분이 사라진 이유였다. 사회적 포학론이 사라진 것은 합군론이 유지되기 위해서 어쩔 수 없는 것이었다. 밀이 보기에 사회와 개인과의 관계는 서로 적대적이거나 적어도 서로 권한을 뺏고 빼앗기는 제로섬적인 측면을 갖고 있지만 합군론에서 개인은 군 속에서만 가능하다는 점에서 차이가 있다. 이는 량치차오가 합군론을 사회진화론의 생존경쟁, 우승열패의 시대인식하에서 구국을 위한 대항원리로 삼았기 때문이다. 이 글에서 량치차오는 "사람은 군이 없으면 내계를 발달시킬 수 없고, 외계와 경쟁도 불가하다"고 말한다. 그에게 군의 성립은 안을 발달시켜 바깥과 경쟁하기 위한 도구였다(土屋秀雄 1999, 144-145).

이렇게 보자면 량치차오에게 개체의 독립과 사회를 형성할 필요성은 국가적인 경쟁이라는 목표점을 분명하게 띄고 있다. 그는 『신민설』「論國家思想」편에서 국가의 기원으로서 군을 이야기한다. 이때도 앞서 보았던 '역사통공'과 '분업상조'의 논리가 등장한다.

"사람이 다른 생물에 비해 귀한 이유는 무리(群)를 이룰 수 있기 때문일 뿐이다. 만약 자기 한 몸이 혈혈단신 대지에 고립되어 있었다면, 나는 것은 날짐승보다 못하고 뛰는 것은 뭍짐승보다 못하니 인류는 이미 오래전에 절멸했을 것이다. 그러므로 내적으로 보면, 평화로운 시기에는 일을 나누어 하고 공을 바꿔 쓰며[通功易事] 분업하고 서로 도우니[分業相助] 혼자서 온갖 기술을 갖추기는 분명 어렵기 때문이다. 외적으로 보면, 급한 전쟁 때에는 무리의 방책과 무리의 힘으로 성을 지키고 적을 막으니, 혼자서는 더욱 한 몸조차도 보존할 수 없기 때문이다. 이에 국가가 일어난다. 국가는 성립하지 않을 수 없기 때문에 성립했다. 즉, 개개인은 자기 한 몸에만 의지할 수 없다는 것을 알고, 너와 내가 단결하여 서로 보완하고 서로 막아 주며 서로를 이롭게 하는 방법을 별도로 구하게 되었다. 그 단결이 영원히 흩어지지 않고, 그 상부상조가 영원히 어그러지지 않고, 도와주는 것이 오래도록 이지러지지 않게, 그 막아 주는 것이 오래도록 잘못되지 않게, 서로에게 주는 이익이 오래도록 끝이 없게 하고자 한다면, 반드시 사람마다 자기 한 몸보다 더 크고 중요한 것이 있다는 것을 알아야 한다"(량치차오2014[1902], 108-109)

이때 량치차오가 군의 논리를 설명한 것은 일신보다 더 중요한 것이 있음을 강조하기 위함이었다. 역사통공하고 분업상조하는 이유는 혼자서는 자신을 지킬 수 없기 때문이다. 즉 개인은 자기 한 몸에만 의지할 수 없어 단결해 서로 도와야 하는데 이것이 자기 한 몸보다 더 큰 국가라는 단위였다. 결국 군의 논리는 합군의 도달점인 국가를 설명하기 위한 과정으로 그려진다. 앞서 본 바대로 상생양과 통공역사의 논리가 경제적, 상호적, 원리적인 것으로서 사회적인 것을 상상해왔던 근대 일본의 경우와는 달랐다. 이처럼 중국에서 사회적인 것은 개체들의 집합이라는 의미, 경제적인 관점, 도라는 차원의 '상'–'생양의'–'도'라는 문제의식과 달리 국가의 전 단계로서의 역할이 강조된다.

5. 서양을 번역하다: 사회적인 것의 구성

근대 동아시아라는 시공간은 개념이나 이념이 시대를 이끌어간 것이 아닐 뿐더러 그들에게는 이를 표현할 적절한 언어조차 손에 없었다. 그들이 말할 수 있는 방법은 어떤 이미지화된, 구체화된 심상으로밖에 표현 불가능한 것이었다. 아니 이마저도 표현하기에는 부족한, 현실과 괴리되는 것일 수밖에 없었다. 그럼에도 사회적인 것을 번역하면서 무언가를 그려내려 했던 것은 분명하다. 그리고 이러한 상상 속에서 전통적인 어휘를 통해 새로운 개념들을 받아들이며 동시에 용법의 변형을 통해 새로운 현실을 추동해냈다.

그런 점에서 society를 상상하는데 전통적인 개념들을 가지고 사유하는 것은 한계라기보다 어쩌면 당연한 것일지 모른다. 근대 동아시아의 지식인들은 society라는 번역불가능한 개념을 사유하면서 '인', '상생', '도' '역사통공' '군' 등의 전통적 개념들을 동원했다. 기존에 없던 새로운 society라는 개념을 설명하기 위해서는 전혀 새로운 말들을 만들어야 했다. 새로운 말이 등장하기 이전에 기존의 전통적인 개념들로 이를 설명하려 했었던 노력은 어쩌면 당연한 것이었다. 그들에게 사용할 수 있는 언어는 고전 텍스트에 나오는 것들이었다. 이 과정에서 상생하는 집합적 신체로서의 사회적인 것의 이미지가 구축된다.

그러나 고전의 전거들이 원용이 되지만, 이것이 전통적 개념들을 그대로 가지고 온 것도 아니었다. '의필고아' '역사통공' 등의 사용례에서 보이듯이 전통적 용어들을 새롭게 전유하고 있다. 그들은 전통적 개념들을 새로운 방식으로 전유하면서 번역의 불가능성을 해결하려고 했다. 즉 사회에 대한 인식이 구체적이지는 않지만 그것은 수평적 인간관계를 바탕으로 한 자율성을 띤다. 사회의 번역어로서 주목했던 '상생양(相生養)의 도'라는 단어 속에서도 개인들이 '상호주체적' 혹은 '상보적'으로 서로 계약을 맺어 '자율적'으로 상생하는 모델로 사회를 상상했다. 이는 질서를 만들어내는 주체로서의 군주의 자리를 대체하고, 직접 무매개적으로 접속하는 수평적인 공간이었다. 이는 전통적으로 군주의 덕성이라고 여겨졌던 특성을 모든 인민들의 덕성으로 확대시키며 새로운 공간에 대한 이미지를 환기시켰다. 이때 사회적인 것은 일종의 수평적, 자율적, 상보적 관계 내지 장으로서 제시된다.

그런 점에서 근대에서 '사회적인 것'을 상상할 때 이것은 퇴니스 식의 공동사회(Gemeinschaft)와 이익사회(Gesellschaft)의 모습 어느 것 하나로 정리될 수 없다. '인(仁)', '군(群)', '상생양(相生養)'이라 할 때 이것들이 전통적인 게마인샤프트적 요소를 갖고 있지만, '인'을 '의필고아'로서 의욕의 문제로 이를 보충하면서 설명하고, '군'을 '역사통공'의 경제적 분업의 논리로 설명할 때, '상생양'을 시계와 같은 모델로 설명할 때 이는 전통적인 게마인샤프트적 요소를 뛰어넘는다. 그러나 그렇다고 이것이 게젤샤프트적 요소로서만 한정되는 것도 아니다. 추상적인 society 개념을 이해하기 위해서 어떻게든 특수, 구체적인 공동체적 관계를 통해서만 이해 가능했다. 이는 사회적인 것이 상상될 때 공동사회냐 이익사회냐라는 두 유형틀로는 설명될 수 없음을 보여주는 것이기도 하다.[29] 테일러가 지적하듯이 우리가 쉽게 빠지는 오류 중 하나가 전통적인 '공동체'의 소멸과 이를 대가로 한 '개인주의'의 부상으로 읽어내는 경향이다(찰스 테일러 2010, 33-34). 그러나 공동체가 해체되면서 개인이 등장하는 것이라기보다 기존의 공동체에 대한 상에서 새로운 공동체나 사회에 대한 상으로 변하는 과정에서 이에 대한 상상이 어떻게 변화했는가가 더 중요할지 모른다.

근대 동아시아에서 society에 해당하는 '사회'라는 공간은 존재하지 않았다. 이는 번역 과정에서의 논쟁을 통해 일본에 받아들여진 세계에 대한 묘사와 새로운 세계의 구성 둘 다를 포함하는 작업이었다(더글라스 하울랜드 2021, 18). 하울랜드의 책 제목처럼 이는 그동안 없었던 단어들을 번역하는 데서 그치는 것이 아니라, '서양을 번역하는(translating the West)' 작업이었다. 새로운 말로 새로운 개념을 전달하기 어려운 상황에서, 기존의 개념들을 변형시켜 이 부재하는 개념을 담아낼 수밖에 없다고 생각했다. society를 번역하는 과정에서 이들은 원래 전통적 개념어들이 갖고 있던 용법을 변화시키고, 의미를 전환시켜 버림으로서 기존의 개념들을 탈맥락화해 새로운 용법으로 사용한다. 이는 society라는 가상의 공간을 만들어 내기 위한 과정에서 나타나는 '언어적 전회(linguistic turn)'의 순간이기도 했다. 물론 그것은 전통적인 공동체적 관계나 국가라는 개념틀과 혼동되기도 했지만

---

29 퇴니스의 구분에 대해서는 Ferdinand Tönnies(2001) 그런 점에서 개체적인 것이 단순히 퇴니스식의 공동사회(Gemeinschaft)에서 이익사회(Gesellschaft)로 이동해 가는 과정에서 떠오르게 된 것이라고 볼 수는 없다. 이러한 대립은 이념형적 대립일 뿐만 아니라 근대적 사회의 상에 대한 역전된 상으로서 공동체가 역투사된 것일 뿐이다. 즉 공동체는 근대사회와 더불어 태어난 것일 뿐 아니라 근대사회와 대립되지 않고서는 그 의미를 가질 수 없다. 그러나 이 전도된 이상형으로서 게마인샤프트는 일찍이 한 번도 존재한 적이 없었을 뿐 아니라 그러한 상 역시 그릇된 모델을 삼고 있다(Roberto Esposito 2010, 2)

사회적인 것이란 무엇인가를 상상, 재현하면서 등장하는 새로운 '장(field)'을 구축하는 것이었다.

　주지하다시피 이후 society의 번역어로는 '사회'라는 말이 정착되었다. 그러나 우리는 여기서 인이나 상생, 군과 같은 개념으로 society를 번역한 것을 추상명사로서의 society로 파악하지 못한 전단계로서 이해하는 것으로 결론 내리고 그쳐서는 안 된다. 그것은 '사회란 무엇인가'라는 보다 본질적인 질문과도 관련되기 때문이다. 라투르가 지적하듯이 사회란 단순히 하나의 영역으로서 실체(domain of reality)만을 말하는 것이 아니라, 우리가 모인다고 할 때의 '사회적'인 의미, 즉 연결의 원리(principle of connections)와 관련된 개념이다. 따라서 사회란 무엇인가라는 질문은 관계맺음의 원리 자체에 주목하지 않을 수 없다. 그렇게 보자면 추상적인 '사회' 개념이 등장하는 것은 근대적 네이션이 상상된 이후에나 역으로 가능하게 되는, 즉 통계화 할 수 있는 하나의 양적 집합으로서 과학의 대상으로서 사회가 파악된 이후에나 가능하게 된 것일지 모른다.[30] 그런 점에서 전통적인 관계성 개념으로서 society를 번역했던 이들은 우리에게 사회란 무엇인가라는 질문을 다시 되돌려주고 있다.

---

30 그런 점에서 라투르는 19세기 말 사회학이 형성되던 시점에서의 사회 개념에 대한 뒤르켐과 타르드의 논쟁을 되짚어 보고 있다. 즉 지금과 같은 사회라는 실체 개념은 사회학의 형성과 관련되며, 이는 양적으로 사회를 파악하는 방식 속에서 가능하게 되었다는 것이다(Bruno Latour 2007, 13−16).

| 참고문헌 |

원전류

구메 구니타케, 2011, 『특명전권대사 미구회람실기』 5권, 정선태 외 역, 서울: 소명출판.

량치차오, 이혜경 역, 2014, 『신민설』, 서울: 서울대학교 출판문화원.

순자, 이운구 역, 2006, 『순자』, 파주: 한길사.

康有爲, 2007(1898), 「日本書目志」, 姜义华·张荣華 編校, 『康有为全集 第3卷』, 北京: 中国人民大学出版社.

明治文化研究会 編, 1992, 『明治文化全集』, 9卷 「法律編」, 日本評論社.

西周, 大久保利謙 編, 1970-1981, 『西周全集』 第1-4卷, 東京: 宗高書房.

梁啓超, 1997, 『梁啓超文集』 2卷, 北京: 北京燕山出版社.

梁啓超, 1970, 『飮氷室文集』 5卷, 臺北: 臺灣中華書局.

嚴復, 2014, 『嚴復全集』 卷三, 卷七, 福州: 福建教育出版社.

荻生徂徠, 吉川幸次郎 他校注, 1976, 『日本思想大系』 36, 東京: 岩波書店.

단행본

가라타니 고진, 조영일 역, 2011, 『문자와 국가』, 서울.

나가누마 미카코, 김도형, 김태진, 박삼헌, 박은영 역, 2021, 『번역된 근대: 문부성 〈백과전서〉의 번역학』, 서울: 성균관대학교 출판부.

더글라스 하울랜드, 김현, 소진형, 손민석, 박은영, 송경호, 이헌미, 홍철기 역, 2021, 『서양을 번역하다: 문명개화 시대의 자유, 권리, 주권, 사회』, 서울: 성균관대학교 출판부.

리디아 류, 민정기 역, 2005, 『언어횡단적 실천』, 서울: 소명출판.

리디아 류, 차태근 역, 2016, 『충돌하는 제국』, 파주: 글항아리.

마루야마 마사오·가토 슈이치, 임성모 역, 2000, 『번역과 일본의 근대』, 서울.

야나부 아키라, 김옥희 옮김, 2011, 『번역어의 성립』, 서울: 마음산책.

윤여일, 2014, 『사상의 번역』, 서울: 현암사.

이치노카와, 강광문 역, 2015, 『사회』, 서울: 푸른역사.

진관타오·류칭펑, 양일모 외 역, 2010, 『(중국 근현대사를 새로 쓰는) 관념사란 무엇인가』

2권, 서울: 푸른역사.

찰스 테일러, 이상길 역, 2010, 『근대의 사회적 상상-경제, 공론장, 인민주권』, 서울: 이음.

久米邦武, 1934, 『久米博士九十年回顧録』下, 東京: 早稲田大学出版部.

大久保健晴, 2011a, 『近代日本の政治構想とオランダ』, 東京: 東京大学出版会.

鈴木修次, 1981, 『文明のことば』, 東京: 文化評論出版.

李セボン, 2020, 『「自由」を求めた儒者-中村正直の理想と現実』, 東京: 中央公論新社.

與那覇潤, 2009, 『翻訳の政治学-近代東アジア世界の形成と日琉関係の変容』, 東京: 岩波書店.

齋藤毅, 2005, 『明治のことば』, 東京: 講談社.

Bruno Latour, 2007, *Reassembling the Social: An Introduction to Actor-Network-Theory*, Oxford ; New York : Oxford University Press.

Ferdinand Tönnies, edited by Jose Harris; translated by Margaret Hollis., 2001, *Community and civil society*, Cambridge; New York : Cambridge University Press.

Douglas Howland, 2005, *Personal Liberty and Public Good: The Introduction of John Stuart Mill to Japan and China*, Toronto: University of Toronto Press.

Roberto Esposito, trans, Timothy Campbell, 2010, *Communitas-The Origin and Destiny of Community*, Stanford: Stanford University Press.

논문

박근갑, 2010, 「개념의 역사에서 은유의 역사로?」, 『개념과 소통』 6호.

양일모, 2009, 「자유의 조건: 엄복의 『원부』, 『군기권계론』, 『정치강의』 분석」, 『중국학보』 제60호.

大久保健晴, 2011b, 「明治初期日本における社会契約批判の諸言説」, 『政治思想学会会報』, 第32号.

木村直恵, 2014, 「〈ソサイチ―〉を結ぶ: 明六社「ソサイチ―」社交・アソシエ―ション実践(プラクティス)(後篇)」, 『学習院女子大学紀要』16.

_____, 2013, 「「「社会」以前と「社会」以後-明治期日本における「社会」概念と社会的想像の編成」, 鈴木貞美, 劉建輝 編, 『東アジアにおける知的交流: キイ・コンセプトの再検討』, 京都: 国際日本文化研究センタ―.

_____, 2009, 「〈society〉を想像する―幕末維新期洋学者たちと〈社会〉概念」, 『学習院女子大学紀要』11.

_____, 2008, 「西周『百学連環』講義における「相生養之道―維新期洋学者たちの《society》概念理解」, 『学習院女子大学紀要』10.

_____, 2007, 「《society》と出会う-明治期における「社会」概念編成をめぐる歴史研究序説」, 『学習院女子大学紀要』 9.

松島弘, 2005, 「西周と津和野」, 島根県立大学西周研究会 編, 『西周と日本の近代』, 東京: ぺりかん社.

志野好伸, 2014, 「厳復と西周一西洋学術体系の移植をめぐって」, 『明治大学教養論集』 502 号.

土屋秀雄, 1999, 「梁啓超の「西洋」摂取と権利・自由論」, 狭間直樹 編, 『梁啓超: 西洋近代思想受容と明治日本』, 東京: みすず書房.

Takashi Shogimen, 2002, "Marsilius of Padua and Ogyu Sorai: Community and Language in the Political Discourse in Late Medieval Europe and Tokugawa Japan," *Review of Politics*, 64.

2장

가토 히로유키의
진화론 수용 과정과
「의당비망」

김도형

1. 가토 히로유키의 진화론 수용 문제

가토 히로유키(加藤弘之)라는 이름은 일본사라는 무대의 몇 가지 장면들에서 종종 등장하곤 한다. 입헌정체사의 문제를 다룰 때 선구적인 입헌정체의 소개자인 동시에 또한 국가주의자이자 훗날 나타나는 정치적 파시즘의 원류격인 사상가로서도 잘 알려져 있으며, 그의 행적을 평가하는 데에 '정부의 앞잡이', '변절자' 등과 같은 부정적인 어감의 단어들이 따라붙곤 한다. 특히 '진화론'의 본격적인 수용이라는 사상적 계기를 통해 극적인 '전향'을 이룬 대표적인 인물로도 종종 회자되어 왔다.

이 정치적 보수주의의 스탠스를 취했던 지식인의 이름이 진화론 수용사에서 등장하는 것은, 그런 의미에서 매우 그럴듯한 도식을 제공해 주는 듯하다. 본래 천부인권설을 지지하면서 군주권력의 제한과 의회의 설립을 주장하던 지식인이 진화론의 세례를 받는 순간 절대군주와 그로부터 파생하는 국가주의를 주장하게 되었다는 설명은, 19-20세기에 걸쳐 진화론이 정치/사상적으로 했던 역할을 보여주는 전

---

*   이 글은 『일본사상』 27(2014.12)에 실린 논문을 수정 보완한 것임.

형적인 사례들 중 하나이기 때문이다.

그런 이유로 인해 가토와 진화론 수용의 문제는 언제나 일종의 '목적성'을 띠고 설명되는 경우가 많았다. 많은 연구자들은 가토의 소위 '전향'을 설명하기 위한 도구로 진화론을 거론하였고(松本三之介 1969), 이런 경향은 나아가 가토 진화론이해의 불충분성(山下重一 1983; 渡辺和靖 1971)이나 의도적인 오용(誤用)의 가능성을 지적하거나(服部健二 1993), 혹은 그것을 '본래의 진화론', 즉 다윈이나 헤켈(Haeckel)과의 비교를 통해 그의 진화론이해를 검증하는 방향으로 진행되었다(武田時昌 「加藤弘之の進化学事始め」, 阪上孝 編 2003).

특히 가토의 진화론 수용 내지 이해의 문제가 보다 구체적으로 검증될 수 있었던 데에는 가토가 남긴 「의당비망(疑堂備忘)」이라는 수택본 연구메모의 존재가 있었기 때문으로[1], 전게 연구들은 모두 이 자료를 적극적으로 활용하면서 나온 성과들이다. 그런 만큼 위 연구들의 신뢰도는 높다고 하겠으나, 다만 앞에서 언급한 것과 같은 가토의 '전형적'인 도식 내지 사례로부터 가토연구가 진행되는 경우가 많았던 탓에, 가토의 진화론 수용 이전의 사상들과의 연속성, 혹은 그가 처한 역사적·시대적 상황으로부터의 계기라는 측면에는 그다지 주목하지 않거나, 주목하더라도 피상적인 파악에 그치고 경우가 있는 것도 사실이다.

이 「의당비망」이 흥미로운 것은 그 작성시기가 가토의 소위 '전향'이라고 일컬어지는 사상적 전환이 이루어지는 시기와 정확히 일치한다는 점이다. 그의 천부인권론 포기와 진화론의 채택이 바로 이 시기에 이루어졌고, 이 메모는 그 과정을 자세히 기록하고 있다. 그런 만

---

1   上田勝美 [ほか]編, 『加藤弘之文書』第1卷, 同朋舍, 1990.에 수록되어 있다.

큼 이 메모는 전환기의 지식인이 새로운 사상을 접했을 때 어떤 관심을 가지고, 어떤 방식으로 그것을 흡수하며 변화하는지 그 궤적을 생생히 보여주는 자료라고 말할 수 있을 것이다.

그런 의미에서 본 논문에서는 가토의 소위 '전향'이전의 저작들에서 나타난 지적 관심들, 사상적 지향들이 어떤 방식으로 진화론으로 이어지는지에 초점을 맞추면서 「의당비망」을 살펴봄으로써 가토 진화론 수용에 대한 이해를 보다 심화해 보고자 한다.

2. 일본의 '국체'와 '개화'

가토의 첫 번째 저작『도나리구사(隣草)』(1860)로부터『국체신론(國體新論)』(1874)까지, 가토는 일관되게 "국가와 군민이 성립하는 대원인"은 어디까지나 "하늘이 사람에게 부여한 성(天性)"인 "모여서 국가를 이루는 성질"(加藤弘之『國體新論』植手通有 編 1986, 388)에 있다는 주장을 고수했다. 그러므로 그가 초기에 내세웠던 정체(政體)의 개혁은, 천하는 만민 모두의 천하인 것으로, 결코 누구 하나의 사유(私有)가 될 수 있는 것이 아니라는 주장(加藤弘之『立憲政體略』植手通有 編 1986, 332)을 실현하기 위한 방편이었다. 다만 이것은 어디까지나 군주나 국가를 초월하는 보편적 '天'의 원리를 의식할 수 있는, 즉 유교적 관념에 입각한 '현명한 군주'의 선택을 상정하면서 나온 주장으로, 메이지 유신 이후 하늘에서 내려온 천신의 후손이 국가와 신민을 사유한다는 방식의 군주론(천황관)을 주장하는 국학자류들의 그것과는 근본으로부터 부딪힐 수밖에 없었다. 그리하여 가토는 "천하의 국토는 모두 천황의 私有이며, 억조인민은 모두 천황의 臣僕"이라 하고, 나아가 "인민은 오로지 천황의 미고코로(御心)를 그 마음으로 삼"아야 한다고 하는 국학자류의 국체론에 대해 "그 견해의 누열(陋劣)함과 그 주장의 야루(野陋)함이 실로 비웃을 만"(加藤弘之『國體新論』植手通有 編 1986, 384-385)하다고 하여 강력히 비난했던 것이다.

그러나 자칫 새롭게 등장한 현 군주인 천황에 대한 직접적인 공격이 될 수도 있는 상황에서 가토는 자신의 주장을 강화하거나 혹은 재구성할 필요를 느끼게 되었을 것이다.[2] 그리고 그 중심에는 당시 일본의 특수한 '국체'를 어떻게 반박하거나 새롭게 규정할 것인가, 어떻게 이 보편(天)과 특수(天孫)를 '조화'시키거나 혹은 어느 한쪽을 '포기'할 것인가라는 새로운 문제가 놓여 있었다. 이것은 가토의 학자적 정체성을 좌우할 만한 것으로, 이후 몇몇 연구자들이 평가한 소위 '전향' – 가토 스스로의 언급으로는 '주의(主義)의 변화'(加藤弘之「經歷談」植手通有 編 1986, 384-385) – 이 일어나는 계기는 바로 이 문제와 깊은 관련이 있었을 것이다.

동시에 가토는 이 시기 또 하나의 문제의식을 안고 있었다. 1874년 이타가키 다이스케(板垣退助)를 위시한 몇몇 인물들이 좌원(左院)에 제출한 '민선의원설립건백서(民選議員設立建白書)'에 대한 그의 '시기상조론(時機尙早論)'이 큰 논란을 일으키면서 수차례에 걸친 공개논쟁이 벌어졌다. 여기에서 가토는 '의회설립'이 시기상조임을 주장하며 '인민의 개화가 아직 미진'하다는 점을 근거로 들었는데, 이런 주장은 당연히 강한 반발에 부딪혔다. 사실 시기상조론을 반박한 이타가키나 오오이 등이 내세웠던 논리는 가토가 이전 스스로 설파했던 그 논리들

---

2   이상의 논의와 관련해서는 김도형 「加藤弘之의 洋學受容과 '天'의 變容」『東洋史學研究』 제128집, 2014a.를 참조.

과 대단히 닮아있는 것이었고, 그는 이 시기상조논쟁을 통해 과거의 자기이론을 스스로 논파하고, 일본의 개화가 여전히 미진하며 그 이유는 무엇인지를 증명해야 하는 입장에 놓였던 것이다. 그러나 이 논쟁에서 명확한 근거를 대지 못한 채 궁지에 몰린 그는 결국 새로운 사상적 출로를 모색해야 하는 과제를 동시에 떠안게 되었다.[3]

그리고 동경대학의 전신인 개성학교(開成學校)의 종리(綜理)직에 촉탁된 1877년 말부터 가토는 자신의 위와 같은 새로운 사상적 과제들의 해결에 본격적으로 착수하게 되었는데, 그 진행의 양상을 그가 남긴 독서비망록인「의당비망」에서 확인할 수 있다.「의당비망」은 1877(明治 10)년부터 약 5년여에 걸쳐서 쓰인 독서록으로, 모두 4책으로 이루어져 있다. 각 책의 표지에는 기록개시의 연월일이 적혀있다. 제1책은 메이지 10년 12월 30일, 제2책은 메이지 12년 5월 27일, 제3책은 메이지 12년 8월 21일, 제4책은 메이지 13년 6월 11일로 되어 있다. 그리고 제4책은 메이지 15년 11월 2일 이래『유빙호치신문(郵便報知新聞)』에 게재된 야노 후미오(矢野文雄)의 사설인「가토 히로유키의 인권신설을 읽음(加藤弘之氏ノ人権新説ヲ読ム)」 – 즉 가토의『인권신설』에 대한 반론 – 을 필사하는 도중에 끝나고 있다.

이「의당비망」에서 그가 첫 번째로 관심을 가진 사항은 다음과 같다.

○ 유종국사(類從國史)[4] 환무제 21년 정월 임술일에 다음과 같이 명한다. 듣자 하니, 산성국(山城國)백성이 수전(水田)을 매매하는데

3　이상의 논의와 관련해서는 김도형「1874년 가토 히로유키(加藤弘之)의 민선의원설립 시기상조론에 관한 일고찰(一考察)『인문연구』제72호, 2014b.를 참조.

4　『유취국사(類聚国史)』의 오기인 듯하다.

벼를 직접 돈으로 환산하여 매매한다고 한다 운운[5](上田勝美 [ほか] 編 1990, 161).

이것은 분명 가토가 『국체신론』에서 지적한 '천하의 사유'론(=王土王民論)에 대한 반박의 증거로 고대 일본에서도 인민들 사이에 토지매매가 이루어지는 사례를 언급한 것이라고 생각되는데, 이로부터 그가 무엇을 염두에 두고 독서를 시작하였는지를 짐작할 수 있을 것이다.

또한 이세 사다타케(伊勢貞丈)가 편찬한 안사이총서(安斎叢書) 제1책에서

> 신도에 대해서 말하길, 일본기(日本紀)의 용명기(用明紀)에 천황은 불법을 믿고 신도를 존숭한다(信仏法尊神道)고 하였고, 또 같은 책 효덕기(孝德紀)에서도 불법을 중시하고 신도를 가벼이 한다(尊仏法輕神道)고 하였다. 이 신도라는 것은 후세대에서 행해지는 신도라는 하나의 도(一道)가 아니라 신기(神祇)를 제숭(祭崇)하는 도를 말하는 것이다. 앞의 경신기(輕神祇)의 주에, 생국혼사지수(生國魂社之樹)와 같은 일이 바로 그러하다고 되어 있다. 도(道)라는 글자에 지나치게 구애해서는 안 된다. 지금 세상의 신도라는 것은 후대에 건립한 하나의 도이다(上田勝美 [ほか]編 1990, 161).

> 지금 세상에서 신도라고 하는 일도(一道)는 유불의 양도를 부러워하여 중고에 새롭게 만든 도이다. 일본기에 신도라고 있는 것은

---

5 원문은 다음과 같다. "類從國史 桓武二十一年正月壬戌勅如聞山城国百姓売買水田以稲為直准銭論云云"

그 령(令)에 신기도(神祇道)라고 있는 것과 같은 것으로 신을 제사
하는 도를 말한다 운운(上田勝美 [ほか]編 1990, 161).

라는 등의 신도론에 주목하는 등, 당시 일본의 국가종교화하고 있
던 신도론에 대한 반박의 시선을 늦추지 않고 있음을 확인할 수 있다.
그밖에도 『독사여론(讀史余論)』으로부터 헤이조(平城)시기까지 일반 백
성의 여론을 듣는 상자에 대한 사례를 기록해 둔다던가, 긴메이천황(欽
明天皇)시기 백제로부터 불상과 불경이 전해지면서 역병이 유행한 일을
배불가(排佛家)들이 국신(國神)을 제대로 모시지 않아 생겼다는 기록에
대해서 "내가 생각하기로는 이것은 본디 취할 만하지 않은 설이다. 아
마도 외국인이 우리나라에 오는 자가 점점 증가하면서 고래에 없었던
역병이 전해진 것이 아닐까"(上田勝美 [ほか]編 1990, 162)라는 자기 나름
의 해석을 적어두기도 하였다. 특히 역대의 천황들이 대부분 불교신자
였다는 사실을 확인할 수 있는 기록들에 관심을 보이는 등, 어쨌든 국
학자류가 주장하는 것들에 대한 합리적인 해석이나 그 반박의 근거가
될 만한 것들에 주목하면서 책을 읽고 있음을 확인할 수 있다.
또 주목할 만한 부분은 그의 국체에 대한 고민이 서구의 개화사 등
을 근거로 삼아 전개되고 있다는 점인데, 가령 "내가 생각하기에 동
방 각국 가운데 우리나라와 같은 경우는 고래로 외국무역이 없어서
평민이 부를 얻을 방법이 부족하였던 것이 그 才智가 발달할 수 없었
던 하나의 원인이다. 그러므로 소위 中等門地라는 것이 일어날 수 없
었다. 유럽의 중등문지가 일어난 것은 특히 평민이 부를 얻게 됨에 따
라서 재지를 얻게 되었기 때문이다"(上田勝美 [ほか]編 1990, 166)라고 하
여, 유럽의 발전양상과 비교해서 일본에는 없었던 '중등문지'라는 계
층의 역할에 대해 주목한다. 또 국가의 '개화'는 외국과의 교역여부에

서도 크게 영향을 받는 것이라고 생각했던 듯하다. 가령 "지중해 연안의 나라들이 태고로부터 서로 외국무역을 하게 된 것은 파랑(波浪)이 정온한 작은 바다를 항해하기 편리하였기 때문으로, 유럽 각국의 개화는 대개 이 좋은 지형에 근거하는 바가 많다"(上田勝美 [ほか]編 1990, 166)고 하여 문명의 개화여부를 지리적인 문제와 연결시키는 사고가 엿보인다.

이상과 같이 엿보이는 관심들은 역시 일본이라는 국가의 '국체'가 어떠해야 할 것인가, 또 어째서 일본의 개화는 미진한가에 대한 본격적인 고민으로부터 나오고 있는 것이다. 이런 고민은 곧 "유럽과 아시아 특히 일본의 개화차이가 어떤 원인에 근거하는가라는 점"(山下重一 1983, 148-149)을 비교·고찰함으로써 문제를 해결하려고 하는 태도로 이어진다. 그리고 이런 태도가 기존 일본의 사서들은 물론, 서양의 역사서, 특히 '개화사'류의 문명사관으로부터 강력한 영향을 받는 계기가 되었음을 이 비망록에서 확인할 수 있다.

『의당비망』의 초기부분에 주로 인용되는 서구의 '개화사'류 서적들은 콜브(Kolb)의 『개화사(開化史)』[6]를 비롯하여 버클의 『개화사』[7], 러보크의 『개화기원론(開化起源論)』[8], 드레이퍼의 『교법학술반대론(教法学術

---

6 各耳敷開化史(Kolb, G. F., *Kulturgeschichte der Menschheit*, Bd. 1-2, 2 Aufl. 1872-73)

7 幕克耳開化史(Buckle, H. T., *Geschichte der Zivilisation in England*, 3 Aufl. 1868. *History of Civilization in England*. 의 독일어역)

8 ロボック氏開化起源論(Lubbock, j., *Entstehung der Zivilisation*, 1875. Origin of Civilization 의 독일어역)

反対論)』[9]과 『구주인지개진론(欧州人智開進論)』[10], 몽테스키외의 『법의 정신』[11], 거스트너 『인구통계학』[12], 헤르왈드의 『개화사』[13], 배젓 『국가의 기원』[14], 헨네 암 라인의 『개화사』[15], 그리고 다윈의 『인류의 기원과 성선택』[16] 등이다.

비망록 초기부분에 콜브(Kolb)의 『개화사』로부터는 아래와 같은 부분을 인용하고 있다.

> ○ 아시아의 정신은, 특히 신도(神道)상에서 나타나기 때문에, 마침내 군주천제를 낳고, 또 유럽의 정신은 특히 성리(性理)상에서 나타나기 때문에, 결국 연구탐토(研究探討)의 마음과 자유자제(自由自制)의 의지를 낳는다 운운(上田勝美 [ほか]編 1990, 161).

위의 인용으로부터 알 수 있듯이, 아시아, 특히 일본과 유럽과의 개화의 차이는 전자의 신비성(신도)과 후자의 합리성(성리)이라는 정신

---

9 トレーペル氏教法学術反対論(Draper, J. W., *Geschichte der Konflikte zwischen Religion und Wissenschaft*, 1875, *history of the Conflict between Religion and Science*. 의 독일어역)

10 トレーペル氏欧州人智開進論(Draper, J. W., *Geschichte der geistigen Entwicklung Europas*, 1871, *History of the Intellectual Development of Europe*. 의 독일어역)

11 孟得士咎エスプリトロウ(Montesqieiu, *De L'esprit de loi*, 1748 의 독일어역)

12 ゲストネル氏人口スタチチック(Gerstner, *Die Bevölkerungs-Statistik*, 1864.)

13 ヘルワルド氏開化史(Hellwald, F. V., *Kulturgeschichte in ihrer natürlichen Entwicklung bis zur Gegenwart*, Bd. 1-2, 1876-77)

14 バショウ氏ウールスプルグ、デル、ナチオーネン(Bagehot, W., *Der Ursprung der Nationen*, 1874, *Physics and Politics*. 의 독일어역)

15 ヘンネ・アムライン氏開化史(Henne-Amryhn, *Allgeneine Kulturgeschichte*, 6Aufl. 1875)

16 ダルビン氏アブスタムムング、デス、メンシエン(Darwin, C., *Die Abstammung des Minschen und die geschichtliche Zuchtwahl*, Bd. 1-2, 1875, *The Descent of Man and Selection in Relation to Sex*. 의 독일어역)

형태의 차이에 있다는 식의 논리에 주목하고 있다. 가토는 어디까지나 서구의 개화사를 하나의 보편적인 발전사로서 인식하고, 거기에 일본의 국체를 비교하는 방식으로 자신의 주장을 증명하고자 했던 듯하다. 말하자면 현재 '천칙성국(天勅成國)'인 일본의 국체(=특수)를, 서구의 국가들과 동일한(비록 遲速의 차이는 있을지언정) 개화과정을 밟고 있는 '보통국가'(=보편)로 간주할 수 있는 근거를 획득하는 데에 이 시기 가토의 문제관심이 집중되고 있음을 알 수 있다. 즉 가토는 세계의 보편원리 안에 일본을 편입시킴으로써 특수보다 보편을 우위에 두고자 하는 자신의 주장을 증명하는 데에 많은 관심을 기울였던 것이다.

동시에 이로부터 각국 혹은 각지 사이에서 지금 나타나는 개화의 차이는 어떤 원인에 기초한 것일까에 관한 가토의 문제의식은, 이윽고 인류의 개화와 기후, 지형, 풍토의 관계 혹은 개화의 속도와 가족형태(일부일처제와 일부다처제의 문제)내지 생식력의 문제 등 다양한 방면으로 확대되면서 지속되는데, 사실 이와 같은 방법론은 가토가 그 성원으로 활동하였던 메이로쿠사(明六社)에서부터 연원하는 바가 크다. 잘 알려진 것처럼 메이로쿠사의 활동목적은 '문명개화(文明開化)'라는 네 글자로 집약할 수 있다(山室信一, 「明六雜誌の思想世界」, 山室信一・中野目徹 校注 2009, 449). 이것을 어떤 방법으로 추진할 것인지에 대해서는 회원들 간에 다양한 의견으로 갈리고 있었지만, 그들의 공통된 목표는 모두 '일본(인민)의 문명개화'에 있었다. 그것은 필연적으로 당시의 일본이 어째서 문명개화에 이르지 못하였는지에 관한 문제의식을 도출하게 되었고, 성원들은 각자의 입장에서 다양한 진단을 내렸다. 가령 「의당비망」 초기에 가토가 가장 관심을 갖는 문명의 '지리적 결정론'에 대한 관심들은 이미 『明六雜誌』 제4호와 제5호에서 미쓰쿠리 린쇼(箕作麟祥)가 「인민의 자유와 토지의 기후는 서로 관련이 있다

는 론」이라는 제목으로 초역게재했던 몽테스키외의 『법의 정신』에서 제기된 문제이다. 여기에서 몽테스키외는 기후나 지형에 의한 국민기질의 차이와 정치체제를 관련시키고 그것을 유럽과 아시아의 대비 속에서 논하고 있는데, 이로부터 파생된 문제의식은 의당비망에서 가장 먼저 가토가 주목하는 바가 되고 있었다. 특히 "더운 나라의 사람은 성질이 약하고 올바르지 못한 자가 많고, 추운 나라의 사람은 용맹하며 그 성질이 바른 자가 많을 뿐만 아니라, 한 나라 안에 그 남북의 토지에 의해서 이러한 차이가 있다"(上田勝美 [ほか]編 1990, 170)는 몽테스키외 인용은 『明六雜誌』의 그것(箕作麟祥,「人民の自由と土地の気候と互いに相関するの論」, 山室信一・中野目徹 校注 1999, 141–146)을 그대로 따르고 있는 것이었다.

기후결정론 이외에도 가토가 특히 주목하는 것은 바로 남녀관계의 문제와 존귀비천의 문제, 그리고 인구론에 대한 것들인데, 가령 존귀비천에 대한 것은 가토가 본래부터 가장 관심을 기울이는 것 중에 하나였고, 남녀문제 또한 메이로쿠사의 단골 주제 중 하나로, 모리 아리노리나 후쿠자와, 나카무라 마사나오 등에 의해서 종종 제기된 일부일처 논쟁이나 현모양처 담론 등과도 관련이 없지 않을 것이다. 이 남녀문제는 다시 기후결정론과 결합하여 기후에 따른 각기 지방들의 결혼 및 자녀출생수의 문제로부터 인구론으로까지 이어지는 양상을 보이는데, 여기에 대해서는 주로 거스트너 『인구통계학』으로부터 인용이 많다. 또한 이 문제는 블룬칠리의 국가학에서 맬서스의 문제를 다룬 데에서 시사를 받았음을 스스로 밝히고 있다(上田勝美 [ほか]編 1990, 170).

3. 개화와 인종 - 진화론의 입구

위와 같은 개화문제의 고찰들로부터 의당비망 1책에서는 "우리나라의 개화를 방해하는 것은 기후, 토지의 풍부함, 일남수처(一男數妻) 등이 가장 큰 것이라 생각한다"(上田勝美 [ほか]編 1990, 171)라고 적고 있는 것은, 당시 그의 문제의식 양상을 단적으로 보여주는 문장이다. 그러나 여기에서 그치지 않고, 개화의 요인을 인류의 생활상의 정신형태, 지리적 조건, 가족형태라고 검토하여, 생식력, 인구의 문제에까지 도달하였을 때, 한발 더 나아가서 개화의 차이를 이제 인종의 차이에서부터 검토하게 되는 것도 그다지 무리한 논리의 전개는 아닐 것이다. 이렇게 가토의 개화사연구는 이윽고 인종의 문제에 이르게 되었다.

○ [인종] 헤르왈드씨의 설에 인지의 개명은 오직 인종에 의한 것으로, 저 몽테스키외 혹은 버클씨 등의 설과 같이 기후지성 등에 의한 것이 아니다. 원래 이러한 것들에도 완전히 관계가 없지는 않지만, 이것은 대단히 조금이고 많은 경우는 인종의 우열에 의한 것이라 하였다. 이와 관련하여 헤르왈드씨 개화사 1권 60쪽에 나온다(上田勝美 [ほか]編 1990, 171).

이어서 "지방분권론 제1편 모씨"라고 하여, 일본인민의 자유가 관동팔주로부터 일어났다는 식의 이야기를 인용하고 있는데, 정확히 누구의 논의를 인용하였다고 적혀있지는 않은 것으로 보아 어쩌면 가토 본인의 시작(試作)이라고도 볼 수 있을 듯하다. 어쨌든 여기에서는 일본 자유의 기원을 "일본심(日本心)이라는 불기경한(不羈勁悍)의 기상을 고유(固有)한 동국(東國)의 인민"(上田勝美 [ほか]編 1990, 173)이라는 식으

로, '추운 지방의 사람들이 용맹강경'하다는 몽테스키외『법의 정신』에서부터 나온 인성(人性)의 지리결정적인 관점으로부터 설명하고자 시도하고 있다. 이어서 '지방분권론' 제2편에서는 위와 같은 관점으로부터 고대 일본의 조정이 쇠퇴하는 역사를 개관하면서, 무엇보다도 '불기경한의 정'을 지니지 않은 문벌귀현들의 득세가 그 멸망의 원인임을 지적한다. 그러면서 "원래 우리 대일본제국의 인민은 그 중에 두셋인 귀화한 인민 혹은 俘虜의 인민은 秦漢三韓의 인족이라고 하는데, 그 밖에도 즉 모두 동등한 권리를 고유한 대일본인이 아닌 자가 없다. 처음에 일찍이 어찌 문지품류와 같은 것들이 있었겠는가"(上田勝美 [ほか]編 1990, 175)라고 하여, 지리결정론으로부터 확장하여 일본인 특유의 자유와 평등의 천성이 있음을 강조하는 듯한 인용(혹은 기술)이 보인다. 심지어 이어지는 내용은 "그런데 지금 京師의 貴紳들은 오직 나태하고, 지방의 인민은 오직 근로하여 행불행의 차이 또한 대단히 큰데, 이를 알지 못하는 지방인민은 과연 무슨 죄가 있어서 그 권리를 속박(軛)당하게 되었는가. 혹시라도 불기경한한 일본혼을 지닌 인민은 이를 어찌할 것인가. 감개흥기로써 그 자유를 회복하고 그 정권을 分取하는 데에 힘쓰지 않으면 안 될 것……"(上田勝美 [ほか]編 1990, 175)이라며 마치 자유민이라면 떨쳐 일어나 지방자치를 쟁취하여야 한다는 식의 기술이 이어지는데, 가토가 이러한 문장에 주목하여 인용(혹은 기술)한 이유가 무엇인지 매우 흥미롭기도 하다[17]. 그러나 어쨌든 여기에서는 지리결정론과 이로부터 형성된 인민의 천성이라고 하는 사고방식

---

17 아마도 이 기술은 일본인에게도 본래 자유의 기상이 존재하고 있었음을 살펴보고자 하는 의도로 작성된 것으로, 특히 가토 자신이 번역한 블룬칠리의『국법범론』에서 유럽적 자유의 기상이 문명상태의 고대 로마가 아닌 미개상태의 게르만인으로부터 나왔음을 강조한 견해로부터 영향을 받은 것으로 추정된다.

이 작동하고 있음에 주목하는 정도로 그치고자 한다.

이어서 "개화진보의 때를 맞아 완전히 종래의 풍속습관을 버리고 新奇로만 달리는 국민은 결국 영존할 수 없다는 등 운운"이라던가 "전쟁의 必用함. 태고적에서는 군주의 전제가 실로 반드시 필요하니, 그러므로 미개한 나라에는 전제정치가 없어서는 안 된다. 그렇지만 결국 이로 인하여 그 진보를 방해한다 운운"(上田勝美 [ほか]編 1990, 177)이라고 하여 배젓의 『국가의 기원』을 인용하고 있는데, 이로부터 가토가 개화진보시 속도조절의 문제에도 역시 유의하고 있었음을 알 수 있다.

특히 가토는 배젓의 저서에서 인종문제를 다룬 부분에 주목하고 있다. 가령 "인종은 결코 기후토지 등의 차이로부터 나뉜 것이 아니다 운운" 이라던가 "인종은 오직 한 지역에서 머물러 살던지 혹은 다른 인종과 서로 섞여서 잡종이 되지 않을 때에는 결코 진보개화에 적합한 자가 되기 어렵다 운운" "인도인과 영국인의 혼교"의 문제 등을 인용하는데, 이것은 아마도 일본 고대의 역사에서 하늘로부터의 천손, 당과 백제 등의 도래인와 일본 고유 토인 사이의 신분제도 및 혼종·잡혼 등에 대한 관심으로부터 이 문제에 주목하게 된 것으로 보인다. 가령 역시 「의당비망」에 나오는 '양천의 구별'이라는 글에서는 일본의 신분문제를 다루면서 "구래의 土人에 비하면 최우등인종인 천신의 자손 및 지나삼한으로부터 도래한 사람들이 군주가 되고 또 재상, 牧宰, 吏卒이 되어서 토인을 통치하였다"(上田勝美 [ほか]編 1990, 179-180)라고 하여 천손/도래인과 일본 고유의 인종 간에 주종의 관계가 생겨난 연유 및 노비와 천민 등의 발생과 그 증거가 되는 호적문서 등을 열거한다. 문제는 여기에서 일본인(국가)의 구성을 도래인과 토착인으로 나누고, 나아가 이로부터 신분제의 발생을 논의하고 있다는 점이다. 앞에서 살펴본 '지방분권론' 역시 이와 비슷한 인식으로부터 인용

(혹은 기술)된 것으로, 이것은 일본의 국체를 설명하고자 하는 가토의 연구가 일본 고대의 역사에 대한 관심을 일으켰고, 거기에서도 '천손신화'를 도래인의 역사와 연관시켜 보면서,[18] 나아가 일본인의 '천성'에 기초한 '자유(不羈勁悍)'의 기상을 찾아내고자 했다는 사실을 보여준다. 흔히 가토의 인종문제에 대한 관심은, 초기 몽테스키외나 버클류의 개화사상가들이 말한 '지리결정론'으로부터 독서의 범위가 넓어짐에 따라 인종결정론으로 이행하였다고 보는 경우가 많았다. 하지만 이로부터 알 수 있듯이 가토의 '개화'와 '일본의 국체'라는 두 가지 관심사로부터 이어진 지적 호기심이, 도래인(천황가)과 일본인의 혼종과 지배계급, 신분제의 발생이라는 문제에 이르면서 인종문제에 대한 관심을 촉발하고 있음은 분명하다.

또 배젓의 저서에서 가토는 다윈 진화론에 대한 시사를 받고 있었던 것으로 보인다. 가령 위의 인종관련 문장인용의 직후에서 "샌드위치섬의 개화진보는 실로 빨라서 그 40년 동안의 진보가 영국의 천 년간의 진보보다도 크다 운운"이라고 하여 다윈의 『인간의 유래』로부터 문장을 인용한다. 특히 "다윈의 주장에는 개명국에서는 여자가 많고 남자가 적다고 하였는데, 그러나 거스트너의 주장으로는 대저 남자가 많이 태어나며 여자가 적게 태어난다고 하였다. 그런데 다윈의 설에서는 그 출생이 아니라 생장의 일을 말한 것이라고 생각할 수 있다"(上田勝美 [ほか]編 1990, 175)고 하여 그가 본격적으로 개화, 지리를 거쳐 인종의 문제에 도달한 것이 진화론에 접촉한 계기를 이루고 있음을 알 수 있다.

그리하여 「의당비망」 제1책의 마지막 장에는 다음과 같은 기술이

---

[18] 이 부분에도 초기 황실의 불교숭배와 백제에 대한 기술 등이 적혀있다.

보인다.

버클씨 및 기타 대가들이 인민의 개화는 기후토지의 성질, 음식
물, 지형, 그 밖의 것들로 인하여 천심지속(淺深遲速)을 낳는다고 하
였다. 옳은 이야기이지만, 내가 본 바로는 이것을 논하기 전에 먼저
인종들의 체구, 피부색 등도 다만 토지기상 등으로 인하여 차이를
낳은 것인지, 그렇지 않다면 다른 원인에 의한 것인지를 탐구하지
않으면 안 된다. 근세 심리학에서는 몸과 마음은 별개의 물질이 아
니라는 점이 분명하므로, 만일 인종들의 체격, 피부색이 토지와 기
상 등에 관계되지 않고 다른 원인으로부터 차이가 생겨난 것이라면
그 마음과 정신에 있어서도 또한 원인을 같이 할 것임은 필연이기
때문이다. 그러므로 먼저 인종의 일을 살피지 않으면 안 된다(上田
勝美 [ほか]編 1990, 190).

가토가 원래 인간 간의 평등과 차별, 지배의 발생과 같은 문제에 초
기에서부터 민감하였다는 점[19]과 함께, 이미 『도나리구사』에서 미국의
남북전쟁문제와 관련하여 인종갈등에 대한 예비적 지식을 갖추고 있
었다는 점까지 감안하면, 일본의 역사 안에서 위와 같은 문제들에 대
한 관심을 가진 것이 인종문제로 이어지게 되는 사고의 전환은 그다지

---

19 가토의 초기 미완초고 가운데 「自主の權」「君臣尊卑」에서는 '모든 이에게 동등한 자유
권'과 같은 개념이나, 군신관계의 성립을 '자연적인 것이 아닌 역사적인 것'으로 파악
하고자 하는 시각이 잘 드러난다. 특히 가토는 인간의 차등이 발생하는 원인을 인간의
'지적 능력'의 차이로부터 찾고 이로부터 존비귀천 및 군주제의 정당성을 확인하는데,
그가 서구의 사상을 본격적으로 섭취하기 이전부터 이런 합리적 군주관을 피력하고
있는 점은 주목할 만하다. 加藤弘之, 「君臣尊卑」, 上田勝美 [ほか]編, 上揭書, pp.37-
39 참조.

어색한 일은 아닐 것이다. 또한 위의 문장에서 보이듯 이미 '몸과 마음은 별개의 물질이 아니라는 점이 분명'하다는 인식마저 나타나고 있으므로 가토 특유의 물질주의, 유물론까지의 거리는 이제 그리 멀지 않았던 것이다. 그 후 가토의 주된 관심은 인류의 개화와 인종 사이의 관계라는 문제로 집중되어 갔다. 여기에서 자주 참조되고 있는 것은 앞의 헤르왈드와 배젓 이외에 다윈과 헤켈(Haeckel)로, 비록 개화라는 문제의 초점이 유지되고는 있었지만, 이전의 소위 '문명개화'에 대한 관심으로부터 이제 인류의 기원, 자연도태와 인위도태와 같은 생물학적 진화론에 대한 관심이 주를 이루게 되었음을 확인할 수 있다.

결국 이 시점에서 가토가 무엇보다도 진화론으로부터 받은 가장 중요한 시사라면 바로 "점점 생물학에서 인류학의 진보를 낳고, 또 이 인류학의 진보로부터 새로운 철학을 낳아, 마침내 고대의 억측망상의 철학을 무너뜨릴 것이다 운운"(上田勝美 [ほか]編 1990, 190)이라는 인식일 것이다. 가토가 얻게 된 새로운 생물학적 지식들은, 이제 가토가 지닌 세계관 자체의 근본적인 재검토를 요하게 할 만큼 강력한 영향력을 발휘하게 되었다. 그렇다면, 가토는 이 진화론의 압도적 영향하에서, 어떻게 '개화'를 해석할 것이며, 일본의 '국체'를 재구성하게 되는 것일까.

4. 보편원리의 대체 - 진화론수용

「의당비망」 제2책의 초반부분에서는 이미 다윈은 물론, 헤켈의 『조화사(造化史)』[20]를 비롯하여 라마르크, 조프루아 생 띨레르(Geoffroy

---

20 헤켈의 초기 대표작인 『Natürliche Schöpfungsgeschichte』(1868).

Saint-Hilaire), 괴테, 오켄(oken)[21]등의 이름과 함께 '진화론'이라는 표현이 등장하고 있다. 이 시기에 오면 '개화'는 이미 역사적인 문제가 아니게 되어 버린 감마저 든다.

○ 인류의 개화에 대관계가 있는 것에 내외의 구별이 있다. 첫째로 외부의 것은 지세, 기후 등의 것이며, 둘째로 내부의 것은 곧 인류 자신으로 그 형체와 심신이다 운운. 다음으로 외부의 관계에 여러 가지 형태가 있다 운운. 내부에 있어서도 여러 가지가 있어 인종들이 모두 서로 다른 것이다. 이것을 ethinische moment라고 한다. 그런데 역사가들은 대개 이에 주목하기를 게을리 하였다. 그리고 이를 게을리 하는 두 종류가 있다. 하나는 여기에 착안해야 하는 이치를 모르는 자, 다른 하나는 이를 알지만 중요하다고 생각하지 않는 자이다. 밀씨와 버클씨 등이 이와 같다. 그렇지만 위 내외의 일을 충분히 알지 못한다면 개화사를 논할 수 없다 운운. 헤르왈드씨 개화사 상권 제53, 4, 5, 6쪽에 매우 상세하다(上田勝美 [ほか]編 1990, 194).

위 인용에 이어서 가토는 다시 이렇게 적고 있다.

나는 이 설을 읽기 전부터 이를 필요하다고 생각하였기 때문에, 종종 인종에 관한 것을 궁구하고자 하여 여러 책을 읽는 사이에 이 설을 얻었다. 내가 不學하지만 크게 헤르왈드씨의 설에 暗合함을 기쁘게 여긴다(上田勝美 [ほか]編 1990, 194).

---

21 독일의 박물학자인 로렌츠 오켄(Lorenz Oken).

이처럼 가토의 버클류 문명개화사로부터 다윈류 생물진화론으로의 경도는 대단히 빠르게, 그것도 강한 확신을 가지고 진행되었던 것으로 보인다. 유럽 문명개화의 역사로부터 일본의 개화와 국체를 설명하고자 했던 관심은, 인종론이라는 계기를 통해 생물학적 진화론의 영향 아래에 놓이게 되었다. 모든 문명의 개화뿐만 아니라, 국가론, 인간론 등 가토가 기존에 역사적으로 판단해 오던 모든 '기원'의 문제는 이제 진화론의 이해로부터 도출되게 된 것이다.

가토는 「의당비망」 제2책 중반 이후로는 다윈과 헤켈에 크게 의존한다. 다만 다윈의 경우는 주로 인종론에 대한 관심에서 『인간의 유래』를 살피는데 비해(武田時昌 「加藤弘之の進化学事始め」, 阪上孝 編 2003, 285), 헤켈의 경우는 그 영향이 좀 더 광범위한 듯 보인다. 특히 『조화사』의 인종의 기원과 분류에 관한 논설에 주목한다. 「의당비망」 제1책에서 인류의 조상은 일종(一種)으로부터 발생했다고 하는 설과 여러 종으로부터 발생했다는 설의 두 가지가 있다고 하고, 『조화사』가 일종설을 시인하고 있다는 점을 기록한 후에, 다음의 문장을 인용한다.

> 단 그 류는 12가지가 있다. 원래 인류가 원숭이로부터 변화한 것은 한 번이 아니라, 몇 차례의 일이므로, 이를 한 종류에서 나왔다고 하는 것은 타당하지 않다고 하는 설도 있을 수 있으나, 그 원숭이라는 것도 원래 완전히 한 종류이므로 인류는 설령 몇 종류의 원숭이로부터 변했다고 해도, 이를 몇 가지 다른 종이라고 할 수 없다. 또 이와 같으므로 인류가 원래 일남일녀로부터 생겼다고 하는 설은 대단히 오류라 하겠다(上田勝美 [ほか]編 1990, 187).

여기에서 '일남일녀로부터 생겨났다고 하는 설'이란 아담과 이브로부터 인류가 생겨났다고 하는 성서에 의거한 설로, 진화론이 크리스트교 비판에 직접적으로 결부되어 있는 부분을 가장 먼저 제시하고 있다(武田時昌 「加藤弘之の進化学事始め」, 阪上孝 編 2003, 286–287). 또한 "진화론의 제일 증거가 되는 것은 흔적기관(Rüdimentare Organe)인데, 이 증거는 신교(神敎) 혹은 상제(上帝)의 조물(造物)을 하면서 확정(確定)한 목적이 있다고 하는 설을 가장 배격하기에 족한 것이다 운운"(上田勝美 [ほか]編 1990, 208)이라는 헤켈의 말을 인용하면서 소위 '조물주로서의 절대자'에 대한 관념을 배격할 만한 시각들에 동의하는 부분이 많다. 이런 시각과 관련하여 흥미로운 점은 가토가 어째서 헤켈에게 적극적으로 동감하고 있는가의 문제인데, 그것은 헤켈이 당시 프러시아의 가톨릭 신자이면서도 철저하게 기독교류의 인간기원설, 세계창조설을 반박한 인물이라는 사정과 관련이 있을지도 모르겠다. 헤켈의 진화론적 일원론 철학은 사실 '사회적 도덕적 야만'의 극복이라는 문명비판론으로부터 나온 것이었다(服部健二 1993, 282). 특히 헤켈의 발전설이 19세기 후반의 가톨릭부흥운동 속에서 나온 교황권지상론과의 문화투쟁[22]으로서, 인간 이성을 '미신의 멍에와 자연으로부터의 소외'하의 종속으로부터 해방하는 것이라는 문제의식을 지니고 있었던 점(服部健二 1993, 282)을 간과해서는 안 될 것이다. 이와 같은 헤켈의 사상적 경향은 앞에서 살펴본 대로, 가토가 당시 일본의 '천손강림'의 종교적 색채가 강한 국체를 타파하고, 천황으로 하여금 서구의 입헌

---

22 당시 교황 비오 9세는 바티칸의 교황권 강화를 위한 일련의 조치들을 단행했는데, 그런 상황을 헤켈은 교회가 승리하여 자유로운 학문과 자유로운 설교가 멈추던가, 근대 이성국가가 승리하여 20세기에 인간의 교양, 자유, 행복이 발전하던가의 양자택일적 상황으로 이해하고, '종교적 정신생활의 이성적 개혁'을 끈질기게 추구하였다. 이와 관련하여 服部健二 上揭論文, p.282, pp.287–288. 참조.

군주적 국체를 채택하게 함으로써 '만민의 천하'라는 이상을 실현하고자 했던 가토의 사상적 경향과 상통하는 것이 아니었을까. 가토의 헤켈 수용에 대해서는 '자의적인 오용(誤用)'이라는 해석(服部健二 1993, 290)도 존재하지만, 도리어 초기 가토의 사상을 검토하는 한, 이 시기까지는 헤켈의 자연주의적이고 이성적인 관점은 가토의 그것과 매우 잘 어울리는 것이었다고 여겨진다.

물론 가토의 헤켈 수용은, 헤켈이 지닌 우생학적 경향, 인종우열론 등과 직결되는 부분마저도 함께 받아들이고 있었다. 가령

> 백석인에게 필적할 만한 것은 오직 몽골종 뿐이다. 그 외에는 일찍이 생존을 위한 경쟁으로 인하여 단멸할 것이다. 원래 열국(熱國)인, 한국(寒國)인은 그 기후 때문에 백석인의 압도를 막아내기에 충분하다 운운(上田勝美 [ほか]編 1990, 187).

백석인, 즉 지중해인종(Homo Mediterraneus)은, 12인종의 최상등에 위치한 것으로, 거기에서 이어지는 것은 몽고인종 가운데의 일본이나 중국과 같은 종족밖에 없고, 그 이외에는 생존투쟁에 져서 언젠가는 멸절한다고 말한다. 이어서 "최하등의 인종은 도리어 유럽의 가축보다도 열등하다는 증거"(上田勝美 [ほか]編 1990, 188)가 논술되고 있는 점을 지적하는데, 이 지점에서 일본 인종이 가질 수 있는 위기의식, 그리고 생존투쟁에 의한 민족 간의 투쟁이라는 이념이 일찌감치 싹트고 있다는 것(武田時昌 「加藤弘之の進化学事始め」, 阪上孝 編 2003, 288) 또한 확인할 수 있다.

가토는 여전히 개화사의 문제에 주의를 기울이고 있지만, 이상과 같이 진화론 이해가 깊어짐에 따라 이제 진화의 원리에 입각하지 않

은 개화사는 별 의미가 없는 것이 되었다. 「의당비망」 제2책에서는 이 밖에도 인간의 진화에 따른 직립보행과 지식발달의 문제, 개화의 조건으로서 '언어문제'에 대한 주목을 비롯하여 인종의 차이에 따른 두뇌발달의 문제 및 다윈의 성선택으로 인한 도태문제까지 폭넓은 관심이 나타난다. 또한 "진화론에 따르면 귀족 등이 尊大하다고는 전혀 말할 수 없는 것으로, 이러한 자들도 원래 개나 원숭이의 무리와 결코 다른 바가 없기 때문이다 운운"(上田勝美 [ほか]編 1990, 209)이라 하여 이전 자신의 「군신존비」(上田勝美 [ほか]編 1990, 37-38)론에서부터 이어져 온 인간의 신분과 평등에 관한 문제가 진화론에 의해 근거지어질 수 있음을 확인하기도 한다.

「의당비망」 제2책의 말미에서부터는, 보다 다양한 학자들의 이름이 자주 눈에 띠게 된다. 슈페히트[23], 뷰크너[24], 포그트[25], 카스파리[26], 에케르[27], 타일러[28] 등 다양한 이름이 나오는데, 이로부터 그 관심의 영역도 더욱 넓어져 간다. 가령 슈페히트로부터는 위의 인간의 평등에 대한 진화론적 서술 이외에도 "도덕은 사회의 형태로부터 생겨나는 것"(上田勝美 [ほか]編 1990, 213)이라는 식의 진화론에 입각한 사회관, 국가관의 관점이 주로 인용된다. 또한 카스파리를 인용하면서 "국가는 무리(群)와는 다른 것으로 국가는 오로지 사회가 외적의 침입을 막

---

23 スペヒト氏教法及ビ学問(Specht, C. A., *Theologie und Wissenschaft*)

24 Friedrich Karl Christian Ludwig Büchner (29 March 1824 - 1 May 1899)의 『*Kraft und Stoff*』(1858)

25 フォグト氏(Carl Christoph Vogt, C., *Vorlesungen über den Menschen*, Bd. 1-2, 1863)

26 カスパリ氏人類太古史(Caspari, O., *Die Urgeschichte der Menschheit*, Bd. 1-2, 1877)

27 エッケル氏カムプ、ウムス、ダーザイン(Ecker, A., *Der Kampf uns Dasein in der Natur und in Völkerleben*, 1871)

28 Sir Edward Burnett Tylor(1832-1917).

고 그 안전을 지키며, 때로는 외적을 공격하는 일도 있어서 그 직(職)에 있어서 제 성원의 분업의 법을 사용한다. 그런데 무리는 오로지 부처친척의 합동으로 분업의 법이 없고, 외적의 침입을 받으면 홀연히 산란하기 마련이다. 국가는 인류 및 개미, 벌 또 때로는 야생마에게서 보인다. 기타 짐승들 다수는 무리를 이룰 뿐이다 운운"(上田勝美 [ほか]編 1990, 213-214)이라고 하여 국가와 무리의 차이에 대해 주목하고 있다.

「의당비망」 제3책 중간부분에 이르면, 인종론으로부터 지속적으로 화두가 되던 '인종의 차이'가 어디에서부터 연유하는가의 문제에 대해 토지, 빈부, 기후 등 여러 환경적인 요인들로부터 인종의 변화에 미치는 사례들과 반례들을 함께 열거하고, 결국 인종의 차이는 "자연환경의 영향이라기보다는 천성(天性)이 서로 다른 것이며, 인종에 따라서 진보에 적합한지 아닌지의 차이가 있어서, 열등한 인종은 우승한 인종으로 인해 일찍부터 그 시생(始生)의 땅에서 구축(驅逐)되고, 시생의 땅에 남은 우등인종 사이에 가장 격렬한 경쟁이 있으므로 그곳에서 진보가 가장 왕성하며, 구축된 인종 간에는 격렬한 경쟁이 없으므로, 심리학의 이치로부터 논하자면 가장 우등한 인종만이 여러 방해를 피하여 진보할 수 있고 그 외에는 이에 미치지 못한다 운운"(上田勝美 [ほか]編 1990, 221-222)하는 논리에 주목함으로써, 인종론으로부터 인종 간 경쟁의 원리를 도입하는 것으로 '개화의 우열'문제를 정리하고 있다.

이제 여기까지 이르면, 가토에게 '천부인권'은 관심 밖의 이야기였을 것이다. 같은 인간이라도 인종에 따라 우열이 명확하고, 그 결과물인 '개화'의 양상 또한 자명한 차이를 드러내고 있다. 사람에 대해서 "하늘이 가장 사랑하였다"(加藤弘之『眞政大意』植手通有 編 1986, 350)

면 이런 차이가 있을 리 없다. "사람에 대해서만 만복을 내려주신 하늘의 뜻(天意)"(加藤弘之『眞政大意』植手通有 編 1986, 350)은 이제 가토에게는 공허한 것이었다.

5. '天賦'와 '天孫'의 동시부정

이런 과정을 거쳐서 「의당비망」 제3책의 마지막에서 가토는 다음과 같은 필기를 남긴다.

> 내가 생각하건대, 종래 학자들이 사람에게 천부의 권리가 있다고 생각하며 이를 굳건히(牢固) 하였기 때문에 법을 두어서 안전하게 함으로써 천부의 권리를 보호하는 것이라고 생각하였다. 그럴 때에는 권리보호는 곧 Ziel(목적)로서 법으로써 안전을 얻는 것은 Mittel(방법)이다. 그런데 이것은 대단히 잘못된 것으로, 원래 천부의 권리라는 것은 없고, 대개 사람들의 안전을 보호하기 위해서 법이라는 것을 세워서 이로부터 권리가 비로소 생겨나고, 안전의 보호가 생겨나서 행해지기 때문에, 안전보호는 Ziel이며 법을 세워서 권리를 두는 것은 Mittel이다(上田勝美 [ほか]編 1990, 229).

위의 기록에서 알 수 있듯이 인종 간의 우열을 보편적인 것으로 인정하는 순간, 가토에게 천부인권이란 방기된 것처럼 보인다. 기존 가토의 '국가는 인민 천부의 자유권과 평등을 보호하기 위해서 있는 것'이라는 생각이 부정되고, 권리란 국가의 성립으로 인해 안전이 보호된 이후라야 발생 가능한 것이 되었다. 법이란, 천부의 권리를 보호하기 위해서 설치되는 것이 아니라 오직 '안전'을 보호하기 위해서 두는 것이다. 진화론과 생물학, 실증주의의 세례는 가토의 초기사상에서 나타나던 '천'의 형이상학에 입각한 인간관, 권리론을 방기하도록 이끌었다. 이것이 가토가 스스로 그 「경력담」에서 밝힌 '주의의 변화'(加藤弘之 「經歷談」 植手通有 編 1986, 489)의 구체적 내용일 것이다.

동시에 또 한 가지 가토 사상 내부의 변화로서 주목할 만한 것은, 위의 권리-법 관계에서 잘 나타나고 있듯이 가토의 표현을 빌자면 '안목주의(眼目主義)'로부터 '인과주의(因果主義)'로의 전환, 즉 당위지향성으로부터 존재지향성으로 라는 사상태도의 전환이라는 의미(松本三之介, 1969: 71)도 포함하고 있다는 점이다. 가령 『국체신론』은 '국가 군민성립의 원인은 실로 하늘의 뜻으로부터 나온다'는 이념에 입각하고, '국가의 주안은 인민으로, 인민을 위해서 군주가 있고 정부가 있는 이치'를 밝힌다고 하는 관점으로부터 국가론을 주장하듯이, 이전의 가토가 언제나 국가정치의 이념을 추구하고 당위를 지향하는 '안목주의' 적 방식의 사고를 전개했다면, 진화론의 섭취가 어느 정도 이루어진 이 시점(1879년 말엽에서 1880년 상반기 무렵)에 이르면 그가 훗날 『인권신설』에서 '만물법의 일개 대정규인 우승열패'(加藤弘之 『人權新說』 植手通有 編 1986, 421)에 의해서 현실의 지배관계나 권리관계를 설명하고자 시도하는 것과 같이, 언제나 현실을 부동의 전제로 하여 존재를 거꾸로 규범화하는(松本三之介 1969, 71) '인과주의'적인 사고방식을 취하고 있음을 확인할 수 있다.

위와 같은 변화는 기존의 연구들에서 말하는 것처럼 '천부인권' 부정의 논리적 근거를 제공해준 것이고, 이것은 아마도 분명한 사실일 것이다. 하지만 동시에 또 하나의 '천', 즉 천황가의 '천손신화'를 부정하는 근거로도 사용될 수 있다는 점, 애초에 이 지난한 학습의 결과는 도리어 거기에서 출발하고 있었다는 점 또한 놓쳐서는 안 될 것이다.

사실 가토의 궁극적인 '안목'은 '만민의 천하'를 이상으로 삼는 군주상의 확립이자, 그런 군주가 '안민'하게 통치하는 '국체'였다. 그것을 달성하기 위한 방법론으로 가토가 제시한 것이 '입헌제도론' '상하분권론'이었고, 그 근거가 되는 '천부인권론'은, 처음에는 그야말로 천하가 만민의 천하임을 증명하는 가장 손쉽고도 유력한 방법으로 여겨졌을 것이다. 그럼에도 불구하고, 사실 「의당비망」을 읽으면서 드는 의구심 가운데 하나는, 이 메모 어디에서도 '천부인권설'을 증명하고자 노력하거나 연구한 흔적은 찾아보기 어렵다는 점이다. 이 메모가 시작된 1877년 시점으로부터 적어도 1879년 시점까지 천부인권설적 발상에 입각한 문장이 집필되고 있고[29], 앞에서 보았듯이 그 해 8월에 시작된 「의당비망」 제3책의 중반 이후로 본격적인 천부인권설 부정이 나오는 점 등을 감안하면, 가토는 자신의 국체에 대한 '신론(新論)'을 보강하고자 연구를 시작하는 시점에서 1차적인 관심은 앞서 언급한 '신화'적 군주상으로부터 나오는 '국체구(舊)론'을 반박하고자 하는 데에 있었음을 반증하는 것이다.

하지만 '신화'적 군주상을 반박하는 데에 가장 직접적인 방법은 곧 형이상학의 반박과 미몽(迷夢)의 해체, 즉 '계몽'일 것이다. 그리고 '하늘이 가장 사랑하시어 특별히 인간에게 만복을 내려주시'는 이야기

---

29 加藤弘之 「女子の教育」(1879)에는 '여자는 곧 인류의 반으로 그 사람의 품성과 권리에 있어서 더욱 남자와 서로 다른 바가 없기 때문에 남자가 설령 이를 모만하고 혹은 이를 압제하는 것과 같은 일은 원래 이치에 어긋나는 일'이라는 식의 천부인권설적 발상과 함께 '저 다윈씨의 만물진화의 설은 결코 허망한 것이라고 할 수 없는 듯하다'고 하는 견해가 병렬되고 있다. 이 시점까지의 가토는 다윈의 설에 대해서는 아직은 반신반의하는 태도를 취하고 있음을 확인할 수 있다. 渡辺和靖, 「加藤弘之の所謂「転向」-その思想史的位置付け」『日本思想史研究』第5号, 1971, p.21. 참조.

와, '천신의 명을 받아 천손이 다스리는 나라'의 이야기는 사실 그다지 멀리 떨어진 종류의 것이 아니다. 이제 이쯤 되면 '천부인권'과 '천칙성국'의 부정, 이 두 가지는 결국 어느 한 쪽의 형이상학을 골라야 하는 양자택일의 논리에 빠지던가, 둘을 괴상한 형태로 합쳐버리기 십상이다. 여기에서 가토는 그 어느 쪽도 선택하지 않고 그 근본을 합리적으로 부정하는 방식을 택했고, 그런 그에게 진화론이야말로 가장 강력한 무기가 된 것이라고 보는 편이 타당하다. 그런 의미에서 가토 히로유키의 '주의의 변화'는 어떤 정치적 고려에 따라 이루어진 것이 아니라, 본인의 내재적인 문제의식으로부터 출발하여 논리적인 과정을 거쳐 이루어진 자연스러운 것임과 동시에, 그를 둘러싼 시대적 상황에 대한 고민, 즉 내재적 계기로부터 진화라는 방법론을 채택하면서 이루어진 것으로 볼 수 있을 것이다.

6. 오역, 오용 혹은 변용 - 가토 히로유키의 진화론 수용 이해

가토 히로유키에 관한 기존의 연구들은 그의 진화론수용문제를 정치적 보수화와 연관시켜 이해하는 경우가 많았다. 가령 가토 주위의 외부적 압력과 그에 따른 사상적 변절(천부인권설의 포기와 진화론의 채택)에서 그 원인을 찾거나, 또는 이전 사상과의 연속성 안에서 진화론수용을 이해하는 경우라도, 그 개인의 '관료 이데올로그'(松本三之介 1969, 63)적 성향, 혹은 '통일적 원리를 추구하는 주자학적 궁리(窮理)정신의 귀결'(渡辺和靖 1971, 22)로서 그 이유를 설명해 왔다. 전자의 경우 정치적 이유로 자신의 주장을 뒤집어버린 변절자로서의 이미지가 강하다면, 후자는 그가 원래 지녔던 성향 상 진화론수용과 그에 따른 소위

'전향'은 시간문제였다는 식의 설명으로 귀결된다. 그러나 위 연구들은 진화론 수용 당시의 정치적 상황과 이후의 행보에 주목한 나머지, 가토가 이전부터 지니고 있던 내재적 문제의식과 사상적 계기들을 간과하였다는 느낌을 지울 수 없다.

본 연구에서는 그가 남긴 연구메모 「의당비망」과 진화론수용 이전의 문제의식들 ― 즉 일본의 개화와 국체 ― 과의 연속적인 요소에 주목하고, 이것이 지리, 인구, 인종, 생물 등에 대한 문제제기를 거쳐 자연스레 생물진화론에 대한 관심으로 이행하는 과정을 겪고 있음을 확인하였다. 특히 가토는 유교적인 '천'관념을 매개로 하여 서구사상을 재단, 평가하면서 수용하였고, 동시에 그 과정에서 자신이 준거로 삼는 '천' 자체도 변용하게 되었는데, 그것은 복합적인 '천'관념에서 인격적·종교적 요소를 탈각하고 법칙적인 요소가 강화되는 방향으로 나아갔다(김도형 2014b, 375-376). 이렇게 강화된 '천' 관념의 법칙적인 요소가 이후 진화론을 보다 적극적으로 긍정하며 받아들이는 토대를 이루었음은 짐작하기 어렵지 않다. 본격적인 진화론 수용 이전인 『국체신론』단계에서 나타나는 '천손'에 대한 비판의식을 보면, 인격적인 '천' 관념을 부정할 준비는 어느 정도 되어 있었다고 말할 수 있을 것이다.

일찍이 가토는 『경력담』에서 "나의 학설은 오늘날에 이르기까지 언제나 세상에 받아들여지지 않고, 도리어 크게 미움을 받지 않았던가. 오직 세상에서만이 아니라 당로자(當路者)들도 나의 구(舊)학설을 기뻐하지 않았던 듯하고, 또 신(新)주의도 대단히 기꺼워하지 않는 자가 있다고 들었다"(加藤弘之 「經歷談」 植手通有 編 1986, 490)고 토로한 바 있는데, 그것은 아마도 사실일 것이다. 왜냐하면 가토가 진화주의의 이름 하에서 섭취한 다윈 류의 생물진화론이나 그가 사회진화의 추진력으로 삼은 우승열패의 경쟁원리는, 잘 알려진 것처럼 경쟁의 심화와 우승열패를 정당화하는 논리임과 동시에 다른 한편으로는 신분사회의 특권층이나 정치사회의 지배층을 지지하는 권위주의나 신비주의에 대한 '극렬한 해독제'(松本三之介 1969, 72)로서 작용할 수도 있기 때문이다. 그리고 적어도 가토가 『국체신론』에 이르기까지, 그리고 그 이후 얼마간 보여준 문제의식들은 도리어 국체구(舊)론의 불인정과 종교적 권위의 해체에 집중되고 있었던 점을 보면, 그의 진화론수용이 반드시 소위 '보수적'인 의도 내지 어떤 정치적 고려로부터 이루어진 것인지 확신하기 어렵다.

또한 앞에서 살펴보았듯이 마쓰모토 산노스케는 가토의 보수화 경향을 두고 '규범으로부터 존재를 이해하는 데에서 존재로부터 규범을 이해하고자 하는 방향으로 변화함으로써 천부인권주의의 부정으로 나선 것'이라고 언급한 바 있는데(松本三之介 1969, 71-72), 물론 일견 납득할 만한 평가이기도 하지만, 과연 가토가 '존재로부터 규범을 이해'하는 단계로까지 나아갔는지에 대해서도 의문이 남는다. 가토는 진화론을 '천부인권'과 '천손신화'의 '천'자체를 모두 부정하는 방법론이자 보편원리 자체로 받아들였지만, 이제 그로 인하여 가토가 현실의 군주(천황)의 아이덴티티를 부정하게 되는 그런 사태에 직면했을 때, 즉 존재를 우위에 두는 진화론이 규범이어야 할 군주의 지위마저도 위협하는 '법칙'을 용인해야 하는 사상적 결단의 순간에 직면했을 때 그는 다시 규범으로 회귀해버리는 모습을 보이기 때문이다. 흔히 지적되듯이 가토는 『인권신설』에서 우승열패라는 개념에 '양정(養正)'하다던가 '사악(邪惡)'하다는 식의 구분을 붙여 사용했는데, 그가 정말로 진화론을 받아들여 '존재로부터 규범을 이해'했다면 저런 구분이 얼마나 자기모순적인 것인지 곧 깨달았을 것이다. 가토는 적어도 일정 시점까지, 아니 어쩌면 마지막까지 '규범'으로부터 존재를 규정하고자 하는 태도를 탈각해 내지 못하고 있었다. 이렇게 볼 때, 가토의 소위 '전향' 혹은 정치적 보수화가 적어도 진화론의 수용으로 인해 야기된 것이 아니라면, 이 '규범으로의 회귀'를 강요한 것이 무엇이었는지, 외부의 압력인지 아니면 다시금 어떤 논리적 과정을 거치는 것이었는지를 확인해 볼 필요가 있다.

그리고 이런 모순과 변화의 양상은 가토가 '개화'와 '국체'라는 자신의 내재적 계기로부터 인종을 거쳐 진화에로 접근해 들어가는 특수한 사정에 기인한 것이다. 가토의 개화는 결국 '天勅'을 부정하고자 스스로 의지하던 '天'이 지닌 형이상학적 요소를 제거 – 혹은 포기 – 하고 '법칙적인 天'(=진화)에 귀의하는 방향으로 나아갔는데, 거기에서 그는 '규범'의 근거를 잃어버리고 갈팡질팡하는 모습을 보인다. 그리고 그것은, 이후 가토의 진화론을 '오역' 내지 '오용'으로 치부해 버리지 않고 이해하고자 할 때 중요한 포인트가 될 것이다.

참고문헌

김도형 「加藤弘之의 洋學受容과 '天'의 變容」『東洋史學硏究』 제128집, 2014a.

_____ 「1874년 가토 히로유키(加藤弘之)의 민선의원설립 시기상조론에 관한 일고찰(一考察)」『인문연구』 제72호, 2014b.

박노자 『우승열패의 신화』, 한겨레신문사, 2005.

신연재 「동아시아 3국의 社會進化論 受容에 관한 硏究 : 加藤弘之, 梁啓超, 申采浩의 사상을 중심으로」, 서울대학교 박사학위논문, 1991.

上田勝美 [ほか]編, 『加藤弘之文書』第1卷, 同朋舍, 1990.

鵜浦裕 「近代日本における社会ダ―ウィニズムの受容と展開」(柴谷篤弘、長野敬、養老孟司編 『講座進化② 進化思想と社会』東京大学出版会、1991年9月)

植手通有 編, 『日本の名著34 西周・加藤弘之』, 中央公論社, 1986.

武田時昌 「加藤弘之の進化学事始め」, 阪上孝 編『変異するダ―ウィニズム 進化論と社會』, 京都大學學術出版會, 2003.

田畑忍 『加藤弘之』, 吉川弘文館, 1959.

_____ 『加藤弘之の国家思想』, 河出書房, 1939.

服部健二 「加藤弘之とE.ヘッケル」『立命館大學人文科學硏究所紀要』第59号, 1993.

松本三之介 「加藤弘之の転向」『天皇制国家の政治思想』, 未来社, 1969.

山下重一 『スペンサ―と近代日本』御茶の水選書, 1983.

山室信一・中野目徹 校注『明六雜誌 上』(岩波書店, 1999)

_____ 『明六雜誌 下』(岩波書店, 2009)

山脇直司 「近代日本における社会ダ―ウィニズムの受容と展開」(柴谷篤弘、長野敬、養老孟司編『講座進化② 進化思想と社会』東京大学出版会、1991年9月)

吉田曠二 『加藤弘之の研究』, 大原新生社, 1976.

渡辺和靖 「加藤弘之の所謂「転向」―その思想史的位置付け」『日本思想史研究』第5号, 1971.

3장

유길준의 문명국 구상과
윤리적 자유주의 수용

—

프랜시스 웨일랜드와
존 힐 버튼과의 비교

김현

1. 유길준의 문명국, 어떤 자유주의인가?

구한말 개화파는 서구를 경험하면서 조선이 서구에 비해 열등하다는 인식을 가지게 되었고, 이러한 서구의 우월함과 조선의 후진성을 서양의 문명진보사관을 통해서 해석했다. 즉, 사회는 야만에서 문명으로 진보해 가는데 서구는 이런 발전의 관점에서 볼 때 비록 상대적이긴 하지만 문명의 수준에 도달한데 반해 조선은 아직 반–문명의 수준에 머무르고 있다. 따라서 조선을 문명국으로 만들고자 했는데, 유길준은 이러한 생각을 가졌던 개화파의 주요한 사상가였다.[1] 유길준은 1883년경 집필한 것으로 보이는 『세계대세론』에서부터 조선의 문명국화를 주장했으며, 『서유견문』에서 비로소 조선의 문명국화에 필수적인 요소들을 체계적으로 정리했다.[2] 따라서 『서유견문』은 비록 서양소개서의 형식을 띠었지만 조선을 문명국으로 만들기 위한 그의 구상을 담고 있었는데, 이 책에 나타난 그의 문명국가론에서 주목을

---

* 이 장은 2020년 『정치사상연구』 26(2)호에 게재된 논문을 일부 수정한 것임.
1 개화파의 이러한 발상에 관해선 Schmid(2002); 정용화(2004); 이원영(1996).
2 『세계대세론』의 저술 시점 및 성격에 관해서는 박한민(2013), 『서유견문』의 저술배경에 관해서는 유길준 · 장인성(2017)을 참고할 수 있다.

받아온 부분 중 하나는 자유주의적 성격이었다.

이상익은 유길준이 서구근대사상을 수용해서 자유와 경쟁에 기초한 문명사회를 건설하고자 했으며, 이런 사상은 개체의 천부적 권리를 선천적 근거로 삼고 이기적 경쟁심을 실천적 동기로 삼는 고전적 자유주의적 사회사상이었다고 주장했다(이상익 1997). 이원영 역시 이와 비슷하게 유길준의 문명국가는 자유주의적 사회관에 기초하고 있었다고 보았으며(이원영 1996), 정용화도 유길준의 사상은 '사욕'을 지닌 개인을 기본단위로 삼았고 사회를 경쟁의 장으로 인식했다는 점에서 자유주의적이었다고 주장했다(정용화 2000). 최근에는 존 힐 버튼(John Hill Burton), 후쿠자와 유키치(福澤諭吉) 그리고 유길준의 사상연쇄란 관점에서 접근한 장인성의 연구에서도 유길준의 사상이 자유주의에 기초한 문명사회를 추구했다는 점이 지적되었다(장인성 2019).

이처럼 유길준 사상의 자유주의적 성격은 이미 여러 연구들에 의해 검토된 바 있지만, 이 연구들은 서구 고전적 자유주의에 대한 협소한 이해에 바탕을 두고 그의 사상을 해석하고자 했다. 즉, 서구 고전적 자유주의를 대개 자유방임(laissez-faire) 또는 개인의 권리 보장을 위해 국가권력 제한을 추구했던 사상으로 축소시켜서 이해했다. 하지만 이런 식의 접근은 19세기 자유주의에 대한 일면적 해석이라는 한계를 갖고 있다. 문지영은 "개화기 조선의 자유주의 수용론?: 기존 논의들에 대한 비판과 제언"에서 19세기말 자유주의 수용 연구는 '고전적 자유주의'를 표준으로 상정하고 있지만 19세기 중·후반 서양에서 자유주의는 '근대 자유주의'로 전환되고 있었으며 이런 점이 자유주의 수용 연구에 고려되어야 한다고 제안한 바 있다(문지영 2003, 226-227). 이 지적대로 기존 접근은 19세기 자유주의의 일면에만 집중하는 문제를 안고 있지만, 유길준의 사상 분석에서 간과되어 온 것은 고전적 자유주의와 구분되는 별도의 자유주의 유형이었기보단 오히려 서구 고전적 자유주의의 특징이었다고 생각된다. 즉, 고전적 자유주의가 '윤리적 자유주의'(Bellamy 1992)라고 부를 수 있는 특징을 가졌다는 것을 간과했다.

19세기 고전적 자유주의는 시민적 자유를 바탕으로 개인들이 도덕적, 지적으로 발전할 수 있는 협동적 사회의 건설을 추구했으며, 이를 달성하기 위해 한편으론 협력적 사회의 근간이 되는 자율적 개인의 존재를 전제로 한 채 이런 개인을 사회와 국가로부터 보호하고자 했지만, 다른 한편에선 그런 자율적 개인으로 구성된 사회가 아직 부재하기 때문에 그런 사회를 건설하고자 했다(Bellamy 1992, 4; Jones 2000, 40). 달리 말하자면, 정치적 교의로서 자유주의는 권력을 제한하는 이데올로기일 수도 있지만, 국가권력을 사용해서 사회를 건설하고자 하는 이데올로기일 수도 있었다는 것이다. 19세기 자유주의에는 이런 양면성이 존재했기 때문에 상황에 따라서 이는 정부의 강력한 개입과 도덕성을 옹호하는 사상이 될 수도 있었다. 기존 연구는 이런 측면을 간과하면서 협소한 의미의 자유주의에 부합되는 측면만을 유길준의 사상에서 포착하고자 했으며, 이런 범주에 포함되지 않는 측면은 자유주의와 이질적인 것으로 간주해서 그 원인을 규명하고자 했다. 즉, 이런 '예외적' 요소는 한편에선 유교 지식인의 한계로 간주되거나 서구 자유주의를 극복하기 위한 노력 또는 주체적 관점에서 서구 사상의 수용으로 해석되었다.

이런 한계를 극복하기 위해 이 글은 고전적 자유주의의 한 면모인 윤리적 자유주의라는 시각을 염두에 두고서 유길준의 문명국가 구상을 재검토하고자 하며, 이를 위해 19세기 고전적 자유주의자였던 프랜시스 웨일랜드(Francis Wayland)와 존 힐 버튼(John Hill Burton)과 비교하면서 그들 사상의 유사성에 주목하고자 한다. 웨일랜드와 버튼이 유길준에게 직·간접적으로 사상적 영향을 끼쳤다는 것은 주지의 사실이다. 하지만 정작 이 두 사상가와 유길준을 비교하는 연구는 거의 없는데, 이 글은 그들과의 비교적 관점에서 유길준의 '자유주의적' 문명국 구상을 재검토한다.[3] 이로써 그들의 사상이 유사했으며 특히 흔히 '비자유주의적'이라고 간주될 수 있는 부분도 19세기 윤리적 자유주의자들이 일반적으로 받아들일 수 있는 사고였음을 보이고자 한다.

이를 위해 이 글은 유길준의 문명국 구상을 두 가지 차원에서 분석한다. 첫째는 문명국이 되기 위한 조건으로 자유와 자주 그리고 상업을 검토하는데, 이는 기존 연구에서 문명사회론에 해당되는 부분이다. 둘째는 이런 문명국의 조건을 현실화하기 위한 방법으로 정치적 구상에 해당되는 부분을 다룬다. 여기에선 문명국의 조건을 실현하기 위해 개혁하고자 했던 대상 즉, 법과 교육을 검토하고, 이런 내용의 개혁을 실시하기 위해 그가 생각했던 방법인 위로부터의 개혁을 다루게 된다.

---

3 물론 버튼과 유길준 사상의 비교연구로는 장인성(2019)이 있다. 다만, 앞서 언급했듯이 그의 연구는 일차적으론 자유주의 사상에 대한 협소한 이해에 바탕을 두고 있다는 한계가 있는데, 이는 유길준이 동시대 서구의 다른 자유주의 사상가들의 영향을 직, 간접적으로 받았다는 것을 고려하지 못한 것과 관련되어 있다. 특히, 이 글에서 주목하는 웨일랜드가 간과되었는데, 예를 들면 장인성은 『서유견문』에서 "사람의 도리를 보수"하는 것이 정부의 목적이라고 설명한 부분을 언급하면서 이는 서구 자유주의와는 구분되는 유길준의 유학적 민본주의가 반영된 것이라고 보았다(장인성 2019, 229-230). 하지만 웨일랜드는 『도덕과학요론(Elements of Moral Science)』에서 국가의 목적을 인민이 도리를 어기지 않도록 하는데 있다고 설명했는데, 이는 유길준의 설명과 상당히 닮아 있다. 이처럼 자유주의에 대한 협소한 이해라는 한계가 있지만 장인성의 연구는 개념사적 접근방법을 채택해서 버튼과 후쿠자와의 글을 『서유견문』과 직접 비교하면서 세 사람 간의 사상연쇄를 살펴보려고 했다는 점에서 기존 연구와 차별성이 있다.

2. 문명국의 조건 I : 인(人)의 권리로서 자유

조선시대 한자어 자유(自由)는 주자학의 원리를 구성하는 주요 개념이 아니었기 때문에 지적 담론의 중심에서 벗어나 주변에서 떠돌고 있었다(강동국 2012, 205). 유길준은 주자학의 철학적 논의 속에 포함되지 못한 채 일상적 개념으로 쓰이던 자유를 인간 삶을 구성하는 근본 원리로 격상시켰다. 그는 개인권(personal rights) 또는 자연권(natural rights)으로서 '리버티(liberty)' 개념을 서구로부터 수용해서 전통적 의미의 자유를 "인(人)의 권리" 즉, "인의 인되는 권리"로 재규정했다(『見聞』, 113, 115).[4] 따라서 자유란 "빼앗을 수도 흔들 수도 구부릴 수도 없는" 것이며, 이런 점에서 "자기가 (자유를) 스스로 손상하기 전에는 천자[萬乘]의 위엄과 백성[萬夫]의 용맹으로도 흔들거나 빼앗을 수 없는" 것이라고 주장했다(『見聞』, 113). 또한 동일한 이유에서 자유는 "현우귀천(賢愚貴賤), 빈부강약(貧富强弱)의 분별"없이 모든 사람에게 동등하게

---

4 『西遊見聞』은 『見聞』으로 약칭한다. 『西遊見聞』의 인용문은 원문의 개념과 용어를 가능한 살리면서 현대어로 번역했고, 이 과정에서 유길준·장인성(2017)의 현대어 번역을 참고했다. 유길준은 자유를 "그 마음이 좋아하는 대로 어떤 일이든지 좋아서 궁굴구애(窮屈拘碍)하는 사려의 없음"과 "자기의 마땅히 행해야 할 인세(人世)의 직분으로 타인을 방해하지도 않고 타인의 방해도 받지 않고 그 하고 싶은 바"를 하는 것으로 정의했는데(『見聞』, 109), 유길준의 자유에 대한 개념정의는 후쿠자와의 『서양사정』을 통해 배운 윌리암 블랙스톤(William Blackstone)의 자연적 자유(the *natural liberty* of mankind)를 참고한 것으로 보인다. 블랙스톤은 18세기 영국 법학자로서 그가 쓴 『영법석의(Commentaries on the Laws of England)』는 영국과 미국에서 법학도의 교과서로 사용되었으며, 미국에선 19세기까지 대학에서 널리 읽혔다. 케네디(Kennedy 1979, 210-211)는 그를 "미국적 법사상의 자유주의적 양식"이 등장하는 데 있어 "추요한 인물"이라고 평가했다. 1865년에 로버트 맬콤 커(Robert Malcolm Kerr)는 블랙스톤의 책을 축약해서 『학생을 위한 블랙스톤의 영법석의(The Student's Blackstone: Commentaries on the Laws of England)』를 출판했는데, 후쿠자와는 『서양사정』 2편에서 이 책의 I. Of the Rights of Persons 가운데 Chapter I. Of the Absolute Rights of Individuals의 일부를 번역했다(Craig 2009, 246-247).

주어진 것이었다. 자유권의 이러한 동등성으로 인해 유길준은 "사람 위에 사람도 없고 사람 아래에 사람도 없으니 천자도 사람이고 필부도 역시 사람"이라고 선언할 수 있었다(『見聞』, 114).

유길준은 자유에 이처럼 인권이라는 높은 위상을 부여했는데, 자유에 대한 그의 이러한 상찬은 자유가 인간 본성을 실현하기 위해 필수불가결한 요소라는 생각에서 비롯된 것으로 보인다. 유길준이 자유를 왜 인권으로 받아들였지 해명하기 위해선 우선 인간 본성에 대한 그의 이해를 살펴볼 필요가 있다. 유길준은 "공명부달(功名富達)의 뜻을 품는 것"은 "인생의 자연한 습관"이라고 주장했다(『見聞』, 132). 또한, 사람은 "화려한 제도를 숭상하며 의복과 음식은 가볍고 따뜻한 것과 좋은 맛을" 원하게 되는데, "이는 인생의 자연한 성정"이었다(『見聞』, 157). 따라서 각 사람이 이러한 욕망을 펼치는 것이 자연스러우며 이를 금지해서는 안 된다고 생각했는데, 이는 인욕을 억누르고자 했던 주자학적 사고로부터 벗어난 것이었다.[5]

중국 송대 주자학은 인간에 천리(天理)가 내재하는데 그것이 바로 본연지성(本然之性)이며, 몸에서 비롯되는 욕망 즉, 인욕(人欲)과는 대조되는 것으로, 양자는 마치 물과 불의 관계처럼 대립한다고 생각했다. 따라서 천인합일을 이루기 위해서 "인욕을 막고 천리를 보존함[遏人欲存天理]"을 주장했다(이해영 2011, 216-217). 조선의 지배 이데올로기였던 주자학 역시 이러한 입장을 계승해서 천리와 인욕은 대립된다고 보았다. 따라서 내 마음이 좋아하는 것과 천리를 합치시키는 것 즉, 극기(克己)를 요구했다(이해영 2011, 221-223). 주자학은 이처럼 인

---

5   쓰키아시 다쓰히코(月脚達彦) 역시 이 점에 주목했다. 다만 그는 유길준이 이 욕망을 어떻게 유교도덕인 통의를 통해 제한하고자 했는가에 더 초점을 맞추었다. 이와 관련해선 月脚達彦(2009, 66-73).

욕을 억압의 대상으로 보았지만, 유길준은 욕망을 자연스러운 성정으로 간주하면서 각 개인이 "공명부달의 뜻"을 품을 수 있도록 허락해야 한다고 주장했는데, 유길준이 자유를 인권으로 여겼던 이유는 인간 본성에 대한 그의 이러한 이해와 직결되어 있었다.

유길준에게 있어 자유란 개개인이 자신의 몸과 마음을 제 뜻대로 사용할 수 있도록 해줌으로써 인간 본성인 욕망을 충족할 수 있도록 해주는 수단이었다. 유길준이 인의 권리에 포함시킨 자유들을 살펴보면 그의 이러한 생각을 확인할 수 있다. 그에 따르면, 신명의 자유란 "구애도 받지 않고 속박도 없어 자주하는 낙(樂)을 향유"하는 것이며, 영업의 자유란 "낙위(樂爲)하는 것에 뜻대로 나아가 방해와 억압"을 받지 않아서 "각기 재능이 능한 대로 그 마음의 낙(樂)한 바를 도모"하는 것이었다(『見聞』, 116-117, 122). 또한 집회의 자유란 "교호(交好)하는 낙사(樂事)"를 누리는 것이었고, 종교의 자유는 "그 마음이 기뻐하는 것을 따르는" 것이었다(『見聞』, 116-8). 이상의 개념정의에 따르면 자유란 각 개인이 좋아하는 것 즉, "자주하는 낙", "낙위하는 것", "그 마음의 낙한 바", "교호하는 낙사"를 누릴 수 있도록 하는 데 그 목적이 있다. 즉, 인간 본성이라고 유길준이 생각한 '행복을 향한 욕망'을 각 개인이 누릴 수 있도록 하는 데 자유의 목적이 있었다. 그리고 자유는 각 개인이 몸과 마음을 제 뜻대로 사용하도록 해줌으로써 이러한 목적을 실현하도록 해주는 것이었다. 신명의 자유는 즐거움을 누리기 위해 몸을 자유롭게 사용할 수 있도록 해주며, 영업의 자유와 집회의 자유 그리고 종교의 자유는 직업이나 모임 또는 종교 활동 등의 영역에서 몸 또는 마음을 자유롭게 쓸 수 있도록 해주는 것이었다.

유길준이 자유를 인권으로 여겼던 이유는 바로 여기에 있었다고 생각된다. 즉, 자유는 몸과 마음을 제 뜻대로 사용하도록 함으로써 바로 인간 본성이 되는 '행복을 향한 욕망'을 충족시킬 수 있도록 해주는 것이며, 이런 이유에서 그는 자유를 인간이라면 누구나 가져야 할 권리로 간주했던 것으로 보인다. 만약 자유가 없다면 인간은 자신의 몸과 마음을 제 뜻대로 사용할 수 없기 때문에 행복을 추구할 수 없으며, 이는 인간의 자연한 본성을 이룰 수 없다는 것과 다르지 않았다.[6] 달리 말하자면, 인간은 자유가 없다면 진정 인간다운 삶을 살아갈 수 없는 것이었다. 따라서 그에게 자유는 "인의 인되는 권리" 즉, 모든 사람에게 동등하게 부여되고, 박탈될 수 없는 인권이었던 것이다.

자유를 인권으로 바라보는 유길준의 이러한 시각은 그에게 직, 간접적으로 영향을 주었던 웨일랜드의 생각과 크게 다르지 않았다. 웨일랜드는 복음주의적 청교도인(Evangelical Protestant)으로 침례교 목사로 잠시 활동했으며 1827년 브라운 대학의 총장이 되었다. 그는 당대 지식인들 사이에서 유행하던 종교적 자유주의에 반대하면서 복음주의적 윤리를 옹호했지만, 동시에 경제적으론 자유방임주의 경제학을 주창했던 고전적 자유주의자였다(Frey 2002, 217-220).

웨일랜드의 『도덕과학요론』은 1835년에 출판되었고 그 이후 계속 수정해서 새로운 판이 출판되었는데, 이 책은 그가 살던 시기 교단 대학의 호응에 힘입어 19세기 미국에서 가장 많이 사용되었던 미국 교과서 중의 하나가 되었을 뿐만 아니라 선교사들을 통해 해외에 까지 전해지기도 했다(Frey 2002, 215-216). 후쿠자와는 이 책을 1860년대 후반에 입수해서 『학문의 권장』 제8편에서 일부를 번역하기도 하고, 또한 1880년대부터는 그의 게이오기쥬쿠에서 교재로 사용했다(鹿野 1967,

---

6   이러한 이유로 유길준은 『서유견문』, 4편 人民의 權利 §5에서, 인권은 "세간의 대공지정(大公至正)한 원리"로서 "대중이 이에 의거하여 그 성(性)을 각자 이룬다"고 주장했다(『見聞』, 114).

64-65). 김석근은 이런 정황을 근거로 유길준이 게이오기쥬쿠에서 수학하는 동안 웨일랜드에 관해 배웠을 것으로 추정했는데(金錫根 2003, 10), 웨일랜드의 사상은 보수적 복음주의 윤리와 경제적 자유를 조화시키려고 했다는 점에서 유길준에게 매력적으로 다가왔을 것이다.

웨일랜드는 『도덕과학요론』에서, 도덕의 기원은 행복의 증진 여부에서 비롯된 것이 아니라 자연적 관계(natural relations)에 대한 의식에서 나온 것이라고 주장하면서 당대 유행했던 윌리암 펠리(William Paley)의 신학적 공리주의를 거부하고 복음주의적 도덕관념을 옹호했다(Wayland 1859, 36-45). 하지만 그는 인간의 행복을 향한 욕망을 부정하지 않고 여전히 이를 인간의 본성으로 간주했다. 그에 따르면, 행복을 향한 욕망은 "인간이 주변사물에 의해 행복해질 수 있는 능력(the power of being made happy by surrounding objects)" 즉, "민감성(sensitiveness)"으로부터 연유하며, 인간이 이러한 능력을 가졌다는 사실 그 자체가 인간이 이 능력을 사용해서 행복해지길 원하는 "우리의 창조자"의 뜻을 반영하고 있었다(Wayland 1859, 99-100). 따라서 인간이 행복을 추구하는 것은 인간 본성에 부합하는 것이었다.[7]

또한, 그에게 있어 개인적 자유(personal liberty)란 인간 본성을 실현하기 위해 필수불가결한 것이었는데, 이는 자유가 "인간의 몸과 마음을 그 자신의 행복을 증진한다고 자신이 생각하는 바대로 사용(to use one's own body and mind as he thinks will best promote his own happiness)"할 수 있도록 해주는 것이기 때문이었다(Wayland 1859, 204-205). 이런 이유

---

7 웨일랜드 사상은 이러한 행복의 추구와 복음주의적 윤리를 조화시키고자 하는데 그 특징이 있다. 그는 양심의 명령과 충돌하지 않기 때문에 각 개인이 행복을 자유롭게 추구할 수 있는 "무해한 영역(innocent realm)"을 설정함으로써 이러한 화해를 도모했다(Frey 2002, 220-224).

에서 자유는 양도불가능한 권리로 간주되었으며, 이런 이해를 바탕으로 그는 '개인 각자가 타인의 인권을 침해하지 않아야 한다'는 상호성의 법칙(law of reciprocity)을 제1도덕법칙으로 제시했다. 웨일랜드의 자유에 대한 이러한 이해는 유길준의 것과 크게 다르지 않는데, 그가 웨일랜드의 영향을 직·간접적으로 받은 점을 고려하면 이러한 유사성은 자연스러운 것이다.

3. 문명국의 조건 II : 인(人)의 의무로서 자주

유길준은 자유가 인간의 본성을 실현하기 위해 필수불가결하다는 점에서 인의 권리라고 보았다. 이와 동시에 그는 자유에 뒤따르는 의무가 있다고 생각했는데, 그것은 『서유견문』에서 "인민의 자주하는 정리(正理)" 또는 "인민의 자주하는 도(道)"라고 부른 것이었다(『見聞』, 155, 175). 그에게 있어 자주란 "홀로 선다" 또는 "남에게 의지하지 아니하고 내가 나대로 내 일을 주장"함을 의미했는데, 특히 경제적 차원의 자립을 자주의 근간으로 삼았다. 따라서 "내가 나 먹는 노릇을 하여야 능히 독립"한다고 주장했다(『俞吉濬全書 II』, 347). 『노동야학독본』의 다음 구절은 그의 이러한 생각을 잘 보여주고 있다.

"사람이 하늘과 땅 사이에 나서 다 각기 사람 되는 한 몫이 있은 즉 내 노릇을 내가 하지 않고 남에게 부탁하면 이는 내 몸을 내가 두지 못함이니라. …그러한 고로 품팔이라도 하여 나 사는 방법을 내가 세울진대 이곳 천지간에 좋은 남자이니 누가 감히 나의 자유를 빼앗으리오(『俞吉濬全書 II』, 347-348)."

유길준은 각 개인이 자주하는 삶을 살아야 자유를 지킬 수 있다고 주장한 것인데, 이는 자주하는 삶이 한 나라로 하여금 문명을 향해 진보해나가게 함으로써 그 구성원들이 자유의 목적인 행복을 누릴 수 있도록 해주기 때문이었다. 우선, 그는 문명화 과정을 인간의 필요의 충족과 연결시켜서 생각했다. 즉, 나라가 점차 문명화될수록 그 구성원의 인간으로서의 필요도 충족되어 간다고 생각했는데, 그의 이러한 생각은 『서유견문』 6편 물품의 개화에 대한 논의에서 엿볼 수 있다. 유길준은, 물품의 측면에서 개화된 나라에선 국내 제조업자가 재주와 솜씨를 다해 여러 물건을 화려하고 견고하게 만듦으로 인해 그 나라 물품은 완전하고도 아름다운 경지에 이르게 되며, 문명개화의 이러한 공덕 덕분에 나라 인민은 아름다운 물건을 사용해서 일신의 편리를 누리게 된다고 생각했다(『見聞』, 157-158). 즉, 문명국에선 물질적 필요가 충족되는 것이었다.

하지만 문명화되는 것은 단순히 물질적 필요를 충족시켜 나가는 것만을 의미하진 않았다. 한 나라가 개화될수록 모든 영역에서 인간은 자신의 인간으로서의 필요를 채워나가게 되며, 완전한 의미에서 문명의 상태에 이르게 되면 행실, 학문, 정치, 법률을 포함하는 인간 삶의 제 영역에서 "천사만물(千事萬物)이 지선극미(至善極美)한 경역(境域)"에 이를 것이라고 생각했다(『見聞』, 375-376). 비록 유길준이 작성한 글은 아니지만 그의 사상을 계승한 독립협회의 기관지 영자 『독립신문(Independent)』의 1896년 8월 4일에 실린 논설은 문명에 대한 유길준의 이러한 생각을 잘 대변하고 있다.

이 논설에 따르면, 문명이란 단적으로 물질적, 지적, 도덕적 차원을 모두 포괄하는 "인간의 요구에 대한 완전한 공급(perfect supply of human demands)"이 이루어지는 상태였다. 논설의 필자로 추정되는 서

재필은 존 스튜어트 밀(John Stuart Mill)과 유사하게 인간으로서의 요구는 질적으로 다른 차원의 필요들로 구성되어 있으며, 인간은 "저차원적 필요(want of lower order)"인 물질적 요구로부터 시작해서 "고차원적 필요(want of higher order)"인 지적 그리고 도덕적 요구를 만족시키는 방향으로 발전해간다고 주장했다. 그리고 완전한 의미에서 문명이란 바로 위에서 열거한 모든 수준에서 인간이 갖는 요구를 충족시키는 상태였는데(*The Independent*, Aug. 4, 1896), 이는 또한 유길준이 꿈꾸었던 완전한 의미의 문명이기도 했다. 즉, 각 개인이 물질적, 지적, 도덕적 차원에서 자신의 인간으로서의 필요를 만족시키는 상태가 진정한 문명의 상태였다.

유길준은 한 나라가 이러한 문명의 상태를 향해 진보해갈 수 있는지 여부는 각 사람이 "자기의 힘을 이용하여 일어나"고자 하는 가에 달려 있다고 생각했다(『見聞』, 131, 157). 즉, 만약 개인 각자가 더 나은 삶을 살고자 하는 욕망을 충족하기 위해 자신의 몸과 마음을 부지런히 사용한다면, 세간의 사무는 점차 번잡해지게 되고, 이에 따라 문명개화도 진전된다는 것이다. 그의 이러한 생각—자주가 진보를 촉발시킨다는 생각—은 버튼과 같은 빅토리안 자유주의자와 그들이 대변했던 중산계급이 품었던 이상과 공명하고 있었다.

영국 빅토리아 시기 자유주의의 현저한 특징은 품성의 확립(character formation)을 강조했다는데 있는데, 이 자유주의는 품성 담론(character discourse)을 통해 협력적 사회의 구성원이 갖추어야 할 삶의 방식을 주조하고자 했다(Bellamy 1992, 9-13). 빅토리안 중산계층의 다양한 덕성들 즉, 노동(work), 자기-절제(self-control), 용기(courage), 의무-진실함(duty-truthfulness) 등이 이 품성을 형성하는 요소에 포함되었는데,[8] 그 중에서도 자조(self-help) 또는 자립(self-reliance)은 가장 기본적인 덕성이었다. 빅토리안 자유주의의 품성 담론을 대변했던 사무엘 스마일즈(Samuel Smiles)는 이 덕성을 "영국적 품성의 뚜렷한 특징"이자 "자유의 군건한 토대"로서 "사회의 안전과 국가의 진보를 위한 유일하고도 확실한 보장책"이라 여겼다(Smiles 1863, 11). 스마일즈는 특히 당대 사회적 소란을 초래하는 주범으로 지목되던 노동계급 역시 바로 이러한 품성을 함양함으로써 시장경제에 바탕을 둔 협력적 사회에 적합한 구성원이 될 수 있다고 믿었다(Bellamy 1992, 13).

유길준을 포함해서 19세기말 동아시아의 지식인에게 영향을 끼쳤던 존 힐 버튼은 스마일즈와 동시대 인물로 두 사람은 정치적으로 비슷한 입장을 견지했다.[9] 즉, 버튼 역시 스마일즈와 유사하게 자립을 강조했는데, 이는 19세기 중, 후반 동아시아에 영향을 끼친 버튼의 『경제학교본(Political Economy, for Use in Schools, and for Private Instruction)』에도 반영되어 있다. 버튼은 개인적 권리와 의무(Individual Rights and Duties)의 장에서, 각 개인은 사회에서 시민적 자유(civil liberty)를 누리는 것에 따라 의무를 지니게 된다고 주장했다. 그 의무란 각 사람이 자신의 필요와 자기 가정의 필요를 제 힘으로 충당해야 하는 것인데, 이는 모든 사람이 지켜야만 하는 "대원칙(the GRAND PRINCIPLE)"이다(Burton 1852, 4-5). 그리고 이런 원칙에 근거해서 그는, 각 사람이 모두 "개인적 노력과 책임의 원칙(a principle of individual exertion and

---

8　이상의 덕목은 사무엘 스마일즈가 『품성론(Character)』(1889)에서 언급한 항목이다.

9　버튼은 1809년생이고, 스마일즈는 1812년생이었다. 스마일즈와 버튼은 공히 반-곡물법 운동(Anti-Corn-Law movement) 초기에 참여했던 경력이 있었다. 당시 스마일즈는 리드 타임즈(the Leeds Times)의 편집자이며 동시에 참정권 확대를 요구했던 리즈 호주(戶主) 선거권 협회(the Leeds Household Suffrage Association)의 사무총장이었고, 버튼은 스코츠맨(Scotsman)의 임시 편집자였으며, 두 명은 모두 반-곡물법 운동을 이끌었던 리차드 코브던(Richard Cobden)과 교류했다(Matthew 2004).

responsibility)"을 준수해야 하며, 이렇게 할 때 비로소 각자는 "우리의 본성이 부여한 능력과 감성(the faculties and feelings of our nature)"에 충실하게 된다고 주장했다(Burton 1852, 35-36). 버튼의『경제학교본』은 자립을 강조하는 이러한 '대원칙'에 근간하고 있었다는 점에서 자조라는 품성의 함양을 요구했던 스마일즈의 주장과 일맥상통했다. 또한 이런 점에서 버튼의『경제학교본』은 19세기 중반 빅토리안 품성 담론을 반영하고 있었다.

버튼의『경제학교본』은 이미 잘 알려진 바대로 동시대 중국과 일본에서 각광을 받았으며, 특히 후쿠자와는 이 책의 번역과 유통에 결정적으로 공헌했다.[10] 그는『서양사정』1편을 출판한 이후 2편을 출판하려던 원래 계획을 수정해서『외편』이란 이름으로『경제학교본』 중에서 "개인적 권리와 의무"의 장을 포함한 "사회경제(social economy)"에 해당되는 부분을 번역해서 출판했다. 그는『외편』의 서문에서『경제학교본』을 갑작스럽게 번역한 이유에 관해 서양을 집에 비유하면서 이 책이 서양이라는 집의 "주춧돌과 벽의 구성"을 가르쳐주기 때문이라고 설명했는데(『福澤諭吉全集』一卷, 385), 이는『경제학교본』이 후쿠자와의 사상 형성에 커다란 영향을 미쳤음을 단적으로 보여준다. 즉, 크레익(Craig 2009, 58)이 지적한 바와 같이 이 책은 후쿠자와에게 서구 사회를 지탱하고 있는 전제들을 가르쳐 준 것이었다.

그런데 후쿠자와가 이 책에서 발견했던 '진리' 중의 하나가 바로 각 개인은 자립해야 한다는 "대원칙"이었으며, 이러한 원칙은 "불기독립" 또는 "일신독립"해야 한다는 그의 유명한 테제를 만드는 데 공헌

---

10 버튼의 책이 19세기 동아시아에서 수용된 양상에 관해선 Trescott(1989); 장인성(2019).

했다(平石直昭 1999, 74-75). 그리고 유길준은 후쿠자와의 영향을 직접적으로 받았으며 아마도 게이오기쥬쿠에서 버튼의 책 역시 배웠을 것으로 보인다. 따라서 앞서 설명한 유길준의 자주하는 정리에 관한 옹호가 버튼의 생각과 닮아 있는 것은 우연이 아니었다. 또한 유길준과 버튼의 유사성은 단지 자립의 원리를 강조했다는 데에 그치지 않는다. 버튼은 유길준과 마찬가지로 각 개인이 "개인적 노력과 책임"의 원칙에 충실할 때 사회는 점차 문명화될 것이라고 기대했다. 버튼의 사상에는 19세기 자유주의자 대다수가 공유했던 '진보의 개념을 내포한 문명이란 관념'이 전제되어 있었다. 따라서 사회란 야만에서 문명으로 진보해 왔고 앞으로도 진보할 것이라고 믿었다(Craig 2009, 69-72). 나아가, 개인적 노력의 요체가 되는 생산적 노동(productive labour)이 이러한 진보를 가능하게 하는 동력이며(Burton 1849, 11-12, 137),[11] 이 노동에 힘입어 사회가 문명화될수록 사회적 불평등은 완화되고 세상의 행복은 상대적으로 균등하게 분배될 것이라고 기대했다(Burton 1849, 72-78).

유길준의 주장과 일맥상통하는 버튼의 이러한 생각은 물론 버튼만이 지녔던 독특한 사유가 아니었다. 오히려 빅토리아 시기 영국의 자유주의적 도덕관념에서 발견되는 일반적 특징이기도 했다. 비어트리스 웹(Beatrice Webb)이 자신의 어머니가 지녔던 신념에 대해 남긴 다음과 같은 회상은 19세기 빅토리안 자유주의가 자아 향상(self-

---

11 버튼은 이러한 노동 덕분에 영국 중산계급은 산업사회에서 상층부로 진보할 수 있었다고 생각했다. 중산계급은 다양한 생산적 덕성을 통해 개인적 노력을 기울였으며, 그 덕분에 문명의 혜택도 누리게 되었다. 따라서 노동계급 역시 생산적 노동에 종사하려고 노력해야 하며, 그렇게 되면 그들 역시 문명의 혜택을 누릴 것이라고 생각했다(Burton 1849, 137; 1852, 8).

advancement)을 어떻게 문명진보와 연결시켰는지를 잘 보여주는데, 이는 유길준이 생각했던 것과 다르지 않았다.

> "자신의 사회적 지위를 향상시키는 것, 자신의 밑에 있는 자들에 신경 쓰지 말고, 사회적 지위의 사다리의 맨 꼭대기에 올라가고자 끊임없이 노력하는 것이 모든 시민의 필수적인 의무였다. 각 사람이 자신과 자기 가족의 이익을 끈질기게 추구함을 통해서만 문명은 최고의 수준에 도달할 것이었다.……현 세대의 누구도 빅토리아 시대 중반의 전형적 중산 계급 남녀들이 어떤 신실함과 열정을 가지고 이 교리를 옹호했는지 모를 것이다(Bellamy 1992, 14에서 재인용)."

4. 문명국의 조건 III: 개화의 촉진제로서 상업

유길준은 19세기 빅토리안 자유주의와 유사하게 개인의 자립과 그에 따른 문명진보를 주장하면서, 이와 동시에 그 문명진보를 촉진시키는 수단으로 상업을 옹호했다. 그는 상업을 장려해야 한다는 논의를 『서유견문』 14편 상고대도(商賈大道)에서 개진하고 있다. 그는 이 장에서 상업이 지금까지 억제되어온 이유를 우선 야박한 풍습 탓으로 돌렸다. 상고 시대엔 농사를 생업으로 삼았지만, 풍속이 개화됨에 따라 사람은 "무역하는 도"를 생각해 내어 "인생의 편리"를 도모하게 되었다. 하지만 풍속이 야박해지면서 백성이 "취리(取利)하는 도"에 나가는 모습이 "목마른 말이 샘에 달려가고 굶주린 사람이 먹을 것에 뛰어감과 같아 그 세를 막기 어려웠다." 따라서 "국정을 잡은 자가 인심과 시세를 헤아려 상인[商賈] 천대하는 법으로 일시의 권도(權道)를

써서 분경(奔競)하는 기습(氣習)을 억제"했다(『見聞』, 360-361). 유길준은
또한 생산력 역시 상업을 제한하는 이유가 되었다고 보았다. 권도로
써 상업을 억제하던 때에는 "사람의 재주가 뛰어나지 않고 기계의 제
도가 정밀하지 못하여 사람마다 각기 몸에 걸친 것과 그 배에 채운 바
를 자기 손으로 짜고 뿌려도 부족할 염려가 있었다(『見聞』, 361)." 따라
서 상업은 자유롭게 허락되지 못했다.

  그러나 이젠 그 때와 달리 사회 상황이 달라졌다고 유길준은 주장
했다. 그에 따르면, 시간이 흐르면서 사람의 "재주와 지식"은 늘어났
고, 이에 따라 생산력이 높아지면서 "사람의 생업"도 풍족해졌다. 그
결과 사람은 "요구하는 조건"이 많아졌고, 이 필요에 호응하여 "인사
(人事)" 또한 번잡해지면서 "구별하는 명목"이 많아졌다. 그리고 구분
하는 명목이 늘어나면서 "겸행(兼行)하는 것"이 어려워지고 분업이 일
어나게 되었다(『見聞』, 361). 그는 이런 분업화를 다음과 같이 묘사한다.

  "농작(農作)으로 업을 삼는 자가 장인[工匠]의 일을 겸하기 불
  가한데 그 농작하기에 요구되는 기계가 있으며, 장인으로 업을 삼
  는 자가 농부의 일을 겸하기 불가한데 그 장인 되기에 요구되는 곡
  식이 없을 수 없으니, 다만 이 두 가지의 일만 그런 것이 아니라 인
  간의 천만사물(千萬事物)로 업을 삼는 도가 그렇지 않은 것이 없다
  (『見聞』, 361)."[12]

유길준은 이런 분업에 조응해서 정부는 "옛사람의 억제하는 도를

---

12 노동분업에 대한 그의 이러한 묘사는 웨일랜드의 『경제학요론(The Elements of Politi-
cal Economy)』에서 분업에 대한 설명과 유사하다. 이에 관해선 Wayland(1837,53).

뒤집어 금일의 권장하는 정(政)을 행함이 마땅하다"고 주장했다(『見聞』, 362). 그는 이처럼 상업을 장려해야 하는 명분을 우선 분업화된 현실에서 제조업자가 겪는 번거로움과 불편함에서 찾았다. 유길준은 "어떠한 물건이든지 그 제작한 자가 물품을 짊어지고 세상에 다니면서 물품을 요구하는 자를 찾아 환매하고자 한다면 그 번잡함도 이기지 못할 뿐만 아니라 제작자의 사세(事勢)로 의논해도 해가 적지 않다"고 보았다(『見聞』, 361). 따라서 상업을 허용해야 한다는 것인데, 이러한 논변은 북학파가 상업을 정당화하는 논리와 흡사했다. 박제가는 1778년에 쓴 『북학의』에서 상인은 가치 있는 물건을 생산하진 못하지만 상품을 유통시키는 유용한 일에 종사한다는 이유에서 상업을 옹호했다(팔레 2008, 539). 또한 최한기는 『인정』에서 "사(士)와 농(農)과 공(工)의 사무가 상(商)에 힘입어 유통되는 것이 마치 한 몸의 눈과 귀와 코와 입과 손과 발이 서로 불가분의 관계를 가지고 일을 이루는 것과 같으니⋯만약 상업이 발달하지 못하면 곡백(穀帛)의 유통이 잘 이루어지지 못할 것"이라고 설명했다(최한기 1981). 유길준은 유학에 침윤되어 있던 지식인들에게 상업의 당위성을 설파하기 위해 전통적 논리를 동원했던 것으로 보인다.

하지만 유길준이 상업을 옹호했던 근본 이유는, 상업이 활발한 사회에서 각 사람은 자기의 이익을 위해 경쟁하는 과정에서 "상자(相資)하는 대도(大道)"(『見聞』, 132)를 실현하고, 이를 통해 문명개화가 촉진되기 때문이었다. 유길준에 따르면, 상업이 발달한 사회에서 "의식거처(衣食居處)의 정미(精美)함을 구하는 자" 즉, 더 좋은 삶을 원하는 사람은 자신의 욕망을 이루기 위하여 "마음[心智]을 쓰고 힘[膂力]을 쓰며" 이로써 세상에 쓸모 있고 유익한 물건을 만들기 위해 끝없이 노력하게 된다(『見聞』, 157). 즉, "세계공동(世界公同)의 이익을 추구"하기 위해 경쟁한다(『見聞』, 132). 그리고 이와 같이 한 사람이 더 좋은 삶을 살기 위해 노력하면, 그 사회에선 연쇄반응이 일어나면서 또 다른 사람이 앞선 사람의 "수요에 맞추어 자기의 이익을 도모하기 위하여 각기 재력(才力)을 다한다(『見聞』, 157)." 즉, 다른 사람 역시 타인에게 도움이 되는 방식으로 자신의 이익을 달성하기 위해 경쟁한다. 유길준은 이처럼 '사회에 도움이 되는 것을 생산함으로써 자신의 이익을 이루게 되는 것'을 "상자하는 대도"라고 불렀는데, 부귀영달을 이루고자 하는 개개인은 상업사회에서 이 대도를 따르게 되고, 그 결과 사회는 "날마다 달라지고 달마다 새로워지면서 천만 가지 변환이 거대하고 섬세하게 또는 분명하고 어렴풋하게" 일어나면서 사회의 제 영역은 "극선진미(極善盡美)한 경지에 나아가게 된다"고 생각했다(『見聞』, 153). 그리고 유길준이 상업을 옹호했던 근본 이유는 바로 여기에 있었다. 즉, 상업은 각 사람이 자신의 이익을 추구하는 경쟁 과정에서 서로 돕는 대도를 실현하게 해주는 것이었다.

유길준이 상업을 옹호하는 이러한 논변은 애덤 스미스(Adam Smith)가 자유시장경제를 정당화하는 논리와 상당히 유사하다. 스미스에게 시장이란 "승자뿐만 아니라 모든 사람이 이익을 얻을 수 있는 경주가 일어나는 곳"이었다. 개개인은 모두 자신의 이익을 극대화하기 위해 다른 사람과 경쟁하지만, 이는 제로섬 게임으로 귀결되는 것이 아니다. 오히려 시장에서 개개인은 자신의 이익을 극대화하기 위해 사회에 가장 유익한 방법을 자연스럽게 찾게 되고, 이는 국부를 증진시키고 대중의 복지를 향상시키게 된다(Herzog 2013, 32-33). 스미스의 이러한 생각은 유길준의 '상업사회'에 대한 생각과 외견상 닮아 있다. 유길준 역시 앞에서 살펴본 대로 상업사회에서 개인은 자신의 부귀영달을 위해 타인과 경쟁하지만, 이는 사회 일반에 이익이 되는 것을 생산하는 방식 즉, "상자하는 대도"를 따르게 되며, 그 결과 사람들의 행복도 증진될 것이라고 믿었다.

하지만 이러한 외견상 유사성에도 불구하고 양자의 생각에는 중요한 차이도 있는 것처럼 보인다. 스미스에 따르면, 사적이익의 추구는 개인의 의도와 상관없이 '보이지 않는 손(invisible hand)'에 이끌려 자연스럽게 대중의 복지를 증진하는 결과를 낳게 된다(Smith 1981, 456).[13] 이에 반해, 유길준은 서로 돕는 대도가 실현되기 위해선 개개인의 도덕적 수양이 전제되어야 하며, 그 도덕적 성품이란 앞에서 설명했던 자주하는 정리를 각 사람이 의식적으로 준수하는 것과 직결되었다.

유길준에 따르면, 각 사람이 서로 돕는 대도를 따르는 것은 순전히 자연스러운 현상은 아니었다. 야만의 상태에서 사람들은 타인에게 손해를 끼치면서 자신의 이익을 추구하는 방식으로 경쟁했다. 따라서 이곳에서 경쟁이란 강한 자가 약한 자를 억누르게 되는 약육강식의 원리가 지배하는 것과 다를 바 없는데, 이러한 일이 벌어진 것은 야만인이 경쟁에서 지켜야 하는 올바른 도리 즉, 자주하는 정리를 알지 못하기 때문이었다(『見聞』, 130). 이에 반해, 각 개인이 자주하는 정리 즉, '자신의 힘을 써서 일어난다'는 원리를 따르게 될 때 비로소 변화가 일어나는 것이었다. 그 경우, 각 사람은 "자기의 뜻을 이루고자 하여 세인을 돌아보지 않아도" 타인에게 피해를 끼치지 않고 오히려 "자기의 영달을 구하는 자는 타인의 영달을 또한 이루고 자기의 경복(慶福)을 추구하는 자는 타인의 경복을 역시 추구"하게 되는 것이었다

---

13 물론 스미스도 정부의 개입 자체가 부재해야 한다고 생각한 것은 아니다. 시장에서 보이지 않는 손이 작동하기 위한 전제조건으로 그는 정부가 자유와 재산을 보호하는 역할을 해야 한다고 생각했는데, 이는 '국가의 보이는 손'이라고 부를 수 있다. 이에 관해선 Muller(1993)의 11장 참고.

(『見聞』, 130-131). 즉, 각 사람이 자주하는 삶을 영위할 때 비로소 상업 사회에서 서로 돕는 대도가 자연스럽게 실현되는 것이었다.

하지만 애덤 스미스와의 이러한 차이는 당대 서구 자유주의로부터 이탈을 보여주는 대목이 아니라 오히려 그들의 생각과 호응하는 지점 이었다고 보는 것이 더 적절한데, 이는 상업사회에 대한 버튼의 생각 을 살펴보면 분명해진다. 스코틀랜드 계몽주의의 후예였던 버튼은 한 편에선 시장이란 "이해관계를 사용해서 국부를 증진시키고 대중의 복 지를 증진시키는 가장 효과적인 메커니즘"(Muller 1993, 75)이라는 스 미스의 생각을 계승했다. 따라서 『경제학교본』에서, 상업사회의 인간 은 "자신을 더 앞서나가게 하고자 하는 와중에 인류를 이롭게 한다" 거나 "사람은 더 나은 것을 원하게 되면서 그것을 획득하기 위해 스 스로 노력하게 되고, 이러한 노력은 다른 사람으로 하여금 그것을 만 들도록 유도함으로써 이중의 일(double work)을 하게 된다"고 주장했다 (Burton 1852, 11, 36).

그런데 이와 동시에 품성을 강조했던 빅토리안 자유주의자의 일원 이었던 버튼은, "경쟁적 체계"의 작동을 위해선 "공동체를 구성하는 개인적 품성의 도덕적 향상"이 필요하다고 생각했다. 야만의 상태에 서 "인간의 저급한 열정"은 "통제를 덜 받는" 대신 "우리 본성의 고급 한 도덕적 특질"은 "그다지 발달되지 못해있다." 따라서 이 상태에서 "강자는 약자에게 폭정을 행사하고 약탈"하려고 하며 경쟁은 "그의 이웃을 짓밟고 해롭게 하는" 방식으로 이루어진다(Burton 1852, 6, 10). 이와 달리 문명의 상태에서 "사람의 본성은 순화되고, 그들의 신체 능력은 수양을 거치면서 발전된다." 그 결과, "그 자신을 고양하고자 하는 모든 노력은 그의 동료 피조물을 돕게된다"고 주장했다(Burton 1852, 11). 즉, 문명의 단계에서 비로소 경쟁은 사회 전체를 이롭게 하는 원리로 변모되는 것이었다. 유길준이 버튼의 이 글을 직접 읽었을 지는 알 수 없지만, 어쨌든 시장의 작동을 위해 지덕이 요구된다는 유길준의 주장은 당대적 맥락에서 본다면 상식적인 생각이었다.

5. 진보적 개혁의 대상: 법과 교육

이상에서 살펴본 바와 같이 유길준은 인의 권리로서 자유와 그에 뒤따르는 인의 의무로서 자주 그리고 시장경제를 옹호했다. 그는 이 세 요소를 실현해서, 문명의 상태 즉, 인간의 물질적, 지적, 도덕적 필요가 충족되는 상태로 나아가기 위해 끊임없이 노력하는 자주하는 인민의 협력적 공동체를 만들고자 했는데, 그는 이러한 문명국의 이상을 『서유견문』 13편에서 다음과 같이 설명하고 있다.

"개화하는 자는 천사(千事)와 만물(萬物)을 궁구하고 경영해서 날로 새롭고 또 날로 새롭기를 기약하나니 이러함으로 그 진취하는 기상이 웅장하여 사소한 나태함도 없다. 또한 사람을 대하는 도에 있어서는 언어를 공손히 하며 행동거지를 단정히 하고, 잘하는 자를 본받고 못하는 자를 불쌍히 여기며, 감히 만모(慢侮)하는 기색을 보이지 않고 감히 비루한 용모를 드러내지 않으니 지위의 귀천과 형세의 강약으로 인품을 구별하지 않고 국인(國人)이 그 마음을 하나로 합하여 여러 조목의 개화를 함께 힘쓴다(『見聞』, 376)."

즉, 유길준에 따르면 문명화된 나라는 '여러 방면에서 진보를 이루어내기 위해 마음을 같이 해서 함께 힘쓰는 인민'으로 구성된 정치공동체인데, 그 인민이란 바로 '문명을 향해 나아가고자 노력하는, 인권에 바탕을 둔 자주하는 인민'이었던 것이다. 하지만 이런 이상을 실현하기 위해 유길준은 인권에 내재된 병폐가 먼저 치료되어야 한다고 생각했다. 유길준은 인권으로서 자유란 "사람들이 이 세상에 처하여 각기 인간 중 한 사람 되는 신분으로 향유하는 것"인데, 이러한 자유는 "인생의 무계(無係)한 통의(通義)"가 되는 "인생의 천부한 자유"로부터 연원하는 것이다(『見聞』, 111-112). 하지만 "천수(天授)한 권리를 인력(人力)으로 조종해선 안 된다"고 생각해서 이러한 자유를 각 사람의 자의에 맡겨두어선 안 된다고 주장했는데(『見聞』, 127), 이는 인간이 본성적으로 사욕(私慾)을 갖고 있기 때문이다. 그는 2장에서 검토한 대로 인간 욕망을 긍정했고, 자유는 이러한 욕망을 충족하기 위한 것이었다. 그렇지만 그에게 있어 모든 욕망이 용인되는 것은 아니었다. 인간 욕망의 한 구석엔 언제나 올바른 이치를 어기고자 하는 "사벽(邪辟)함"이 있으며(『見聞』, 128), 이러한 사벽함을 좇는 욕망은 제어되어 마땅한 사욕이었다.

유길준은 각 사람이 이 사욕에 빠져선 안 되지만 "사람의 혈기는 사욕에 함닉하기 매우 쉽다"고 생각했다(『見聞』, 139).[14] 따라서 만약 각 사람의 천부한 자유를 방치해두면, 인간의 자유는 사욕을 좇아 잘못된 방식으로 사용될 것이 분명했다. 그는 이렇게 잘못된 방식으로 사용된 자유를 "악자유(惡自由)"라고 불렀는데(『見聞』, 128), 이런 나쁜 자유 중 하나가 비록 그가 명시적으로 이를 언급하진 않지만 바로 타인이 동등하게 지닌 인권으로서 자유를 침해 할 자유였다. 그에게 있어 자유는 천부한 권리였기 때문에 한 개인이 자신의 자유를 행사함

---

14 유길준은 14편 상고대도의 §9에서도 비슷한 생각을 피력한다.

에 있어 타인의 자유를 침해하지 않아야 한다는 것은 마땅한 이치였으며, 이런 이유로 사욕을 좇아 타인이 소유한 자유 즉, 인권을 침해하는 것은 나쁜 자유일 수밖에 없었다.[15] 하지만 유길준은 자유를 각사람의 손에 임의로 맡겨두면 각자의 자유는 타인의 인권을 억압하는나쁜 자유로 전락하며, 바로 이러한 방식으로 자유가 오용되는 것을 "인생권리의 대병(大病)"(『見聞』, 128)이라고 불렀다. 그는 이런 병폐 때문에 한 사회에서 인권이 제대로 보장되지 못할 뿐만 아니라 시장 역시 제대로 작동되지 않는다고 생각했던 것이다.

유길준의 이런 생각은 웨일랜드의 인간 본성에 대한 이해와 유사했다. 웨일랜드는 인간 본성에는 이기심(selfishness)과 자기애(self-love)라는 두 가지의 기질(disposition)이 있는데 이는 서로 닮았지만 결정적 차이가 있다고 생각했다. 우선, 자기애는 "우리 자신의 최대 행복을 획득하고자 하는 명분에서, 어떤 것을 행하거나 참도록, 또는 자신의 욕망을 충족시키거나 거부하도록 조장하는" 것으로, 이는 "인간을 구성하는 요소 중에서 무해한 부분(innocent part of human constitution)"이었다. 왜냐하면 이 자기애는 우리가 정당한 통제권을 가지고 있는 대상을 선택하도록 우리의 열정을 적절히 감독하기 때문이다(Wayland 1859, 105, 109-110). 이와 달리, 이기심은 "전반적으로 우리 행복을 증진시키는 비슷한 기질"이지만 무해하지 않은데, 그 이유는 이는 "우리가 정당한 통제권을 갖지 못한 대상에서 그것(행복)을 찾도록 부추기기 때문이다." 따라서 이 사악한 기질에 사로잡히면 우리는 이웃에 대한 의무를 저버리고 말게 된다(Wayland 1859, 109-110).

---

15 이는 그가 배웠던 후쿠자와의 생각이기도 했다. 후쿠자와는 『학문의 권장』 8편에서 '타인의 권의(權義)를 방해하지 않는다면 자유자재로 자신의 신체를 활용하는 리(理)가 있다'고 주장했다(福澤諭吉 1874, 3).

그런데 이 이웃에 대한 의무 중 첫 번째가 바로 상호성의 법칙 즉, 타인의 권리를 침해하지 않아야 한다는 것이었음을 고려하면, 웨일랜드는 인간 본성에 내재된 이기심이라는 성벽 때문에 각 개인은 자신의 자유를 이웃에 대한 의무 즉, 상호성의 법칙을 침해하는 방식으로 오용할 수 있다고 생각했음을 알 수 있는데, 그의 이러한 생각은 인생권리의 큰 병의 원인을 사욕에서 찾았던 유길준의 인간본성에 대한 이해와 유사했다.[16] 따라서 그 역시 유길준과 마찬가지로 자유의 남용을 염려했으며, 특히 당시 미국이 유례없는 자유의 전성기를 맞고 있기 때문에 더욱 자유의 남용에 주의해야 한다고 미국사회에 경고했다(Wayland 1859, 224).

다만, 이런 유사점에도 불구하고 차이도 분명했다. 유길준은 조선의 상황에서 자유의 남용을 고려했기 때문에 그가 염두에 둔 자유의 남용도 웨일랜드와 다를 수밖에 없었다. 그는 조선에서 일어나는 '악자유'의 양태는 중세 유럽이 겪었던 것과 다르지 않다고 생각했다. 그에 따르면, 한 나라가 인민권리의 병에 빠지게 되면 "타인의 물건을 탈취하는" 풍습이 만연하게 되는데 유럽에서도 중세에 이르기까지는 이러한 풍습이 만연했다. 하지만 유럽은 인권을 보장하는 법을 실시하게 되면서 이런 악풍을 근절시켜 나갔다(『見聞』, 131). 이와 달리, 조선사회에는 이러한 풍습이 여전히 팽배해 있었다. 그의 이러한 생각은 1883년에 쓴 「언사소(言事疏)」와 1891년에 쓴 「세제의(稅制議)」에서 확인할 수 있다. 이 글에서 유길준은, 조선에선 탐관오리가 학정을 일삼아 백성은 자신의 재산을 탈취당하여 항산(恒産)을 잃고 유리하

---

16 이기심에서 자유가 오용되는 원인을 찾는 것은 웨일랜드만의 생각은 아니었다. 버튼 역시 비록 체계적으로 이 문제를 다루진 않았지만 이기심이 문제의 원인이라고 생각했다. 이와 관련해선 Burton(1852, 12, 14).

고 있음을 지적했는데(유길준 1987, 8, 26), 조선의 이러한 현실은 유길준의 눈에 귀족과 국왕이 부자의 재물을 탈취했던 유럽 중세의 한 장면과 겹쳐져서 보였을 것이다. 즉, 유길준에게 조선은 유럽이 예전에 그러했듯이 인생 권리의 큰 병을 앓고 있는 환자로 비쳐졌을 것이다.

유길준은 조선이 이러한 병을 치료해야 비로소 조선 인민 각자가 자신의 인권을 올바로 지키면서 자주하는 삶을 살아갈 수 있으며 조선을 문명국으로 바꿀 수 있다고 생각했는데, 이러한 병폐를 해결할 수 있는 방법을 "인생권리의 대병을 치료하는 영약[金丹]"이라고 부른 법률에서 찾았다(『見聞』, 128). 그에 따르면, 법률의 직분은 공도(公道)를 보전하는 데 있는데(『見聞』, 170, 263-264), 공도란 "귀천과 빈부를 따지지 않고 일시(一視)"하는 것을 원칙으로 했다(『見聞』, 99). 유길준은 이 공도에 따라 동등하게 대우한다는 것의 의미를 모든 사람이 동등한 권리를 누릴 수 있도록 법이 인권을 공평하게 보호해주는 것으로 받아들였고, 이런 이해에 근간해서 법률이란 모든 사람에게 동등하게 주어진 "권리의 쓸모[用]"를 정해주고, 나아가 이러한 인권을 보호함으로써 "무도불공(無道不公)한 침벌을 방어"해야 한다고 주장했다(『見聞』, 99, 272).[17]

법률의 이러한 직분을 고려하면 유길준이 왜 법을 인생권리의 큰 병을 치료하는 영약이라고 여겼는지 이해하기 어렵지 않다. 그는 이런 의미에서의 법률이 각 사람의 행동을 살펴서 좋은 자유와 나쁜 자유를 판별하고, 전자를 보호하고 후자를 처벌함으로써 인생권리의

---

17 또한 그는 4편 인민의 권리 §4에서는 만약 타인의 권리를 침범하면 "법률의 공평한 도"가 이를 필히 허락하지 않을 것이며, 그 침범한 정도만큼 그 범죄자의 권리를 박탈할 것이라고 주장했다(『見聞』, 113). 같은 편 §10에선 재산의 권리의 경우 "폭도의 침탈이 있은즉 법률의 공도를 의뢰하여 보호할 수 있다"고도 설명했다(『見聞』, 121).

병을 치료하고 인권을 보존할 것이라고 기대했던 것이다. 달리 말하자면, 법치가 인권을 침해하는 행동을 규제함으로써 각 사람이 인권을 누릴 수 있도록 도와주는 것이었다. 그는 이런 이유로, 인권이란 "법률에 부의(附依)하여 그 현상을" 보존한다고 선언했다. 비록 인권은 "천하 사람들이 스스로 가진[自有] 지보(至寶)"이지만 각 사람에게 그냥 맡겨두면 앞서 설명했듯이 인생권리의 병폐로 인해 이 "비길데 없는 지보"를 누릴 수 없게 된다. 이에 비해, 법이 좋은 자유와 나쁜 자유를 분별해서 후자를 처벌하고 전자를 보호하게 되면 비로소각 사람은 자신의 인권을 지킬 수 있게 되는 것이다. 따라서 유길준은 "인의 권리"란 "법률이 부여한 것"에 다름없다고 단언한다(『見聞』, 118-119).

유길준은 이러한 역할을 담당하는 법률을 제정, 시행함으로써 조선이 앓고 있는 자유의 남용이란 인권의 큰 병을 치료하고자 했는데, 그의 이러한 발상은 법이 야만인의 무제한적 자유를 억제하고 진정한 자유를 누릴 수 있게 해준다는 버튼의 생각과 다르지 않았다. 버튼은 스코틀랜드 계몽주의의 전통을 따라 인권을 추측의 역사(conjectural history)의 맥락 속에서 이해했다. 그에 따르면, 야만의 상태에서 인간은 개인적 자유를 누리지 못했다. 이곳에서 개인은 "무제한의 자유"를 누리는 듯하지만, 이는 실제로는 "굶어죽을 자유, 권력이 있으면 폭정을 행사할 자유, 벌 받지 않고 범죄를 저지를 수 있는 자유"에 불과했다. 이에 반해, 문명이 진보함에 따라 동등한 법이 모든 사람에게 적용되면서 사람들은 "진정한 자유(true freedom)"를 누릴 수 있게 되었다(Burton 1852, 6). 즉, 문명진보와 함께 "모든 사람이, 각자가 가진 힘과 지능이 얼마인지에 관계없이, 자신의 신체적 안전과 사유재산을 누릴 수 있도록 함을 목적으로 하는 법"이 제정·실시되었고,

이 덕분에 사람들은 인권을 누릴 수 있게 되었다(Burton 1852, 21). 이런 이유에서 버튼은 법률이야말로 "생명, 재산과 특권에 관련된 모든 사람의 권리를 지키는 보호자(bulwark)"라고 주장했는데(Burton 1852, 21), 법에 대한 그의 이러한 생각은 "인의 권리"가 "법률이 부여한 것"이라는 유길준의 주장과 거의 동일했다.

유길준은 인민권리의 병을 고치기 위해 법치가 필요하다고 믿었지만, 이것만으로 충분하다고 생각지 않았다. 이와 함께 각 사람이 "예의염치(禮義廉恥)의 사유(四維)"를 갖추도록 해주는 도덕 교육이 필수불가결하다고 생각했는데, 이 사유는 전통적 유교의 덕목이지만 유길준은 이러한 덕성을 갖추게 되면 "각 사람이 각기 신명재산(身命財産) 및 명예를 정직한 도로 지켜 안녕(安寧)한 낙(樂)"을 누리게 될 것이라고 기대했다(『見聞』, 264). 즉, 각자가 인권을 제대로 지킬 수 있게 된다는 것인데, 그가 이렇게 생각한 것은 예의염치를 다음과 같이 자유주의가 요구하는 덕성으로 재해석했기 때문이었다.

예(禮)와 관련해서 유길준은 『서유견문』 15편에서 조선의 전통 예절과 비교하면서 그가 도입하고자 했던 서구 예절을 소개하고 있다. 장례 예절의 경우, 조선과 서양이 모두 유가족의 지극한 슬픔을 표현하도록 하지만, 조선에선 초혼하는 법과 발상하는 법에 따라 유가족이 통곡하지만, 이와 달리 서구는 이를 법으로 금지하고 있다(『見聞』, 400). 친구를 사귈 때의 예절에 대해선, 서로 만났을 때 조선에선 절하거나 읍하는 절차가 있다면 서구에선 이러한 절차가 없다(『見聞』, 401). 또한 여자를 대접하는 예절에선 제왕이나 제후라도 첩을 두지 않으며 일부일처가 통용되는 예절임을 강조한다(『見聞』, 409). 그는 이러한 서구 예절 중 일부를 조선에도 도입하고자 했던 것으로 보이는데, 그의 이러한 의지는 갑오개혁에서 단발령의 시행에 적극 나섰다

는 점에서도 엿볼 수 있다.[18]

의(義)에 대한 유길준의 이해는 그가 의기(義氣)라는 용어를 어떻게 사용했는지 검토해봄으로써 확인할 수 있다. 그는 의기를 사욕과 대비되는 성질의 것으로 이해했는데, 사회관계에 적용될 경우 크게 두 가지 의미로 쓰였다. 첫째는, "학비를 급여하는 의기(義氣)"나 "구급하는 의기"에서 사용된 것처럼 능력은 있지만 가난해서 공부할 수 없거나 또는 불운에 빠진 사람을 도와주도록 하는 덕성이 바로 의기였으며, 이런 점에서 이는 자선을 베풀게 하는 것이었다(『見聞』, 287, 500). 또한 다른 한편에선, 15편 친구를 사귀는 방법에서 "타인의 낙(樂)을 낙하고 우(憂)를 우하는" 의기에서 사용된 것과 같이, 자신의 친구가 억울한 사유라든가 불공평한 일 때문에 남에게 모욕을 당한 것에 대해 분통한 마음을 참지 못하고 그 부당한 짓을 한 사람이 부자이든 존귀한 자이든 상관치 않고 친구를 돕기 위해 나서는 마음이 바로 의기였다(『見聞』, 406). 이런 의미에서의 의기는 불의한 행동 즉, 친구의 인권이 유린당한 것에 분노하며 이에 맞서도록 하는 마음이었다.

염치는 타인에게 의지하는 것을 부끄럽게 여기고 스스로 자주하도록 만드는 덕성이었다. 『서유견문』 6편에 따르면, "불기독립(不羈獨立)"해서 삶의 즐거움을 누리며 세상 사람으로부터 도움 받는 것을 부끄럽게 여기는 자야말로 "양민"인데, 이러한 백성이 타인에게 의지하게 되면 그것이 "염치"를 잃어버리는 것이었다. 따라서 이러한 풍습이 생겨나지 않도록 정부가 적절히 처신해야 한다고 경고했다(『見聞』, 164). 또한, 10편 순찰규제에선, 경찰을 선발할 때 고려해야 할 기준

---

18 유길준의 단발에 관한 생각은 을미사변 이전이었던 1895년 8월 9일 "秘密會議 求하는 請議書"에서 확인할 수 있다(『議奏』 2권, 336-337).

으로 "염치가 있는 자"를 두고 있는데, 이 구절에서 "나라 곡식을 훔쳐 먹거나, 남의 빚을 갚지 않은 자"를 염치없는 사람으로 규정하고 있다(『見聞』, 276).

유길준은 도덕교육을 통해 이러한 의미에서 예의염치라는 사유를 각 사람이 갖추도록 하고자 했다. 즉, 이웃과 자신의 인권 침해에 저항할 수 있는 의기와, 남에게 의존하지 않고 자주적으로 살아가고자 하는 염치, 그리고 타인들과의 교제에서 지켜야 하는 적절한 예절을 인민에게 심어주고자 했다. 그는 백성이 이러한 덕성을 갖추게 될 때 비로소 "각 사람이 각기 신명재산 및 명예를 정직한 도로 지켜 안녕한 낙"을 누릴 수 있을 것이라고 기대했다(『見聞』, 264).[19]

유길준은 이처럼 예의염치의 사유를 자유주의 도덕관념에 맞추어서 새롭게 해석했고, 이러한 덕성을 함양하는 도덕 교육이 필요함을 역설했는데, 그의 이러한 입장은 도덕 교육을 통한 품성의 향상을 주창했던 버튼의 사상과 비교할 수 있다. 버튼에 따르면, 영국과 같은 경쟁사회는 도덕적 진보 덕분에 인민이 타인보다 앞서 나가기 위해 경쟁하지만 사회에 해를 끼치지 않을 수 있게 되었다(Burton 1852, 6, 11). 물론, 이 경쟁사회에도 여전히 악들이 남아있지만, 이는 사회 체제 자체의 결함에서 비롯된 것이 아니라 "개인적 본능이 오용되고 도착"된 데에서 비롯된 것이다. 따라서 이러한 악을 제거하기 위해선 "공동체를 구성하는 개인적 품성의 도덕적 진보"가 요구되었다(Burton

---

19 물론 유길준이 예의염치를 순전히 서구적 관점에서 이해한 것은 아니었다. 그는 여전히 유교적 덕목이 보편적 가치를 지녔다고 생각했다. 『서유견문』은 유학의 오륜이야말로 모든 사람이 준수해야 될 인의 도리라고 주장한다(『見聞』, 210, 284, 375). 이처럼 유길준은 유교의 도덕윤리 역시 긍정하고 있었으며, 이런 점에서 예의염치에는 서구적 의미와 유교적 의미가 혼재되어 있었다.

1852, 14). 또한 버튼은 유길준과 마찬가지로 이러한 품성 함양을 위해 선 교육이 필수불가결하다고 주장했다. 그는 교육이 덕성을 항상 보장해주지는 않지만, "도덕 원칙을 적절히 심어주고 올바른 종교적 감성을 불어넣는 올바른 교육"이 실행된다면 모든 사람이 "강직하고 덕스러워 질 수 있는 기회"를 얻게 될 것이라고 믿었다(Burton 1852, 45). 버튼의 도덕 교육에 대한 이러한 강한 믿음이 유교적 소양을 갖추었 던 유길준에게 반향을 일으켰던 것으로 생각된다.

6. 개혁의 방법: 위로부터의 개혁

『서유견문』 5편은, 국가의 대업이 "학문으로써 사람의 도리를 교회 (敎誨)하며 법률로 사람의 권리를 수호하여 인생의 정리(正理)로 그 신명과 재산을 보전"하는 데 있으며 "정부의 법도[規度]"는 바로 이러한 목적을 수행하기 위해서 세워진 것이라고 설명하는데(『見聞』, 137), 법과 교육은 인민권리의 병폐를 치유해줌으로써 각 사람이 서로 협력하여 문명진보를 이룰 수 있도록 하는 근간이었다. 유길준은, 서구에선 문명화가 진전되면서 정부가 이러한 본분을 상대적으로 잘 수행할 수 있게 되었다고 보았다. 앞에서 이미 언급했듯이, 유길준은 서구에서도 중세의 경우 정치와 법률이 문란해서 인민권리의 병폐가 심각했다고 생각했다. 국내의 귀족은 부끄러움을 모른 채 권세를 부려 타인의 재물을 약탈했고 임금도 때때로 폭정을 행하여 사욕으로 부자의 재물을 몰수하곤 했다. 하지만 점차 문명화됨에 따라 서구의 정부는 법률을 개정해서 인민의 권리를 보호했고 교육도 이루어지면서 인민 지덕의 수준이 향상되었다. 그 결과, 이러한 악습은 사라지고 인민은 타

인에게 이익을 끼치는 방식으로 자기의 이익을 추구하게 되었다(『見聞』, 130-132).[20]

이와 비교할 때 조선사회는 여전히 인민권리의 병폐로부터 벗어나지 못하고 있는데, 그 이유는 문명의 발전이 정체되면서 조선 정부가 더 이상 법과 교육을 개선하지 않았기 때문이었다. 유길준은 조선에서도 백성이 자유를 일정수준 누려왔다고 생각했다. 자유란 법과 교육이 있어야 비로소 누릴 수 있는 것인데, 야만인이라고 하더라도 더불어 살게 되면서 "법률의 강기(綱紀)"를 세운다. 따라서 금수와 비교한다면 야만인도 자유를 누린다(『見聞』, 115-116). 이처럼 야만인도 자유를 누린다는 점을 고려하면, 야만과 문명 상태의 중간단계에 속한 조선의 백성이 법과 교육 덕분에 상대적으로 자유를 누리게 되었다고 그가 생각한 것은 분명하다.[21] 다만, 조선사회는 야만과 문명의 중간단계 즉, 반문명의 상태에서 더 이상 진보하지 않는 것이 문제였다.

유길준은 이런 문제를 해결하기 위해 군주정부가 개혁을 주도해야 한다고 생각했다. 그는 "인사(人事)를 살피고 시기에 응하여 규범[規模]을 만들든 법률을 세우든지 만약 정부의 처치로 하지 않으면 강자를 이롭게 하고 약자를 해하는 우려가 없지 않을 뿐더러 시일이 늘어나도 실효를 거두지 못한 채 길가에 집을 짓는 비웃음을 면치 못할 것"이라 했다(『見聞』, 140). 즉, 정부가 앞장서서 새로운 도덕규범을 제시하고 법률을 제정해서 강력한 개혁을 단행해야 한다는 것이다. 특히

---

20 5편에서도 비슷한 인식이 엿보인다. 여기에선, 서구는 문명화되면서 부귀한 자가 빈천한 자에게 원통하거나 억울한 일을 저지르면 정부의 공본된 법률이 이를 벌하고 용서하지 않는다고 설명한다(『見聞』, 137-138).

21 이상익은 조선시대에도 생명권과 신체의 자유, 언론의 자유 등이 제한적이지만 보장되었다고 주장했는데(이상익 2012, 58), 유길준은 이러한 생각에 전적으로 동의했을 것이다.

그는 "여러 사람의 의론(議論)이 공평하다 하여 대수롭지 않은 인민을 혼동(渾同)하여 정부의 권(權)을 함께 갖는 것"이 옳지 않다고도 주장했다(『見聞』, 140). 이는 입헌군주제의 즉각적 도입에 관한 반대를 의미했지만, 입헌군주제 도입에 관해선 원칙적으론 찬성했다. 입헌군주제가 실시되면 백성이 선출한 대표들이 국정을 담당하게 되고 그 덕분에 폭군과 간신이 나와도 학정이 자행될 수 없다. 그 결과, 백성 각자가 나라의 일원으로 스스로를 중히 여겨서 "진취하는 기상"과 "독립하는 정신"을 갖게 되며, 나아가 "정부와 마음을 함께하며 힘을 합하여 나라의 부강할 기회를 도모하며 문명할 규모를 강구"하게 된다(『見聞』, 148-149). 이런 이유에서 입헌군주제는 "선미(善美)한 정체"였다(『見聞』, 152).

하지만 이 정체의 운용에는 인민의 지식이 필요하며, 만약 배우지 못한 인민에게 섣불리 국정에 참여하는 권한을 주게 되면 나라 안에 대란의 싹이 생겨난다고 우려했다. 따라서 "당로(當路)한 군자는 인민을 교육하여 국정 참여하는 지식이 생긴 연후에 이 정체를 의론"해야만 하는데(『見聞』, 152), 조선은 바로 이 경우에 해당했다. 유길준의 눈에 조선의 인민은 지식이 없어 개화를 두려워하거나 싫어했으며, 이런 이유에서 조선에는 특단의 조치가 필요했다. 즉, "백성의 지식이 결핍함을 인하여 전혀 억지로 (개혁을) 행하는" 것이 불가피했기 때문에 군주정부는 "용단으로" 또는 "위력으로" 개혁을 단행해야만 했다(『見聞』, 379-380).

입헌군주제의 시기상조론을 주장하면서 정부의 위로부터 개혁을 옹호하는 유길준의 이러한 생각은 버튼의 주장과 일맥상통했다. 버튼은 정치적 차원에서 대의제 정부 즉, 민주적 정부(democratic government)의 확립이 사회 진보의 방향이라고 보았다(Burton 1852, 28).

하지만 어떤 나라도 이러한 정부형태로 급격히 전환될 수는 없으며 만약 성급하게 정치체제를 변혁하고자 하면 오히려 더 큰 화를 입을 수도 있다고 주장했는데, 19세기 프랑스와 오스트리아가 이를 보여주는 대표적 사례였다. 그에 따르면, 1848년 프랑스는 비록 공화국이 되었지만, 공화국이 프랑스 인민에게 자유를 보장해주지 못했다. 이에 반해, 프란츠 2세(Francis Ⅱ) 하의 오스트리아는 "상냥한 군주가 다스리는 거의 절대주의 정부"였지만 1848년 프랑스 공화국 보다 더 자유로웠다(Burton 1852, 25, 28).

버튼은 정부의 운용이란 한 나라 인민이 보유한 지덕의 수준에 따라 달라진다고 생각했기 때문에 모든 나라에 일률적으로 민주정부를 시행할 수는 없다고 생각했다. 그에 따르면, 만약 인민 지덕의 수준이 낮으면 그 나라 정부는 독재가 될 수밖에 없으며,[22] 설령 이런 나라에서 비록 급격한 변화가 일어나도 이는 일시적인 현상일 뿐이며 결국에는 "엄한 독재"로 회귀하고 만다. 즉, "독재적이고 중앙집권화된 정부"를 "민주주의적 성격을 지닌 정부"로 급격히 변혁하고자 시도한다면, 시민들이 공공심을 결여하고 있기 때문에 정치체제는 자신을 지탱하는데 요구되는 공덕(public virtue)을 담보하지 못한다(Burton 1852, 26, 28). 따라서 버튼은 정부를 개혁하는 속도는 지덕의 수준에 맞추어 조절될 필요가 있으며 우선 교육이 실시되어야 한다고 주장했던 것인데, 이는 유길준의 생각이기도 했다.

---

22 예로써 페르시아인을 들고 있는데, 페르시아인과 같이 완전히 야만적 공동체 (unenlightened community)에선 전제군주가 다스릴 수밖에 없다고 버튼은 주장한다 (Burton 1852, 26).

7. 19세기 조선의 윤리적 자유주의자 유길준

2000년대를 전후해서 한국사회에서 자유주의의 빈곤 또는 자유주의 부재라는 문제가 제기되면서 자유주의가 각광을 받았던 적이 있다. 박주원은 이에 대해 '자유주의의 빈곤'이 아니라 '어떤 자유주의'인가를 물어야 한다고 제안했다. 한국에는 자유주의가 단순히 빈곤했던 것이 아니라 특정한 형태의 자유주의가 강고하게 작동하고 있었다는 것이다(박주원 2000, 124). 이 글은 19세기 말 개화파의 대표적 사상가였던 유길준의 사상을 프랜시스 웨일랜드와 존 힐 버튼과 비교하면서 이러한 종류의 물음에 답해보고자 했으며 이를 위해 윤리적 자유주의라고 하는 하나의 모델에 주목했다.

이런 관점에서 유길준의 사상을 웨일랜드, 버튼과 비교해보면 19세기 말 조선의 개화지식인이었던 유길준은 조선의 특수성으로 인해 자유주의를 제대로 수용하지 못했던 것이 아니었다. 오히려 그의 사상은 19세기 윤리적 자유주의라고 부를 수 있는 큰 지적 흐름 속에 포함되어 있었다. 달리 말하자면, 유길준에게서 보이는 도덕주의적 면모와 정부의 역할에 대한 강조는 비자유주의적인 것으로 볼 수 없으며 오히려 이는 19세기 윤리적 자유주의가 공유하는 특징 중의 하나였다. 그리고 이런 점에서 유길준은 자유주의라고 하는 "이념의 가족(family of ideas)"(Sheehan 1978, 5)의 일원이었다고 볼 수 있다.

이러한 발견은 그의 사상에서 발견되는 유학적 사고도 새로운 시각에서 검토할 수 있는 시각을 제시해준다. 기존 연구들은 한편에선 유길준이 서구근대사상을 받아들였지만 유교적 사유로부터 벗어나지 못한 한계가 있었고 전통적 사고는 이를 보여주는 증거로 간주하거나 또는 애당초 유길준은 이른바 실학적 바탕 위에서 근대사상을 주체적으로 수용한 결과로 이해해왔다. 하지만 그가 19세기 윤리적 자유주의 사상의 핵심주장을 대체로 받아들였다고 한다면 오히려 유교적 사유는 서구근대사상의 수용 과정에서 유교전통을 재긍정한 것으로 볼 수도 있을 것이다. 일본의 경우 막부 말기 여러 사상가들이 서구 근대사상을 수용하는 과정에서 유교 전통을 재해석했다는 것은 주지의 사실이다. 그런데 조선 개화사상에서 유교적 요소는 이런 시각에서 접근되지 않았다. 그 대신 '주체성'을 고집하고 있는데, 그렇지만 유길준이 19세기 윤리적 자유주의의 일원이었다고 한다면, 그가 그런 사상의 일원이 되면서 유교전통을 어떻게 재긍정했는지를 살펴볼 필요가 있을 것이다.

『노동야학독본』, 『福澤諭吉全集』, 『西遊見聞』, 『西洋事情』, 『俞吉濬全書』, 『議奏』

강동국. "근현대 한국에서 국제정치영역의 자유개념". 하영선·손열 편. 2012. 『근대한국의 사회과학 개념 형성사 2』. 파주: 창비.

문지영. 2003. "개화기 조선의 "자유주의" 수용론?: 기존 논의들에 대한 비판과 제언". 『사회과학연구』 11호. 213–260.

박주원. 2003. "한국 자유주의론과 한국 자유주의: '자유주의론'의 과잉 그리고 '자유주의'의 위기". 『정치비평』 10호. 118–148.

박한민. 2013. "유길준 世界大勢論 (1883)의 전거(典據)와 저술의 성격". 『한국사학보』 53호. 35–72.

유길준·장인성. 2017. 『서유견문: 한국 보수주의의 기원에 관한 성찰』. 파주: 아카넷.

이상익. 1997. 『서구의 충격과 근대 한국사상』. 서울: 한울아카데미.

_____. 2012. "조선시대의 人權 문제". 『정치사상연구』 18집 1호. 53–76.

이원영. 1996. "문명사관과 문명사회론: 유길준의 서유견문을 중심으로". 『한국정치학회보』 30집 4호. 135–152.

이해영. 2011. "조선조 지식인들의 천인관계론". 『유교문화연구』 18호. 211–39.

장인성. 2019. "유길준의 문명사회 구상과 스코틀랜드 계몽사상: 유길준, 후쿠자와 유키치, 존 힐 버튼의 사상연쇄". 『개념과 소통』 23호. 189–235.

정용화. 2000. "유교와 자유주의: 유길준의 자유주의 개념 수용". 『정치사상연구』 2집. 61–86.

_____. 2004. 『문명의 정치사상: 유길준과 근대한국』. 서울: 문학과 지성사.

팔레, 제임스 B. 김범 역. 2008. 『유교적 경세론과 조선의 제도들: 유형원과 조선후기』 1. 서울: 산처럼.

최한기. 김유성 역. 1981. 『국역 인정, 4, 用人門』. 서울: 민족문화추진회. https://db.itkc.or.kr/(검색일: 2020.10.1)

유길준. 허동현 역. 1987. 『俞吉濬論疏選』. 서울: 일조각.

The Independent

Blackstone, William. 1869. *The Student's Blackstone: Commentaries on the Laws of England.* edited by Robert Malcolm Kerr. London: John Murray.

Burton, John Hill. 1849. *Political and Social Economy: Its Practical Applications.* Edinburgh: William and Robert Chambers.

_____. 1852. *Political Economy, for Use in Schools, and for Private Instruction.* Edinburgh: William and Robert Chambers.

Bellamy, Richard. 1992. *Liberalism and Modern Society: a Historical Argument.* Cambridge: Polity Press.

Craig, Albert M. 2009. *Civilization and Enlightenment: The Early Thought of Fukuzawa Yukichi.* Cambridge, Mass.: Harvard University Press.

_____. 2009. "Of the Absolute Rights of Individuals: Fukuzawa on Blackstone". 『近代日本研究』第26卷. 230-250.

Frey, Donald E. 2002. "Francis Wayland's 1830s Textbooks: Evangelical Ethics and Political Economy". *Journal of the History of Economic Thought* 24(2): 215-231.

Herzog, Lisa. 2013. *Inventing the Market: Smith, Hegel, and Political Theory.* Oxford: Oxford University Press, 2013.

Howland, Douglas. 2005. *Personal Liberty and Public Good: The Introduction of John Stuart Mill to Japan and China.* Toronto: University of Toronto Press.

Kennedy, Duncan. 1979. "The Structure of Blackstone's Commentaries". *Buffalo Law Review* 28(2): 205-382.

Jones, H. S. 2000. *Victorian Political Thought.* London: Red Globe Press.

Levinger, Matthew. 2000. *Enlightened Nationalism: The Transformation of Prussian Political Culture, 1806-1848.* Oxford: Oxford University Press.

Matthew, H. C. G. 2009. 'Smiles, Samuel(1812 - 1904)'. Oxford Dictionary of National Biography. https://doi.org/10.1093/ref:odnb/36125(검색일: 2020.10.1.)

Muller, Jerry Z. 1993. *Adam Smith in His Time and Ours.* Princeton, New Jersey: Princeton University Press.

Schmid, Andre. 2002. *Korea between Empires, 1895-1919.* New York: Columbia University Press.

Sheehan, James. 1978. *German Liberalism in the 19th Century.* Chicago: University of Chicago Press.

Smiles, Samuel. 1863. *Self-Help; with Illustrations of Character and Conduct.* Boston: Ticknor and Fields.

_____. 1889. *Character.* The Pioneer Press.

Smith, Adam. 1976. *An Inquiry into the Nature and Causes of the Wealth of Nations.* Oxford: Clarendon Press.

Trescott, Paul B. 1989. "Scottish Political Economy Comes to the Far East: The Burton−
　　Chambers Political Economy and the Introduction of Western Economics Ideas into
　　Japan and China". *History of Political Economy* 21(3): 481−502.

Wayland, Francis. 1837. *The Elements of Political Economy*. New York: Leavitt, Lord &
　　Company.

_____. 1859. *The Elements of Moral Science*. Boston: GOULD AND
　　LINCOLN.

金錫根. 2003. "俞吉濬,『文明論之槪略』を読む?".『福澤諭吉年鑑』30號. 3−30.

福澤諭吉. 1874.『學問ノスヽメ 八編』. 東京.

月脚達彦. 2009.『朝鮮開化思想とナショナリズム: 近代朝鮮の形成』. 東京: 東京大學出版
　　會.

鹿野政直. 1967.『福澤諭吉』. 東京: 清水書院.

平石直昭. 1999. "福沢諭吉の戦略構想─『文明論の概略』期までを中心に─".『社会科学研
　　究』51(1): 63−102.

4장

전병훈의 서양 번역서 독해방식

|

『정신철학통편』

소진형

1. 전병훈과 동아시아 전통적 지식인의 근대의 책읽기

서우(曙宇) 전병훈(全秉薰, 1857-1927)의 『정신철학통편(精神哲學通編)』
은 전통적인 유교 교육을 받은 인물이 서양 사상을 적극적으로 받아
들여 동서양 철학의 융합을 지향한 저술이라고 알려져 있는 텍스트이
다. 『정신철학통편』은 1980년대부터 동서양의 철학을 융합한 저술로
인식되면서 학계의 주목을 받았다. 최근 윤창대의 박사논문과 김성환
의 연구서가 출판되면서 전병훈이 도가적 관점에서 유교, 불교, 그리
고 서양철학을 통합했다는 내용이 밝혀졌고, 2021년 겨울, 임채우에
의해 『정신철학통편』 완역본이 나옴으로써 텍스트에 대한 접근도 역
시 높아졌다.[1]

기존 학계의 평가에 걸맞게 전병훈은 독특한 이력을 가진 사상가이
자 철학자이다. 평안도에서 태어난 그는 화서학파(華西學派) 박문일(朴
文一, 1822-1894)의 문하에서 유교를 공부하고 출사하였으나, 1907년
관직을 사임하고 중국으로 망명길에 오른다. 1910년 광동성 나부산
(羅浮山) 충허관(沖虛觀)에서 고공섬(古空蟾) 진인을 만나 본격적으로 입
산하여 도교 수련을 하게 된다. 이후 1919년 『도진수언(道眞粹言)』을,

---

* 본 장은 「조선 지식인의 서양 번역서 독해방식: 전병훈, 『정신철학통편(精神哲學通
 編)』의 사례를 중심으로」(『韓國思想史學』 70, 2022)를 윤문한 것이다.

1920년에 『정신철학통편』을 출판하였다.[2]

전병훈이 『정신철학통편』에서 도교 철학, 유교 철학, 불교 철학 및 서양 철학을 광범위하게 다룬다는 점은 부정할 수 없는 사실이다. 그러나 그가 어떤 수준에서 동서양의 철학을 "통합"하려고 했는지에 대해서는 좀더 복잡한 차원의 문제를 고려해야 한다. 가장 먼저 고려해야 할 점은 그가 근대교육을 받지 않은 전통적인 지식인이라는 점이다. 예를 들어 유교적 전통 교육을 받은 사람이 독서하는 법이 근대 학문을 공부한 사람의 독서법과 동일할 것인가? 유교나 도교, 불교에서 중요하게 다루는 깨달음과 실천이 근대 학문적 깨달음과 실천과 동일한 방법으로 논의될 수 있는가?

이런 질문을 먼저 던져야 하는 이유는 우리가 "지식인"이라는 명칭으로 전통 지식과 근대 지식이 구성되고 유통되는 방식을 동일하게 접근하는 탈역사적인 방식으로 텍스트를 분석하고 그 맥락을 재구성할 가능성이 있기 때문이다. 이는 전통 지식과 근대 지식의 우열을 가리기 위함이 아니라, 양자의 유사점과 차이점을 분명히 하고 양자가 결합되어 융합되었던 방식을 구체적으로 접근하기 위해서, 그리고 소위 전근대에서 근대로의 전환이 얼마나 쉽지 않은 과정이었는지, 그 과정을 단축시킨 힘이 있었다면 그것이 무엇이었는지를 고민하기 위해서이다.

---

1 전병훈의 생애에 대해서는 윤창대(2004); 전병훈(2021) 23-34을 참조. .

2 전병훈을 서양 철학을 수입하여 동서양 사상의 융합한 학자의 차원에서 주목하기 시작한 것은 1980년대부터이다. 전병훈에 대한 초기 관심에 대해서는 박종홍(1982); 금장태(1989; 1995); 임채우(2015a; 2015b)을 참조할 것. 임채우는 한국철학사에서 전병훈의 위상과 의미가 본격적으로 논의되기 시작한 것은 윤창대의 학위논문이 나오면서부터라고 지적한다. 전병훈에 대한 본격적인 학술연구는 윤창대(2015); 김성환(2016)을 참조할 것.

『정신철학통편』은 크게 정신철학, 심리철학, 도덕철학으로 나뉘져 있고, 서양철학 및 학문에 대한 인용은 주로 심리철학과 도덕철학에 집중되어 있다.[3] 기존 연구들이 이미 지적했듯이 전병훈은 도교에 토대를 두어 유교, 불교, 서양철학을 통합하고자 한다. 그는 서양 철학이 특정한 면에서 동양보다 발전했음을 인정하지만 우열승패만 가리려고 하는 1차 세계대전 이후의 세계에서는 도교가 세계의 평화를 이루기 위한 최적의 방법이라고 주장한다.

그는 칸트가 서양 고금의 철학과 이학과 도학을 통합한 위대한 학자이자 그의 영구평화론은 장생술과 밀접한 관계가 있어서 도교의 신선술과 연관된다고 평가하지만,[4] 칸트가 도교의 이치를 깨닫지 못해서 "진아(眞我)의 진면목을 보지 못했다"고 비판한다.[5] 이 책에서 칸트

---

3 책의 전반에 걸쳐 전병훈은 칸트를 인용하고 있으며, 정신철학 제 2장 8절, 제 5장 1절을 할애하여 각각 "서양정신설을 논함(論西哲精神說)", "서양철학자 칸트의 심력론(西哲康德心力論)"에 할애하고 있다. 그러나 그가 서양철학 및 사상을 본격적으로 인용한 부분은 심리철학과 도덕철학이라고 할 수 있다. 심리철학의 경우 총 15장 중 13, 14, 15장을 서구심리철학에, 도덕철학의 경우 31장에서 37장까지 서양의 정치사상가들의 저술에 할당한다.

4 『精神哲學通編』1권 2편 3장 4절 「通論」. "是以人謂此篇, 仰體上帝好生之心, 以編成者, 卽因欲制欲, 息亂致平之機, 寔在乎此, 故云耶. 況今物質將入精神, 法治將還禮治, 詎非必然之理勢乎? 西哲康德(一千七百九十七年, 德人)云, 長生術, 誠哲學家至言, 然則此爲西哲崇拜以至理者, 而我曾未有發揮矣, 今始倡明, 不亦異哉(時方午會中故耶)."; 『精神哲學通編』「緖論」, 24쪽. "西以哲學, 爲最高學術, 余則以此道眞之學, 爲世界最高之學術, 何也. 康德, 唱明世界一統, 永久和平, 擬設中央一政府, 寢兵輯和云云. 蓋康亦有聞乎長生學理, 而推以道德至善, 故有此說也. 孔子亦有勝殘去殺, 大同之論. 然皆未免尙屬空言理想也. 愚見則人身之眞理益, 仰有過於成聖成仙者乎?"

5 『精神哲學通編』「緖論」. "又曰長生術, 爲哲學家至言. 由此觀之, 西哲學已到精神不滅眞我之境也. 然尙未透玄牝運用, 陽神出現之妙, 故不能見眞我之眞面目也." 『정신철학통편』에서 칸트는 최소 60번 정도 등장하는데, 전병훈은 칸트를 "장생술"을 받아들여 성인(聖人)이 된 인물로 묘사한다. 전병훈이 칸트에 관심을 갖게 된 것은 20세기 초반 중국에서의 칸트 철학 유행과 무관하지 않은 것으로 보인다. 이에 대해서는 백종현 편저(2014)를 참조.

가 반복적으로 중요하게 언급된다는 점, 그리고 서양철학의 최고로 일컬어진다는 점을 염두에 둔다면『정신철학통편』은 도교로 칸트 철학을 넘어서겠다는 전병훈의 포부가 드러난 텍스트라고 해도 과언은 아닐 것이다. 전병훈의 목표가 동서양의 철학을 도교적 관점에서 통합하고자 했다면 과연 서양 철학, 특히 근대철학은 어떻게 전병훈의 사상에 통합될 수 있는가? 본 연구는 이 질문으로부터 출발한다. 그는 "성인이 되고자 하는 사람은 고적을 모두 다 연구할 필요가 없고 신선이 되고자 하는 사람들은 단경을 배방할 필요가 없게 되었으며 부처가 되고자 하는 사람들은 저 장전을 두루 읽을 필요가 없으며 서양의 철학자가 되고자 하는 자는 바다를 거듭 건너갈 필요가 없다. 손에 이 책 한편이 있으면 통발과 올가미가 손아귀에 있는 것 같"[6]은 책을 쓰고자 했다.

전병훈은 최고의 경지에 이른 유교의 성인, 도교의 신선, 불교의 부처, 서양의 철학자는 통하는 바가 있다는 전제에서 통합의 가능성을 찾았다. 그런데 현대인의 입장에서 보면 유교, 도교, 불교, 서양의 철학은 지향하는 바도, 방법론도 다르다. 게다가 유교, 도교, 불교, 서양 철학 모두 내부로 들어가면 같은 학문 내에서도 서로 다른 철학과 방법론을 가진 수많은 철학자 및 사상가들이 발견된다. 그렇다면 전병훈의 제철학(諸哲學)의 통합은 당대에는 어떤 의미였으며 현재 어떻게 해석될 수 있을까?

---

6 『精神哲學通編』「敍」, "使後之希聖者, 不必盡研古籍, 求仙者, 不必輩訪丹經, 欲佛者, 不必徧披藏典, 願西哲者, 不必遠步重洋, 手此一編, 筌蹄在握, 如入五都之市無奇不有, 如登九達之衢無往不通矣. 凡有志者講究於斯, 各充其分量, 則不惟精神堅凝, 性命常住, 以成圓德兼聖, 而永樂太平之望, 幾亦在此乎?" 이「서」는 장소증(張紹曾, 1879–1928)이 쓴 것이나『정신철학통편』의 취지를 잘 보여준다.

한 기존 연구에 따르면 전병훈은 서양 철학을 잘 이해하지는 못했던 것 같다(김성환, 2016). 그러나 철학의 통합을 지향하는 전병훈의 저술 의도나 인물에 대한 관심보다 『정신철학통편』의 인용 및 구성에 초점을 맞춘다면 사상사적으로 지금까지 간과되었던 중요한 사실을 보여주는 텍스트라는 점을 알 수 있다. 전병훈의 서양 철학 인용 방식은, 근대 교육을 받지 않은, 한학적 독서 방식, 한학적 지식 구축에 익숙한 19세기 말 20세기 초 조선의 지식인이 번역된 근대적 언어를 어떻게 이해했는지를 보여준다. 그리고 서양 철학 부분에 한정하자면 이 책의 자료적 가치는 그가 번역된 텍스트를 인용하고 발췌하여 장·절을 구성하는 방식과 이를 통해 유추할 수 있는 그의 독해법에서 발견된다.

따라서 본 연구가 주목하는 것은 전병훈의 서양 텍스트에 대한 이해도가 아니라 그가 어떤 텍스트를 어떻게 읽었는가이다. 전병훈은 당연히 중국어로 번역된 서양의 서적들을 읽었고, 그 과정에서 저자들의 의도와 다른 독해를 하게 된다. 그리고 전병훈의 독해방식에 가장 큰 영향을 미친 것은 번역자들이 선택한 번역어—신조어를 만들 것인지, 아니면 기존의 유사한 단어를 번역어로 사용할 것인지—및 번역의 방식—원문에 충실한 번역을 할 것인지, 아니면 가독성에 방점을 둔 번역을 할 것인지—이라고 할 수 있다.[7]

예를 들어 그는 몽테스키외(Charles-Louis de Secondat, Baron de La Brède et de Montesquieu, 1689-1755)의 『법의 정신』을 엄복(嚴復, 1853-1921)의 번역인 『법의(法意)』를 통해 접했다. 그는 엄복의 번역본에서 인상 깊게 읽은 부분을 그대로 발췌해서 텍스트에 삽입하고, 근안(謹

---

7 근대 동아시아 번역에서 충실성과 가독성의 문제에 대해서는 김현 외(2021) 3장을 참조할 것.

案)을 써서 자신의 평을 덧붙인다. 그리고 "몽테스키외는 근세 철학의 대가이다. 앞에서 말한 민이와 물칙은, 그것으로써 상제가 주재가 된다. 인간의 심리가 일신을 주재하는 것은 상제가 부여한 것이다. 몽테스키외는 심리를 분명하게 말하지 않았지만 심리의 근원은 하늘이니 이것을 보면 역시 분명하지 않은가."[8]라는 감상을 남긴다.

몽테스키외는 철학사보다는 정치학·법학사적으로 중요한 사상가이며, 『법의 정신』에는 철학적 언술이 거의 나오지 않는다. 그럼에도 불구하고 그가 몽테스키외를 "근세철학의 대가"라고 평가할 수 있었던 것은, 자연법을 간략하게 설명하는 1권 1장의 번역에서 엄복이 신(God)를 "상제(上帝)"라고 번역하고[9] 주석을 달아 법(law)을 불교 및 유교의 법·리(理)과 연결시켰기 때문이다. 전병훈은 번역과 원본 사이의 긴장을 염두에 두지 않고 엄복의 번역본을 읽었을 것이고, 따라서 그의 사유 안에서는 번역본이 원본을 대체했을 것이라고 유추해볼 수 있다.

이러한 전병훈의 독해방식을 염두에 둘 때 『정신철학통편』은 근대 사상사 연구에서 다음과 같은 중요성을 갖는다. 첫째, 앞에서 언급한 것처럼 이 텍스트는 서양의 사유체계가 동아시아에서 보편성을 얻기 시작하는 첫 단계인 19세기 말 20세기 초의 번역이 기존의 언어체계, 특히 한문에 익숙한 독자들에게 어떻게 읽혔는지를 보여준다는 점에서 의미가 있다. 이 문제는 당대의 독자들이 초기 번역서들을 읽고 수

8　『精神哲學通編』, 2권 제 14장 「歐西近世心理哲學」. "孟氏乃近世哲學大家, 先言民彝物則, 而以上帝爲主宰焉. 則人之心理, 主宰一身者, 卽上帝所賦者也. 孟氏雖不明言心理, 而心理之原天者, 於斯不亦瞭然乎?"

9　마테오 리치(Matteo Ricci, 1552–1610, 중국명 利瑪竇)의 『천주실의(天主實義)』(1607) 등 17세기 예수회에 의한 신의 번역어 중 하나가 상제인데, 상제는 19세기 말까지 중국, 일본의 신에 대한 번역어로 채택되었다. 그러나 엄복은 텍스트에서 상제를 언급할 때 불교와 유교를 동시에 언급함으로써 상제의 의미를 동양적인 것으로 한정한다.

용하여 관련된 용어와 개념들을 사용할 때, 그 수용을 어떻게 이해할 것인가라는 문제와 밀접한 관계를 갖는다. 칸트의『순수이성비판』이 20세기 초에 번역되었다거나 유행했다는 사실이 곧 칸트 사상에 대한 당대인들의 이해로 치환되어 이해될 수 없다.[10]

이 시기에 서양의 개념과 동양의 개념들이 일대일 대응되지 않았다는 것, 그리고 번역자들이 만들어낸 신조어나 기존의 언어에서 빌어온 차용어가 독자들의 자의적 해석을 가능하게 한 요인이었다는 점 역시 염두에 둘 필요가 있다. 단어나 개념 번역만이 문제가 아니다. 단순히 핵심 개념어를 잘 번역하는 것만이 관건이 아닌데, 번역은 핵심 개념(core concept)과 인접 개념(adjacent concept)과의 관계, 주어와 서술어의 선택 등 문장 및 문단 구성을 통한 의미 전달의 문제이기 때문이다.

둘째, 전병훈의 독해는 도교 사상가로서의 전병훈이 자신의 세계관과 새로운 세계관을 결합하는 매개가 무엇이었는지를 잘 보여준다는 점에서 중요하다. 전병훈의 서양 사상가들에 대한 언급이 과장되어서도 안되지만, 서양사상을 잘못 이해했다는 것이『정신철학통편』의 최종적인 해석이어서도 안된다. 그는 근대적 의미의 학자가 아닌 사상가이자 실천가로서 번역된 서양 사상을 읽었고, 그 과정에서 자신이 사회에 던지던 문제에 대한 답을 하기 위해 노력했다. 다시 말해 전병훈의 독해의 의의는 그의 문제의식이 무엇을 지향했는지에서 찾아야 한다.

---

10 전병훈이 칸트철학의 핵심을 '장생술'로 파악하는 이유는 그가 중국어로 번역된 칸트의『인심능력론(人心能力論)』(1915)을 읽었기 때문이다. 이 책은 리하르트 빌헬름(Richard Wilhelm, 1873-1930, 중국명 尉禮賢)과 주섬(周暹, 1891-1984)이 공역한 것으로, 원본은 *Von der Macht des Gemüts, durch den bloßen Vorsatz seiner krankhaften Gefühle*, 1798)으로, 병적인 감정을 다스리는 마음의 힘에 대한 책이다. 이 책에서 번역자들은 장생(長生)과 장생술이라는 표현을 사용한다. 빌헬름의 번역에 대해서는 Zhao(2021)를 참조.

이러한 문제의식 하에서 본 연구는 전병훈을 서양의 학문을 수용한 20세기 초 사상가 중 한 명으로 전제하고 그의 독해방식을 추적하는 것을 목적으로 한다. 다만 본 연구는 이 텍스트에 등장하는 모든 철학자들에 대한 독해가 아닌, 『정신철학통편』의 제 3편 심리철학(心理哲學) 중 14장 구서근세심리철학(歐西近世心理哲學)과 15장 구서최근심리철학신경론(歐西最近心理哲學神經論)에서 언급된 사상가들에 초점을 맞추고자 한다.

가장 큰 이유는 자료 입수의 한계 때문이다. 전병훈은 어떤 번역본을 읽었는지에 대한 언급을 거의 하지 않는다. 따라서 그가 어떤 번역본을 읽었는지를 검토하는 데 상당한 시간이 소요되었고, 그가 읽었을 것이라 추정되는 경우에도 번역본이 한국에 없는 경우가 많아 자료를 입수하는 데 어려움을 겪었다. 현재 필자가 전권의 형태로 입수해서 대조한 책은 『정신철학통편』 3편 14장, 15장에 해당되며, 그 과정에서 전병훈이 몽테스키외는 엄복의 『법의(法意)』,, 베이컨(Francis Bacon, 1561-1626), 데카르트(René Descartes, 1596-1650), 쾨베르(Raphael von Koeber, 1848-1923)는 채원배(蔡元培, 1868-1940)의 『철학요령(哲學要領)』, 『철학강요(哲學綱要)』, 회프팅(Harald Høffding, 1843-931)은 왕국유(王國維, 1877-1927)의 『심리학개론(心理學槪論)』에서 발췌·인용하고 있다는 점을 확인했다.

전체 자료를 수집하지 못했다는 점은 분명히 본 연구의 일차적인 한계이지만, 일부분이기는 하나 번역본과 『정신철학통편』과 대조했다는 점에서 전병훈의 독해방식의 한 측면을 보여 줄 수 있다고 생각한다. 그리고 이러한 방식의 대조를 통해 19세기 말 20세기 초 전통적 교육을 받았던 조선인들이 번역서를 읽고 서양 사상을 수용했다는 것의 의미가 무엇인지를 좀 더 구체적으로 상상해볼 수 있지 않을까 생각한다.

2. 전병훈이 읽은 서양 번역서와 정신, 철학, 심리의 의미

『정신철학통편』은 상·하책으로 구성되어 있으며 상책에 상편, 하책에 중편과 하편이 포함되어 있다. 상편은 1권 정신철학, 2권 심리철학, 중편은 3, 4권 도덕철학, 하편은 5, 6권 정치철학으로 구성되어 있다. 정신철학에서는 단군천부경(檀君天符經)과 정신을 운용하여 진아(眞我)를 이루는 철리(哲理)의 요령을 도교의 경전들에서, 심리철학에서는 심리(心理), 즉 마음의 이치에 대한 내용에 해당되는 설명을 공자, 맹자, 송대 성리학, 조선 성리학, 도교, 불교, 서양 철학에서 찾아인용하고 자신의 평을 부기한다.

도덕철학에서는 도덕(道德), 즉 도와 덕에 대한 경전, 송(宋)·명(明)·청(淸) 지식인들의 글, 도교의 도덕론, 조선 지식인들의 도덕론, 서양도덕론을 인용하고 정리한다. 마지막으로 정치철학에서는 민의(民意)에 따라 국가를 세우고 제도를 만든 동아시아의 역사적 사례와 이에대한 공자, 맹자, 중국의 정치 이론가들의 글, 도교의 정치이론, 조선국가의 역사와 율곡의 정치 이론, 아리스토텔레스, 루소, 블룬칠리, 몽테스키외, 칸트, 그리고 19세기 말 20세기 공화정부 및 그 헌법에 대해서 논한다.

목차의 구성을 보면 전병훈은 정신철학과 심리철학은 내성(內聖)을 위한 학문으로서 유교, 불교, 도교 및 서양 철학에 보편적인 것으로[11], 도덕과 민의에 토대를 둔 국가 및 제도는 외왕(外王)에 해당되는 것으로 유교, 도교, 서양의 학문이 공통적으로 추구하는 것으로 상정

---

11 『精神哲學通編』 凡例. "精神心理, 爲修養成眞內聖之學, 而道德政治, 幷行禮治, 期以刑措者, 外聖至德之學也."

하고 있는 것으로 보인다.[12]

전병훈은 서양사상가 중 칸트를 가장 높이 평가하고 있고,[13] 책 전반에 걸쳐 칸트의 주장이나 언술을 동서양의 다른 사상가들의 말과 함께 엮어서 논의하고 있다. 이런 칸트를 제외하면 본 연구에서 주목하는 서양 사상가들의 글은 심리철학, 도덕철학, 정치철학의 각 후반부에 등장한다. 그가 책에서 본격적으로 다룬 서양의 사상가들을 정리해보면 다음과 같다.

〈표 1〉『정신철학통편』에 등장하는 서양학자 목록

출처	철학자들의 한문 표기	철학자의 이름
심리철학 13장 歐西中古心理哲學	梭格拉底	소크라테스
	柏拉圖	플라톤
	亞里士多德	아리스토텔레스
심리철학 14장 歐西近世心理哲學	孟德斯鳩	몽테스키외
	康德	칸트
	培根男爵	프란시스 베이컨
	笛卞兒	데카르트
	李奇若	리뇰 (Ligneul, François - Alfred-Désiré)
심리철학 15장 歐西最近心理哲學神經論	斯賓塞	스펜서
	科培爾	쾨베르(Raphael von Koeber)
	海甫(海甫定)	회프팅 (Harald Höffding)

---

12 『정신철학통편』의 구체적인 구성과 내용은 윤창대(2015); 김성환(2016)을 참고할 것.

13 그는 심리철학 14장에서 칸트가 플라톤 이후 아성(亞聖)의 영역에 이른 유일한 사상가(愚於西哲, 推柏氏已到聖域, 其後惟一康氏)라고 평가한다.

출처	철학자들의 한문 표기	철학자의 이름
도덕철학 제 9장 歐西道德哲學中古 近世最近幷論	梭格拉底	소크라테스
	柏拉圖	플라톤
	亞里士多德	아리스토텔레스
	孟德斯鳩	몽테스키외
	康德	칸트
	李奇若	리놀
	俾士麥	비스마르크
	斯賓塞爾	스펜서
	泡爾生	파울젠 (Friedrich Paulsen)
	斯賓那莎	스피노자
	約翰穆勒	존 스튜어트 밀
정치철학 제 31장	亞里士多德	아리스토텔레스
정치철학 제 32장 歐西民約政治哲理	盧梭	루소
정치철학 제 33장 歐西伯倫知地方自治論哲理	伯倫知	블룬칠리 (Johann Caspar Bluntschli)
정치철학 제 34장 斯密亞丹原富理財哲理	斯密亞丹 (英人十八世紀)	아담 스미스
정치철학 제 35장 孟德斯鳩三政鼎立之哲理	孟德斯鳩	몽테스키외
정치철학 제 36장 康德設一民主國于宇內永久太平哲理	康德	칸트
정치철학 제 37장 歐西最近政治哲學	那特硜 (德人十八世紀生)	칼 라트겐 (Karl Rathgen)

위의 표를 보면 몇 가지 특징이 발견된다. 그가 언급하는 고대 사상가는 소크라테스, 플라톤, 아리스토텔레스인데, 이 셋에 초점을 맞춰서 서양 고대사상을 논하는 것은 일반적인 개론서적 분류와 일치한

다고 볼 수 있다. 그는 심리철학과 도덕철학에서는 세 사상가를 모두 언급하지만, 정치철학에는 아리스토텔레스의 이론만을 논한다. 이보다 더 특징적인 것은 근세사상 부분인데, 심리, 도덕, 정치철학은 모두 몽테스키외로 시작하기 때문이다. 정치철학은 모르겠으나 근세 심리학을 합리론이나 경험론이 아닌, 심리학이나 철학을 언급하지 않는 몽테스키외의『법의 정신』으로 시작하는 것은 낯선 배치이다.

정치철학부분에서 언급되는 사상가들은 인민주권론을 주장하는 루소, 입헌군주제를 추구하는 블룬칠리, 자유시장경제를 지향하는 아담 스미스, 삼권분립을 언급한 몽테스키외로, 각 사상가들의 주장을 생각하면 이렇게 선별한 이유는 잘 알 수 없다. 전병훈은 루소의 사회계약론은『주례(周禮)』의 계약하는 법과 여씨향약의 조문과 연결시키고, 블룬출리의 지방자치제는「주관(周官)」의 비(比)·려(閭)·족(族)·당(黨)의 제도적 차원에서 다룬다.

아담 스미스의『국부론』과 몽테스키외의 삼권분립론에 대해서는 독일황제와 연관해서 설명한다. 전자의 경우 국부를 덕화(德化)에 활용해서 독일처럼 공리주와와 패권주의에 쓰지 않아야 한다거나, 몽테스키외의 삼권분립론이 당시에 부정되고 있는 것은 독일 황제에 대한 저항과 관련된 것이라고 지적하고 반드시 삼권분립이 이루어져야 한다는 주장을 한다. 이렇게 볼 때 전병훈은 민주정체, 삼권분립, 그리고 지방자치제의 측면에서 위의 사상가들을 연결시키고 있다고 볼 수 있다.[14]

특이점은 그가 선택한 사상가들의 사상적 불연속성이나 대표성의 문제에만 있지 않다. 그가 사용하는 용어들에서도 흥미로운 점들이

---

14 이에 대해서는『精神哲學通編』제 3편 32장-35장 참조.

발견된다. 전병훈은 당시 번역된 많은 근대적 개념들, 예를 들어 철학, 심리, 진화, 자유, 정신과 같은 단어들을 사용한다. 그가 책을 출판한 1920년 전후를 생각해보면 이 단어들은 어느 정도 해당 영어 단어의 번역어로 받아들여 졌다.[15] 그런데 전병훈은 심리를 사이컬러지(psychology), 정신을 스피릿(spirit)나 마인드(mind)로 이해하지 않고 심리를 심의 리로, 정신을 정과 신으로 파자해서 이해하는 것이 확인된다.[16]

철학의 용례도 독특하다. 그는 서론에서 철학의 뜻을 다음과 같이 정의한다.

> a. 근세에 철학이라 칭하는 것의 의미는 원리와 지식의 학문으로 서구의 최고 학술인데, 형이상학이라고도 하고 태극 과학이라고도 한다.[17]
>
> b. 나는 서학을 공부한 적은 없으나 신서(新書)를 고찰하고 해석하며 서로 참조하고 해답을 모색하였다. 소위 철학이란 최고의 학술일 뿐 아니라 진실로 원리와 근본의 학문이다. (중략) 사람에게 있는 허령지각은 심신(心神)이 발하는 것이다. 심과 신

---

15 이대승에 의하면 중국에서는 1902년까지 심리학과 철학에 대한 혼동이 있었는데, 양계초가 「신민총보」에 쓴 글로 인해 심리학이 사이컬러지(psychology)의 역어로 확실히 자리잡았다. 양계초는 그 이후에도 심리학과 철학의 혼동문제를 지적하고 일본처럼 심리학과 철학을 구분해서 번역할 것을 지적한다. 이에 대해서는 이대승(2021), 35; 83을 참조할 것.

16 『精神哲學通編』 2권 「心理哲學緒言」, 人之自由, 莫如通理位聖者. 心理, 原天也, 精神, 卽心理, 心理, 卽道也. 道之在人, 以之養精凝神, 則爲住命成眞之學. 以之窮理盡性, 則爲經世入聖之學也. 若是乎精神心理, 何可區分乎.";"心理, 卽性內元神之一點靈明, 主宰一身, 宰制萬事者也."

17 『精神哲學通編』 「緒論」, "近世所稱哲學名義, 乃原理知識之學, 而爲歐西之最高學術, 或謂以形而上學, 或謂以太極科學也."

이 없다면 지식도 없을 것이니, 어떻게 사람이라고 할 수 있겠는가?[18]

　인용문 a에 나오는 "형이상학" 혹은 "태극 과학"이라는 철학의 이명(異名)은 그가 원리와 지식의 대상을 "형이상학"과 "태극"이라고 보았을 가능성을 내포한다. 인용문 b은 그에게 있어서 철학은 허령지각(虛靈知覺)과 심(心), 신에 대한 지식을 의미한다는 것을 보여준다. 전병훈의 개념 정의와 용어의 사용방식은 현재의 관점에서 보면 낯설다.

　전병훈이 심리철학편에서 인용하는 부분은 모두 신(神)에 대한 것이다. 아리스토텔레스가 성품의 본원을 신이며, 신은 허령한 것이라고 말했다고 한 부분이나[19] 쾨베르가 "과학의 관점에서 보면 철학은 과학원리의 학문이므로 과학의 과학이 된다. 또 그것을 일러 태극의 과학이라고 부른다. (중략) 심계의 철학은 정신세계의 운동을 전일하게 하는 것을 기본으로 삼는다"[20]라고 인용한 부분은 그가 자신이 읽은 서적에서 자신이 생각하는 신과 연관된 부분을 발췌해서 재구성한 것이라고 볼 수 있다.

　그렇다면 전병훈이 생각하는 신이란 무엇인가? 그가 말하는 정신은 통상적 의미의 스피릿이나 마인드의 개념이 아니다. 그는 신에 대

---

18 『精神哲學通編』 2권 제 13장 「歐西中古心理哲學」. "余未嘗西學, 只攷究譯行新書, 叅互索解, 則其所謂哲學者, 不但爲最高學術, 而誠原理根本之學也. …… 人之有虛靈知識者, 乃心神所發也. 苟或無心無神, 則却便無知無識矣, 烏可謂之人乎?"

19 『精神哲學通編』 2권 제 13장 「歐西中古心理哲學」. "亞里士多德(紀元前三百八十四年希臘人)曰, 夫性之本原, 亦神也. 神也者, 乃全以虛靈觀念而成者也."

20 『精神哲學通編』, 2권 제 15장 「歐西最近心理哲學神經論」. 科培爾(十八世紀末德人現存)曰, 自科學觀之, 則哲學者, 科學原理之學也, 故爲科學之科學, 亦謂之太極之科學也. (略) 心界哲學, 則專以精神世界之運動爲基本."

한 설명에서 "신은 본성(性)이고 정(精)은 운명(命)이다"라고 하거나 양신(陽神)이라는 도교 개념을 사용하거나 뇌 속에 있는 원신(元神) 혹은 응신(凝神)처럼 물질적인 속성을 가진 무엇으로 표현한다. 그는 철학을 "원리와 근본의 학문"으로 말한 뒤 허령지각과 심, 신을 언급한다. 그리고 심과 신은 곧 인간이 갖고 태어난 무엇이라고 규정한다.

서양 학문을 얘기하면서 갑자기 허령지각, 그리고 심과 신에 대해서 언급하는 것일까? 그것은 근대 서양 학문, 특히 동아시아가 적극적으로 수용하고 있던 과학 기술이 심과 신을 부정한다고 보았기 때문이다. 그는 과학이 종교적 폐단을 비판하는 과정에서 결과적으로 종교가 뿌리를 두고 있는 철학까지 부정했다고 지적하면서 그러한 과학적 접근에 문제가 많다는 점을 비판한다.[21]

전병훈의 사상에서 신의 의미가 도교적이라는 것, 그가 특정한 수양법, 인간이 타고 태어나는 무엇과 관련해서 신이라는 개념을 사용하고 있다는 것은 분명하다. 그렇다면 그가 심리철학에서 인용한 저자들의 텍스트를 읽으면서 그 텍스트에서 등장하는 신을 자신이 생각하는 신과 동일하거나 유사한 것으로 보고 저자들의 학문에 대해 판단하고 평가했다는 의미가 된다.

『정신철학통편』에 등장하는 서양의 철학서와 전병훈의 개념 사용 방식을 생각해보면, 다음과 같은 의문이 생길 수밖에 없다. 그는 개념어들의 사전적 정의를 이해한 상태에서 서양의 서적들을 읽었을까? 아니면 한학을 공부한 사람의 입장에서 한문의 문맥에서 개념들

---

21 『精神哲學通編』 2권 제 13장 「歐西中古心理哲學」. "是以今以科學克不過猶夫枝葉焉. 然宗教者, 未必不發源於哲學, 而科學者亦未必不刺激於敎弊(敎弊竟炮烙之刑), 而慎興者也. 創明六十五原質, 而起無神論, 詆及於哲學家虛靈說, 則未免矯弊過正, 俱陷於偏見者矣."

을 이해하려고 노력하며 독서한 것일까? 전병훈은 어떤 이유로 자신이 갖고 있는 유교나 도교의 개념들과 서양 서적에 등장하는 개념들이 같은 것이라고 판단하게 된 것일까?

이 의문을 해결하기 위해서는『정신철학통편』에서 인용하는 번역서와의 비교를 통해 그의 용어 사용법이 번역서의 번역방식과 어떤 관계에 있는지를 규명할 필요가 있다. 전병훈의 철학, 종교, 과학의 관계와 철학에 대한 생각은 그가 어떤 책을 어떻게 읽었는지에 대한 중요한 참조점이 된다. 그는 훌륭한 철학은 심과 신을 다룬 것이라고 보았기 때문이다. 그는 신의 이치가 무형이어서 보이지 않으나 움직인다는 점을 강조하고, 성철만이 이를 알아서 경외를 표한다고 말한다.[22] 이러한 그의 판단은 그가 갖고 있는 정(精), 신(神), 심(心), 리(理)와 같은 개념들과 밀접한 관련이 있다.

3. 번역의 번역을 읽는 방법: 선별, 발췌, 배치

앞에서 언급했듯이『정신철학통편』2권 심리철학의 14, 15장의 서양사상가들의 경우 전병훈은 엄복, 채원배, 왕국유의 번역서를 그대로 발췌하여 인용하고 있다. 몽테스키외의 경우 엄복의『법의』, 베이컨, 데카르트, 쾨베르는 채원배의『철학요령』에서, 회프팅은 왕국유의『심리학개론』에서 발췌하였다. 엄복의『법의』는 1909년[23], 채원배

---

22 『精神哲學通編』2권 제13장「歐西中古心理哲學」. "推而天地日星, 有機體生物, 罔不有神, 不亦明甚乎? 但神理無形, 不疾而速, 不行而至. 故惟聖哲明見, 而常存敬畏, 如上帝之於赫斯臨也. 然則哲科諸學, 兩相調劑, 而不至偏廢, 然後學理亦始臻於圓滿矣."

23 孟德斯鳩 著, 幾道嚴 (嚴復) 譯, 1909,『孟德斯鳩法意』, 商務印書館. 본 논문에서 사용

의 『철학요령』은 1903년[24], 왕국유의 『심리학개론』은 1907년[25]에 처음 출판되었다. 내용을 분석하기 전에 『정신철학통편』과 중국어 번역본을 비교해보면 다음과 같다.

〈표 2〉 『정신철학통편』 2권 14, 15장과 번역서 대조표

철학자·사상가	『정신철학통편』	전병훈이 인용한 중국어 번역본
1. 몽테스키외 孟德斯鳩	2권 14장 歐西近世心理哲學	汪征鲁, 方寶川, 馬勇 主编. 2014. 『嚴復全集』 vol. 4(法意). 福建教育 出版社.
	(a) 宇宙有主宰, 字曰上帝, 上帝之 於萬物, 創造之者也. 其創造之 也. 以此理, 其維持之也, 亦以 此理, 天生烝民, 有物有則, 其 循此則也. (b) 候官嚴君復曰, 儒所謂理, 佛所 謂法. 法理初非二物. (c) 有心靈之世界, 有形氣之世界, 心靈之守法, 遠不逮形氣之專. 心靈雖有法. 且實不可易. 顧其 循之也. 不若形氣之不可離也.	(a) 宇宙有主宰, 字曰上帝, 上帝之 於萬物, 創造之者也. 其創造之 也. 以此理, 其維持之也, 亦以 此理, 天生烝民, 有物有則, 其 循此則也(p.6). (b) (候官嚴君復曰 없음) 儒所謂 理, 佛所謂法. 法理初非二物 (p.5). (c) 有心靈之世界, 有形氣之世界, 心靈之守法, 遠不逮形氣之專. 心靈雖有法. 且實不可易. 顧其 循之也. 不若形氣之不可離也 (p.7).

한 대조본은 이 판본이 아닌 현대의 『엄복전집』이다.

24 필자가 입수한 『철학요령』은 1924년본이다. 간기(刊記)에 보면 을묘년(1903년) 9월에 초판을 찍었고, 1924년본은 10판임을 확인할 수 있다. 채원배의 『철학요령』은 일본 시모다 지로(下田次郎)가 1897년 난코도(南江堂)에서 번역 출판한 『철학요령』의 중역 (重譯)본이다.

25 1914년 판본 『심리학개론』 간기에 따르면 이 책은 정미년(1907년) 6월에 초판을 찍었 고, 1914년 판본이 5판으로 되어 있다. 이 책은 영국의 로운즈(Mary E. Lowndes)가 영어로 번역한 *Outlines of Psychology* (1891)의 중역이다. 『심리학개론』은 상무인서관(商 務印書館)에서 1930년대에 기획한 "한역세계명저(漢譯世界名著번역)" 시리즈와 "철 학총서(哲學叢書)" 시리즈에 포함되어 있다. 본 논문에서 대조본으로 사용한 판본은 "한역세계명저" 시리즈에 포함되어 있는 판본이며, 현재 북경사범대학교 도서관에 소 장되어 있다.

철학자·사상가	『정신철학통편』	전병훈이 인용한 중국어 번역본
	(d) 宗敎之說起, 而敎法著焉. 敎法者. 天之所以警人者也. (e) 哲學起, 而道法立焉. 道法者, 先覺之所以警人者也.	(d) 宗敎之說起, 而敎法著焉. 敎法者. 天之所以警人者也(p. 7). (e) 故哲學之說起, 而道法立焉. 道法者, 先覺之所以警人者也.
2. 베이컨 培根男爵	2권 14장 歐西近世心理哲學	Raphael von Koeber 著, 蔡元培 譯述. 1924.『哲學要領』. 上海商務印書館.
	(a) 歸納法者, 因果而求因, 因之綜合, 則原理之始也, 余未知之, 故探究之. (b) 不可以不逆, (c) 行爲觀念, 由偏而全, 由下而上之義也. 觀察之綜合, 如由三角錐之底, 而溯其巓, 故謂之歸納.	(a) 歸納法者, 因果而求因, 因之綜合, 則原理之始也, 余未知之, 故探究之(p.13). (b) 不可以不逆(p.13), (c) 行爲觀念, 由偏而全, 由下而上之義也. 觀察之綜合, 如由三角錐之底, 而溯其巓, 故謂之歸納(p.14).
3. 데카르트 笛卞兒	2권 14장 歐西近世心理哲學	Raphael von Koeber 著, 蔡元培 譯述. 1924.『哲學要領』. 上海商務印書館.
	(a) 演繹法者, 亦謂之前進法. (b) 由高而下, 由巓而底, 由因而及果, 哲學者或欲以神爲抵, 而以其表示及分布, 說宇宙之現象, 是謂演繹法. (c) 又曰合衆於一之義也 卽種種之現象而以 總義證明之, 故謂之演繹.	(a) 演繹法者, 亦謂之前進法(p. 14). (b) 由高而下, 由巓而底, 由因而及果, 哲學者或欲以神爲柢, 而以其表示及分布, 說宇宙之現象, 是謂演繹法(p.14). (c) 又曰合衆於一之義也, 卽種種之現象而以總義證明之, 故謂之演繹(p.15).
4. 쾨베르 科培爾	2권 15장 歐西最近心理哲學神經論	Raphael von Koeber 著, 蔡元培 譯述. 1924.『哲學要領』. 上海商務印書館.
	(a) 自科學觀之, 則哲學者, 科學原理之學也, 故爲科學之科學, 亦謂之太極之科學也.(略). (b) 心界哲學, 則專以精神世界之運動, 爲基本而求之 (c) 合理之心理學及神, 皆託於想像, 康德所指爲必難發明者也. (d) 因哈脫門之言曰,	(a) 自科學觀之, 則哲學者, 科學原理之學也, 故爲科學之科學, 亦謂之太極之科學也(p.3).(略). (b) 心界哲學, 則專以精神世界之運動, 爲基本而求之(p.8). (c) 合理之心理學及神, 皆託於想像康德所指爲必難發明者也 (p.12).

철학자·사상가	『정신철학통편』	전병훈이 인용한 중국어 번역본
	(e) 人與太極, 無二質之見而已. 是見也, 忽起於吾人之心光, 而實宇宙大本, 與吾人心靈, 確然同一之所致也. (f) 由神秘狀態, 而宗敎及哲學. 有革新之機, 歷事之事實. (g) 蓋理性中有三觀念, 曰靈魂, 曰自由, 曰神, 無此觀念者, 非人也. (h) 神與太極, 爲一義者也. (i) 吾人之心靈·自由者也, 決不能長受壓制於獨斷之下. (j) 康德純理批判之緒言 (k) 掃絶懷疑獨斷. (l) 要之宇宙者, 吾人直觀之, 先天形式也. 因果者, 思想之先天形式也. 因果以外, 尚有先天形式之思想, 而因果爲其最重要. (m) 康德者, 分析科學及哲學之界限者也. (n) 宗敎及心理學之破壞者也. (o) 理性者, 合理之知識也, 眞理之本原也. (p) 二元論者, 物質精神也. (r) 心理學身心二元也. 內涵二元, 幷與太極論, 涵兩儀之性質者也.	(d) 因哈脫門之言曰(p.20) (e) 人與太極, 無二質之見而已. 是見也, 忽起於吾人之心光, 而實宇宙大本, 與吾人心靈, 確然同一之所致也(p. 20). (f) 由神秘狀態而宗敎及哲學, 有革新之機, 歷事之事實也(p. 23). (g) 蓋理性中有三觀念, 曰靈魂, 曰自由, 曰神, 無此觀念者, 非人也(p.31). (h) 神與太極, 爲一義者也(p.34). (i) 吾人之心靈·自由者也, 決不能長受壓制於獨斷之下(p.37). (j) 康德純理批判之緒言(p. 38) (k) 獨斷懷疑(p. 38) (l) 要之宇宙者, 吾人直觀之, 先天形式也. 因果者, 思想之先天形式也. 因果以外, 尚有先天形式之思想, 而因果爲其最重要者(p. 48). (m) 康德者, 分析科學及哲學之界限者也(p. 51). (n) 康德者, 所謂宗敎及心理學之破壞者也(p. 51). (o) 理性者, 合理之知識也, 眞理之本原也(p. 54). (p) 二元論者, 爲世界之本體有二, 一物質, 二精神也(p. 63). (r) 心理學身心二元之類是已. 有內涵二元論, 是於幷太極, 而涵兩儀之性質者也(p.64).
5. 蔡元培, 『哲學大綱』	2권 15장 歐西最近心理哲學神經論	蔡元培. 1915. 『哲學大綱』. 商務印書館.
	(a) 情感意志及思想, 果出自一種之原素乎? 情感及意思, 果同一原素, 而特以動作之强弱, 及久暫爲別乎?	(a) 循此趨向而進行者, 謂之積極哲學(亦謂之實驗哲學), 其間有種種問題, 曰 (중략) "情感意志及思想, 果出自一種之原素乎?

철학자·사상가	『정신철학통편』	전병훈이 인용한 중국어 번역본
	意志及思想, 果爲一種意識之變化乎? 物性界與心理之關係, 循何種原則乎? (b) 此皆今積極哲學家, 孜孜硏究者也.+	情感及意思, 果同一原素, 而特以動作之强弱, 及久暫爲別乎? 意志及思想, 果爲一種意識之變化乎?" 曰 "物理界與心理界之關係, 循何種原則乎?"(p.37). (b) 없음.
6. 회프팅 海甫定	2권 15장 歐西最近心理哲學神經論	Harald Høffding 著, 王國維 譯. 연도불명. 『心理學槪論』. 商務印書館.
	(j) 近世之初, 特嘉爾及其弟子(威利斯·馬爾·白蘭休等), 始以感情及一切他意識現象, 皆存於腦髓, 而爲近世生理之嚆矢. 然古代腦與心之反對論. 與悟性及感情之反對論, 固不易遽破之, 以此論經驗爲根據故也. (k) 腦髓者, 知識之所在地也, 與慾情, 毫不相關. 慾情之惟一位置, 內臟, 是也.	(a) 心理學者, 精神之科學(p.1). (b) 爲一種非物質之本體, 而由自己, 及爲自己而存在者, 非有完全之證據乎? (p.13) (c) 人類之精神, 乃宇宙係統之一部分(p.14). (d) 如吾人解哲學, 爲形而上學, 卽追求宇宙之原理, 則心理學必須爲獨立之學, 而不可爲哲學之一部分(p.16).
	(l) 大腦者, 神經繫統之建築之樞石也. 其位置, 愈近於大腦者, 則其關係愈複雜, 而所含之神經細包及纖維愈多. (m) 感覺作用之存於大腦各部分者, 如何. 尙爲學者所硏究, 高尙之精神作用之不縛於大腦一定之部分, 彼等之所同認也. (n) 大腦對低神經, 中心之位置也, 禁制諸中心之活動, 是也. (o) 有大腦小腦延髓相連結, 以及於脊髓. 脊髓兩側, 有神經三十一對, 分布於周身如絲. 此神經係統, 爲精神活動之中央機關也. 腦神經之論, 極其複雜, 故只揀取其最要者而已. (p) 有機感覺最明白者, 味覺. 筋覺·聽覺, 多混以觸覺, 而決不能謂之純一也.	(e) 心理學之位置, 立於自然科學及精神科學相會之點(p.29). (f) 苟視物質受精神之影響, 則物質亦當帶精神的性質也(p. 62). (g) 德國心理學, 恒近於形而上學. 英國之心理學, 恒近於器械的科學(p. 54). (h) 心理學上之分類, 今日通用三分法, 卽分爲知識·感情·意志, 是也(p. 94). (i) 夫自雅里大德勒以來, 心理學上所用知識及意志之二分法. 十八世紀之德國心理學家, 皆承用之. 而但視(중략) 感情生活之重要後, 於心理學之分類上, 大有影響. 自汗德應用此三分法後, 遂爲世人所公認(pp.94-95).

철학자·사상가	『정신철학통편』	전병훈이 인용한 중국어 번역본
	(q) 暮年, 猶記幼年之事, 而近事則半忘之. 不能視近物, 記憶亦然. 由其腦髓活動, 無保存新印象之力, 而晩年所得, 易於消解, 故也.	(j) 近世之初, 特嘉爾及其弟子(威利斯·馬爾·白蘭休等), 始以感情及一切他意識現象, 皆存於腦髓, 而爲近世生理之嚆矢. 然古代腦與心之反對論. 與悟性及感情之反對論相平行者. 固不易遽破之, 以此論似以直接經驗爲根據故也(p. 297).
	(r) 本能之位置, 或當存於中腦也.	(k) (전략) 故從彼之見解, 則腦髓者, 乃知識之所在地, 而與欲情, 毫不相關. 欲情之唯一位置, 內臟是也(p.298).
	(s) 純一之精神力, 亦易於許多精神力交動之結果. 故遺傳之最易者.莫如本能.	(l) 大腦者, 神經繫統之建築之樞石也. 其位置, 愈近於大腦者, 則其關係愈複雜, 而所含之神經細包及纖維愈多(p.45).
	(t) 吾人說神來之火時, 眞正之火之觀念, 或浮於其胸次也.	(m) 感覺作用之存於大腦各部分者, 如何. 尙爲學者所硏究, 高尙之精神作用之不縛於大腦一定之部分, 彼等之所同認也(p. 46).
	(u) 近世惟物論, 則以精神爲物質之一作用, 或一方面. 此論之在今日. 實築於物質, 及勢力之不滅論耳.	(n) 大腦對低神經中心, 不但有積極的關係, 兼有消極的關係, 卽禁制諸中心之活動, 是也(p. 47)
	(v) 科學的想像, 精神上之自由, 不但存於結合所與之原質, 而成新個物觀念. 奈端由蘋果之落地, 而構成太陽系統之根本律之觀念, 是也.	(o) 없음.
	(w) 進化之法則, 由散而聚, 由混而畫. 由一致而萬殊, 於是精神生活, 遂與宇宙生活相連結, 而爲其生活中之一部分. 然當特別注意者, 則個性化之事實. 吾人之有機體, 乃一小宇宙, 而有某度之獨立性者也.	(p) 又許多之味覺·嗅覺中, 多混以觸覺, 而決不能謂之純一也(p. 111).
		(q) (전략) 卽在暮年, 猶能記幼年之事, 而近事則反忘之. 所謂老人之眼, 不能視近物, 記憶亦然. 此由其腦髓活動, 無保存新印象之力, 而晩年所得者之易於消解, 乃生理學上一般之法則, 故也(p. 160).
		(r) 本能之位置, 或當存於中腦也(p.348).
		(s) 純一之精神力, 亦易於許多精神力交動之結果. 故遺傳之最易者, 莫如本能(392).

철학자·사상가	『정신철학통편』	전병훈이 인용한 중국어 번역본
		(t) 吾人之想像吾室也, <u>時而一部分</u>, 時而他部分, 浮於胸次(p. 178).
		(u) 近世惟物論, 則廢此區別, 而以精神爲物質之一作用, 或一方面. 此論之在今日, 實築於物質, 及勢力之不滅論耳(p. 65).
		(v) 科學的想像, <u>所豫想之精神上之自由</u>, 不但存於結合所與之原質, 而成新個物觀念 (중략) 如世傳奈端由蘋果之落地, 而構成太陽系統之根律之觀念, 是也(p. 196).
		(w) 進化之行也, 由散而聚, 由渾而晝. <u>由一致而萬殊</u>, 由此法則, 於是精神生活, 遂與宇宙生活相聯結, 而爲其生活中之一部分. 然吾人於此所當特別注意者, 則箇性化之事實. 似爲一切進化中公共之記號, 自然之中, 無處無種種之小全體也(p. 92).

위의 대조표에서 밑줄 친 부분들은 『정신철학통편』과 번역본에서 차이가 있는 부분이다. 대조표를 보면 전병훈이 번역본을 거의 동일하게 베꼈다는 점을 확인할 수 있다. 그는 몽테스키외, 베이컨, 데카르트의 경우에는 한두 페이지 안에서 발췌하거나 한 문단을 발췌할 경우 문장을 바꾸지 않고 그대로 인용한다. 쾨베르나 회프팅의 경우는 책 전체에서 인용 부분을 찾아서 발췌할 경우 원문 안에서 최대한 문장을 연결할 수 있는 부분들을 찾아서 배치하되, 그런 배치가 문장을 어색하게 만든다고 판단될 경우 문장을 변형시켜서 배열한다. 그리고 베이컨과 데카르트는 그 저서를 읽지 않고 『철학요령』 등의 책에

서 내용을 추출해서 해당 사상가의 부분에 삽입했다.

내용을 좀 더 들어가 보자. 몽테스키외의 인용 부분(표 2의 1번)에서 그는 엄복이 우주의 주재인 상제가 만물을 창조함에 사물에 리(理)와 칙(則)이 있다고 번역한 부분을 인용한 뒤 "유교에서 말하는 리와 불교에서 말하는 법이니, 법과 리는 애초에 두 가지 사물이 아니다"라는 엄복의 주석을 덧붙인다. 『법의』에서 엄복의 주석은 우주의 주제 및 사물의 원리와 법칙에 대한 문장이 아닌, 자연법을 설명하는 부분에 달려 있다. 『법의 정신』 1권 1장에서 몽테스키외는 자연법에 대해 간략하게 설명하는데, 엄복은 이를 전통 유교의 텍스트처럼 번역한다.

> 법은 그 최대의 의미로 말하면 만물에서 나온 자연의 리이다. 하늘이 만물을 낳으매 윤척이 있고, 윤척이 있으면 법은 저절로 두루 벼리가 되므로 (인위적으로) 베풀어 갖추는 것을 기다리지 않는다. 우주에는 법이 없는 존재는 없으며 존재가 있으면 법이 형성된다. 천에는 천리가 있고 형기가 있는 존재는 형기의 리가 있다. 형이상자도 진실로 그 리가 있고 형이하도 그 리가 있으니 금수와 초목에 이르기까지 그렇지 않은 경우가 없으나 인간에게서 가장 잘 드러난다. 이 리가 있으면 법이 있다(汪征魯, 方寶川, 馬勇 2014, 5).

유교의 리, 불교의 법이라는 엄복의 주석은 위의 문장 아래 붙어 있다. 즉, 엄복은 위의 번역문에서 법이 어떤 의미인지를 설명하기 위해서 주석을 붙인 것이라고 할 수 있다. 그런데 전병훈의 배치대로 글을 읽을 경우 엄복의 주석은 법에 대한 설명이 아니라 상제가 만물을 만들 때의 리(理)와 만물에게 부여한 법칙이 바로 유교의 리와 불교의 법과 같은 것이라는 설명으로 읽힌다.

이러한 전병훈의 독해와 엄복의 번역, 그리고 엄복이 번역의 저본으로 삼았던 누젠트(Thomas Nugent)의 *The Spirit of Laws*를 대조해보면 전병훈이 몽테스키외를 이해하는 데 엄복의 영향이 컸다는 것을 확인할 수 있다. 다음은 엄복 번역의 원문에 해당되는 누젠트의 영어 번역이다.

> 법은 가장 일반적인 의미에서 사물들의 본성으로부터 나오는 필
> 연적인 관계이다. 이러한 의미에서 모든 존재는 각자의 법을 갖고
> 있다. 신은 신의 법을, 물질의 세계는 그 법을, 인간보다 우월한 지
> 적 존재는 그들의 법을, 짐승들은 그들의 법을, 인간은 인간의 법을
> 갖는다(Montesquieu 1752/2001, 18).

누젠트의 영어 번역이 강조하는 것은 자연법의 기본 전제, 즉 신, 지적인 존재(천사), 인간, 짐승 등의 모든 존재가 그 존재만의 법칙을 갖고 있다는 것과 이들 간의 상호 간의 관계이다. 엄복은 여기에서 신과 천사에 대한 부분을 유교적 언어로 대체한 뒤, 여기에서 말하는 리와 법이 유교의 리와 불교의 법이라고 주석을 단 것이다.

몽테스키외는 이 문장 뒤에 다음과 같은 무신론자에 대한 비판에 대한 비판을 덧붙인다.

> "신은 창조자로서 또 보존자로서 우주와 관계한다. 그가 창조하
> 는 데 의거한 법은 그가 보존하는데 의거한 법이다. 그는 이들 규칙
> 을 알고 있기 때문에 그에 따라 행동한다. 그는 그것을 만들었기 때
> 문에 그것을 알고 있다. 그것은 그의 지와 힘에 관계되므로 그는 그
> 것을 만들었다(Montesquieu 1752/2001, 18)."[26]

여기에서 몽테스키외가 설명하고자 한 것은 신이 만든 법과 신이 그 법에 따라 움직이는 것이 왜 모순되지 않는지에 대한 것이다. 엄복은 이 문장을 "기가 운행한다고 주장하는 자는 "우주의 일체는 무심(無心)에서 이루어진다. 내가 보는 것은 모두 보이지 않는 듯한데 형성되고 우연하게 합치되는데 무심에 기인하기 때문에 이러한 결과를 맺는 것이다"라고 말하는데, 이것이 잘못된 주장인 줄 모른다(汪征魯, 方寶川, 馬勇 2014, 5)."[27]라고 의역하는데, 이 과정에서 "맹목적인 운명(blind fatality)"을 무심(無心)이라고 번역한다.

창조자인 신이 왜 법에 따라 행동하는가에 대한 설명은 엄복의 번역에 의해 상제-리-인간이 품부받은 본성의 관계로 치환된다. 『법의 정신』 1권 1장에서 몽테스키외가 자연법을 먼저 설명한 것은, 이후 기후, 풍토 등이 서로 다른 국가들이 어떻게 다른 정치체제를 발전시켰는지에 대한 법칙론적 설명을 부여한다는 점에서 중요한 대목이다. 그런데 엄복의 번역은 유교의 원리, 불교의 법칙으로 대체하고 리, 기, 무심과 같은 용어를 사용해서 부연함으로써 『법의 정신』을 동아시아 전통사상의 맥락에서 읽히도록 만든 것이다.

엄복이 『법의 정신』을 번역한 이후 작성한 「몽테스키외를 다시 읽고」라는 글을 보면, 약간의 차이는 있지만 전병훈이 인용한 내용과 순서

---

26 "God is related to the universe, as Creator and Preserver; the laws by which He created all things are those by which He preserves them. He acts according to these rules, because He knows them; He knows them, because He made them; and He made them, because they are in relation to His wisdom and power."

27 "有爲氣運之說者曰: "宇宙一切, 成於無心. 凡吾所見者, 皆盲然而形, 偶然而合, 因於無心, 結此諸果." 不知此謬說也. 夫謂含靈有知之果, 乃以塊然無所知之氣運爲之因, 天下之謬, 有過此乎?"

가 거의 동일하다는 것을 확인할 수 있다.[28] 그렇다면 전병훈이 마치 맥락의 앞뒤를 자르고 자신의 맥락 속에서 독해할 수 있었던 것은, 엄복의 핵심 개념어와 인접 개념어에 대한 번역어의 선택, 그리고 엄복이 자연법을 전통사상적 관점에서 해석했던 것의 영향일 수밖에 없다.

전병훈은 엄복 번역을 발췌해서 인용한 뒤 다음과 같은 평을 한다.

> 몽테스키외는 근세철학의 대가이다. 앞에서 말한 민이(民彝)와 물칙(物則)으로 상제는 주재가 되며, 인간의 심리가 일신을 주재하는 것은 상제가 부여한 것이다. 몽테스키외는 심리를 분명하게 말하지 않았지만 심리의 근원은 하늘이니 이것을 보면 역시 분명하지 않은가.[29]

『법의 정신』의 원문을 염두에 둔다면 이 논평은 쉽게 납득되지 않는다. 전병훈은 엄복의 번역과 토마스 누젠트의 영어 번역 사이의 간극에 대해서 고민하지 않았고, 당연히 엄복의 번역어 선택이 원본의 내용을 그대로 담았다고 판단했을 것이다. 중국 고전에 익숙한 독자를 상정하고 번역한, 그리고 백화문이 아닌 고문체를 선택한, 무엇보다 번역의 목적이 원본의 정확한 전달에 있지 않았던 엄복의 번역은 결과적으로 전병훈과 같은 독자가 원본의 원의를 벗어나 책을 독해하게 만들었다.

전병훈이 원문을 제대로 이해하지 못했다는 사실은 그가 학자가 아

---

28 전병훈(2021)의 p.319 주석 310 「重讀孟德斯鳩」 원문을 볼 것.
29 『精神哲學通編』, 2권 제 14장 「歐西近世心理哲學」, "孟氏乃近世哲學大家, 先言民彝物則, 而以上帝爲主宰焉. 則人之心理, 主宰一身者, 卽上帝所賦者也. 孟氏雖不明言心理, 而心理之原天者, 於斯不亦瞭然乎?"

닌 사상가이자 실천가라는 측면을 염두에 둘 때 큰 문제가 되는 것은 아니다. 전문가가 아닌 일반 독자의 독서방식을 생각해보면, 독자들이 원본과 번역본의 간극에 대해 크게 고민하지 않고 자신이 속해 있는 언어의 맥락에서, 즉 언어적 관행 속에서 번역본을 독해하는 것은 자연스러운 일이다. 몽테스키외의 사례로 볼 때 전병훈은 자연스럽게 자신이 알고 있는 동양 고전의 철학적 개념들과 스스로 철학을 구성하는 과정에서 자기 사유 속의 개념들로 치환하면서 텍스트를 독해했을 것이다.

이러한 발췌독은 쾨베르와 회프팅에서도 동일하게 나타난다. 쾨베르는 『정치요령』에서 철학의 정의, 어원, 연구의 대상, 심철학, 논리학, 심리학, 종교철학, 역사철학과 같은 철학의 구분, 연역법, 귀납법과 같은 방법론, 독단주의(dogmatism), 회의주의(scepticism), 비평(criticism), 절충주의(eclecticism), 혼합주의(syncratism) 등을 개괄했다. 회프팅의 『심리학개론』은 과학의 각도에서 심리학을 독립된 분과학문으로 제시하고 과학의 각도에서 심리의 생리 매커니즘을 설명한 책이다.[30]

먼저 표 2의 4번을 보면, 전병훈이 첫 번째로 인용한 쾨베르 책의 구절은 과학과 철학의 관계이다. "과학의 관점에서 보면 철학은 과학 원리의 학문이다. 그러므로 과학 중의 과학이라고 하고 또 이를 태극의 과학이라고도 한다."라는 구절은 『철학요강』의 1장 철학의 총념(哲學之總念)의 일부분을 그대로 가져왔다. 이 장에는 철학이 무엇인지에 대한 다양한 비유, 정의 설명이 나오는데,[31] 전병훈은 철학을 "태극"

---

30 회프팅 심리학에 대한 설명은 이대승(2021), 86-87을 참조.

31 예를 들어 개별적 지식을 넘어서 모든 존재를 아우르는 보편적 진리에 어떻게 도달할 수 있는지, 무엇을 보편적 진리의 대상으로 삼아야 하는 지에 대한 내용이 서론에 나온다. 이에 대해서는 蔡元培(1924), 1-3 참조.

의 과학이라고 명명한 부분만을 발췌한다.

시모다 지로의 일본어 번역본과 채원배의 번역본을 비교해보면, 시모다의 번역에는 태극이라는 표현이 나오지 않는다. 채원배는 "철학이 절대적 원리라는 점에서 철학은 최상의 과학, 과학의 과학, 혹은 절대적 과학이 된다(下田次郎 1897, 10-11)"라는 시모다의 번역문장에서 "절대적 과학"을 "태극의 과학"이라고 번역한다. 태극은『철학요강』전체에서 등장하는데, 문제는 채원배가 텍스트에서 이를 동일한 의미로 사용하지 않는다는 점이다. "태극의 과학"에서 태극은 "절대적"이라는 의미이지만, 채원배는 이를 신(神)이라는 의미로도 사용하고(蔡元培 1924, 34)[32] 태극을 양의(兩儀)와 함께 씀으로써(蔡元培 1924, 64)[33] 태극이 서양철학적 개념이 아닌 역학(易學)과 관련된 용어인 것처럼 오해하게 만든다.

전병훈은 채원배의 번역에서 태극 부분을 발췌해서 쾨베르의 철학을 설명한다(표 2-4, (a), (e), (h), (r) 참조). 그리고 그와 함께 영혼, 자유, 신, 심령, 우주, 선천과 같은 단어가 들어간 문장들을 발췌한다. 채원배의『철학요령』이 번역어의 문제는 있지만 나름대로 쾨베르의 충실하게 철학의 대강(大綱)을 설명하고 있다면, 발췌방식을 미루어 볼 때 전병훈은 특정한 관점에서 쾨베르를 이해하고 있다는 것을 알 수 있다. 그의 발췌의 열거 속에서 쾨베르의 책은 철학개론서가 아니라 심리와 선천, 태극을 말하는 사상으로 변모하고 있기 때문이다.

전병훈이 2권 14, 15장에서 가장 많이 인용한 책은 회프팅의『심리학개론』이다.『심리학개론』은 판본에 따라 4, 500페이지에 달하는 거

---

32 "…… 神與太極爲一義者也."
33 "有內涵之二元論, 是於太極而涵兩儀之性質者也."

질의 책이다. 다른 번역서보다 전병훈은 이 책을 가장 열심히 읽었던 듯 한데, 순서대로 책의 내용을 인용하다가 다시 앞으로 가서 중요한 부분을 다시 인용하는 등 복잡하고 적극적인 독서 행태를 보여주기 때문이다. 이 책은 정신과 신체, 의식과 무의식, 인지, 감각, 시공간의 이해, 의지 등을 뇌, 척추, 신경과의 연관 속에서 설명한 책이다. 표 2-6의 (a)부터 (j)까지는 심리학과 철학의 구분, 심리학의 의미에 대한 구절들만을 모았고, (k)부터 (s)까지는 뇌, 척추, 신경, 감각에 대한 구절들을, (t)부터 (w)까지는 정신, 법칙 등에 대한 내용을 발췌했다는 것을 확인할 수 있다.

전병훈은 다른 번역서의 인용과 달리 『심리학개론』의 구절들을 상당히 고쳐서 인용한다. 예를 들어 (h)와 (i)의 경우 원 문장의 일부를 생략하고 문장을 만들었는데, 왕국유의 원래 문장을 보면 다음과 같다.

> 심리학상의 삼분법: 심리학 상의 분류는 오늘날 통용되는 삼분법으로, 지식, 감정, 의지로 나뉜다. 아리스토텔레스 이래 심리학에서 사용한 지식과 의지의 이분법을 사용은 18세기 독일 심리학자들이 모두 이를 계승하여 사용하였고 감정은 둘 사이에 연속된 것으로 이해되었다. 루소가 감정생활의 중요성을 말한 뒤에 심리학의 분류 상에 큰 영향을 미쳤고, 칸트가 이 삼분법을 응용한 뒤부터 사람들이 공인한 바가 되었다(海甫定 연도불명, 94-95).[34]

---

34 "心理學上之分類, 今日通用三分法, 卽分爲知識·感情·意志, 是也. 夫自雅里大德勒以來, 心理學上所用知識及意志之二分法. 十八世紀之德國心理學家, 皆承用之, 而但視感情爲二者間之連鎖, 至盧騷說感情生活之重要後, 於心理學之分類上, 大有影響. 自汗德應用此三分法後, 遂爲世人所公認."

전병훈은 위의 구절에서 감정이 원래 지식과 의지의 부차적인 것으로 인식되다가 루소에 의해 중요성이 강조되기 시작했다는 부분을 중요하지 않다고 판단해서 삭제한다. (h), (j), (k), (n), (w)처럼 중요하지 않다고 판단되는 부분들을 적극적으로 빼서 다른 문장을 만드는 경우들이 회프팅의 인용에서는 상당히 보인다.

또, (o)처럼 원문에 없는 내용을 회프팅의 글인 것처럼 삽입하는 경우나 (p)처럼 내용을 바꾸는 경우도 발견된다. (p)의 경우 회프팅은 미각과 후각은 촉각과 섞여서 순일하지 않다고 말하는 반면 전병훈은 미각, 근각, 청각으로 내용을 바꾼다. (t)의 경우도 회프팅의 글에는 나오지 않는 얘기로, 문장을 활용해서 자신의 생각을 넣은 부분이다. 회프팅은 이 부분에서 관념, 기억, 시간에 대한 이야기를 하는데, 전병훈은 "우리는 신으로부터 불이 온 때에 대해서 말하지만 진짜 바른 불의 관념은 우리의 가슴 속의 생각에 떠 있다"라고 바꾼다.

『정신철학통편』의 2권 14, 15장의 글은 대부분 엄복, 채원배, 왕국유의 번역본을 참고해서 구성했고, 이 부분에서 나오는 베이컨, 데카르트, 칸트에 대한 언급도 채원배, 왕국유의 번역본에서 빌어온 것이라는 점을 확인할 수 있다. 또, 엄복과 채원배의 경우처럼 신조어를 만들거나 원본에 충실하게 번역하기보다는 유교, 도교, 불교의 용어들을 통해 나름의 이해 가능한 번역본을 만든 경우, 이러한 번역이 서양의 언어보다는 동아시아 언어에 훨씬 익숙한 독자들이 자신들의 언어적 맥락 속에서 번역본들을 독해하게 유도했을 가능성이 크다. 전병훈은 바로 그런 사례로서, 새로운 개념들을 자신의 철학과 언어를 통해 이해하고 그 의미를 재구성하며 독해한 인물이다.

4. 번역의 착시효과, 그리고 적극적 독서의 의미

지금까지 전병훈이 서양의 번역서를 어떻게 독해했는지, 어떤 내용을 중심으로 책을 읽었는지에 대해서 살펴보았다. 만약 전병훈을 한 명의 학자나 동양과 서양을 결합시켜 발전시킨 학문을 했던 철학자로 전제한다면 『정신철학통편』은 실망스러운 책일 수 있다. 그러나 『정신철학통편』을 전통적인 학문적 글쓰기에 익숙한 지식인이 쓴 책이라고 전제한다면 전병훈의 인용 없는 발췌독은 그렇게 이상한 것은 아니다. 동아시아권에서는 근대 이전 시기에 다른 사람의 글을 인용 없이 발췌하고 그에 대해 의견[案]을 덧붙이는 방식의 글쓰기는 광범위하게 용인되었기 때문이다.

『정신철학통편』은 오히려 원본을 충실히 발췌해서 대조가 가능하게 해준다는 점에서 중요한 텍스트이다. 즉, 19세기 말 20세기 초 서양에 대한 제한된 정보만 가지고 있던 사람들이 당시의 번역서들을 읽는 방식에 대한 단초를 이 책에서 발견할 수 있다. 그리고 번역자들이 선택한 서양 개념에 대한 번역어가 어떻게 독자로 하여금 동양 철학의 개념과 동일한 것으로 착각하게 만들었는지를 잘 보여주는 책이기도 하다.

번역으로 인한 착시효과는 분명히 서양 철학에 대한 당대인들의 관심을 끌 수 있었을 것이다. 번역어 때문에 전병훈은 서양 철학자들의 생각이 자신의 것과 다르지 않다고 판단하게 되었고, 자신이 도교적 개념으로 적극적으로 해석할 수 있는 부분을 발췌하여 장들을 구성하게 되었다. 그는 자기 철학의 관점에서 서양 번역서들을 읽었고, 나아가 동양 사상만이 아니라 서양사상으로도 자신의 사상이 정당화된다고 판단했다. 그렇다면 전병훈은 동서양 사상을 융합한 저술가나 학자로 보기보다는 적극적인 독서를 통해 자신의 사상을 증명하고자 했던 사상가로 보아야 한다.

『정신철학통편』은 독창성이 없는 글이 아니다. 기존 연구들이 이미 상세히 밝혔듯이 도교 철학자이자 사상가로서 전병훈의 독창성과 깊이는 이 책의 곳곳에 드러나 있다. 또, 그가 왜 정신철학에서는 조선의 철학자들을 다루지 않았으나 심리철학에서는 다루는지, 세계평화와 세계정부를 지향하는 그가 어떤 맥락에서 지방자치제에 지대한 관심을 갖게 된 것인지 등은 이 논문에서 짧게 다루고 있는 서양 철학의 인용방식 정도로 이해될 수 없는 중요한 부분들이다. 다만 본 논문이 전병훈의 서양 철학 인용에 초점을 맞춘 것은 전병훈의 사상가로서의 면모 이외에도 『정신철학통편』은 근대교육을 받지 않은 많은 19세기 말 20세기 초 조선인들이 중국어로 혹은 일본어로 번역된 책들을 통해 서양을 이해하고자 했을 때 좌충우돌하는 다양한 방식 중 하나를 보여주는 동시에 당시 서양 지식의 수용방식을 구체적으로 파악할 수 있는 좋은 사례라고 판단했기 때문이다.

우리는 다음과 같은 질문을 던질 필요가 있다. 전병훈은 왜 도교의 언어만 가지고 모두 평등하게 장생술을 익히고 평화로운 사회 나아가 평화로운 세계를 만들자고 말하지 않은 것일까? 왜 그는 서양의 언어를 필요로 한 것일까? 학문으로서의 "철학"과 "행위"로서의 사상이 다르다는 점을 감안한다면, 전병훈의 궁극적인 의도는 자신이 속한 세계를 바꾸는 것이었고, 사람들에게 자신의 주장이 맞다는 것을 설득하기 위한 방법으로『정신철학통편』을 쓴 것이라고 보아야 한다.

새로운 사상이나 이론이 번역되어 들어올 때 그 사상과 이론을 통해 사회와 국가를 바꾸고자 하는 사람들이 분명히 존재한다. 그리고 대체로 그들의 독해는 자신들이 갖고 있는 문제의식의 연장선 위에 있기 때문에 오독일 가능성이 크다. 그런데 흥미로운 것은 텍스트를 정확하게 독해하고 학술적으로 분석하는 연구보다 오독을 통해 그 안에서 자신들이 필요한 "새로운 용어"를 추출해내고 이를 자신의 레토릭으로 만드는 사람들의 정치적·사회적 영향력을 무시할 수 없다는 점이다. 그리고 이들이 새로운 언어를 찾는 이유는 그들이 의식적으로든 무의식적으로든 기존의 언어로는 사람들을 환기시키거나 설득하기 어렵다고 판단하기 때문이다. 전병훈의『정신철학통편』은 이런 관점에서 다시 독해될 필요가 있다.

　마지막으로 주목해야 할 것은 "번역의 언어"이다. 19세기 말 20세기 초처럼 번역과 정치적 실천이 구분되지 않았던 시대는 역사상 없지 않나 싶다. 모든 번역자들이 그렇다는 것은 아니지만, 엄복이나 양계초, 왕국유와 같은 번역자들은 과거와 미래의 사이에서 자신들의 정치적 고민을 번역에 녹여 냈고, 그를 통해 독자들의 행동을 촉구했다. 그 과정에서 원본과 번역본 사이의 간극이 생겨나고 번역의 충실성과 접근성의 문제가 발생한다. 전병훈의 텍스트에서 확인했던 것처럼, 그리고 당대가 지금처럼 한국어와 외국어의 개념들이 일대일로 조응하는, 번역어가 확정되고 안정화된 시대가 아니라는 점을 감안한다면 그가 읽은 번역서들은 원본과 상당한 거리를 가졌을 가능성이 높다. 근대 초 언어적 혼란 속에서 정치 레토릭을 만든 사람들의 언어적 층위가 생각보다 복잡하다는 점을 인식할 때야말로 동아시아의 근대를 좀 더 두텁게 이해할 수 있는 가능성이 열리는 것이 아닐까.

| 참고문헌 |

원전

전병훈. 1982. 『精神哲學通編』. 서울: 명문당.

전병훈 저, 임채우 역. 2021. 『완역정신철학통편』. 서울: 인월담.

孟德斯鳩 著, 幾道嚴 (嚴復) 訳. 1909. 『孟德斯鳩法意』. 上海: 商務印書館.

汪征魯, 方寶川, 馬勇 主編. 2014. 『嚴復全集 4 (法意)』. 福建: 福建教育出版社.

蔡元培. 1915. 『哲學大綱』. 上海: 商務印書館.

下田次郎. 1897. 『哲學要領』. 東京: 南江堂.

海甫定 著, 王國維 譯, 연도불명, 『心理學槪論』, 上海: 商務印書館.

康德 著, 尉禮賢·周暹 合譯. 1916, 『人心能力論』, 上海: 商務印書館.

科培爾 著, 蔡元培 譯述, 1924, 『哲學要領』, 上海: 上海商務印書館.

Lowndes, Mary E. 1891. Outlines of Psychology. London: MacMillan and Co.

Montesquieu. Charles de Secondat. Thomas Nugent trans. 1752/2001. *The Spirit of Laws*. Kitchener: Batoche Books.

저역서

김성환. 2016. 『우주의 정오: 서우 전병훈과 만나는 철학 그리고 문명의 시간』. 고양: 소나무.

김현, 박은영, 소진형, 손민석, 송경호, 이헌미, 홍철기 공역. 2021. 『서양을 번역하다』. 서울:성균관대학교 출판부.

백종현 편저. 2014. 『동아시아의 칸트철학』. 서울: 아카넷.

윤창대. 2004. 『정신철학통편: 전병훈 선생의 생애와 정신을 중심으로』. 서울: 우리.

3. 논문

금장태. 1989. 「계몽사상가: 전병훈과 『정신철학통편』」 『속유학근백년』, 여강출판사.

_____. 1995. 「서우 전병훈의 정신철학」 『한국 근대사상의 도전』 전통문화연구회.

박종홍. 1982. 「서구 사상의 도입과 그 영향」 『박종홍전집 5』. 민음사.

윤창대. 2015. 「전병훈『정신철학통편』연구 – 한국철학의 위상과 성격을 중심으로 –」 국제뇌교육종합대학원 박사학위논문.

이대승. 2021. 「근대 중국의 서구 심리학 수용의 전변 – 무술변법 전후의 심리학 내용과 역어 변화를 중심으로」. 『철학·사상·문화』 35.

임채우. 2015a. 「전병훈 연구의 문제와 쟁점(1) – 최근 논쟁에서의 몇 가지 문제를 중심으로 –」 『선도문화』 18.

_____. 2015b. 「전병훈 연구의 문제와 쟁점(2) – 최근 논쟁에서의 몇 가지 문제를 중심으로 –」 『선도문화』 19.

Zhao, Lu. 2021. "Richared Wilhelm's Book of Changes and the Science of the Mind in the Early Twentieth Century." Benjamin Wai-ming Ng ed. *The Making of the Global in the Modern World: Cross-cultural Interpretations and Interactions.* Singapore: Springer.

2부

일본의 정치와 종교, 문화유산

1장

메이지 일본에서의 '통치성' 담론

신체-국가론 소고

김태진

1. '다스림'이란 무엇인가?

'통치(統治)', 즉 다스린다는 것은 일종의 지배와 복종의 관계를 상정하며, 단순히 폭력의 차원만이 아니라 사람들은 왜 다스림에 복종하는가라는 합법성 내지 정당성의 문제가 뒤따른다. 본 장에서는 동양에서 전통적으로 다스림의 논리는 어떠했는가 그리고 근대 전환기 동아시아에서 근대국가를 구성하는 과정에서 이러한 통치 개념은 어떻게 변화하는가를 근대 일본의 통치성을 기초한 텍스트인 대일본제국헌법과 교육칙어, 군인칙유를 통해 살펴보고자 한다. 흔히 동양에서 통치 이데올로기로서 분석되어 온 것은 메이지 시기 일본에서 이론화되어 정착되어 온 '가족국가관'이라 할 수 있다. 즉 아버지의 역할로서 군주가 백성들을 다스리는 모델로서 충과 효의 논리를 일치화한 것이었다.

이처럼 국가를 가족에 비유하는 방식은 전통적인 논의[1]가 근대 일본에까지 이어지고 있음은 이시다 다케시 이래 많은 연구자들의 지적

---

* 본고는 2017년 『한국동양정치사상사연구』 16권 1호 논문 「근대 일본의 통치라는 신체성: 메이지 헌법의 구성과 바디폴리틱(Body Politic)」을 수정한 논문이다.

한 바 있다(石田雄 1954).[2] 하지만 문제는 기존의 분석에서 가족국가관은 전근대/근대의 구분 혹은 베버식의 용어를 빌리자면 가부장적 지배/합리적 지배라는 이분법적 구도 속에서 이야기될 수밖에 없다는 점에 있다.[3] 즉 완성되지 못한 근대로서, 국가주의의 기원이 된 국가 형태로 소급적으로 발견될 수는 있어도 그 이외의 다른 모습을 찾기 힘들다. 이는 가족이라는 형태가 어디에서나 보편적 형태를 띠고 있는 것과 관련될지 모른다. 즉 가족에서 부모의 자식에 대한 지배가 확장된 형태로서 이념형(ideal type)으로서만 분석될 뿐, 가족이라는 관념 자체의 변화 추이를 보기 어렵다는 점에서 한계가 있다. 즉 가족국가관으로는 근대 국가의 구성 과정에서 통치성이 어떻게 변화해 나가는지를 보여주는 데 난점이 있다.

뿐만 아니라 이시다 다케시가 지적했듯이 메이지 시기의 가족국가

---

1 『시경』에서 '즐겁도다 군자여 백성의 부모로구나'라는 구절이나 『대학』에서 '백성이 좋아하는 바를 좋아하고, 백성이 싫어하는 바를 싫어하니, 이를 백성의 부모라 부른다'고 한 말에서 보듯 군주와 백성의 관계를 부모와 자식과의 관계로 유비하고 있다. 전통적인 논의 속에서 초점이 주로 다스리는 치자(治者)에 대한 규제 혹은 인정(仁政)에 대해 강조하는 데 있었다면, 메이지의 가족국가관은 치자에 대한 도덕원리로서가 아니라 오히려 국민 내지 신민에 대한 충성이나 복종의 모럴로서 의미전환을 꾀하며 형성된 특징이 있다(松本三之介 1996, 23-27).

2 『칙어연의(勅語衍義)』에서 이노우에 테쓰지로가 "국군이 신민을 대하는 것은 마치 부모가 자손을 대하는 것과 같다. 즉 일국(一國)은 일가(一家)가 확충된 것으로, 일국의 군주가 신민을 지휘 명령하는 것은 일가의 부모가 자애심으로 자손에 분부를 내리는 것과 서로 다른 것이 아니다. … 신민된 자 모두는 자손이 엄부자모(嚴父慈母)에 대해 마음을 가지듯이 근청감패(謹聽感佩)하지 않을 수 없다"라고 규정한다. 이러한 가족국가관은 제국시기까지 이어져 「국체의 본의」(1937)에서 "무릇 우리나라는 황실을 종가로 섬기고, 고금에 항상하는 중심으로 천황을 받드는 군민일체의 일대 가족국가이다(家族国家)이다. … 우리나라는 일대 가족국가로, 황실은 신민의 종가이고, 국가 생활의 중심이다. 신민은 조상에 대한 경모의 정으로써, 종가인 황실을 존경해 받들고, 천황은 신민을 적자로서 사랑한다"라고 제시하는 것이 대표적이다.

3 베버의 지배에 대한 이해는 Weber(2013), 이에 대한 비판적 이해로서는 키어런 앨런(2010) 등 참고.

관은 '가족주의'와 '유기체론' 두 가지를 계기로 성립했다는 점 역시 주목할 필요가 있다. 물론 사적 영역에서 가족에 대한 심정이 정치적 지배에서의 복종의 심정까지 흘러간다는 것은 수신제가치국평천하를 말하는 유교적 충효주의에서도 어느 정도 이루어지고 있다. 그런데 주목할 점은 이때 유교윤리가 근대국가에서 통합의 기능을 완수하기 위해 두 가지의 방향의 수정이 필요로 했다는 데 있다. 하나는 타당범위의 '아래로의 확대', 즉 '신(臣)'뿐만이 아니라 '신민(臣民)'이라는 모든 피치자로의 확대로, 계층적 질서를 사상시켜 등질적인 근대적 국민으로서 통일적 관념을 만들어내는 것이었다. 다른 하나는 '위로의 집중'으로, 유교적 충효주의에서 충(忠)의 대상이 봉건군주인 것에 비해, 메이지 시기에는 그 다원성을 극복해 절대군주인 천황에 충성의 대상을 집중하는 쪽으로 나아갔다. 이 때 필요한 것이 유기체론적 사유였다(石田雄 1954, 8-10). 즉 하나의 신체로 묶어내어 통일체로서의 국민을 만들어 내고, 위로의 충성의 대상을 하나로 집중시키는 역할을 담당했다는 것이다.

하지만 이처럼 신체를 국가로 은유하는 과정은 근대적 국가의 상을 구성, 상상하게 하는데 중요한 역할을 담당했음에도 불구하고, 분석이 부재하다고 할 만큼 미비한 수준이다. 유기체론의 역사적 의미를 단순히 사지가 머리를 위해 복종하는 식의 통치 관념과 연결시키는 것으로 끝내 버린다. 하지만 슈미트가 지적하듯이 상징과 알레고리, 유사와 유비, 은유 등이 서로 뒤얽히고, 하나의 영역에서 다른 영역으로 투사와 역투사, 반영과 역반영이 어지럽게 이뤄지는 정치적 현실을 그렇게 단순화해서 볼 수만은 없다. 그런 점에서도 유기체론이 구체적 내용이 없기 때문에 어떤 이데올로기와도 결합할 수 있다는 슈미트의 지적 역시 참조할 필요가 있다. 따라서 주목해야 할 것은 유기체론이 어떤 논리 속에서 구체적으로 무엇을 달성하기 위한 것이었는지 구체적으로 살펴봄으로써 '논쟁적 의미'를 재구성할 필요가 있다는 점일지 모른다.[4]

이를 위해 본 논문에서는 메이지 헌법을 유기체적 사유 속에서 풀어내고 있는 『헌법의해』와 이를 보충하는 텍스트로서 「군인칙유」와 「교육칙어」를 하나의 '장치(dispositif)'[5]로서 함께 살펴보도록 한다. 이를 통해 이들 텍스트 속에 내재하는 신체 은유의 논리를 통해 근대 일본의 '통치성'을 사유하고자 한다.

2. 대일본제국헌법에서의 '수뇌'

헌법(constitution)이란 단순히 법제만을 의미하는 것뿐만이 아니라 어떤 정체를 구성할 것인가의 문제다.[6] 어원적으로 보자면 constitution은 헌법이라는 말 이외에 체질, 건강상태를 의미하기도 하는 말이었다.[7] 푸코는 헌법(constitution)이 어떤 시기에 형성된 가시적 법의 총체를 의미하는 것만이 아니라, 힘의 관계나 비율의 균형과 작용, 안정적인 비대칭성, 알맞은 불평등 같은 것을 의미하기도 했

---

4 슈미트의 유기체론에 대한 이해로서 칼 슈미트(2012); 슈미트(2019) 등 참조.

5 여기서는 '장치(dispositif)'란 말을 권력이 생명체를 작동시키고 규율하는 담론 및 제도의 네트워크라는 푸코-아감벤적 의미에서 차용해 사용하고자 한다.(아감벤 2010, 15-48).

6 이에 대해 타키이는 메이지 헌법을 분석하면서 법전화된 문서로서의 의미만이 아니라 국가의 형태를 의미하는 '국제(國制)'라는 말을 사용한다(瀧井一博 2003, 11-13).

7 이뿐만 아니라 정치체(*body* politic), 조직(*organization*), 조합(*corpor*ation), 조합주의 (*corpor*atism), 시민적 덕성(civic *vir*tue), 수장(*head* of state), 공동체 성원(*member of* community) 등등 많은 용어들이 인간의 신체나 유기체와 어원적 근거를 공유하고 있다.

음을 지적한다. 이는 18세기의 의사들이 '체질(constitution)'이라는 말로 신체의 힘의 관계와 균형을 의미하는 것에서도 볼 수 있다는 것이다(푸코 2015, 234-235). 또한 네그리와 하트는 'constitution'을 '헌법'이라는 뜻으로서만이 아니라 새로운 정치적 신체의 창출을 의미하는 '구성'이라는 뜻으로 사용한다. 그에게 헌법은 구성적 힘의 한 양태일 뿐으로 단순히 고정화된 법전만을 의미하지 않는다(네그리·하트 2014, 38). 이러한 관점에서 볼 때 헌법은 국가적인 것을 구성함에 있어 그 안의 내재하는 힘들을 어떻게 '균형'을 이루어 낼 것인가 '구성'해낸 결과물이다.

그렇다면 메이지 헌법(대일본제국 헌법)은 어떤지 살펴보자. 1조는 "대일본제국은 만세일계의 천황이 이를 통치한다", 2조는 "황위(皇位)는 황실전범이 정한 바에 따라 황남자손(皇男子孫)이 이를 계승한다", 3조는 "천황은 신성(神聖)으로서 침범할 수 없다"고 규정한다. 여기서 대일본제국을 만세일계의 신성한 천황이 '통치'한다는 것은 무엇을 가리키는가? 통치성(governmetnality)을 통치(government)의 합리성(rationality)으로 풀고 있는 푸코의 논의를 참조해 본다면, 통치라는 것은 단순히 무엇을 지배하는 것이 아니라 나름의 합리화 과정을 거쳐야 할 수밖에 없다.[8] 그런 의미에서 이 조문을 다시 한 번 꼼꼼히 살펴볼 필요가 있다. 우선 눈에 띄는 것은 신성성에 대한 강조이다. 즉 근대 일본에서 천황의 권위는 만세일계로 이어져 내려오는 남성적 황통에 근거하며, 침범할 수 없는 신성에 의한 것임이 강조된다. 여기서도 알 수 있듯이 천황은 법적인 '인격'(person)이 아니라 바로 자신이

---

8 푸코의 통치성에 대해서는 미셸 푸코(2011). 동양의 통치성과 관련된 논의로서는 김태진(2022a) 등 참조.

'살아 있는 신', 즉 '아라히토가미(現人神)'였다. 근대 서구에서 군주의 정당성은 초월적 권위에 의존하는 것이 아니라 자신이 국민과 유기적으로 연결돼 있음을 고지하는 헌법을 통해 부여된다. 즉 군주와 국민들 간의 묵시적 약속을 통해 법적 인격성을 부여받음으로써 통치의 근거가 마련되는 것이다. 반면 메이지 헌법에서 천황은 그 자체가 신화적 성격을 띤다. 즉 천황이 근대 독일의 세속화된 법체계로 번역되는 과정에서, 메이지헌법의 기초자들은 '세속화'라는 문제를 누락해 버린다(김항 2015, 54-57). 즉 신성성이 통치의 근거로서 가부장이 집을 다스리는 것이 당연한 것처럼 천황의 통치가 주어진 것으로서 파악된다.[9]

이처럼 명문화된 조문 속에서 메이지 헌법은 신성국가, 가족국가의 이미지는 잡히지만, 신체로서 국가 이미지는 잡히지 않는다. 하지만 메이지 헌법에 각주를 단 『헌법의해(1889)』가 이에 대한 실마리를 제공한다. 메이지 헌법은 이토 히로부미(伊藤博文)가 이노우에 고와시(井上毅), 이토 미요지(伊東巳代治), 가네코 긴타로(金子堅太郎)와 함께 헌법 기초에 착수해, 1888년 완성시킨 것이었다. 이에 이노우에 고와시가 각 조문에 해설을 추가한 설명서가 바로 『헌법의해』(1889)였다. 그리고 이는 같은 해 이토 미요지에 의해 영역, *Commentaries on the constitution of the empire of Japan*(1889)로 출판되어 구미의 학자들에게 기증되기도 했다. 『헌법의해』는 메이지 헌법을 어떻게 읽어야 하는지 가이드가 되어주는 텍스트라 할 수 있다는 점에서도 이 안에서 제시되는 은유, 비유 등을 살펴볼 필요가 있다. 먼저 제1조의 만세일계의

---

9 물론 천황의 신성성을 그렇게 단순화해서 볼 수만은 없다. 메이지헌법에서의 신성성 개념에 대해서는 김태진(2022b) 참조.

천황론에 대해서는 일본의 영토에 해당하는 지역을 명시하며 다음과 같이 주석을 달고 있다.

"무릇 토지와 인민은 나라가 성립하는 바의 원질(原質)로서, 일정의 강토는 일정의 방국을 이루고, 일정의 헌장이 그 사이에서 행해진다. 고로 일국은 일개인과 같고, 일국의 강토는 일개인의 신체[體軀]와 같다. 이로써 통일완전의 판도(版圖)를 이룬다"(伊藤博文 1989[1889], 23-24).[10]

일국의 강토는 '일개인의 신체[體軀]'처럼 통일되고 완전한 한나라의 영역을 이룬다. 이처럼 국가를 신체에 의인화하는 표현은 동서양에서 공히 자주 사용되던 방식이었다. 『고사기』에서도 일본 영토를 하나의 신체로 비유하는 표현이 등장한다. 천부신인 이자나키노미코토(伊耶那岐命)와 지모신인 이자나미노미코토(伊耶那美命)가 결혼 하에 낳은 자식이 일본을 이루는 8개의 섬으로 이 나라를 오야시마구니(大八嶋國)라고 한다는 것이다(김후련 2012, 28-31).

그러나 『헌법의해』에서 신체로 근대국가의 경계(boundary)를 설정한 점은 이와 다르다. 여기서 하나의 신체로 표현한 이유는 일본을 오야시마(大八島) 그리고 엔기시키(延喜式)에서 말하는 66국 및 각 섬과 북해도, 오키나와, 오가사와라섬(小笠原諸)을 포함하는 통일 완전성,

---

10 이에 해당하는 영어 번역은 "Territory and a people are the two elements out of which a State is constituted. A definite group of dominions constitute a definite State, and in it definite organic laws are found in operation. **A State is like an individual, and its territories, resembling the limbs and parts of an individual, constitute an integral realm.**"

즉 국토의 경계를 설정하기 위해서였다. 이는 전통적인 의미의 변경 (frontier)과는 다른 설정으로[11] 이로써 어떤 특정 정치권력이 영향력을 행사할 수 있는 외부적 한계를 지워줌과 동시에 내부의 단일성을 획득하는 기제가 등장한다.[12] 이리하여 국가는 구시대의 왕국처럼 중심은 명확하되 주변부는 애매한 영역성을 지닌 정치체가 아니라, 명확한 영역으로서 경계를 갖는 정치체의 형태를 갖추기 시작한다. 여기서 국토는 국가의 지배 대상일 뿐만 아니라 말하자면 국가의 '신체'이고, 그곳에서 살아가는 사람들을 파악하기 위한 '매체'가 된다(와카바야시 2006, 229). 이처럼 영토는 하나의 신체로서 통일완전성을 갖는 하나로 인식된다.

이 영토의 통일완전함에 대한 설명은 통치영역의 문제에만 그치는 것이 아니라 주권의 문제와도 연결된다. 4조에 대한 주해에서 조금 더 본격적인 신체 유비가 등장한다. 메이지 헌법 제4조에서는 '천황은 나라의 원수로서 통치권을 총람해 이 헌법의 조규에 의거해 이를 행한다'고 규정한다. 이에 대한 정부의 공식 영어 번역문은 "The Emperor is the head of the Empire, combining in Himself the rights of sovereignty, and exercises them, according to the provisions of the present Constitution"로 천황이 제국의 원수(머리/head)로 주권 (sovereignty)을 그 자신(Himself) 안에서 결합시키고 있음을 보여준다.

---

11 와카바야시는 변경이 폐쇄된 선이라기보다 애매한 대역에 가까운 것이라면, 경계란 영역의 한계를 표시하는 선이자 폐쇄된 유한한 영역을 가정한다고 말한다. 변경과 달리 경계란 영역의 한계를 표시하는 선으로 그것은 특정 정치권력이 미칠 수 있는 범위를 명확하게 획정하고, 그것을 다른 영역과 구별한다(와카바야시 2006, 222-223).

12 이에 대해서는 베네딕트 앤더슨은 "민족은 본래 제한되고 주권을 가진 것으로 상상된 정치공동체"라 정의하고, 이 '제한'이야말로 민족과 인류를 가르는 기준점이 됨을 지적한다(앤더슨 2007, 25-26).

『헌법의해』에서는 이에 대해 다음과 같이 풀이하고 있다.

"통치의 대권은 천황이 조종으로부터 받아 자손에게 전한다. 입
법, 행정 백규(百揆)의 일은 무릇 국가가 임어해서 신민을 진무하는
것이고, 이는 하나로서 지존이 모두 그 강령을 쥐지 않음이 없다. 비
유하자면 인신에 사지백해(四支百骸)가 있고 정신(精神)의 경락(經
絡)은 모두 그 본원을 수뇌(首腦)로 돌아가는 것과 같다. 고로 대정
(大政)이 통일되어야 함은 흡사 인심(人心)이 둘 셋이 되지 말아야
함과 같다"(伊藤博文 1989[1889], 26-27).[13]

인신의 '사지백해(四支百骸)'는 '정신(精神)의 경락(經絡)'을 통해 통치
권의 본원인 '수뇌(首腦)'로 돌아간다. 따라서 인심(人心)이 둘 셋일 수
없는 것과 대정(大正)이 통일되어야 하는 문제가 동일해진다. 이를 통
해 천황을 수뇌로서 규정하며 주권이 한 곳, 『헌법의해』 영어 번역본
에서는 '근원(primitive source)'으로 돌아가 통일되어야 함이 강조된다.[14]

---

13 이에 해당하는 영어 번역은 "The sovereign power of reigning over and of governing
tho State, is inherited by the Emperor from His Ancestors, and by Him bequeathed
to His posterity. All the different legislative as well as executive powers of State, by
means of which He reigns over the country and governs the people, **are united in
this Most Exalted Personage, who thus holds in His hands, as it were, all the
ramifying threads of the political life of the country, just as the brain, in the
human body, is the primitive source of all mental activity manifested through
the four limbs and the different parts of the body. For unity is just as necessary
in the government of a State, as double-mindedness would be ruinous in an
individual.**"

14 이러한 생각은 문부성이 번역하여 출간한 홉스의 『주권론』(1883)이나 프란츠의 『국가
생리학입문』(1884)에서도 잘 나타난다. 이들은 홉스나 프란츠에게서 보이는 주권의
분리불가능성을 강조하며, 민권파들이 국회개설운동의 자원으로 삼았던 루소나 스펜
서의 논리를 반박하고 있다(김태진 2019).

이때 모든 정신의 경락이 두뇌로 돌아간다는 서구식의 신체에 대한 사고가 주권의 논의와 맞물려 있음에 주목할 필요가 있다. 이러한 신체유비는 그리스와 중국의 신체관의 차이라는 맥락에서 파악할 때 그 의미가 두드러진다. 즉 서양에서는 신체에서도 단일한 지배자가 온몸의 과정을 다스린다는 관념이 핵심적이었다. 그리스의 해부학은 두뇌 혹은 심장과 같은 중심들이 주변, 즉 근육이나 동맥들을 어떻게 지배하는가를 설명하기 위한 것이었다. 물론 동양에서도 맥(脈)이 서양 해부학의 신경이나 혈관과 유사하게 부분들의 운명을 연결시키고 있다고도 할 수 있다. 그러나 신경이나 혈관과 달리, 맥은 어떤 지배적인 근원이 없이 원운동을 형성한다는 점에서 차이를 갖는다. 맥은 어떤 자리에서 출발해 돌아오는 순환으로, 어떤 근원적 동력(originating motor)이나 근원적 동자(prime mover)를 갖지 않는다. 이 지점에서 중국의 신체관은 그리스와 근본적으로 갈라진다. 해부학이 대두하기 이전에도 몸에 관한 그리스의 사고는 '몸의 지배 원리(archē)와 지배기관(hegemonikon)'은 어디에 있는가라는 질문들을 제기해왔다. 반면 전통적인 동양의 신체관에서는 그러한 것에 관심을 두지 않았던 것이다.[15]

정신의 경락이 수뇌로 돌아간다는 근대 서양의 신체관이 주권을 하나의 근원으로 파악하는 방식의 논거로 사용되고 있음은 이 시기 정치담론에 투영된 새로운 논리였다. 가령 메이지 초기 츠다 마미치(津田真道)가 「괴설(怪說)」이란 글에서 군주를 뇌로, 백관유사를 신경으로

---

15 플라톤과 디오게네스는 두뇌의 우월성을 인정한 반면 아리스토텔레스와 같은 이들은 심장의 헤게모니를 인정했다. 이처럼 무엇을 우위로 삼는지에 대해서는 견해가 달라졌지만 근본에 대한 질문 자체는 당연하게 여겼다. 인간 안의 모든 운동(motions)들은 어딘가로부터 나오는 근원적 원천을 가져야 했다. 그리고 그것이 지도자(ruler)여야 했다. 서양에서 두뇌와 심장에 대한 해부학적 관심의 집중은 이러한 기원들에 대한 집착에 많이 빚지고 있다(Kuriyama 1999, 159-167).

비유하며, 뇌와 신경의 관계가 착란을 일으키면 풍전, 즉 간질의 상태에 이른다는 노리를 보여주는 것이 그렇다. 이처럼 신체에서의 괴질이 되듯이, 백관유사들이 군주를 어지럽히면 괴상한 나라[怪國]가 된다는 것이다(津田真道 2008[1874], 32.). 이러한 신체관은 당시 일본에 수용되었던 갈레노스 식의 사유에서 영향을 받았을 것이다. 서양의 중세의학을 대표하는 갈레노스는 몸의 모든 기관이 뇌의 주재를 받으며 뇌는 몸 전체의 신경근육을 관장하는 중심 기관으로서 감각의 원천으로 파악한다.[16] 하지만 동서양의 신체관과 그에 따른 정치사상의 차이를 단순한 이분법으로 생각할 수만은 없다. 여기서 정신의 '경락(經絡)'이라는 전통적인 용어 속에서 근대적 신경을 나타내고 있음 역시 마찬가지로 사유의 복잡성을 보여준다.

3. 군인칙유의 '우두머리'

그렇다면 『헌법의해』에 나타나는 신체유비로서 국가적인 것을 설명하는 방식 또한 전통과 서양의 논리의 접점 속에서 파악될 필요가 있다. 이를 당시의 중요한 텍스트였던 「군인칙유」(1882)와 「교육칙어」(1890)를 통해 검토해 보기로 하자.

사지와 머리라는 비유는 「교육칙어」와 함께 대일본제국의 통치의 뼈대를 구성했던 「군인칙유」에도 등장한다. 군인칙유가 나오게 된 직

---

16 갈레노스(129~199)는 최초로 신경과 힘줄, 인대를 확실히 구분한 인물이었으며, 신경과 척수의 여러 부분을 절단하여 마비를 일으키고 관찰함으로써 뇌와 척수, 말초신경 기능의 상관관계를 밝혔다. 이는 뇌가 감정과 정신력의 근원이라고 하는 최초의 실험이었다.

접적 요인은 홋카이도 개척사 관유물불하사건에 즈음하여 타니 칸죠(谷干城)를 비롯한 네 명의 장군이 반대 의견을 상주하는 등 군대 내부까지 파급된 반정부운동을 잠재우는 데 있었다. 민권파와 정부 사이의 긴장 관계 속에서 탄압의 주력부대인 군의 통솔을 강화하는 것도 급선무였다. 그런 의미에서 군인칙유는 그것이 반포된 시점에서는 지극히 일시적인, 그 당시의 정치적 국면에 대응하기 위한 정치문서였던 셈이기도 했다(코모리 요이치 2003, 91-92).[17]

> "짐은 너희 군인의 대원수이다. 그럴진대 짐은 너희를 고굉(股肱)으로 의지하고 너희는 짐을 우두머리(頭首)로 받들어야 할 것이며, 그 친밀함은 특히 깊어야 할 것이다. 짐이 국가를 보호하여 상천의 혜택에 응하고 조종의 은덕에 보답할 수 있느냐 없느냐는 것도 너희 군인이 그 직무를 다하느냐 다하지 못하느냐에 달렸다. … 오로지 자기의 본분인 충절을 지키고 의리는 산보다 무겁고 죽음은 새털보다 가볍다고 각오하라. 아래 사람이 상관의 명을 받는 것은 곧 짐의 명을 받드는 도리로 여길지라"(由井正臣, 藤原彰, 吉田裕 1989[1882], 페이지 이후 추가).

'천황'을 중심으로 '병사' 또는 '신민'의 기본적인 관계성이 머리와 손발의 관계로 표상된다. 손발로서의 군인과 우두머리로서의 천황, 그 대리인으로서의 상관이라는 비유는 머리에서 발로 내려가는 명령체계 속의 일사분란한 신체의 모습을 보여주고 있다. 천황은 화자인 자신을 우두머리로, 청자를 짐에 대한 고굉이라고 명명하는데, 이

---

17 군인칙유의 성립 과정에 대해서는 梅溪昇(2000) 참고.

때 '고굉'의 유비는 전통적으로 사용되어온 표현이었다. 『상서(尙書)』에 "원수가 현명하시면 고굉이 어질어서 모든 일이 편안할 것입니다. 다시 노래하기를 원수가 좀스럽고 자질구레하시면[叢脞] 고굉이 태만해져서 모든 일이 폐해질 것입니다"[18]라는 말이 등장하기도 하고, 『서경(書經)』 「익직편(益稷篇)」에서 순 임금이 신하에게 "그대들과 같은 신하들은 짐의 고굉(股肱)과 이목(耳目)으로 내가 백성들을 위해 돕고자 하니 그대들이 대신해 달라"[19]라고 말한다. 이러한 신체를 통한 통치의 유비는 동아시아 전통 담론에서도 많이 사용되던 것이었다. 『예기』 「치의(緇衣)」에서 "인민은 군주를 자신들의 심장으로 생각하고 군주는 인민을 자신의 몸으로 생각한다"[20]거나 『한서』 「무제기」에 "군주는 몸에서 심장에 해당되고 인민은 몸에서 팔과 다리에 해당된다. 팔다리가 아프면 마음이 쓰리고 아리다"[21]고 한 예에서도 군신관계를 '심'과 '체'의 관계에 유비하는 것을 볼 수 있다(黃俊杰 2004, 274-276).

그러나 전통적인 논의가 군주가 신하에게 자신을 보좌해 줄 것을 당부하거나 군주가 신하를 의지해 홀로 마음대로 행하지 말 것을 부탁하는 데 있었다면, 앞서 군인칙유에서 사용된 고굉의 유비와는 논리상 차이를 보인다. 군주가 신민, 그 중에서도 군인을 특정해서 발화함으로써 군인들이 고굉이 되고 천황이 머리가 되는 위계적인 질서를 수립하는 것만으로 생각될 수 있지만, 동시에 이 둘은 하나의 신체에 통합되는 목적에서 각각 다른 두 부위처럼 생각될 수 있다. 다시 말해 이때의 친밀함의 목적은 하나의 신체가 되어 '국가'를 보호하고

---

18 元首明哉 股肱良哉 庶事康哉 又歌曰 元首叢脞哉 股肱惰哉 萬事墮哉
19 臣作朕股肱耳目 予欲左右有民汝翼 予欲宣力四方汝爲
20 民以君爲心, 君以民爲體
21 君者心也 民猶支體也 體像則心憯怛

'상천의 혜택'에 응하고 '조종의 은덕'에 보답하는 데 있다. 너희와 짐이 '일심'이 되는 속에서 청자인 '너희' 군인과 화자인 '짐' 천황은 새로운 신체를 만들어낸다. 이 과정에서 비로소 청자와 화자는 국가라는 집합적 신체를 이루는 구성단위로서 하나로 묶이게 된다. 이때 국가는 매개가 되면서도 보이지 않는 배경처럼 뒤에 깔려있다(코모리 2003, 96-98).[22]

즉 단순히 군주와 신하의 관계로만 이야기되는 것이 아니라 국가-군주-신하라는 삼항 관계 속에서 그려지는데 이때 국가의 모습은 표면상으로 노출되지 않고, 대신 군주의 모습이 매개항이 되어 나타난다. 이로써 통치하는 자와 통치받는 자라는 이분법을 넘어 '공간상'으로 하나의 신체가 만들어진다. 여기서 중요한 것은 '시간상'으로도 과거와 현재, 미래가 하나의 축으로 완성된다는 점이다. "우리나라의 군대는 대대로 천황께서 통솔해 오시었다"는 과거의 기억과 "짐이 국가를 보호하여 상천의 혜택에 응하고 조종의 은덕에 보답"한다는 미래의 목표가 "너희 군인이 그 직무를 다 하느냐 다 하지 못하느냐"에 달려있는 현재와 하나로 묶인다. 다양한 기억들이 역사라는 이름의 과거로 재생되며, 다양한 목표들이 미래의 이름을 부여받는데, 이때 과거와 미래는 단순한 과거와 미래가 아닌 현재와의 관계 속에서 만들어진다. 이 집합적 신체가 과거와 미래를 만들어 내는 것이다.

---

[22] 이 텍스트에 대해 코모리는 군인칙유가 병사들에 의해 음성으로 재현하여 암송, 제창되었다는 사실에 주목한다. 이때 '짐'과 '너희'가 텍스트상에서 합체함으로써 '너희 군인'은 일반 인민 '창생'과 차별화되며, '너희'와 '짐'이 '일심'이 됨으로써 국가를 보호할 수 있으며, 그 결과 아국의 창생이 태평의 복을 누릴 수 있게 된다는 논리를 만들어낸다고 분석한다. 병사들은 스스로의 소리 속에서 자신에게 말을 걸어오는 '짐'이라는 주체를 맞아들이고, 바로 그 '짐'이 말하는 언어를 통하여 스스로의 신체를 천황의 군대에 속한 '군인'의 신체로 조직해간다.

여기서 또 하나 주목할 점은 이때의 신체 비유는 지금과 같은 형태로 초안에서부터 들어 있었던 것이 아니라 계속 변화해 왔다는 점이다(梅溪昇 2000, 166-197).[23] 군인칙유는 니시 아마네가 「군인훈계」에 이어서 칙론의 원안을 1880년에 기초해 야마가타 아리토모(山縣有朋)에게 제출한 것으로부터 시작되었다고 알려져 있다. 칙론의 기초사업이 본격화된 사료인 「칙유고」에서는 "위에서도 말한 것과 같이 병권은 우리 황통에 계속(繫屬)되는 바로서, 군인은 짐의 사지고굉과 같아서, 짐으로 하여금 능히 우리 근원을 영육보호(榮育保護)해, 위로는 천명에 답하고 종사(宗社)에 보답하는 대임(大任)을 맡은 자는 군인보다 중대한 자가 없다"라고 하여 군인이 짐의 사지고굉이라는 표현만이 등장한다. 그러나 이후 누가 수정했는지 불분명한 초안 제1종의 2에서는 "짐은 너희 제군인의 두뇌로서, 너희들은 짐의 사지가 되고, 짐으로서 능히 천명에 보답해 종사에 보답케 하는 것은 너희들만한 자가 없다"라고 하여 '두뇌'라는 표현이 추가된다. 초안 제3종에서는 "짐이 신민 중 너희들로서 가장 고굉이 되는 바를 삼아 너희들 직분 상에서도 또한 짐을 두뇌로 삼는다. 고로 짐으로 하여금 능히 근원을 보호해 천명종사에 보답할 수 있는 것은 오직 너희들 군인에 달려있다"고 하고, 초안 제4종에서는 "짐은 너희들 신민의 군주됨이라. 너희들 군인의 대원수이라. 대원수는 두수(頭首)이고 장졸(將卒)은 고굉이라 한다면 짐은 너희들을 고굉으로 의지하고 너희들은 짐을 두수로 우러러 그 친함은 특히 깊어 짐이 국가를 보호해 상천의 은혜에 응답하고 조종의 은혜를 갚는다"고 하여, 두뇌와 사지의 명령 관계를 좀 더 명확히 하는 쪽으로 전개되고 있다. 이후에도 여러 본의 초안들이 있지만

---

23 이하 인용문들은 梅溪昇(2000)에서 재인용.

신체 관련 부분의 내용은 거의 동일하게 유지된다.

우메타니는 「칙유고」에서 「군인칙유」로 이르는 이러한 수정과정에서 질서에 해당하는 부분이 갈수록 효를 강조하는 방향으로 변했음을 지적한다. 이로써 절대적 헌신에 대한 강조가 나타나게 된다는 것이다. 즉 처음에는 사무라이 정신을 근대화하는 형태로 군인정신의 함양에 초점을 맞추었다면 갈수록 절대적 충을 강조하는 쪽으로 변해간다는 평가다(梅溪昇 2000, 252-253). 이러한 평가는 신체유비에 초점을 맞춰서 볼 때도 맥을 같이 한다. 즉 수정을 거치면서 신체유비에서 두뇌와 고굉의 역할분담이 확실해지고 명령 관계가 강화되고 있는 것이다. 즉 천황과 인민이 하나의 몸으로서 결합해 과거와 현재, 미래까지의 통치의 정당성을 부여하고 이것이 머리와 고굉의 논리로서 보충된다. 그리고 이는 이후의 메이지 헌법에서의 통치권의 논리를 예비하는 식으로 읽힐 수 있다.

4. 「교육칙어」의 유기체

이는 「교육칙어」에 대한 해석서인 이노우에 테쓰지로(井上哲次郎)의 『칙어연의(勅語衍義)』(1891)에서도 나타나고 있다.[24] 그는 서문에서 교육칙어의 목적을 효제충신의 수양과 공동애국의 함양이라고 밝히고 있다. '일단 급한 일이 있으면 의롭고 용감히 공(公)을 위해 봉사한다'는 구절에 대해서 "한 몸의 자리심(自利心)을 버리고, 국가를 위해 힘쓰는 것이 애국심[愛国ノ心]으로 이는 사람들이 마땅히 양성해야 하

---

24 칙어연의의 성립과정과 성격에 대해서는 副田義也(1997), pp. 166-167 참고.

는 바"라고 밝히며, "나라의 강함은 주로 애국자의 많고 적음에 기인하며, 애국심은 실로 나라의 원기[国ノ元気]라 말할 수 있다"고 설명을 달고 있다. 여기서 애국심을 나라의 원기로 비유해 양성을 강조하는 것은 당시 애국심에 대한 일반적인 논법이라 할 수 있는데, 이노우에는 이를 유기체설을 가지고 와 설명한다.

"무릇 국가는 유기물과 같아서, 생명이 있어서 생장, 발달, 노쇠도 한다. 항상 국가의 원기를 배양해야 한다는 것은 비유하면 마치 등불의 광명을 지키기 위해, 기름을 끊이지 말아야 하는 것과 같아 시시각각, 계속함을 필요로 하는 것으로 대대 민인은 이 뜻을 체득해, 잠시도 나라의 원기를 죽여서는 안 될 것이다"(井上哲次郎 1891, 35).

여기서 유기체설에 대한 설명은 특별히 보이지 않으며 애국심을 '기름'에, 국가의 원기를 '등불'에 비유하고 있다. 이러한 용법은 그가 서양의 국가유기체설의 핵심을 제대로 파악 못한 것이라는 비판이 있다. 당시 서양에서 국가유기체설이 절대주의 이데올로기의 비판으로서 등장했으며, 개체의 자유로운 유기적 조직화를 의도한 것을 고려하면 이노우에가 제시하는 개체성의 부정과 다르기 때문이다(嘉戸一将 2008a, 105). 그러나 이를 개념의 수용과정에서의 불완전성을 비판하고 그칠 수는 없다. 오히려 이노우에가 '유기물'을 어떻게 받아들이고 있는가를 주의 깊게 볼 필요가 있다. 위에서 유기물의 핵심은 생장, 발달, 노쇠를 거친다는 것이었다. 그리고 이러한 과정에서 그 원기를 계속 지키기 위해 등불에 기름을 주듯 인민의 애국심이 필요하다는 논의였다. 그렇다면 이 유기물로서의 국가가 생명을 지키기 위해서는 어떤 통치성이 필요한가.

> "무릇 군주는 비유하면 심의(心意)와 같고, 신민은 사지백체(四肢百體)와 같아서, 만약 사지백체 중에 심의가 하고자 하는 바에 따라 움직이지 않는 것이 있으면 반신불수(半身不隨)와 같이 전신이 이 때문에 활용을 할 수 없게 된다. 신민으로서 군주의 명에 따르지 않는 것은 나라의 결합력을 감쇄시키는 것뿐만 아니라 신민의 복지를 증진시키고자 하는 목적의 시정방침도 이 때문에 장애를 받는 것이 적지 않다"(井上哲次郎 1891, 41).

이노우에는 군주를 '심의(心意)'에, 신민을 사지백체(四肢百體)에 비유하는데 이때의 관계는 앞서 『헌법의해』나 「군인칙유」에서 나타난 것처럼 명령에 의한 것으로 설정된다. 이러한 명령관계를 상정하면서 그들이 두려웠던 것은 무엇이었을까. 이는 그들이 국가라는 신체의 질병을 무엇으로 상정했는가를 통해 추측해 볼 수 있다. 여기서 사지백체가 심의에 따르지 않을 때 국가 신체는 반신불수가 된다. 즉 명령은 결합력에 대한 두려움에서 비롯한 것이다. 이는 교육칙어의 '억조(億兆)의 마음을 하나로 만들어'라는 부분에 대한 주해에서도 잘 드러난다. "천황폐하의 명령에 따르는 것은 흡사 사지가 홀연히 정신이 향한 바에 따라 작동해 조금도 지체하는 바가 없는 것과 같다. 무릇 국가는 일개체(一個體)로서 유일(唯一)의 주의(主義)로서 이를 관철해, 결코 민심이 둘 셋으로 나뉘지 않으며 결합, 일치해 실로 국력을 강하게 하는 법으로서" 운운하는 대목이다. 여기서도 천황의 '명령'을 '사지'가 '정신'을 따르는 것에 비유되는데, 이 역시 하나의 뜻에 따르는 결합력이 강조된다.

또한 이는 앞서 살펴본『헌법의해』에서 주권의 단일성과 연계되는 인심이 둘셋일 수 없다는 논리와 이어지고 있다.『헌법의해』에서는 '제5조 천황은 제국의회의 협찬(協贊)으로서 입법권을 행사한다'는 조항에 대한 설명에서 다음과 같이 주를 달고 있다.

> "우리 건국의 체(體)에서 국권이 나오는 바를 하나로서 하고 둘로 하지 않는 것은, 비유하자면 주일(主一)의 의사(意思)로서 능히 백해(百骸)를 지사(指使)해야 하는 것과 같다. 의회의 설치는 원수를 보조하여 그 기능을 다하게 하고, 국가의 의사를 정련, 강건하게 하는 효용을 보고자 하는 것일 뿐 다른 것이 아니다"(伊藤博文 1989[1889], 28).[25]

국권이 나오는 바는 천황이라는 단일성에 있으며 의회의 역할은 원수를 보조하는 협찬의 임무에 있다는 것이다. 이를 '주일(主一)의 의사로서 백해를 지사하는' 신체에 비유한다. 즉 주권논쟁에서 입법권 역시 천황에게 있는 것임을 밝힌 것으로, 이렇게 주석을 다는 것은 의회개설에 의해 주권통일의 대의를 오해하는 것을 면하기 위해서였다. 메이지헌법의 기초자들이 염두에 두고 있는 정치적 신체는 단일한 명령권을 가진 머리 모델로 제한되고 있다. 그것은 유럽과 대비하며 스스로를 설명하는 부분에서 더 명시적으로 나타나는데, 유럽에서 입법

---

25 이에 대한 영어 번역은 "From the nature of the original polity of this country, it follows that there ought to be one and only one source of sovereign power of State, **just as there is one dominant will that calls into motion each and every distinct part of human body**. The use of the Diet is to enable the Head of the State to perform his functions, and to keep the will of State in a well-disciplined, strong and healthy condition."

권을 주로 의회의 권한으로 돌리고 군민공동의 권리로 삼는 것은 주권통일의 대의를 오해하게 할 우려가 있다는 것이다. 의회는 국가의 의사를 정련, 강건하게 한다는 목적하에 철저히 보조의 자리에 머물고 있다. 즉 19세기 서양의 유기체론과는 성립배경이나 목적부터가 다른 것이었다.[26]

물론『헌법의해』와 「군인칙유」나 「교육칙어」에 나타난 신체성을 단순히 천황의 초월성을 강조한 논리로만 치부할 수는 없다. 왜냐하면 그것은 한편으로 다원적이고 봉건적인 군신관계를 천황이라는 유일한 군주로 일원화함으로써 천황 아래 모든 신민이 평등하게 되는 구조를 창출하는 데 목적이 있었기 때문이다. 서양에서도 근대 초기 사상가들에게 주권은 하나의 통일성을 의미했으며, 국가가 식별된 것도 이 통일성에 의해서였다. 주권자가 종종 예외적 존재로 그려진다면 그것은 주권자의 자의성을 가리키기 위함이 아니라, 오히려 통일성과 질서정연함을 나타내기 위해서였다. 이처럼 근대 일본에서 통치는 신체라는 은유를 통해 하나의 근원으로서의 머리의 논리가 강조되는데, 이는 서양식의 근대적 주권을 형성하기 위한 것이었다.

---

26 이는 이노우에가 「칙어연의」에서 patriotism을 '공동애국'으로 번역하면서 이를 국가에 대한 충성심이 아닌 군주 일개인에 대한 충성심으로 취급하고 있다는 점에서도 나타난다. 그는 "이로써 천양무궁의 황운을 부익해야 한다"는 절에 관한 주석에서 "사회를 구성하고, 국가를 조직함에 반드시 이를 통합하는 것이 없을 수 없다. 작게는 추장(酋長)이 있고, 크게는 군주가 있는 것은 흡사 일가 중에 가장이 있는 것과 같고, 이 같은 대권은 일인의 몸에 모아지는 경향이 있다"라고 말한다. 이어 꿀벌이나 개미와 같은 동물들에서도 모두 그러하고 군대나 선함에서도 그러하거니 사회에는 '회두(會頭)'가 있고 학교에는 '교장'이 있는 것처럼 사람이 모여 일을 이루고자 하는 때에는 반드시 이를 '통령(統領)'하지 않을 수 없다는 것이다. 이로써 그의 애국심은 국가에 대한 것이 아니라 통치권자인 천황에 대한 충성 관념으로 귀착되며 동시에 개체적인 것이나 사적인 것 또한 천황의 가치 속에서 흡수되어 버린다(嘉戸一将 2008a, 106-107).

5. '통치'라는 신체성: 전통적인 관점과의 비교

『헌법의해』와 「군인칙유」, 「칙어연의」에서 보았듯이 이러한 새로운 통치모델은 후쿠자와의 국체론과 대비를 이루면서 천황의 권력을 강화하는 신체상을 만들어내고 있었다(副田義也 1997, 87-88).[27] 이처럼 머리와 사지를 상하 수직적인 명령 관계로 파악하는 신체성 속에서 다양한 신체은유로서의 국가상은 천황 중심의 단일한 모델로 정리되기 시작한다.[28] 널리 알려진 대로 이노우에 고와시(井上毅)가 「진대신 (進大臣)」의 제5항 '독일학을 장려함'에서 "지금 천하 인심이 보수적 기풍으로 형성되려면, 오로지 프러시아의 학문을 권장하여, 수년 후 문단을 제압하도록 함으로써, 전례 없이 강한 영국 학문의 세를 암소 (暗消)시켜야 한다"라고 제언했던 바는 이러한 상황에서 나온 말이었다.[29] 이는 단순히 영국학과 독일학 중 어느 외국 문화를 선택할 것인

---

27 소에다 요시야(副田義也)는 메이지초기의 사회구상, 국가구상의 2대 문헌으로 『문명론의 개략』과 『대일본헌법제국』을 들고, 전자의 선구로서 『학문의 권장』, 그것을 보완하는 것으로서 『제실론』, 『존왕론』이 있다면 후자는 『황실전범』과 병립해, 「교육칙어」로 보완된다고 말한다. 이노우에 고와시는 대일본제국헌법, 황실전법, 교육칙어의 각각의 초안을 집필하면서, 후쿠자와의 『문명론의 개략』, 「제실론」, 「존왕론」, 「학문의 권장」등을 선행문헌으로서 의식해, 그것들에 대항하는 데 그의 동기가 있었다. 그런 점에서 『문명론의 개략』과 대일본제국헌법의 대항관계를 중심축으로 근대일본사상사를 다시 쓸 수 있다고 지적한다. 후쿠자와 유키치의 신체정치에 대해서는 김태진(2019) 참조.

28 와타나베 슌이치 역시 이 책에서 이노우에의 목표가 후쿠자와였음을 분명히 하고 있다. 메이지 14년 정변의 의의는 영국식의 헌법이 아니라 독일식 헌법채용이 결정적이 된 것도 아니고, 정부에서 이토를 수령으로 하는 사쵸번의 주도권이 확립된 것도 아니고, 유신 이래 일본 정치문화의 혁신을 이끈 후쿠자와로 상징되는 문명개화사상이 부정되고 정부에 의해 위험한 이단사상이 된 것이라는 점이었다. 즉 후쿠자와의 저작이 나타나기 이전의 권위에 순종해 복종하던 인민의 상태로 돌아가게 하는 것이 이노우에의 최종목표였다고 강조한다(渡邊俊一 2004, 5-11).

29 학문의 방향이 영국 쪽에서 독일 쪽으로 변화된 점은 주지하듯 메이지 지식인들은 독

가라는 문제에 불과한 것이 아니라 국헌제정을 위한 모범, 표준을 선택하는 문제였다(高橋真司 1991, 193-197).[30] 이처럼 그가 자유주의 학문을 '제압'하고 '암소'시켜 국가주의적 학문의 기풍을 일으키려고 했던 것은 「인심교도의견안(人心敎導意見案)」에서 말하는 것처럼 후쿠자와 등을 읽고 천하의 소년들이 마비되어 이를 따르는 현상을 염두에 둔 발언이었다.

그러나 천황과 인민의 관계를 절대적인 명령관계로서 머리와 사지로 빗대어 풀어내는 과정이 기존의 전제정치나 사적 지배인 가산제국가 형식을 사유한 것이었다고 볼 수는 없다. 물론 메이지 지식인들이 서구식의 근대 국가를 그대로 받아들이고자 했다고도 볼 수 없다. 그런 점에서 다시 메이지 헌법으로 돌아가 신체정치의 특성은 이 둘 사이의 과정 어디쯤엔가에 있을지 모른다.

메이지 헌법 '천황은 나라의 원수로서 통치권을 총람해 이 헌법의 조규에 의거해 이를 행한다'고 할 때 통치권이라는 용어로서 sovereignty를 나타냈다. 이는 주권이라는 용어가 재야에서 활발하게 사용되었음에도, 만세일계의 천황이 조상으로부터 물려받은 통치권과 주권을 구별하기 위한 것이었다. 즉 이토 히로부미가 천황제라는 일본 고유의 통치 전통과 헌법이라는 서양제도의 결합을 위해 주권을

일식 정체가 유리하다고 판단, 독일의 학문을 수용하는 쪽으로 입장을 선회한다. 이는 도쿄대학의 법학과 학과과정에서 독일의 법률과정이 첨가되었던 것과 맥을 같이한다 (이시다 다케시 2003, 7-8).

30 같은 맥락에서 이노우에 고와시는 「독일서적번역의견」에서 150년 전 유럽에서 루소의 민약론과 몽테스키외의 삼권분립이 성행해 인심을 동요시켜 각국 정부의 전복을 일으켰음을 지적, 입헌왕정론 역시 루소, 몽테스키외의 소굴 안에서 다소 윤색한 것에 불과하다고 지적한다. 이것이 50년전 독일에서 블룬칠리나 슈세르 등의 학설에서 배격되어 주권이 전적으로 군주에 있는 '주권재일(主權在一)'론을 주장한다고 높이 평가하고 있다.

사유한 것이었다(김항 2015, 24-25).

그런 점에서『헌법의해』5조에서 천황의 통치가 "주일(主一)의 의사로 백해(百骸)를 지사(指使)"하는 것과 같다고 할 때 이 역시 머리가 자기 마음대로 사지를 통치한다는 뜻은 아니다. 앞서 살펴본 바대로「군인칙유」는 머리와 손발 간의 수직적인 명령 모델을 동원하지만 이는 고굉의 비유를 통해 전통적 사유와 결합한다.「칙어연의」는 사지가 정신을 따라 유일의 주의가 관철됨을 말하지만 이는 원기론과 결합된다. 수직적 신체 모델과 전통적 신체 모델이 혼종된다. 그리고 이때의 주권이란 사적 성격과 공적 성격의 이중성을 갖는다. 즉 주권이란 사적인 명령과 공적인 정당성을 확보하는 과정 사이에 있다. 머리는 단순히 명령을 내리는 것만으로 절대적인 위치에 올라있는 것뿐만이 아니라 신체를 하나로 묶어내며 전체의 건강을 고려함으로써 그 역할을 다한다.

이를 메이지 헌법 제1조에 나오는 '통치한다(統治ス)'는 동사와 관련해 생각해 볼 수 있다. 앞에서 본 것처럼 메이지 헌법 제1조는 '대일본제국은 만세일계의 천황이 이를 통치한다'고 되어있는데, 여기에서 사용된 '통치한다(統治ス)'라는 동사에 대해『헌법의해』에서 다음과 같이 추가적 설명이 붙어있다.

"통치는 대위(大位)에 자리하여 대권을 통할해, 국토와 신민을 다스리는 것이다. 고전에는 천조(天祖)의 칙명을 거론하며 '일본[瑞穗国]은 우리 자손이 왕이 되어야 하는 땅이다. 황통이여 오셔서 다스리소서'라고 적혀있다. 또한 조신(神祖)을 칭하며 제사함에 하츠쿠니시라스 스메라미코토(始御国天皇)라 불렸다. 야마토 다케루[武尊]의 말에 '나는 전향(纏向)의 히시로노미야(日代宮)에서 오야시마국(大八島国)을 다스리신[知ろしめす] 오오타라시히코 오시로와케노

스메라미코토(大帶日子淤斯呂和気天皇)의 아들'이라고 하였다. 몬무 천황(文武天皇) 즉위의 소(詔)에는 '천황의 아들이 차차 계승해오신 오야시마국을 다스리는[治める] 차례'라고 나와 있다. 또한 천하를 조사해 평온케 하고 공민(公民)에 은혜를 베풀어 위무(慰撫)한 역대의 천황은 모두 이를 나라를 물려주는 대훈으로 삼고, 그 후 '오오 야시마시로시메스 스메라미코토(御大八州天皇)'를 칙서의 예식으로 했다. 소위 '시라스[しらす]'라는 것은 즉 통치를 의미하는 것에 다름 아니다. 역대의 천황은 이 천직을 중시해, 군주의 덕은 팔주신민 (八州臣民)을 통치하기 위해 있고, 일인일가에 향봉(享奉)하는 사사로움에 있지 않음을 보여주었다. 이것은 이 헌법에서도 의거하는 기초가 되는 바이다"(伊藤博文 1989[1889], 23)[31]

메이지 헌법에서 '통치'란 무엇인가에 대한 대답이 담겨있는 부분이다.[32] "통치의 대위(大位)에 자리해 '대권'을 '통할'해 '국토'와 '신민'을 다스리는 것"이라는 처음의 말 속에서 근대 통치 개념을 정초하려는 이노우에의 의도를 엿볼 수 있다. 이노우에는 위에서 보듯 다소 장황하게 『고사기』, 『일본서기』, 『속일본기』 등 일본 고전의 예들을 적으

---

31 '시라스[しらす]' 동사를 설명하는 부분은 다음과 같이 번역했다. "The word *shiroshimesu* means reigning over and governing. It will thus be seen that the Imperial Ancestors regarded their Heaven-bestowed duties with great reverence. They have shown that the purpose of a monarchical government is to reign over the country and govern the people, and not to minister to the private wants of individuals or of families. Such is the fundamental basis of the present Constitution."

32 영역본에서 역시 이를 "By 'reigned over and governed', it is meant that the Emperor on His Throne combines in Himself tho sovereignty of the State and the government of the country and of His subjects"라고 번역하고 있는데, 여기서도 reign과 govern이라는 말이 의미하는 바, 즉 통치란 무엇인지를 좀 더 명확히 보충해서 설명하고 있다.

며 다스린다라는 뜻의 동사가 어떻게 사용되었는지에 대한 예들을 언급하고 있다. '통치하다'라는 말이 고전에서 보이는 '시라스(しらす)'나 '시로시메스(しろしめす)'와 같은 의미라는 것이다. '시라스(しらす/治す)'라는 말은 '다스리다'라는 뜻의 일본어 아어(雅語)로 여기서는 사사롭지 않은 점을 그 특징으로 들고 있다. 원래 이노우에 고와시가 이토에게 제시한 헌법초안에서 '대일본제국은 만세일계의 천황이 이를 다스린다(しらス)'라고 되어있어 '통치한다(統治ス)'라는 말 대신 '시라스'라는 말을 쓰고 있는 것이다. '통치'라는 번역어 대신에 '시라스'라는 고전적인 말을 통해 무언가 근대적 통치 개념과는 다른 방식의 통치성을 생각하고 있었던 것이라 추측할 수 있는 대목이다.[33]

이는 이노우에가 헌법발포 5일 후에 행해진 강연에서 설명하고 있는 바로도 뒷받침된다. 그는 '시라스'가 토지나 인민을 사적재산으로 하지 않는 통치양식으로, 이 말이 '알다(しる/知る)'라는 동사의 존경표현이라는 점에서도 알 수 있듯 단순한 사적 지배를 의미하는 것이 아님을 강조한다. 또한 이성의 작동을 의미하는 것이라는 점에서 마음으로 대상을 안다는 의미이고, 이는 거울이 사물을 비추듯이 명백히 아는 것이라 보충 설명하고 있다. 따라서 그것은 힘이나 권력에 의한 지배가 아니라 마음에 의한 지배, 마음써서 보살피는 지배로 '군주의 덕'의 작용이다. 그는 이 점에서 '시라스'라는 동사는 '우시하쿠(うしはく/領く)'라는 동사와 대비된다고 설명한다. "'우시하쿠'라는 말은 즉 영유한다[領する]는 것으로 구라파인의 'occupy', 지나인의 부유(富有),

---

33 제1조의 용어 '시라스(治ス)'는 반복되어진 각 초안에서 살아남았지만 1887년 8월의 나츠시마(夏島) 헌법초안의 단계에서 '통치하다(統治ス)'로 바뀐다. 이는 헌법전체의 문체를 한문조로 일관시키기 위한 것이라고 말해진다. '統治ス'는 당시의 조어였다(副田義也 1997, 66).

엄유(奄有)라는 말의 의의와 완전히 같다. 이는 토호의 소작으로서 토지인민을 자신의 사유 재산으로 취하는 대국주(大國主)의 행위를 그린 것"이라 구분한다(井上毅 1975[1889], 75). 즉 우시하쿠가 가산제국가 양식인 사적, 권력적 이념임을 설명하는 말이라면, 이에 반해 '시라스'는 천황에 의한 공적 지배, 도덕적 이념을 체화한 천황의 독특한 지배양태를 가리키는 말임을 강조하고 있다(嘉戸一将 2008b, 41-42).

> "고로 지나 구라파에서는 일인의 호걸이 있어 일어나 많은 토지를 점유해, 하나의 정부를 세워 지배하는 정부의 결과로서 국가의 역의(譯義)가 된다 해도, 우리나라의 황위계승[天つ日嗣]이라는 대업의 근원은 황조의 어심의 거울로서 천하의 민초를 다스리는[しろしめす/知ろし召す] 의미로부터 성립한 것으로 이는 우리나라의 국가성립의 원리는 국민의 약속에 있지 않고, 하나의 군덕(君德)에 있다. 따라서 국가의 시작은 군덕에 기초한다는 구절은 일본국가학 첫 권 제일에 이야기되어야 하는 정론이어야만 한다"(井上毅 1975[1889], 페이지 추후 추가).

이처럼 1조에 담긴 통치한다는 동사의 의미는 인민과의 계약에 의한 것도, 그렇다고 인민을 소유하는 형태의 지배도 아닌 군주의 덕에 의한 통치로 구별된다. 물론 여기서 이러한 구별이 역사적으로 타당한지를 논하고자 하는 것은 아니다. 중요한 것은 메이지 헌법의 기초자들은 서구식의 통치와는 다른 방식의 다스림, 공적 지배, 군덕에 의한 지배의 개념을 강조했다는 점이다. 이를 두고 이노우에가 국수적 논의 속에서 천황 통치의 독자성과 정당성을 강조했다고 볼 수도 있을 것이다. 그러나 이노우에는 유럽의 사정에 해박한 서양형 지식인으로, 헌법의 이미지로서 구미의 법제도를 염두에 두고 있던 인물이었다. 따라서 그의 의도는 천황을 근대국가의 '기축(機軸)'으로 위치시키지만, 그 권력은 사적인 권력이 아닌 공공 권력이어야 함을 주장한 것으로, 그 근거를 일본의 전통 속에서 끌어온 것이었다. 이는 단순한 서양주의자로서 구미의 법제도를 그대로 모방하는 것과 역으로 국수주의자로서 전통적 이념의 우위성에 자기만족 하는 두 가지 사이에서 교묘하게 근대 국가의 통치이념을 일본적 전통 속에 접목하는 선택이었다(八木秀次 2002, 77-80). 급격한 서구화를 통한 방식의 개혁이 낳은 사회적 불안감이 존재했다. 당시 메이지 이데올로그들은 이를 서구화와 전통의 융합이라는 과정 속에서 새롭게 통치 개념을 재규정함으로써 돌파하고자 했다.

그렇다면 이때 '시라스'라는 동사에 비추어 신체정치적 특징을 살펴볼 수도 있을 것이다. 즉 통치라는 개념을 신체정치에서 생각해보면 어떨까. 앞에서 보았듯이 근대적 통치를 생각할 때 신체은유는 강력한 힘으로 작동했다. 즉 머리가 사지를 통치하듯 천황이 국가를 통치한다. 이때 신체유비는 서양의 근대적 국가 시스템을 도입하려 하는, 즉 머리인 천황이 토지이자 신민인 사지를 통치한다는 개념이었다. 그러나 단순히 서양식의 머리와 사지의 관계를 가지고 온 것이 아니라 전통적인 발상 속에서 혼종되어 나타난다.

즉 머리가 사지를 다스린다고 할 때 이는 머리가 사지를 지배, 명령한다는 의미와는 다른 사유방식이 있었던 것이다. 이는 결국 다스린다(治)는 동사가 무엇을 의미하느냐는 문제와 관련되어 생각할 수 있을 것이다.[34] 치수(治水)라는 말에서도 '치'라는 말이 쓰이듯 다스린

---

34 물론 전통적인 의미에서 '다스린다'는 것이 하나의 의미로 제한될 수는 없다. 수신제

다는 개념은 동양에서도 물의 은유로서 자주 사용되어왔다.[35] 『서경』
에 나오는 우임금의 치수에 관한 이야기에서도 마찬가지이다. 물의
본성에 거슬러 막거나 메우는 방법을 사용한 곤(鯀)은 실패하여 처형
되고, 소통 혹은 통하게 하는 방법을 사용한 우(禹)는 성공하였다. 이
는 물을 다스리는 치수(治水)의 방식대로 치병(治病)을, 치국(治國)를 해
야 함을 의미한다.

이러한 치의 논리를 잘 담고 있는 것이 전통 의학 분야이다. 대표
적으로 '경락설(經絡說)'은 한의학의 독특한 이론 중 하나로, 사람의 몸
안을 흐르는 유체들(기나 혈)의 길을 상정하고 이 길 중 어느 한 부분
이 막혔을 때 몸에 이상이 온다고 본다.[36] 이 경락설의 기원은 일반적
으로 수로공사라고 평가되는데, 즉 고대 중국에서는 농경을 위해 물
을 다스리고 막히지 않게 흐르게 하는 것이 중요한 문제였음은 쉽게
추측할 수 있다. 여기서 다스리는 자는 물의 성질을 거스르는 것이 아
니라 대상의 성격을 파악하고 거기에 맞게 다스려야 하며 이는 통치
의 문제에도 마찬가지였다.

이러한 논의가 신체에 대한 유비로 작용하여 병리설을 이루었다.
즉 물이 막혀서 정체되고 고이면 썩는 것과 같이 인체 내의 흐름도 막

가치국평천하(修身齊家治國平天下)에서 각각의 동사 '수(修)', '제(齊)', '치(治)', '평(平)'
이 의미하는 바뿐 아니라 '통(統)'과 '치(治)'의 다양한 용법에 대해서도 추가적으로 논
의될 필요가 있다.

35 서양에서 govern의 원래 의미 역시 플라톤이 자주 사용한 은유였던 항해술에서 나온
것이었다. 배의 조종과 관리를 담당하는 자를 의미하는 그리스어 'kubernêtês'가 라틴
어로 'gubernator'로, 이것이 'governance'가 된 것이다. 동양에서도 물의 은유로서 신
체와 국가를 다스리는 논의들은 『노자』나 『관자』 등에서 자주 나타난다.

36 물론 체액의 이상으로 질병을 설명하는 체액병리설은 그리스 의학에서도 있었지만 그
것은 단순히 어느 한 요소의 양이 많고 적음에 달린 것이지 경락설과 같이 구체적으로
흐름의 길을 제시하지 못했다.

히면 병이 생긴다는 개념이다. 이는 혈자리들의 이름에서도 물에 관련된 용어들(溝, 渠, 谷, 泉, 池, 澤)이 많은 것에서도 볼 수 있다(여인석 1995, 37-38).[37] 이러한 통함의 신체성은 전통 의학에서 자주 등장하는 논의였다.[38] 양생의 근본은 흐르는 물이 썩지 않듯이, 문의 지도리에 좀벌레가 먹지 않듯이 움직여 통하는 데 있다. 사람의 형체와 정기도 마찬가지로 모든 병은 기가 적체되어 생기는 것이다. 이러한 논리는 인간의 신체뿐만 아니라 국가로까지 확장된다.

"무릇 사람은 삼백육십 개의 마디와 아홉 개의 구멍과 오장과 육부가 있다. 피부는 조밀하기를 바라고, 혈맥은 통하기를 바라며, 정기는 운행하기를 바란다. 이렇게 하면 병이 머물 곳이 없고, 추한 것이 생겨날 근거가 없게 된다. 병이 머물고 추한 것이 생겨나는 것은 정기가 막혔기 때문이다. 그래서 물이 막히면 더러워지고 나무가 막히면 굼벵이가 생긴다. 나라도 막히는 것이 있다. 군주의 덕이 베풀어지지 않고 백성이 바라는 바가 펼쳐지지 않는 이것이 나라가 막힌 것이다. 나라가 막힌 채 오래 지속되면 온갖 추한 것들이 한꺼번

37 혈자리에서 물과 관련된 예로는 척택(尺澤) · 경거(經渠) · 태연(太淵) · 양계(陽谿) · 곡지(曲池) · 해계(解谿) · 함곡(陷谷) · 음릉천(陰陵泉) · 소해(少海) · 소택(少澤) · 전곡(前谷) · 후계(後谿) · 양곡(陽谷) · 소해(小海) · 통곡(通谷) · 용천(涌泉) · 연곡(然谷) · 태계(太谿) · 음곡(陰谷) · 곡택(曲澤) · 중저(中渚) · 지구(支溝) · 양릉천(陽陵泉) · 협계(俠谿) · 곡천(曲泉) 등 다양하다.

38 "그러므로 모름지기 양생에는 근본을 아는 것보다 중요한 것이 없으니 근본을 알게 되면 질병이 일어나지 않게 된다. … 흐르는 물이 썩지 않고 문의 지도리에 좀벌레가 먹지 않는 것은 [멈추어 있지 않고] 움직이기 때문이다. 사람의 형체와 정기 또한 그렇다. 형체가 움직이지 않으면 정(精)이 유통되지 않게 되고 정이 유통되지 않으면 기가 적체된다. 기가 적체되어 머리에 쌓이면 종양이 생기거나 풍을 맞게 되고, 귀에 쌓이면 가는귀가 먹거나 귀머거리가 되고, 눈에 쌓이면 안질이 생기거나 눈이 멀게 되고, 코에 쌓이면 코가 막히거나 축농증이 생기게 되고, 배에 쌓이면 복부 팽창증이나 복통이 일어나게 되며, 발에 쌓이면 바람을 맞거나 걷지 못하게 된다"(여불위, 2011. 87).

에 일어나고 모든 재앙이 무더기로 발생한다"(여불위 2011, 649).

즉, 물이 막히면 더러워지고, 나무가 막히면 굼벵이가 생기는 것처럼 나라 역시 막혀서는 재앙이 생기는 것이다. 이는 사람에게서 병이 머물고 추한 것이 생기는 것은 정기가 막혀있기 때문인 것과 같은 이치이다. 시빈(Sivin)의 지적처럼 동아시아에서 정'치'(政治)란 신체와 국가 사이의 포괄적 감응체계 속에서 이해되어야 한다. 질서를 부여한다는 의미의 '치(治)'자를 쓰는 치신(治身)과 치국(治國)의 논리적 유사성은 중국 고대 의학의 역사 전체를 통하여 지속된 주제였다(Sivin 1988, 53). 즉 우임금의 치수 이야기를 다른 눈으로 보자면 개체와 국가적 신체 모두에 생과 사, 혹은 병과 건강의 핵심이란 흐름 내지 순환시켜 통하게 하는 데 있음을 보여준다. 이 흐름에 변화가 생겼을 때가 병이고 막혔을 때가 죽음이다.

이렇게 보자면 근대적 신체관의 모습 그대로 상부의 머리가 위치권력으로서 명령을 내리고 아래에 있는 사지는 그것을 수동적으로 따르기만 하는 것으로 이해되었던 것은 아니다. '시라스'란 동사가 그러하듯 단순히 지배한다는 것이 인민이나 토지를 사유한다는 의미가 아니라면, 머리가 사지를 다스린다[治]고 하는 것은 단순히 사지를 사유하거나 소유하는 방식이 아니며, 권력이나 힘에 의한 지배가 아니라 사지의 바람직한 존재양태를 아는 것이자, 사지의 뜻을 거슬러 다스리는 것이 아니라 통하게 함으로써 다스리고자 하는 논리였다고도 설명할 수 있을 것이다.[39] 이로써 머리의 통치가 공적인 지배로서 정당성

---

39 시빈은 동양적 국가유비 관념이 유럽의 점성술적 의학의 아이디어와는 전혀 다르다고 평가한다. 유럽의 점성술적 의학이 위계적인 성격을 띠며 별이 위로부터 아래로 인간의 몸을 향해 영향력을 뻗치는 것과는 달리, 중국에서 몸과 국가는 대우주의 논의 속

을 갖게 되는 것이다.

6. 왕의 신체와 국가라는 신체

근대 국가를 만들어가는 과정은 '왕의 두 신체'라는 말이 보여주듯 군주의 통치 대상 내지 소유물로서 국가라는 관념에서 인격화된 신체성이 탈각되고, 국가 자체의 법적 인격을 갖추는 것이 필요했다.[40] 따라서 근대국가의 구성은 바디폴리틱의 관점에서 보자면 인격의 탈인격화가 아니라 새로운 인격화의 문제라 하겠다. 그러나 근대 동아시아에서는 군주로부터 국가의 탈인격화 과정이 제대로 이루어지지 않았다. 하지만 어쩌면 이는 인격화의 문제가 또 다른 차원에서 작동했었다고 볼 수 있다. 정치체가 아직 만들어지지 않았던 시점에서 인격화는 벗어나야 할 문제가 아니라 달성해야 할 과제였다. 집합적 신체를 새로이 구성함에 신체라는 유비는 분리되었던 개체들의 유한성을 극복하기 위한 것이자, 집합체에 최고성과 영속성, 배타성을 부여하는 근대적 주권을 만들어내고자 하는 논의였다. 이 발명된 국가적-주권적 신체는 주권을 매개로 해서 유기적 성격을 부여받았다. 이는 단순히 복종-동원의 신체로서만이 아니라, 불멸하며 영속하는 신체

에서 하나로 통합되어 있으며 그것이 질서를 가지려면 어떻게 해야 하는지를 다루고 있다. 즉, 정치적 질서와 생리적 질서는 그들이 우주적 질서와 조화를 이루는 한 자발적인 동적 통합을 유지할 수 있다는 것이다(Sivin 1987, 54-57).

40 '왕의 두 신체' 개념에 대해서는 Kantorowicz(1957) 참조. 왕은 두 가지 신체, 즉 자연적 신체(body natural)와 정치적 신체(body politic)를 갖고 있음을 말하는데, 이때 질병과 죽음에 노출될 수밖에 없는 자연적 신체와 달리 정치적 신체는 초월적이며 영혼적으로 왕의 자연적 신체가 죽어도 계속 살아남아 후대의 왕에게 이어진다.

성을 만들어 냈다. 그리고 이는 분리되지 않는 강고한 결합을 하나로 이어주는 접착제로서 작용했다.

근대 동아시아에서 왜 굳이 정치를 신체로 가지고 오는가라는 질문에 대한 답은 역시 국가라는 신체의 생명과 관련해서였을 것이다. 어떻게 하나의 신체로서 영구적 성격을 부여할 것인가, 이 영구성을 담보할 신체의 중심은 어디인가라는 질문이 그것이다. 그런 점에서 신체를 통해 주권을 사유하는 것은 단순히 은유에서 그치는 것이 아닌 실제적인 정치 과정과 떨어질 수 없었다. 이처럼 동아시아에서 국가론이 처음 본격적으로 등장한 것은 이러한 바디폴리틱적 사유와 접하면서 가능했다. 그것은 국가란 무엇인가라는 질문이 본격적으로 물어지기 시작한 것이기도 했다.

이 시기의 논의가 19세기 독일의 유기체설보다 서양중세의 신분제적 유기체설에 가깝다고 볼 수 있을지 모른다(嘉戸一将 2010, 12).[41] 19세기 독일의 유기체설이 군주를 중심으로 하는 것이 아니라, 법인격으로서 국가를 세우기 위한 논리였던 데 비해 일본에서의 유기체에 대한 논의가 군주의 권한을 강화하는 방식으로만 전유되었던 점을 감안하면 이는 타당한 지적처럼 보인다. '인격(person)'으로서 유기체설이 정신의 단일성, 이른바 귀일을 목적으로 하는 것이었던 반면에 근대 일본에서는 머리(원수)로서 천황이라는 '인물'에 이러한 인격성만을 부여하여 국민을 정신적으로 복속시키는 역할을 담당하게 한 차이를 낳게 했다는 것이다. 즉 메이지 이후 일본에서는 두뇌가 군주가 되는 것이 비유로서가 아니라 사실 그 자체로서 간주되었다는 점을 비판하며 일본의 유기체설은 일본사회의 가족적 구성과 결부해 '실체'화해,

---

41 전통적인 신체은유와 근대적 신체은유의 접합의 양상에 대해서는 김태진(2021) 참조.

'가족국가관'을 형성하는 하나의 계기가 되었다는 지적이다. 이로써 맹아적으로 발생하고자 한 근대자연법적 사유의 성숙을 저지하고, 군주 주권의 강화를 의도하면서, 관료지배를 강화하게 되었다고 평가된다(石田雄, 1976, 173).

그러나 이는 서로 다른 신체관 혹은 세계관을 가진 장소에서 사상이 접합되면서 생기는 굴절의 양상의 측면을 보이는 것일지 모른다. 이처럼 근대국가를 만드는 과정에서 메이지 체제를 입안했던 이들에게 천황이라는 머리는 사지에 명령을 내리는 존재이지만 동시에 이는 기존의 전통적 신체 논리 속에 위치 지어진다. 즉 전통적 통치 개념과 근대적 통치 개념이 신체정치의 양상 속에서 상호 혼종되어 기묘한 형태로 접합되어 나타남을 볼 수 있다. 이 과정에서 신체와 국가 사이의 은유는 전통적인 담론과 서양의 담론 사이에서 다양한 방식으로 조합되어, 새로운 통치성을 준비하는 과정에서 등장하고 있었던 것이다.

| 참고문헌 |

김태진. 2019. 「후쿠자와 유키치의 '건강'을 읽는다: 메이지 일본의 정치사상과 신체관」. 청암대학교 재일코리안연구소 편. 『계몽의 기획과 신체』. 서울: 선인.

김태진. 2021. 「근대 동아시아에서의 국가-신체 은유: 신체관의 메타모포시스와 국가라는 신체-공간의 전환」. 윤영실 외. 『근대전환기 문화들의 조우와 메타모포시스』. 파주: 보고사.

김태진. 2022a. 「일본 천황의 세 신체: 메이지 천황의 재현을 중심으로」. 이동수 편. 『동양의 근대적 통치성』. 고양: 인간사랑.

김태진. 2022b. 「내셔널리즘으로서 '국체': 메이지 천황의 '신성'함의 기원들」. 원광대학교 한중관계연구원 동북아시아인문사회연구소 편. 『동북아 내셔널리즘의 형성과 변화』. 파주: 경인문화사.

김항. 2015. 『제국일본의 사상-포스트 제국과 동아시아론의 새로운 지평을 위하여』. 파주: 창비.

김후련. 2012. 『일본 신화와 천황제 이데올로기』. 서울: 책세상.

네그리, 안토니오·하트, 마이클. 2014. 정남영·윤영광 역. 『공통체』. 고양: 사월의 책.

레이코프, 조지. 손대오 역. 2010. 『도덕, 정치를 말하다』. 파주: 김영사.

아감벤, 조르조. 양창렬 역. 2010. 『장치란 무엇인가? 장치학을 위한 서론』. 난장.

앤더슨, 베네딕트. 윤형숙 역. 2007. 『상상의 공동체: 민족주의의 기원과 전파에 대한 성찰』. 서울: 나남출판사.

와카바야시 미키오. 정선태 역. 2006. 『지도의 상상력』. 서울: 산처럼.

여불위. 정하현 역. 2011. 『여씨춘추』. 서울: 소명출판.

여인석. 1995. 「한의학의 병리이론」. 『의사학』 제4권 1호.

이시다 다케시. 한영혜 역. 2003. 『일본의 사회과학』. 서울: 소화.

칼 슈미트. 김효전·정태호 역. 2012. 『정치적인 것의 개념』. 파주: 살림.

칼 슈미트. 조효원 역. 2019. 『정치신학2: 모든 정치신학이 처리되었다는 전설에 대하여』. 서울: 그린비.

코모리 요이치. 정선태 역. 2003. 『일본어의 근대: 근대 국민국가와 국어의 발견』. 서울: 소명출판.

키어런 앨런. 박인용 역. 2010. 『막스 베버의 오만과 편견』. 서울: 삼인.

푸코, 미셸. 오트르망 역. 2011. 『안전, 영토, 인구』. 서울: 난장.

푸코, 미셸. 김상운 역. 2015. 『사회를 보호해야 한다』. 서울: 난장.

Sivin, Nathan. 1987. *Traditional Medicine in Contemporary China*. Ann Arbor: Center for Chinese Studies, University of Michigan.

Sivin, Nathan. 1988. "Science and Medicine in Imperial China." *Journal of Asian Studies*. Vol. 47.

Kantorowicz, Ernst H. 1957. *The King's Two Bodies: A Study in Mediaeval Political Theology*. Princeton, NJ: Princeton University Press.

Kuriyama, Shigehisa. 1999. The Expressiveness of the Body and the Divergence of Greek and Chinese Medicine. New York: Zone Books.

Weber, Max. edited by Guenther Roth and Claus Wittich. 2013. *Economy and society: an outline of interpretive sociology*. Berkeley, California: University of California Press.

嘉戸一将. 2008a. 「忠君と愛国—明治憲法体制における明治の精神」. 鈴木徳男, 嘉戸一将 編. 『明治国家の精神史的研究〈明治の精神〉をめぐって』. 東京: 以文社.

嘉戸一将. 2008b. 「近代日本の息吹としての明治憲法」. 相愛大学人文科学研究所 編. 『相愛大学人文科学研究所研究年報』2号

嘉戸一将. 2010. 「身体としての国家−明治憲法体制と国家有機体説」. 相愛大学人文科学研究所 編. 『相愛大学人文科学研究所研究年報』4号

高橋真司. 1991. 『ホッブズ哲学と近代日本−『主権論』刊行100年を記念して』. 東京: 未来社.

渡邊俊一. 2004. 『井上毅と福澤諭吉』. 東京: 日本圖書センター.

瀧井一博. 2003. 『文明史のなかの明治憲法—この国のかたちと西洋体験』. 東京: 講談社.

梅溪昇. 2000. 『軍人勅諭成立史』. 東京: 青史出版.

副田義也. 1997. 『教育勅語の社會史: ナショナリズムの創出と挫折』. 東京: 有信堂高文社.

津田真道. 2008[1874]. 「怪説」. 山室信一・中野目徹 校註. 『明六雑誌』中. 東京: 岩波書店.

石田雄. 1954. 『明治政治思想史研究』. 東京: 未来社.

石田雄. 1976. 「日本における国家有機體說」. 『日本近代思想史における法と政治』. 東京: 岩波書店.

松本三之介. 1996. 『明治思想における伝統と近代』. 東京: 東京大学出版会.

伊藤博文, 宮沢俊義 校註. 1989[1889]. 『憲法義解』. 東京: 岩波書店.

由井正臣, 藤原彰, 吉田裕 校注. 1989. 『日本近代思想大系 4 軍隊・兵史』. 東京: 岩波書店.

井上毅. 「古言」. 井上毅伝記編纂委員会 編. 1975[1889]. 『井上毅傳史料篇第五』. 東京: 国学院大学図書館.

井上哲次郎. 1891. 『勅語衍義』. 東京: 井上蘇吉.

八木秀次. 2002. 『明治憲法の思想: 日本の国柄とは何か』. 東京: PHP研究所.

黄俊杰. 2004. 『東亞儒學史的新視野』. 臺北: 臺灣大學出版中心.

2장

천황제 국가의 전쟁과 종교

|

15년 전쟁기 일본 기독교의 전쟁 협력

박은영

1. 국가와 종교

제1차 세계대전에 의한 경제적 호황이 전쟁 종료와 함께 막을 내리고 쌀 소동과 주가 폭락, 간토대지진의 발생 등을 연이어 겪으며 일본 사회에는 대규모의 불황이 본격화된다. 더욱이 1929년 세계공황의 발생은 일본 경제를 파탄시켜 불안정한 정국으로 이끌었다. 대도시에는 실업자가 넘쳐나고 농촌 경제는 피폐해졌으며, 이러한 상황에서 제대로 기능하지 못하는 정당 정치에 대한 국민들의 불만을 배경으로 천황을 중심으로 한 파쇼적 군부 정권을 지지하는 우익의 움직임이 활발해졌다(김후련 2012, 288). 이런 가운데 1931년 발발한 만주사변은 일본 파시즘 형성의 획기적 계기가 되었다. 대다수의 일본 국민은 열광적으로 군사행동을 지지했고, 군부는 이러한 침략적 내셔널리즘을 주도하며 기존의 정치체제 타파를 목표로 군사의 틀을 뛰어넘어 전면적인 국가 개조에 착수하게 된다. 이에 따라 군부는 군에 대한 권위를 높이기 위해 군의 직속상관인 천황을 신격화함으로써 그 권위를 절대화하여, 궁극적으로는 천황에 직속된 군의 권위까지 절대화하고자 했

---

* 이 글은 『일본사상』 39(2020.12)에 실린 논문을 수정 보완한 것임.

다(스즈키 마사유키 2005, 149-152). 이로부터 태평양전쟁에 이르는 이른바 '15년전쟁'기로 불리는 이 시기는 천황의 극도의 신격화를 바탕으로 군부가 압도적 지배력을 강화해 나갔던 시기로, 무조건적인 천황에 대한 충성만이 일본을 수호할 수 있다는 비합리적 국체관을 내세워 국가의 침략행위를 뒷받침하는 논리가 사회를 지배했다.[1]

이와 같은 천황제 파시즘 체제를 확립해 나가는 데 있어 중핵이 되었던 것은 '일본정신=국체관념'을 적극적으로 국민들에게 침투시키는 것, 즉 '국체명징(國體明徵)운동'이었다. 1933년 '다키가와(滝川) 사건'을 계기로 미노베 다츠키치(美濃部達吉)의 이른바 '천황기관설'을 배격하기 위해 군부와 우익을 중심으로 일어난 국체명징운동은 1935년 3월 20일 귀족원에서 '정교쇄신결의안'을, 3월 23일에는 중의원에서 '국체명징결의안'을 성립시켰다. 그리고 이러한 움직임에 부응하여 문부성은 1937년 10월 일반 국민을 향해 국체에 관한 공식적 견해를 밝혔던『국체의 본의(國體の本義)』를 발행하여 전국 학교에서 가르치게 했다(原誠 2005, 50). 나아가 1941년에는『신민의 길(臣民の道)』을 간행하고 일상생활 전 영역에서 천황에 귀일하며, 그 본분에 따라 국가에 봉사하는 철저한 '신도(神道) 실천'을 요구하였다. 곧 '팔굉일우(八紘一宇)'의 슬로건을 전면에 내세워 '일본의 세계사적 사명'을 강조하는 등 황국사관은 대외침략을 뒷받침하는 정당성의 근거가 되어 천황의 이름 아래 행해지는 전쟁이 '성전(聖戰)'으로 구가되었다. 그 결과 만세일계(万世一系)의 천황이 군림하고 통치하는, 다른 나라와는 구별되는 신국(神国)이라는 담론이 국민의 정신을 지배하게 된다(宮田光雄 2010, 374-

---

1　저명한 교회사가인 도히 아키오는 이 시기를 "천황제의 광분기(狂奔期)"라고 지적한 바 있다(土肥昭夫·田中真人編著 1996, 24).

375).

이러한 사회 상황 속에서 통제권을 일탈하는 부류는 그 존재 자체가 허락되지 않았고, 종교계에 대한 통제도 강압적이 될 수밖에 없었다. 실제로 경찰은 각 종교단체의 설교 내용이나 포교 활동 등을 조사하기 위해 공개 포교장에서의 언동, 교의서와 같은 간행 출판물의 내용을 검토하는 것은 물론, 교회나 전도소에 스파이를 잠입시키거나 목사, 전도사, 신자의 언동을 감시하고 미행하는 등 철저하게 조사할 것을 관계 당국에 지시하고 있었다(海老沢有道·大内三郞 1980, 551). 따라서 이 시기는 완전한 사상적 암흑기로서 황국사관에 어긋나는 행위는 물론 국가의 통제에서 일탈하는 부류는 존재 자체가 허락될 수 없었다(原誠 2005, 26). 기독교계[2] 역시 국가의 통제에 대항해 나가는 신학적 논리를 발휘하기 보다는 천황에 대한 절대성을 강제하는 국가에 협력을 맹세하고, 국가의 전쟁에 동참하여 그 일익을 감당하려는 노력을 경주하였다.

그리고 1939년 4월 국가에 의한 강력한 종교 통제를 목표로 종교단체법이 성립되자, 일본 기독교는 정치와 종교가 유착한 국체 이데올로기 아래 '일본기독교단(日本基督教団, 이하 교단으로 약칭)'의 설립을 선포하고 천황제 파시즘 아래 강화된 '국체의 틀'에 완전히 포섭되었다. 주지하듯이 이 시기 일본 기독교에 대한 연구는 강력한 국가 통제에 대한 기독교계의 대응이라는, '통제'에 따른 어쩔 수 없는 '한계'라는 측면에서 통사적 형태로 이루어지거나, 또는 국가에 반기를 들었던 소수의 개별 기독교인(교파)을 소개하고 그 의미를 부여하는 형태

---

2 본고에서 사용하는 '기독교'라는 용어는, 일본의 '프로테스탄트 그리스도교(プロテスタントキリスト教)'를 가리킨다.

로 이루어졌다. 본고는 일본 기독교가 시민권을 얻기 위한 과정에서 체질로서 국가협력적 자세를 견지하게 되었고, 15년전쟁 하에서도 변함없이 계속되었다는 관점에서 이 시기 전쟁 협력의 구체적 양상을 살펴보려고 한다. 그리고 이를 바탕으로 전후 일본 기독교가 전시하의 교단을 어떤 식으로 이해했는지 '전쟁책임'이라는 문제와 관련하여 검토해보고자 한다.

2. 일본 기독교의 시민권 획득 노력

19세기 중반 서구 열강의 위협과 국내적 위기에 직면했던 일본은 메이지유신을 통해 천황을 중심으로 정치적 통일을 달성했다. 메이지 초 외래 종교로서 일본에 들어온 기독교는 천황제가 만든 질서 속에서 시민권을 얻기 위해 부단한 노력을 기울였다. 메이지 정부는 1889년 대일본제국헌법을 통해 법적으로 보장된 천황제 시스템을 확립하고 천황의 권위 아래 모든 것을 복속시켰다. 헌법의 모두(冒頭)에서 천황의 주권이 '신들'의 계보에 선 만고불변의 교의라는 천황의 신성성과 불가침성을 내걸었던 것은 주지의 사실이다.[3] 특히 '신교의 조항'으로 여겨지는 제28조는 태평양전쟁으로 패전에 이르기까지 약 반세기 여에 걸쳐 국가와 종교의 관계를 규정하였는데,[4] 이 조항은 '안녕질서를 방해하지 않고', '신민된 의무에 반하지 않는 한'이라는 두

---

3 大日本帝国憲法, 第1条 「大日本帝国ハ万世一系ノ天皇之ヲ統治ス」, 第3条 「天皇ハ神聖ニシテ侵スヘカラス」(https://www.houko.com)

4 大日本帝国憲法, 第28条 「日本臣民ハ安寧秩序ヲ妨ケス及臣民タルノ義務ニ背カサル限ニ於テ信教ノ自由ヲ有ス」(https://www.houko.com)

가지 제한을 붙이고 있는 것과 '신교의 자유' 자체가 무엇을 의미하고 어디까지의 범위를 지칭하는지가 확실하지 않은 막연한 관념인 것을 특징으로 하였다. 따라서 이 '신교의 자유'는 천황으로 체현된 국가의 종교적 성격을 전제로 한 규정으로, 국민의 기본적 권리로서 신교의 자유를 보장하는 것이 아닌 천황제 종교국가의 체제 내에 있어서 종교의 허용에 지나지 않았다(村上重良 2007, 152-157).[5]

나아가 1890년 10월 30일 일본 국민이 지켜야 할 국가윤리 장치로서 '교육칙어(教育勅語)'를 공표하여 천황에 대한 절대 복종 체계를 구축하고, 이를 통해 궁극적으로 천황을 정점으로 하는 피라미드적인 일원적 지배 질서를 만들어 나가고자 했다. 그런데 교육칙어가 대일본제국헌법과는 달리 천황이 국민들에게 직접 내리는 칙어로서 발포되었다는 점은 중요하다. 교육칙어는 국민도덕의 형식으로 만들어져 천황의 신민으로서 천양무궁(天壤無窮)의 황운(皇運)을 부익(扶翼)하는 것이 황조황종(皇祖皇宗)의 유훈(遺訓)이자 충량(忠良)한 신민의 도리임을 강조하였는데,[6] 이것은 정부의 법령으로 공식적으로 반포된 헌법과 달리 직접적으로 법적 구속력을 갖지는 않았음에도 반포 당시부터 오히려 초법적 지위에 놓였음은 물론 학교 교육에 있어서 직접적으로 큰 영향을 미쳤다. 곧 교육칙어는 메이지 정부가 애초부터 의도했던 대로 절대적 천황상을 창출하여 국민들이 이를 믿고 받아들이게 하여 국가 권력에 의한 교화를 꾀하고자 했던 천황제 국가 지배 이데올로

---

5   그러나 당시 기독교계는 법적으로 신교의 자유가 보장된 것에 기뻐하며 각지에서 축하회를 열었고, 요코이 도키오(横井時雄), 이부카 가지노스케(井深梶之助), 히라이와 요시야스(平岩愃保) 등 당시 일본 기독교 지도자들은 메이지유신 당초 금제였던 기독교가 약 20여 년 만에 신교의 자유를 얻었다는 기쁨과 감동의 심정을 적극적으로 표출하였다(富坂キリスト教センター編 1996, 245-246).

6   『教育ニ関スル勅語』, 1890.10.30.(https://ja.wikisource.org/wiki/教育ニ関スル勅語)

기의 중핵으로서 기능하였던 것이다.

이러한 천황제 이데올로기의 화신인 교육칙어를 둘러싸고 '우치무라 간조(內村鑑三) 불경사건'이 발생했던 것인데, 이로부터 국가정책의 일환으로서 공공연하게 기독교 배격이 이루어졌다고 볼 수 있다(塚田理 1981, 15-16). 이때 우치무라를 가장 강하게 비판했던 이가 당시 도쿄제국대학의 교수였던 이노우에 데쓰지로(井上哲次郞)였다. 그리고 1892년 11월『교육시론(教育時論)』지에「종교와 교육의 관계에 있어서 이노우에 데쓰지로 씨의 담화」가 게재되면서 본격적인 논쟁의 불이 붙게 된다. 여기서 이노우에는 일본의 국체인 천황제는 기독교와 공존할 수 없다고 역설했는데, 이러한 이노우에의 논의는 기독교가 일본의 전통적 습속, 국체관념, 신민도덕과 합치되지 않는다는 여론을 사회적으로 비등시켰다. 이른바 '교육과 종교의 충돌' 논쟁이라 부르는 일련의 논쟁을 통해 기독교와 국가의 충돌이라는 문제가 공식적으로 표면화되었던 것이다.[7] 이노우에의 기독교 비판은 대개 네 가지 정도로 요약해 볼 수 있다. 첫째 기독교는 비국가적이며, 둘째 출세간(出世間)적으로 현세를 중시하지 않고, 셋째 이 때문에 '효제충신'을 중하게 여기지 않는다. 그리고 마지막으로 기독교의 '애(愛)' 또한 칙어의 '박애(博愛)'와는 그 내용을 달리한다는 것이다.[8] 즉 이노우에에게 교육칙어는 '충군애국'의 덕을 키울 수 있는 각 개인의 국가에 대한 도덕이었다.

이에 대해 기독교계는 기독교가 교육칙어의 도덕과 국가주의와 모

---

7 '우치무라 간조 불경사건'을 계기로 점화된 '교육과 종교의 충돌' 논쟁과 관련해서는, 박은영(2015)을 참고할 것.

8 「宗教と教育との関係につき井上哲次郎氏の談話」, 『教育時論』 272, 1892.11, pp.24-26.

순하지 않는다는 점을 증명하기 위해 오히려 적극적으로 국가주의를
옹호하는 방향을 택하고, 국가가 설정한 질서 곧 사회에 승인되어 있
는 윤리 속에 들어가 자기를 안주시켰다.[9] 결국 천황제 국가가 제시
한 국가주의에 의문을 표하기보다 천황의 권위 아래 복종하고 충성
하는 길을 선택한 기독교계는 천황제 국가가 자신들의 존재를 인정
해 주는 한 국가의 틀을 넘어선 발상을 하기를 포기하고 기꺼이 국가
의 틀 안에 갇혀 천황제에 유익한 종교, 곧 국가를 위해 봉사하는 기
관으로 변모해 버리고 말았다(박은영 2013, 167). 그리고 이들의 적극적
자세는 일본이 제국주의 국가로서의 노선을 확실히 한 계기가 되었던
청일전쟁에서의 충성경쟁을 시작으로 러일전쟁, 이후 15년전쟁까지
계속 답습되었다. 이들은 제국의 영광을 위한 천황의 성스러운 전쟁
에 신민으로서 본분을 다해 국가에 보국 충정할 것을 결의, 천황제 국
가에 대한 기독교의 충성을 앞다투어 입증하려는 호교적 태도로 국가
정책의 정당성 선전 및 국권적 내셔널리즘을 고취하는 형태로 전쟁에
적극적으로 협력하였고 그것이 신이 부여한 천직이라고 정당화했던
것이다.

---

9 물론 기독교계는 대일본제국헌법에 보장된 신교의 자유 조항을 법적 근거로 제시하
며, 천황을 정치적 군주로서는 경례해도 종교적 존재로서 배례하지 않는다는 점을 내
세우고 있었는데, 당시 일본 사회의 여론은 종교적 예배와 사회적 예배를 나눠서 교
육칙어의 문제를 논하는 이들의 변명을 궤변으로 여겼다(富坂キリスト教センター編
1996, 267).

3. 전시 하 종교통제와 종교단체법

청일, 러일전쟁 당시 전쟁협력을 위해 각지에 결성되었던 기독교계
단체는 전의를 고양시키는 한편, 군대 위문 및 군인 유가족을 위로하
는 등의 사업에 진력했다. 기독교계는 이러한 국가적·정치적 목적에
부합한 자발적 충성을 통해 국가에 유용한 종교가 되고자 노력하며,
법에 따라 교회가 보호받을 수 있을 것이라고 여겼다. 이는 일본 근대
사에서 기독교계가 반국가적인 종교가 아님을 증명하기 위해 언제나
침략과 전쟁에 대한 긍정의 논리를 준비하지 않으면 안되었다는 의미
이기도 하다. 특히 15년전쟁 하 일본 기독교는 천황제 파시즘의 소용
돌이 속에 자신을 던지기를 마다하지 않고 조직의 유지를 위에 필사
적으로 노력했다.

일단 기독교계는 비상시에 대처하고, 거국일치를 실현하기 위해
천황제에 봉사할 것을 요구 받자 적극적으로 그 일익을 담당할 것을
표명했다. 예컨대 일본이 국제연맹을 탈퇴했던 1933년에 개최된 제
11회 일본기독교연맹총회는 '비상시국에 대한 성명서'를 발표하여,
일본의 탈퇴가 '어쩔 수 없는' 일이라고 말하며 당시 총회에 참석했던
문부관료의 요청에 따라 '기독교의 사상 신앙은 우리 황실의 존영, 국
운의 기초를 천명하는데 최고의 공헌을 이루는 것이라고 우리들은 믿
는다'라고 언명했다(土肥昭夫·田中真人編著 1996, 25). 나아가 1935년
국체명징운동을 통한 천황제의 존엄함에 대한 명확한 자각과 국체관
념의 절대성을 강제하는 정부 권력에 대해서 다음과 같이 협력을 맹
세했다.

이번에 정부가 공표한 국체명징에 관한 성명서의 주지에 관해서는 많은 국민과 더불어 우리들도 물론 이의가 없으며 기쁘게 그 발양에 협력할 것을 맹세한다. 정직하게 말하면 우리들은 아직 그 소위 '기관설'이라는 것을 상세하게 알고 있지 않다. 그렇지만 성명서가 주의로 하는 바인 '국가통치의 대권'에 관해 어떠한 의심스러워할 이유가 있음을 알지 못한다. 우리들이 기대하는 것은 우리 국민 전체와 더불어 지성봉공의 열매를 다하고자 하는 마음뿐이다. 학설에 의하지 않고, 교의에 의하지 않고, 하물며 압제 등에 의하지 않고 각자의 신앙과 양심에 근거하여 국가를 사랑하고, 또한 만국에 비할 수 없는 우리 존엄한 황실의 권위에 복종하려고 하는 것이다.[10]

기자는 일본이 특별한 사명을 가지고 세계에 서있다고 말하며, 신의 섭리에 따라 성심과 성의로써 국가의 사명에 충성할 것을 요청했던 것이다.

중일전쟁에 돌입한 일본 정부는 이른바 '총력전 체제'의 구축을 긴급한 과제로 설정하고, 나아가 국민의 획일적 조직화와 전쟁 협력에의 자발성을 이끌어내기 위해 '국민정신총동원운동'을 전개하는 등 종교의 통제와 동원을 더욱 강화해 나갔다(鹿野正直·由井正臣編 1982, 21). 기독교계는 곧장 '비상시국에 관한 선언'(1937.7), '지나사변에 관한 성명'(1937.9)을 발표하는 등 정부의 성명에 대한 교계의 취지를 밝히고, 협동 일치하여 국가를 위해 힘을 다하고자 국민정신총동원에 참가하며 황군위문사업을 개시할 것을 분명하게 표명했다. 또한 기독교 지도자 45명이 서명한 '세계 각국에 있는 기독교 지도자에 대한 개서

---

10 「國體明徵と至誠奉公」, 『基督教世界』2685, 1935.8.15.

(開書)'(1937.12)를 통해 국제 사회에 일본 참전의 정당성을 변명하기도 했다(土肥昭夫 2004, 345). 사실 이것은 국가의 전시 목적에 줄곧 봉사하고 있었지만 여전히 기독교를 신뢰하지 않았던 당국의 의혹에 대한 증명이기도 했다. 전전, 전중에 극비문서로서 매년 내무성 경보국에서 『사회운동의 상황』이라는 자료집이 연감형식으로 간행되었는데, 1936년부터 '종교운동'편이 추가되었다. 이는 치안당국이 종교단체를 위험시하고 있었던 상황을 짐작하게 한다. 참고로 이 해의 기독교 관계기사는 다음과 같이 끝나고 있다.

> 그 신앙의 편협함에서 곧잘 우리나라 유일의 신도 신앙을 우상
> 예배라고 경멸하고, 신사참배를 거부하는 등의 일이 있으며, 나아가
> 항상 초국가적 평화주의를 표방하여 현실의 시정을 비판 공격하는
> 등의 일이 있는 모양이다(同志社大学人文科学研究所·キリスト教社会
> 問題研究会編『特高資料による戦時下のキリスト教運動』1, 2003, 20).

즉 정치와 종교가 유착한 국체 이데올로기 하의 종교탄압의 논리가 선명하게 나타나 있음을 알 수 있다. 1938년에는 군부의 종교단체에 대한 직접 개입 사건으로서 '오사카헌병대사건(大阪憲兵隊事件)'이 일어났다. 이것은 오사카헌병대 특고과장의 이름으로 관내의 기독교 주요 교파와 기독교주의 학교에 기독교와 일본 '국체'와의 관계를 묻는 질문장을 배포한 사건으로, 전시 파시즘 체제를 주도하고 있던 군부가 기독교와 국체와의 관계를 재정립하여, 국체와의 관계에서만 그 존재를 용인하겠다는 의도를 구체적으로 드러낸 것이다. 이처럼 당국의 의혹과 탄압, 그리고 기독교 측의 충성과 봉사가 상호 영향을 주는 비례관계로 맞물리는 사태가 이어지게 되자 기독교는 점차 곤경에 빠질

수밖에 없게 되었다(土肥昭夫 2004, 346). 이런 상황 가운데 1939년 4월 국가에 의한 종교 통제를 목표로 종교단체법이 공표되었던 것이다.

근대 일본의 종교단체에 관한 법률은 1899년 최초의 '종교법안'이 제출된 이래 1927년, 1929년에는 '종교단체법'으로 형태를 바꾸어 제출되었으나 진종(眞宗)계, 기독교계 등의 반대로 인해 폐안되었다. 그리고 1935년 12월 10일 새롭게 종교단체법 요강이 자문에 붙여졌으나 2.26사건의 발생으로 오카다(岡田) 내각이 붕괴되고 그 후로도 수차례 내각이 교체됨에 따라 1937년 12월 제1차 고노에(近衛) 내각의 기도 고이치(木戸幸一) 문부상이 결국 이 자문안의 철회를 발표하였다. 이후 1938년 11월 제1차 고노에 내각의 아라키 사다오(荒木貞夫) 문부상이 신법안을 종교제도조사회에 자문 의뢰하여 약 1개월간의 심의를 거쳐 수정안이 제출되었는데 내각 해산으로 잠시 보류되었다가, 이것이 총 37조의 법안으로 1939년 1월 18일 제74회 제국의회 귀족원에 상정되어 2월 19일 일부 수정 조건으로 가결되었고, 3월 23일 중의원의 가결로 4월 8일 최종 공포되었다(原誠 2005, 81). 무엇보다 이 시기 종교단체법이 성립될 수 있었던 데에는 정치 체제의 틀을 넘어선 파시즘 체제의 확립이 있었다. 곧 기존의 불경죄에 더해 치안유지법의 개정이 반복되고 조문 확대 해석이 계속되었으며, 1936년에는 사상범보호관찰법이 제정되어 종교인들에게도 적용되는 등 파시즘에 의한 통제가 본격화되었던 것이다(原誠 1999, 7).

4. 일본기독교단의 수립과 활동

1935년부터 교파합동문제를 논의하고 있었던 기독교계는 종교단체법이 공포되자 즉시 합동준비위원회를 설치하여 합동운동에 박차를 가하였다. 기독교계는 이 법을 통해 기독교가 타종교와 마찬가지로 문부성의 보호를 받을 수 있게 되었다고 여겼다. 그런데 이 '종교단체법'은 교단에 속한 교회에는 국가의 '특별한 보호를 주는' 반면, '교의의 선포, 의식의 집행, 종교상의 행사가 안녕 질서를 방해하거나, 또는 신민의 의무에 반할 때'에는, 주무대신이 이를 제한하거나 금지할 수 있으며, 교사의 업무를 정지하는 것은 물론 종교단체 설립의 허가를 취소할 수 있는 등 종교단체에 대한 강력한 통제를 규정하고 있었다. 이는 곧 국가 질서의 유지를 위한 단순한 행정적 처분이 아니라, 국가에 의한 일체의 종교 가치의 통제라고 할 수 있는 것이었다(海老沢有道·大内三郎 1980, 565-566). 그러나 국가의 종교 지배의 본질을 간파하기보다 보호의 길을 택했던 일본기독교는 1940년 10월 '황기 2600년 봉축 전국기독교신도대회'에서 다음과 같은 선언을 결의했다.

진무천황(神武天皇)이 나라를 세워주시고 부터 지금까지 2600년의 황통이 계속해서 이어져 그 찬란한 빛을 우주 내에 비춘 영광스러운 역사를 가진 우리들은 감격해 마지않는다. 오늘 전국에 있는 기독신도들은 서로 모여 천황 폐하의 만세를 기도하고 … 우리나라의 국운과 국력의 진보는 존엄함이 비할 바 없는 우리 국체에 기반한 것임을 믿어 의심치 않는다. … 우리들 기독신도들도 여러 교회와 교파를 합동 일치하여 국민정신지도의 대업에 참가하여 대정(大政)을 받들고 진충보국의 성의를 다하고자 한다.[11]

---

11 1940년 10월 '황기 2600년 봉축 전국기독교신도대회(皇紀二千六百年奉祝全国基督教

이 결의에 따라 1941년 6월 24일 34개의 교파가 합류한 일본기독교 단 창립총회를 개최하였고, 같은 해 11월 24일 문부성으로부터 설립 인가를 받았다. 창립 당시 교단의 기본적인 입장을 밝힌 '교단규칙'을 통해서도 교단의 자발적인 국가 협력의 모습을 짐작할 수 있다. 교단 규칙 제7조 신도의 생활강령의 일부를 보면, '황국의 길에 따라 신앙 에 철저하며 각자 그 맡은 바를 다하여 황운을 부익하여 봉사해야 한 다'라고 명시되어 있는 데에서 알 수 있듯이 교단의 입장은 황국사관 에 입각한 천황제 국가에 대한 아낌없는 협력에 다름 아니었다.[12] 물론 당시 교단규칙이 문부성과의 절충과정을 통해 도출되었다는 점에서 여러 가지 의견이 있었을 수 있겠지만, 교단이 천황제 '국체의 틀' 속에 서 종교 활동을 영위하고자 했다는 점은 부인할 수 없을 것이다.

1941년 12월 미국과 영국에 대한 개전 소식은 일본 국민 전체에 큰 충격을 주었고, 그때까지 중일전쟁에 대해 회의감을 가지고 있던 지식인조차도 서구 제국주의와의 직접적 대결에 큰 해방감을 느꼈다. 이는 일본이 메이지유신 이후 도달해야 할 목표로서 추구해온 서구적 근대에 대해 저항을 시작했다는 의미로서, 서구적 교양에 의한 보편 주의 등이 한 번에 날아가 버리고 일본주의로의 회귀와 전향이 일어 났다(宮田光雄 2010, 407). 기독교인들에게 있어서도 초월신 신앙이 거 의 비슷한 해체의 양상을 드러내고 있었다. 교단 통리 도미타 미츠루

信徒大会)' 결의문(海老沢有道 · 大内三郎 1980, 568에서 재인용).

12 『日本基督教團教團規則』(鈴木浩二編, 日本基督教團出版局, 1941.12.27. 발행, 일반 적으로 '1941년판교단규칙(1941年版教団規則)'으로 명명함).
第七条 本教團ノ生活綱領左ノ如シ
一 皇國ノ道ニ從ヒテ信仰ニ徹シ各其ノ分ヲ盡シテ皇運ヲ扶翼シ奉ルベシ
二 誠實ニ教義ヲ奉ジ主日ヲ守リ公禮拜ニ與リ聖餐ニ陪シ教會ニ對スル義務ニ服スベシ
三 敬虔ノ修行ヲ積ミ家庭ヲ潔メ社會風教ノ改善ニ力ムベシ

(富田満)는 즉시 각 교회에 전쟁의 의미를 설명하고 국가에 헌신할 것을 요청하는 통달을 내렸고, 1942년 1월 11일에는 교단 발족 보고를 위해 스즈키(鈴木) 총무국장을 대동하여 이세신궁에 참배했다. 또한 그 해 10월에는 '일본기독교단 전시포교지침'을 내려 세 가지 강령과 12개의 실천요목을 제시하고, 최후의 승리를 위해 멸사봉공(滅私奉公)의 자세로 총력을 다해 싸울 것을 호소하였다.

강령

1. 국체의 본의에 철저하고 대동아전쟁의 목적 완수에 매진해야 한다.

2. 본 교단의 총력을 결집하여 솔선수범 종교보국의 정성을 다해야 한다.

3. 일본기독교의 확립을 꾀하고 본 교단의 사명달성에 노력해야 한다(日本基督教団宣教研究所教団史資料編集室編『日本基督教団史資料集』第2卷, 1998, 235-236).

이상의 도미타 통리의 전시포교지침에도 명시되었듯이, 교단은 당초부터 '일본기독교'의 수립을 목표로 했음을 짐작할 수 있다. 1942년 11월 개최된 제1회 교단총회에서 도미타 통리는 다음과 같이 말하였다.

이것은('일본기독교'의 수립 - 인용자) 우리 기독교계 내외의 목소리임과 동시에 국가적 요망이기도 합니다. 우리나라의 현상은 기독교가 국체의 본의에 기반한다면 용인할 것이고 그렇지 않으면 전면적으로 부정할 것이라고 말하는 상황입니다. 이에 대해서는 우리들도 그렇다고 생각합니다(内務省警保局保安課編『特高月報』, 1973, 76).

나아가 이 총회에서는 '일본기독교'의 확립을 위한 교단의 사명으로서 전시체제의 정비, 황군위문, 종교공작을 위한 파견 활동 등과 같은 국가가 요청하는 여러 사업에 협력하고 봉사할 것을 결의하였다(内務省警保局保安課編『特高月報』, 1973, 83). 그러나 동시에 교단이 기독교의 '일본화'를 강력하게 의식한 데에는, 당시 국가가 '일본기독교' 수립을 노골적으로 요청하고 있었기 때문이기도 했다. 내무성 경보국이 작성한『사회운동의 상황』의 1941년 개설을 확인해 보자.

> 기독교계의 상황을 보면, 우리나라 기독교회의 대부분은 종래 대개 사상적으로 경제적으로 또한 조직적으로 외국에 의존하여, 독자적인 교학(敎学), 신조(信条) 내지 기구 등을 수립한 것이 거의 없이 오늘에 이르렀으므로, 미증유의 비상시국에 조우해도 무엇을 해야 하는지 전혀 알지 못하는 무자각성을 폭로하고, … 시국을 하등 돌아보지 않고 어디까지나 외래의 종교사상에서 배양된 기성관념에만 집착하고, … 또는 영미 등의 교회 또는 기독자에 의해 고안된 신학, 세계관 및 평화관을 맹종하여 이를 고집하고, 친영미(親英米), 반독이(反独伊)적 언동을 하거나 불령 흉악한 본질적 성격을 노정하는 자 등이 적지 않은 실정이다(同志社大学人文科学研究所・キリスト教社会問題研究会編『特高資料による戦時下のキリスト教運動』2, 2003, 17).

이와 같이 국가는 기독교의 외래성에 대한 문제, 시국에 적극적으로 대응하지 않은 것에 대한 불만, 곧 '일본화'하지 못한 기독교에 대해 노골적으로 불만을 표하고 있었다. 여기서 독자적인 '교학'의 수립은 '일본기독교'의 수립을 의미할 것이다. 일본의 독특한 정신주의의 지반 위에서 형성된 강한 독자성을 가진 '일본기독교'의 창출을 주장한 우오키 다다카즈(魚木忠一)의 '일본기독교'론 역시 이러한 국내적 상황 속에서 나왔던 것이다(魚木忠一, 1941).[13]

요컨대 종교단체법의 성립과 교단의 창립을 통한 기독교의 '일본화' 노력은 결국 천황제 국가의 정치적 이데올로기적 지배의 도상에서 이루어진 것이었다. 국가는 교단의 설립을 통해 소속된 교직자와 신도의 신앙 모두를 장악하여 강제적 동질화를 이룰 수 있었다.

이후 교단은 국가의 황도정신의 교육과 훈련을 위한 목사 연성회를 개최하고, 궁성요배, 국가제창, 칙어봉독, 전몰자를 위한 묵념 등을 지령하는 국민의례 실시의 통달, 교단 목사로 구성된 근로보국대의 설치 운영, 교단 총회 결의에 의한 군용기 헌납, 황국 일본에 봉사하는 신학연구와 교육을 위한 교학연구소 설치 등의 국내적 활동은 물론, 국외적으로도 화중일화기독교연맹의 결성, 교단목사의 해외 파견, 동아국의 설치를 통한 대동아공영권의 선전 등 정부의 전시 목적에 부합한 활동을 지속하였다(土肥昭夫 2004, 360-361). 이처럼 교단의 활동은 전시 하 국가 조직의 말단을 담당하는 형태로 전개되었다. 곧 국책의 하청기관의 역할을 하는 것 이외에는 존재의미가 없었다고 말해도 과언이 아닐 것이다.[14]

1944년에 들어가자 일본의 운명은 이미 결정되었다고 여겨질 정도로 전쟁의 폐색이 짙어졌다. 그럼에도 정부는 '성전완수(聖戰完遂)'와

---

13 근대 일본의 이른바 '일본적 기독교'에 대한 대부분의 연구가 주로 강력한 민족의식에 바탕을 둔 일본 기독교의 내부적 문제로서만 파악되는 점은 주의를 요한다. 우오키의 '일본기독교'에 대해서는 Min-Seok Son and Eun-Young Park(2022)를 참고할 것.

14 다만 이 시기 기독교로서도 비록 지향해야 하는 바람직한 모습이 아니었다고 해도, 이것 외의 존재 방식은 없었다는 하라 마코토의 지적은 천황제 국가권력의 절대화 과정 속에 매몰된 일본 기독교가 처해있던 상황을 잘 말해준다.(原誠 2005, 126)

'신주불멸(神州不滅)'을 외치며 국체를 지키기 위해 본토결전도 불사한다는 각오를 표명하고, 마지막 순간까지도 '국체'에 대한 절대적 귀의를 강요했다.[15] 그리고 이러한 '국체관념'의 절대성은 '종전의 조서'에서조차 '국체호지'를 '황국신민'의 절대적 사명으로 강요했던 것을 통해서도 잘 알 수 있듯이, 초국가적 천황제 파시즘이 얼마나 강력하게 '내면화'되어 있었는지 짐작하게 한다.

> 짐은 여기 국체를 호지할 수 있고, 충량한 너희 신민의 적성(赤誠)을 믿고 의지하며 항상 너희 신민과 함께 있다. … 아무쪼록 거국일가(擧国一家), 자손 대대로 굳게 신주의 불멸을 믿고, 맡은 바 임무는 무겁고, 나아가야할 길은 멀다는 것을 생각하며 총력을 장래의 건설에 기울여야 한다. 도의를 두텁게 하고 지조를 공고히 하여 맹세코 국체의 정화를 발양하고 세계의 진운에 뒤떨어지지 않도록 노력해야 한다. 너희 신민이여 이것이 짐의 뜻임을 잘 알기를 바란다 (「終戦の詔書」, 塩田庄兵衛·長谷川正安·藤原彰編 1984, 168).

기독교계 또한 전쟁의 마지막까지 계속된 신의 국토는 불멸하고 무한히 확장된다는 '신주불멸'의 외침을 믿어 의심치 않았다(富坂キリスト教センタ―編 2007, 559). 1945년 3월 29일 북해교구(北海教区)의 회의

---

15 1944년 6월 신기원(神祇院)은 『신사본의(神社本義)』를 간행하여 다음과 같이 일본인의 길과 일본의 사명을 설파했다. "우리 일본인이 먼저 스스로 의거해야 할 길은 고금을 막론하고 변함없는 만방에 비할 바 없는 국체에 절대 종순하여 경신(敬神)의 본의를 철저히 하고, 그 성심을 일체의 국민 생활 위에 구현하여 천양무궁의 황운을 부익하는데 있다. … 진심으로 천지가 번영하는 시대에 태어나, 천업회홍(天業恢弘)의 대업에 봉사할 수 있는 것은 더할 나위 없는 영광으로, 이리하여 황국 영원의 융성을 기할 수 있고, 만방으로 하여금 두루 신위(神威)를 여러 민족에게 펼치는 것에 의해 황국의 세계적 사명은 달성되는 것이다." (神祇院編 1944, 132-133)

기록이 남아있는데, 이를 통해 당시 일본기독교단의 자세를 짐작해 볼 수 있다. 이 회의에서 긴박한 내외 정세에 따라 북해교구는 다음과 같은 성명서를 발표할 것을 결의하고 낭독했다.

전능자의 섭리에 의해 우리들은 황국에서 삶을 누리고 있으며, 더욱이 선택받은 기독자로서 여기 대동아전쟁에 임하여 어찌 감사하지 않겠는가. 대저 기독(基督)의 은총을 입어 자기를 부인하고 고난의 길을 봉행하며 황국무궁의 발전에 기여할 사명이 있다고 확신한다. 지금 황국의 위급에 당하여 우리들은 전력을 바쳐 그 수호에 힘쓰고 최후까지 신앙의 청절(淸節)을 완수하여 교회를 사수하고 기독의 증인으로서 대동아전쟁완수의 초석이 될 것을 바란다(日本基督教団宣教研究所教団史資料編集室編『日本基督教団史資料集』第2 巻, 1998, 367-368).

이 외에도 도쿄교구(東京教区)에서는 '매일 같이 급박함이 계속되는 현하의 사태에 즉응하고', '정부 당국이 천명한 방침에 따라' 한 목숨으로써 국가에 순교하기 위한 목적으로 의용대를 결성할 것이라는 내용의 '일본기독교단 도쿄국민의용대 결성에 관한 교구장의 문서'를 5월 23일자로 발표하여 조직결성의 목적과 세부 조직, 임무 등을 상세히 밝히기도 했다(日本基督教団宣教研究所教団史資料編集室編『日本基督教団史資料集』第2巻, 1998, 378-379). 또한 도미타 통리는 패전 직전까지도 각 교회에 필승기도회의 개최를 요청하는 통달을 보내는 등 마지막까지 교단의 활동은 필사적으로 계속되었고,[16] 애국심과 신앙을 동

---

16 "황국의 흥망을 결정지을 위험한 시국에 서서 우리들 국민은 점점 전의를 앙양하고 열

일 범주에서 밖에는 생각할 줄 모르는 정신적 구조를 여실히 드러내
고 있었다.[17]

5. 피해자 의식과 '전쟁책임'

15년전쟁기 일본 기독교는 조직을 유지하기 위해 천황제 파시즘
상황에 적응하는데 필사적이었다. 특히 교단 설립 후 천황제 국가의
하부 기관으로서 전쟁 목적 수행을 위해 '종교보국'을 내걸고 황국의
길에 따라 황운을 부익한다는 자기규정을 잊지 않았다. 또 '일본기독
교'의 제창은 전시 하 국체와 밀착하기 위한 내적논리로서 바람직한
기독교의 모습으로 위치되었다.

그렇다면 전후 일본 기독교는 전시 하 활동에 대해 어떠한 입장을
취했는가. 우선 패전 직후인 1945년 8월 28일 도미타 통리의 이름으
로 각 교회에 보내진 통달의 내용을 살펴보자.

성단이 내려져 황송하게도 조서의 환발이 되었다. 이리하여 우
리 국민이 나아가야 하는 길이 여기에 정해졌다. 본 교단의 교사 및
신도는 이때에 성지를 봉대하고 국체 호지의 일념에 철저하며 더욱

심히 신에게 기도함으로써 황국의 필승을 기하지 않으면 안된다."(日本基督教団宣教
研究所教団史資料編集室編『日本基督教団史資料集』第2卷, 1998, 284)

17 물론 15년전쟁기에 일본의 기독교가 협력 일변도만을 달렸던 것은 아니다. 1941년 플
리머스 브레즈렌파, 무교회파의 탄압과 1942년 최대의 기독교 탄압이었던 홀리네스
사건, 1943년의 제7일기독교재림단의 탄압과 무교회파의 아사미 센사쿠 등의 검거
등 치안유지법 위반으로 직접 기소된 기독교인들과 국가의 전쟁에 비판적 자세를 견
지했던 개별 기독교인들이 존재했다.

신앙에 힘쓰고 총력을 장래의 국력재흥에 기울이며, 이로써 성스러운 생각에 응하여 받들지 않으면 안된다. … 우리들은 우선 일이 이렇게 된 것이 필경 우리들의 비궁(匪躬)의 성의가 충분하지 않고, 보국의 힘이 부족함으로 인한 것임을 심각하게 반성 참회하고, 금후 가야하는 형극의 길을 참고 견디며 정진함으로써 신일본의 정신적 기초 건설에 공헌할 것을 엄숙하게 맹세해야 한다'(日本基督教団宣教研究所教団史資料編集室編『日本基督教団史資料集』第3卷, 1998, 36-37).

전술한 '종전의 조서'에서 천황과 신민의 관계가 패전 상황 속에서도 변함없이 굳건히 표명되었듯이, 교단의 성명 역시 전시 하의 자세와 기본적으로 동일한 것이었다. 더욱이 패전에 이른 것은 천황에 대한 '비궁'의 성의가 충분하지 않았기 때문으로, 오히려 천황에 대한 충성심의 부족을 심각하게 반성하고 참회한다는 내용에서 비참한 침략전쟁에 대한 문제 제기나 전쟁책임의 중대성 등이 환기될 여지는 없었다.

이와 관련하여 전후 '기독자 평화회', '기독자 유족회' 등을 통해 기독교인 평화운동을 주도했던 오가와 다케미츠(小川武満)의 평가는 주목할 만하다. 오가와는 전시 하 교단의 설립을 국가체제에 순응하고, 자연적 역사적 조류에 휩쓸려 교회의 본질을 잃어버린 채 천황제 국가 질서의 확립을 목적으로 한 것이 명백하다고 말한다(小川武満 1995, 83). 또한 교단이 설립될 당시 최대 교파였던 '일본기독교회'가 천황제 국가 권력 앞에서 본격적인 저항도 없이 좌절하고 타협했던 것은 양심적, 신학적으로 패배한 것이며, 이후 개인의 양심을 침해한 국가 권력에 대해 천황예배와 신사참배, 전쟁 협력 등 적극적으로 영합하여 충량한 신민의 길을 실천한 기독교인의 자세를 '순국 즉 순교'의 논리로 정당화했다고 지적한다(小川武滿 1983, 44-45). 실제로 종군의 경험을 가졌던 오가와는 전시 하 국가 권력에 대한 복종을 윤리적 과제로 받아들이고 천황을 위해 죽는 것에 어떠한 모순을 느끼지 못했던 점, 오히려 충군애국의 정신을 발휘하여 무사도를 완성하는 것이야말로 기독교의 사명으로 받아들였던 상황을 돌아보며 천황제의 주박(呪縛)을 인정했다(小川武滿 1983, 40).

따라서 오가와는 전후 도미타의 통달에서 알 수 있듯이, 천황제 국가에 영합하는 일본 기독교의 체질이 패전 이후로도 변하지 않은 것을 경계한다. 그는 국가와 종교의 관계에 대해 다음과 같이 말한다.

교회의 국가에 대한 정치적 책임이란, 모든 시대의 모든 정치상황에 맞춰 국가의 정치적 요구에 응하는 교회의 정치적 편의주의어서는 결코 안된다. 교회가 이 세상의 자연법이나 각 시대의 국가 사회에 의해 편의적으로 정해진 이 세상의 법과 쓸데없이 타협하고, 이른바 국가의 안녕질서를 어지럽히지 않도록 하는 것에 의해서는 결코 정당한 질서가 생기는 것도 아니고, 진정한 정치적 책임도 다할 수 없다(小川武滿 1995, 117).

전후 오가와가 본 교단의 모습은 국가에 대한 책임을 회피하고 전쟁책임에 대한 태도 역시 분명하지 않았다. 예컨대 1945년 12월 전후 처음으로 개최된 교단 상의원회에서도 도미타 통리는 '전쟁책임'에 대한 물음에 대해, 스스로 전쟁책임자라고 생각하지 않으며 책임을 통감하고 사직해야 한다고 해도 곧장 사직하는 것은 오히려 경솔하고 무책임한 일이라고 답변하기도 했다. 이에 대해 교단은 별도 간담회를 열어 통리의 주장에 납득하므로 계속해서 직무를 수행할 것을 결의하기도 했다(土肥昭夫 2004, 415–416). 다음 해 1월 20일의 『교단신보』 기사를 통해 교단 지도부의 견해를 확인할 수 있다.

> 기독교 관계자는 그 교단이건 아니건 상관없이 능동적으로 전쟁을 지도한 기억은 털끝만큼도 없다. … 교단은 정부, 군부가 강조하는 전쟁목적을 그대로 부내(部內)에 전할 것을 명받고, 그 주어진 자료에 의해 판단하여 그것이 정의라고 인정한 바를 요구받은 대로 부내에 선전한 것이다. 물론 허위라고 알면서 행한 것은 아니다. 군부, 정부를 신뢰하여 안심하고 그것을 전한 것까지이다. 전쟁이기 때문에 그 필승을 희원하고, 의도하는 것은 국민의 의무이다. 하물며 평생 사회지도의 임무에 있는 자에게는 당연한 책임이다. 문제는 전쟁을 계획하고, 실시하고, 적개심을 고취하고, 복수를 장려했는가 아닌가에 있을 것이다. 적어도 기독교 교직, 신도에 그러한 인물이 있을 도리는 없다(「戰時中に於ける敎団立法行政の実相–戦争責任者は何人か」, 『日本基督教団教団新報』第2536号, 1946.1.20.).

그러면서 교단 지도부는 도미타 통리는 교단 통리자로서 권한을 남용하지 않고 행정절차에 따라 임무를 수행한 만큼 '전쟁책임'이 있다면 오히려 각 교회의 책임자가 평등하게 지어야 한다고 말했던 것이다. 이는 패전 후 오가와가 의사로서 전범용의자의 재판과 사형 집행을 지켜보면서 느꼈던 것과 동일한 것이었다. 이들은(전범용의자 – 인용자) "책임을 다른 이에게 전가하려고 상호 간에 반목했다. 부하는 상관의 명령에 의했으므로 책임은 상관에 있다고 주장하고, 상관은 부하가 독단 전행했으므로 자기에게는 책임이 없다고 회피했다"(小川武

満 1983, 17).

이후 1946년 6월 제3회 임시교단총회에서 결의된 '신일본 건설'운
동 선언문에서 평화의 복음을 신봉하는 기독자로서 전쟁에 대한 책
임을 통감하고, 깊은 반성과 참회를 표명한다고 명시하였지만(日本基
督教団宣教研究所教団史資料編集室編『日本基督教団史資料集』第3卷, 1998, 82-
83), 전쟁 책임 표명은 막연한 것이었다. 이것은 전술했듯이 태도를
바꾼 교단이 국가체제 속에서 피해자로서의 인식을 갖는 것에서 기인
하는 것인데, 이처럼 피해자 인식을 갖는 한 전쟁책임에 대한 태도는
나올 수 없다. 오가와에 따르면 전시 하의 기독교가 저지른 잘못에 대
한 책임을 분명히 하기 위해서는 국가와 기독교의 관계를 재정립할
필요가 있다. 즉 오가와는 기독교인으로서 국가에 대한 무조건적인
복종은 그저 국가권력에 대한 두려움에서 주체성을 잃어버린 것에 지
나지 않으며, 국가권력 또한 신의 주권의 위탁으로서 받아들일 때 권
력의 행사에 대해 항상 주체적으로 양심을 가지고 감시하고, 제한하
며, 조건을 달 책임이 있다고 말한다(小川武満 1983, 31). 이것이 국가
권력에 대한 '양심적 복종'이며, 나아가 이로부터 '양심에 따른 저항'
이라는 시점이 도출될 수 있다.[18] 그리고 이것을 바탕으로 '양심적 복
종'의 자세를 견지하지 못했던 교단의 죄를 반성하고 전쟁책임을 물
을 수 있게 된다.

그러나 전후 교단은 물론 교단에서 이탈한 기독교 교파들로부터 본
격적인 '전쟁책임'에 대한 문제 제기는 이루어지지 않았다. 이와 관련

---

18 이와 관련하여 천황제 국가체제에 대한 '절대적 복종'의 틀에 갇혀 국가에 대한 무조
건적 복종을 애국으로 여겼던 상황 속에서, 국가권력의 기원과 정당성의 근거로서 '신
으로부터 나온 권위'라는 전제를 통해, 신의 뜻을 염두에 둔 '양심적 복종', 나아가 '양
심에 따른 저항'을 도출했던 우치무라의 논의를 참고할 수 있다.(박은영 2014)

해 교단이 충분한 자기반성과 회개 없이 재출발한 것이 교단 내부의 '단절 의식'이 있었기 때문이라는 지적은 당시 일본 기독교의 신앙상의 태도를 잘 드러내 준다(日本基督教団史編纂委員会編 1967, 177). 합동단체로서 교단은 GHQ 지배 하의 기독교에 대한 호의와 '신일본 건설'이라는 사조에 편승해 '전쟁책임'이라는 문제를 유보한 채 전후 재건을 꾀하였고, 1951년 신헌법의 '종교법인법'이 시행되면서 교단에서 이탈한 교파들 역시 새롭게 자신들의 교파를 재건하는 가운데 공식적으로 '전쟁책임'을 고백한 교파는 나타나지 않았다.

6. '전쟁책임고백'이 나오기까지

정치적 권위가 도덕적, 종교적 가치와 합일한 15년전쟁기에 천황제 내셔널리즘은 최성기를 맞이했다. 전 국민을 표준화하고 비국민을 배제하는 형태로 획일화하고 국민통합을 꾀했다. 또한 이러한 천황제 국가를 존속시키기 위해 모든 조직을 같은 조직 원리로서 지배하는 과정에서 종교단체법이 공포되었고, 일본 기독교는 '일본기독교단'을 성립하여 위로부터 통제의 대상으로서 국가에 대한 봉사와 익찬의 길을 걸었다.

그러나 전후 일본 기독교는 전쟁과 단절하는 것으로써 '전쟁책임'이라는 문제에서 매우 불충분한 자세를 견지했다. 도미타 통리를 비롯한 교단의 지도부는 전후에도 주요한 위치에서 활약했다. 교단에서 이탈하여 원래의 교파로 복귀한 교파건 새로운 교파를 결성하건 국가의 침략전쟁에 진지하게 반성 참회하기 보다는 피해자 의식을 강화하였으며, GHQ의 직간접적 지원 아래 '신일본 건설 기독교운동'을 결의하고, 1946년부터 3년간 '전일본을 그리스도에게'라는 표어를 내걸고 300만 구령운동을 전개하며 재출발하고자 했다.

한편 일본 기독교의 전쟁책임을 촉구했던 오가와는 교단에서 이탈하여 새로운 교파 형성을 목표로 했던 '일본기독교회'의 신앙문답서 초안 작성에 관여하였는데, 그는 전시 하 국가 권위에 굴복했던 일본 기독교의 모습에 깊은 반성과 회개를 촉구했다. 따라서 오가와는 문답서에서 "우리들의 복종은 주에 있는 양심과 그리스도에 대한 복종을 방해하지 않는 범위 내에 한합니다. 그 때문에 우리들은 국가의 어떠한 사태에 임해서도 신의 말에 의해 행동하는 양심의 자유를 잃어버려서는 안됩니다. … 더불어 교회는 신앙의 한계를 넘어 국가에 이용되는 기관이 되는 것을 거부하지 않으면 안됩니다"(小川武満 1995, 93)라는, 국가 질서에 대한 복종과 그 한계를 명시하고 국가에 대한 교회의 저항권과 거부권을 언급하였다. 나아가 오가와는 국가의 비상시나 국가 권력의 요청이 있더라도 신의 가르침에 기반한 양심의 자유에 따른 결단을 할 것을 명확히 하며, "어떠한 전쟁이라도 바른 수단으로 긍정할 수 없다"(小川武満 1995, 119-121)는 전적인 전쟁 거부의 문제를 넣고자 했지만, 이것은 폐안이 되었다. 일본의 현실에서 평화의 본질적 과제는 비폭력 저항을 통한 시민의 연대로 평화를 만들어 나가는 것이라고 말했던 오가와는 1951년 결성된 '기독자 평화회'와 야스쿠니법안에 반대하는'기독자 유족회'(1969)를 결성하여 국경을 넘은 연대 가운데 비폭력의 방법으로 평화를 만들려는 자세를 관철했다.

이러한 개인적 차원의 '전쟁책임' 문제에 대한 고민을 넘어, 기독교는 물론 여타 종교와 사상, 언론 등 모든 분야에서 처음으로 공식적인 '전쟁책임고백'(이하 '전책고백')이 나온 것은 1967년 일본기독교단의 '제2차 대전 하 일본기독교단의 책임에 관한 고백'을 통해서였다. 이는 전후 여러 위기 속에서 안정된 체제로서 정비된 교단의 체질개선이 어느 정도 이루어졌다는 것을 보여주는 발표이기도 했다. '전책고백'은 기독교계를 넘어 일본의 여러 종교 단체, 사회에까지 큰 반향을 불러 일으켰다. 일본기독교단의 '전책고백'은 전후 사회 일반을 향한 공식적인 전쟁 책임 표명으로서, 일본 현대사 속의 여러 사건들 속에서 좀 더 상세히 논의될 필요가 있을 것이다.

참고문헌

1차자료

「宗教と教育との関係につき井上哲次郎氏の談話」, 『教育時論』272, 1892.11

「國體明徴と至誠奉公」, 『基督教世界』2685, 1935.8.15.

『日本基督教團教團規則』鈴木浩二編, 日本基督教團出版局, 1941.12.27.

『神社本義』(神祇院編, 1944)

「戦時中に於ける教団立法行政の実相-戦争責任者は何人か」, 『日本基督教団教団新報』第 2536号, 1946.1.20.

内務省警保局保安課編『特高月報』昭和17年11月分(複刻版), 政経出版社, 1973

塩田庄兵衛·長谷川正安·藤原彰編『戦後史資料集』, 新日本出版社, 1984

日本基督教団宣教研究所教団史資料編集室編『日本基督教団史資料集』第2巻, 日本基督教 団出版局, 1998

日本基督教団宣教研究所教団史資料編集室編『日本基督教団史資料集』第3巻, 日本基督教 団出版局, 1998

同志社大学人文科学研究所·キリスト教社会問題研究会編『特高資料による戦時下のキリ スト教運動』1, 新教出版社, 2003

同志社大学人文科学研究所·キリスト教社会問題研究会編『特高資料による戦時下のキリ スト教運動』2, 新教出版社, 2003

2차자료

김후련. 2012. 『일본 신화와 천황제 이데올로기』. 서울: 책세상.

박은영. 2013. 「근대 초 일본의 기독교 수용 양상에 대한 일고찰-'기독교 사교관(邪教観)' 의 내용과 기독교계의 대응을 중심으로」, 『아시아문화연구』30.

_____. 2014. 「복종과 저항: 우치무라 간조의 애국심에 대한 일고찰」, 『일본학보』99.

_____. 2015. 「'교육과 종교의 충돌'논쟁에 관한 일고찰-이노우에 테츠지로(井上哲次郎) 와 요코이 도키오(横井時雄)의 논쟁을 중심으로」, 『인문연구』73.

스즈키 마사유키, 류교열 역. 2005(초판 4쇄). 『근대 일본의 천황제』. 서울: 이산.

魚木忠一. 1941. 『日本基督教の精神的伝統』. 東京: 基督教思想叢書刊行會.

海老沢有道・大内三郎. 1980(7版). 『日本キリスト教史』. 東京: 日本基督教団出版局.

小川武満. 1983. 『平和を願う遺族の叫び』. 東京: 新教出版社.

_____. 1995. 『地鳴り』. 東京: キリスト新聞社.

鹿野正直・由井正臣編. 1982. 『近代日本の統合と抵抗』4. 東京: 日本評論社.

塚田理. 1981. 『天皇制下の基督教』. 東京: 新教出版社.

土肥昭夫・田中真人編著, 同志社大学人文科学研究所編. 1996. 『近代天皇制とキリスト教』. 東京: 人文書院.

土肥昭夫. 2004(5版). 『日本プロテスタントキリスト教史』. 東京: 新教出版社.

富坂キリスト教センター編. 1996. 『近代天皇制の形成とキリスト教』. 東京: 新教出版社.

_____. 2007. 『十五年戦争期の天皇制とキリスト教』. 東京: 新教出版社.

日本基督教団史編纂委員会編. 1967. 『日本基督教団史』. 東京: 日本基督教団出版部.

原誠. 1999. 「日本基督教団とファシズム時代」. 『キリスト教研究』61(1).

_____. 2005. 『国家を超えられなかった教会－15年戦争下の日本プロテスタント教会』. 東京: 日本基督教団出版局.

宮田光雄. 2010. 『国家と宗教』. 東京: 岩波書店.

村上重良. 2007. 『天皇制国家と宗教』. 東京: 講談社.

Min-Seok Son and Eun-Young Park. 2022. "JAPANESE TRANSFORMATION OF AMERICAN RELIGIOUS DISCOURSE: Uoki Tadakazu's Political Theology" *Journal of Dharma* 47(4):493-512.

인터넷자료

'대일본제국헌법'. https://www.houko.com(검색일 : 2020.10.30)

'교육칙어'. https://ja.wikisource.org/wiki/教育ニ関スル勅語(검색일 : 2020.10.30)

'신사본의'. http://kindai.ndl.go.jp/info:ndljp/pid/1040153(검색일 : 2020.10.30)

3장

일본의 근대화 산업유산과 도시재생

|

도미오카 제사장과
실크산업 유산군을 중심으로

박삼헌

1. 일본의 산업유산은 '근대화' 유산

일반적으로 산업유산이란, "역사적, 기술적, 사회적, 건축학적 또는 과학적 가치가 있는 산업문화의 유물"[1]을 의미한다. 구체적으로는 산업혁명을 전후한 공업 중심의 근대화 과정을 거치면서 건설된 항만, 공장, 창고, 수운, 철도 등의 산업 관련 시설이다. 따라서 산업유산은 길게는 150여 년, 짧게는 50여 년의 역사를 지닌다(강동진, 2008: 12). 산업유산은 특징은 첫째, 해당지역에서 번성했던 지역산업과 맥을 같이 하여 근대적 기억과 현대적 삶의 공존을 함께 담고 있다는 다층성, 둘째, 산업시설 특유의 구조로 인해 다양한 변용이 가능하다는 활용성, 셋째, 원도심이나 항만 등에 입지하는 경우가 많아 지역 재생의 새로운 가능성을 도모할 수 있다는 재생성을 들 수 있다(김연진, 2013: 13).

---

* 이 글은 『일어일문학연구』 106-2(2018.08)에 실린 논문을 수정 보완한 것임.

1 2003년 7월 산업유산보존국제위원회(The International Committee for Conservation of the Industrial Heritage, TICCIH)가 국제기념물유적보존협의회(International Council on monuments and Sites, ICOMOS)의 비준을 토대로 UNESCO의 승인을 받아 공표한 '니즈니 타길 헌장(Nizhny Tagil Chater)'에서 제시하는 개념이다. https://www.icomos.org/18thapril/2006/nizhny-tagil-charter-e.pdf

세계적으로는 1973년 산업유산 관련 국제기구인 산업유산보전국제위원회(TICCIH)가 설립되면서 산업유산에 대한 관심이 본격화되었다.[2] 이 같은 세계적 흐름을 배경으로 일본에서도 1960년대 후반에서 70년대 초반에 걸쳐 재개발로 사라질 위기에 처한 터널, 교량, 운하 등을 보전하기 위한 자발적인 시민단체들이 조직되면서 지역의 산업유산에 대한 인식이 등장하였다(伊東孝, 2000: 4~5). 단, 일본에서는 서양의 일반적인 산업화, 근대화 과정의 결과물을 의미하는 '산업유산'이 아니라 에도막부 말기부터 제2차 세계대전까지의 근대화를 나타내는 '근대화유산'이 사용되었다(北河大次郎·後藤治 編著, 2007: 6).[3] 최근에는 '근대화 산업유산'[4] 또는 '메이지 일본의 산업혁명유산'[5]도 함께 사용되고 있다.

이 글에서는 2014년 4월에 일본의 '근대화 산업유산'으로서는 처음

---

2 산업유산보전국제위원회는 2000년 이후 산업고고학에 관한 국제기념물유적보존협의회의 자문 역할을 수행하고 있으며, 산업유산이 세계유산에 등록되기 위한 평가도 실시하고 있다.

3 990년에 문화청 지원으로 실시된 '근대화유산 종합조사'에서 처음 사용되었다.

4 경제산업성이 인정하는 문화유산의 분류로, 에도막부 말기부터 제2차 세계대전까지 일본의 산업근대화에 공헌한 산업유산을 의미한다. 자세한 내용은 経済産業省, 2007 ; 経済産業省, 2009 참조.

5 1850년대부터 1910년까지(=메이지시대) 건설된 규슈(九州)·야마구치(山口) 및 관련 지역의 중공업(제철·철강, 조선, 석탄산업) 시설들을 지칭한다. 地域活性化統合事務局, 2009: 1~2 참조. '메이지일본의 산업혁명유산'은 2015년 5월에 UNESCO 세계문화유산 등재가 확정되었다. 여기에 '군함도'라 불리는, 식민지 조선인 강제동원과 관련된 '하시마탄광(端島炭鉱)'과 미이케(三池) 탄광이 포함되어 있다. '메이지 일본의 산업혁명유산'은 그 명칭에서도 알 수 있듯이, 에도막부 말기부터 제2차 세계대전까지를 대상으로 하는 '근대화 산업유산'과 차별화된 '산업유산'으로 설정되고 있다. 이는 애초에 하시마 탄광이나 미이케 탄광과 같이 식민지 조선인 강제동원과 관련된 장소의 '약점'을 극복하기 위한 일본 정부의 '꼼수'라고 생각된다. 다만, 한국(학계)의 '메이지 일본의 산업혁명유산' 비판은 일본 정부의 '꼼수'에 대한 비판적 고찰을 전제로 했을 때 보다 효과적일 수 있다고 판단된다.

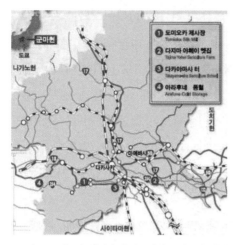

〈그림1〉 도미오카 제사장과 실크산업 유산군의 위치 (『도미오카 제사장과 실크산업 유산군』(한국어판 팸플릿), 군마현 기획부 세계유산과, 2015, p.3)

으로 UNESCO 세계문화유산에 등재된 도미오카 제사장과 실크산업유산군 (富岡製糸場と絹産業遺産群, Tomioka Silk Mill and Related Sites)을 통해서 일본의 근대화 산업유산과 도시재생의 관계를 살펴보고자 한다.

군마현(群馬県)에 위치한 도미오카 제사장과 실크산업 유산군은 실크 생산 공장인 도미오카 제사장, 근대 일본의 양잠법인 세이료이쿠(清凉育)를 개발한 다지마 야헤이(田島弥平) 옛집, 양잠 교육기관이었던 다카야마사 터(高山社跡), 누에알 보존에 사용된 아라후네 풍혈(荒船風穴) 등 4개의 유적지로 구성되어 있다(그림1). 이중 도미오카 제사장은 첫째, 1872년부터 1987년까지 115년간 실제로 가동되었다는 점, 둘째, 일찍이 1972년부터 도미오카시(富岡市)가 '근대화 유산'으로 규정하였다는 점, 셋째, UNESCO 세계유산 등재 이후 관광객이 급증했다는 점에서, 일본의 근대화 산업유산과 도시재생의 관계를 파악하는 데 매우 유용한 소재이다.

우선 도미오카 제사장과 실크산업 유산군의 구성과 그 특징을 간단히 알아보도록 하자.

2. 도미오카 제사장과 실크산업 유산군의 구성과 세계유산으로서 의 가치[6]

1) 도미오카 제사장: 프랑스 기술을 도입한 일본 최초의 본격적 제 사공장

1859년 개항 후 일본 수출품의 대부분을 차지하고 있었던 생사(生絲)의 품질 향상과 증산을 꾀하기 위해 메이지 정부는 1872년에 일본 최초로 증기기관이나 프랑스식 조사기(繰絲機) 등 서구기술을 도입한 기계식 제사공장인 도미오카 제사장을 설립했다. 이후 일본 각지에는 도미오카제사장을 본뜬 기계제사공장이 설립되었고, 도미오카 제사장에서 새로운 제사 기술을 배운 공녀(工女)[7] 중에는 고향에

〈그림2〉『공녀 학습 그림(工女勉強之図)』

---

6 군마현 기획부 세계유산과, 2015 ; 特定非営利活動法人富岡製糸場を愛する会, 2017 등을 토대로 작성함.

7 1872년 제사장 설립과 동시에 공녀 모집 공고를 냈지만, 사람이 모이지 않았다. 그것 은 사람들이 프랑스인이 마시는 와인을 피라고 착각하여 '도미오카 제사장에 취업하 면 외국인에게 생피를 뽑힌다'는 헛소문이 돌았기 때문이었다. 이에 메이지 정부는 이 를 부인하고 제사장 건설의 의의를 적은 '훈시'를 몇 번이나 발표하였다. 또한 초대 제 사장장(製糸場長)이었던 오다카 아쓰타다(尾高惇忠)는 장녀 '유(勇, 당시 14세)'를 공 녀 1호로 취업시키면서 공녀를 모집하였다. 하지만 그럼에도 공녀 모집에는 어려움이 많았다. 결국 예정 인원수의 절반 정도로 당초 예정되었던 7월보다 늦은 10월 4일 조 업이 시작되었다(富岡製糸場世界遺産伝導師協会, 2011: 134~135).

설립된 기계제사공장에서 활약한 사람들도 있었다(그림2).

제사장은 1893년에 민영화된 이후에도 제사기술 개발의 최첨단에 서서 양잠업과 연계된 누에의 우량품종(1대 잡종) 개발과 보급을 주도해 왔다. 1952년에는 개발된 지 얼마 안 된 자동조사기를 본격적으로 도입하여 자동화의 모델공장이 되었다. 그러나 점차 생사의 세계적 가격 경쟁 약화, 나일론과 같은 값싼 화학섬유 등장 등으로 인해 도미오카 제사장은 1987년에 115년간 계속된 조업을 정지하였다(〈표1〉참조).

〈표1〉 도미오카제사장 관련 연표

연도	내용	비고
1868	메이지유신	
1870	제사장 설립 의견서 수립(2월), 제사장 건설 지휘자 폴 브뤼나 고용(6월)	관영 (官營)
1872	오쿠라쇼(大蔵省) 권업사(勸業司)의 관리 하에 조업 개시(10.4)	
1873	에이쇼(英照) 황태후·쇼켄(昭憲) 황후 방문(6.24)	
1893	미쓰이(三井) 기업에 불하(10.1)	민영 (民營)
1902	황태자(다이쇼 천황) 방문(6.2), 하라(原) 합명회사에 양도(9.13)	
1915	1부(府) 7현(県) 잠업대회 개최	
1920	미국견업시찰단 방문	
1938	주식회사 도미오카제사소로 조직개편, 가타쿠라(片倉)에 위탁(7.12)	
1939	가타쿠라에 합병 후 가타쿠라도미오카 제사소로 개칭	
1943	가타쿠라공업주식회사로 회사명 변경	
1946	쇼와 천황 방문(3.25)	
1947	데이메이(貞明) 황태후 방문(6.6)	
1948	가타쿠라공업주식회사 도미오카공장으로 개칭(1.1)	
1969	황태자(헤이세이 천황) 부부 방문(7.31)	

연도	내용	비고
1987	조업 중지(3.5)	민영 (民營)

※ 富岡市教育委員会, 1977:「富岡製糸場年表」富岡製糸場世界遺産伝導師協会, 2014 ;「朝日新聞」등을 참조하여 작성함.

도미오카 제사장은 1872년 설립 당시에 세워진 동쪽·서쪽 누에고치 창고와 조사장(이상 국보), 1873년에 세워진 브뤼나(Brunat)관으로 불리는 수장관(首長館), 검사인관, 여공관(이상 국가지정 중요문화재) 등으로 구성되어 있다(그림3). 현재 도미오카 제사장은 조업 정지 후에도 건조물이 잘 유지, 관리되어 왔기 때문에, 설립 당시의 건축물, 조업이 중지될 때까지 사용된 자동 조사기 등이 그대로 보

〈그림3〉 도미오카 제사장 현장 배포 팸플릿(한국어판), 2017년 3월 개정에서 인용.

〈그림4〉 제사 공장(필자 촬영)

존되어 있다(그림4). 이런 의미에서 도미오카 제사장은 일본의 근대 제사 발전의 상징적 공간이라 할 수 있다.

2) 다지마 야헤이 옛집: 기와지붕에 환기설비를 갖춘 근대 양잠 농가의 원형

<그림5> 다지마 야헤이의 옛집 본관(wikipedia)

다지마 야헤이 옛 집이 있는 시마무라(島村)는 에도시대부터 누에씨 제조가 왕성한 지역이었다. 다지마 야헤이는 좋은 누에씨를 만들기 위한 양잠법을 연구하여 통풍을 중시한 '세이료이쿠(清涼育)'를 개발하였고, 이를 위해 1863년에 솟을지붕(망루)이 있는 주거 겸 잠실(蠶室)을 완성하였다. 1층이 주거이고 2층이 잠실(蚕室)이다. 통풍을 중시하여 창문이 많고 솟을지붕이 건물 전체에 만들어져 있다. 이 구조는 야헤이가 저술한 『양잠신론(養蚕新論)』(1872), 『속양잠신론(續養蚕新論)』(1879)에 의해서 각지로 널리 퍼졌으며, 이것이 일본 근대 양잠 농가 건축의 원형이 되었다(그림5). 또한 야헤이 등은 1879년부터 1881년까지 이탈리아에 누에씨를 가져가 현지에서 직접 판매하기도 하였다. 야헤이는 1889년 파리만국박람회에 잠종(蚕種)을 출품하여 은상패를 수상하기도 하였다. 도미오카 제사장이 고치 개량운동을 시작했을 때 다지마 일족은 외국종과 1대 잡종의 시험 사육에 적극 협력하였다.

3) 다카야마사 터: 일본 근대 양잠업의 표준 '세이온이쿠(清溫育)'를 개발한 장소

다카야마 조고로(高山長五郎)는 고치의 증산과 품질향성을 위한 연구를 한 인물로 환기와 온도, 습도 관리를 꼼꼼하게 하는 '세이온이쿠'를 확립하고, 이를 보급하기

〈그림6〉 다카야마사의 잠실(wikipedia)

위해 1884년에 양잠 교육기관 '양잠 개량 다카야마사'를 설립하였다. 1891년에 세워진 주거겸 잠실은 다지마 야헤이에게 배운 것으로, 바닥과 같은 높이로 만든 큰 창문, 통풍공간, 누에 선반 아래 통기구, 발처럼 엮은 천장 등 의 환기 시설이 갖춰졌다(그림6). 온도조절 시설로는 1층에 난로, 2층에 화로를 두었으며, 방마다 온도와 습도 조절을 가능하도록 만들었다.

다카야마사는 1901년에 갑종(甲種) 다카야마사 양잠학교로 발전하였으며, 일본 국내만이 아니라 중국, 한국, 타이완으로부터도 학생을 받아들였다. 또한 우수한 졸업생을 전국에 양잠 교사로 파견한 결과, '세이온이쿠'는 일본 근대 양잠법의 표준이 되었다. 도미오카 제사장이 고치 개량운동을 시작했을 때 다카야마사는 외국종이나 1대 잡종의 시험 사육, 농가의 사육지도 등에 협력하였다. 다카야마 양잠학교는 1917년 2대 사장 마치다 기쿠지로(町田菊次郎)가 사망한 이후 1927년에 폐교되었다. 재학생은 같은 해 개교한 군마현립 양잠학교에 편입하였다.

4) 아라후네 풍혈: 자연의 냉기를 이용한 일본 최대 규모의 누에씨 저장시설

〈그림7〉 아라후네 풍혈 모형도(군마현 기획부 세계유산과, 2015: 15)

일본의 양잠은 고대부터 1년에 한 번 봄에 하는 것이 일반적이었다. 19세기 후반부터는 여름에도 저온의 바람이 나오는 풍혈이라 불리는 장소에 누에씨를 저장하여 부화 시기를 조절함으로써 1년에 여러 번 양잠을 하려는 시도가 시작되었다. 1904년 다카야마사 양잠학교에 재학중이던 니와야 센주(庭屋千寿)가 차가운 바람이 나오는 풍혈을 발견하고, 그의 아버지 세이타로(静太郎)가 1905년부터 1914년에 걸쳐 기상학과 양잠, 그리고 토목 전문가의 지도를 받아 누에씨를 저장하는 아라후네를 건설하였다. 아라후네 풍혈은 일본 최대의 저장 규모를 자랑하며 일본 내 40개 도부현을 비롯하여 한반도에서 온 누에씨도 저장하였다. 1914년 당시, 풍혈 3개에 잠종지(蚕種紙) 총 110만 장을 축장할 수 있는 규모로 발전하였다(그림7). 도미오카 제사장이 고치 개량운동을 시작했을 때, 시험사육용 누에씨를 보관하는 등 협력을 하였다. 1935년 전기냉장고 보급으로 그 기능이 다하고 문을 닫았다.

5) UNESCO 세계유산으로서의 가치[8]

UNECCO에 따르면, 세계유산은 '탁월한 보편적 가치(OUV ; Outstanding Universal Value)'를 갖고 있는 부동산 유산을 대상으로 하며, 그 특성에 따라 자연유산, 문화유산, 복합유산으로 분류한다. 어떤 유산이 세계유산으로 등재되기 위해서는 한 나라에 머물지 않고 탁월한 보편적 가치가 있어야 한다. 세계유산 운영지침은 문화유산의 탁월한 가치를 평가하기 위한 기준으로 (표2)와 같이 6가지 가치 평가 기준 및 자연유산과의 공통기준 2가지를 제시하고 있다.

⟨표2⟩ 문화유산의 등재기준

기준	
I	인간의 창의성으로 빚어진 걸작을 대표할 것
II	오랜 세월에 걸쳐 또는 세계의 일정 문화권 내에서 건축이나 기술 발전, 기념물 제작, 도시 계획이나 조경 디자인에 있어 인간 가치의 중요한 교환을 반영
III	현존하거나 이미 사라진 문화적 전통이나 문명의 독보적 또는 적어도 특출한 증거일 것
IV	인류 역사에 있어 중요 단계를 예증하는 건물, 건축이나 기술의 총체, 경관 유형의 대표적 사례일 것
V	특히 번복할 수 없는 변화의 영향으로 취약해졌을 때 환경이나 인간의 상호 작용이나 문화를 대변하는 전통적 정주지나 육지·바다의 사용을 예증하는 대표 사례
VI	사건이나 실존하는 전통, 사상이나 신조, 보편적 중요성이 탁월한 예술 및 문학작품과 직접 또는 가시적으로 연관될 것 (다른 기준과 함께 적용 권장)
* 모든 문화유산은 진정성(authenticity; 재질, 기법 등에서 원래 가치 보유) 필요	
자연유산 과 공통	완전성(integrity): 유산의 가치를 충분히 보여줄 수 있는 충분한 제반 요소 보유
	보호 및 관리체계: 법적, 행정적 보호 제도, 완충지역(buffer zone) 설정 등

※ 「유네스코와 유산」(heritage.unesco.or.kr)에서 인용

---

8 「유네스코와 유산」(heritage.unesco.or.kr)을 참고로 작성하였다.

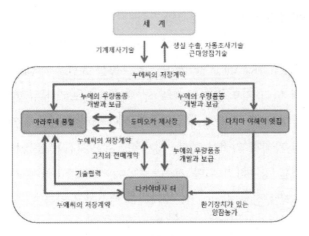

이러한 가치평가기준 이외에도 문화유산은 기본적으로 재질이나 기법 등에서 유산이 진정성(authenticity)을 보유하고 있어야 한다. 또한, 문화유산과 자연유산 모두 유산의 가치를 보여줄 수 있는 제반 요소를 포함해야 하며, 법적, 제도적 관리 정책이 수립되어있어야 세계유산으로 등재할 수 있다.

도미오카 제사장과 실크산업은 프랑스의 기술 도입에서부터 시작하여 일본의 독자적인 자동제사기의 실용화까지, 제사의 기술혁신을 끊임없이 이루었으며, 서양에서 도입한 기계제사기술을 발전시키고 동시에 양잠업 기술을 혁신하여 그 기술들을 다시 세계 각국으로 널리 퍼뜨렸다.

또한 도미오카 제사장과 실크산업 유산군을 구성하는 4가지 문화유산은 각각 기술혁신의 장이 되었으며 동시에 서로 연계되어 기술을 교류하였다. 특히 도미오카 제사장이 질 좋은 고치를 대량으로 확보하기 위해 실시한 고치 개량운동을 실시했을 때 다지마 집안과 다카야마사, 그리고 아라후네 풍혈은 시험사육과 누에씨 제조, 사육지도, 누에씨 저장 등 우량품종의 개발과 보급에 협력하였다(도표1).

이상과 같은 도미오카 제사장과 실크산업 유산군의 특징은 고품질 생사의 대량생산을 실현하여 실크산업을 발전시켰으며 일본과 다른 국가들과의 산업기술 상호교류를 나타내는 좋은 사례로 평가받았고, 이를 토대로 세계유산에서 요구하는 등재기준 (Ⅱ)와 (Ⅳ)를 만족하는 문화유산으로 평가받아 2014년 6월 21일 세계문화유산에 등록되었다.

그러나 2007년 7월 5일 일본의 세계문화유산 후보에 선정되었을 때에는 관련 유산군으로 9곳이 예정되어 있었는데, 결국에는 그중 7곳을 제외하고 다지마 야헤이 옛집을 추가시키면서 세계유산 최종 등록이 이뤄졌다(鈴木淳, 2017: 88~89).[9]

다음은 세계문화유산 등록 과정, 그리고 그 과정에서 도시재생과의 관계가 어떻게 설정되었는지 구체적으로 알아보도록 하자.

3. 일본 근대산업발상지, 도미오카제사장 스토리의 등장

도미오카 제사장을 지역 문화유산으로 인식하고, 이를 도시재생에 활용하려는 시도는 도미오카 제사장 설립 100년을 맞이한 1972년부터 시작되었다. '일본근대산업발상 100년제'가 그것이다. 이는 정부

---

9 애초에 설정된 실크산업 유산군은 다음과 같다. 양잠 관련은 우스네의 큰 뽕나무(薄根の大クワ), 아라후네 풍혈, 도치쿠보(栃窪) 풍혈, 다카야마사 터, 도미자와(冨澤) 주택, 아카이와(赤岩) 지구 양잠 농가군 등 6곳, 제사 관련은 도미오카 제사장, 옛 간라사(甘楽社) 오바타구미(小幡組) 창고 등 2곳, 유통 관련은 우스(碓氷) 고개 철도 시설, 옛 우에노 철도 관련 시설 등 2곳이다.

가 1968년에 일본의 근대화를 긍정적으로 평가하기 위해 '국민적' 행사로 기획했던 '메이지 백년기념제'의 연장선상에 도미오카 제사장을 규정하려는 시도였다.[10]

일본근대산업발상100년제는 '관영 도미오카 제사장 창립 기념'이라는 부제를 달고 1972년 10월 10일부터 15일까지 도미오카 제사장에서 개최되었다. 기념행사 프로그램을 보더라도 대부분의 행사는 도미오카 제사장에서 진행되었다(표3 참조). 당시는 아직 가타쿠라공업 주식회사가 제사장을 가동하고 있던 시기였음을 고려한다면, 이 행사에는 도미오카 제사장을 지역 문화유산으로 활용하려는 도미오카시의 강력한 요청이 작동하고 있음을 추측할 수 있다.

〈표3〉 일본근대산업발상100년제 기념행사(1972.10.10.~12)

행사	일시	장소
물고자(物故者)[11] 위령제	10.10	브뤼나관
기념식전	10.12	
공로자 현창		
명예시민 제도 제정		
도미오카 제사장 자료전	기간중	동쪽 누에고치 창고
외국 아동 회화전		도미오카 상공회관
공장시설 일반 공개		가타쿠라공업 도미오카공장

---

10 메이지 백년기념제와 근대화론에 대해서는 道家真平, 2015 참조.

11 간에이(寬永) 시대(1624~1644)에는 여공 52명이 사망하였다. 19세~22세가 가장 많았고, 최연소자는 13세였다. 이들 중 지역 출신이 아닌 자들은 현재 류코지(龍光寺)묘원(墓苑)에 모셔져 있다.

행사	일시	장소
오카타니시(岡谷市)와 자매도시 체결		도미오카시
시민헌장 제정	10.15	
시목(市木)·시화(市花) 제정		도미오카 소학교 강당
NHK 노래자랑 콩쿠르		
도미오카 마쓰리	10.14~15	시내

※日本近代産業発祥100年祭実行委員会,『日本近代産業発祥100年祭』, 富岡市, 1972, p.1에서 인용.

도미오카시는 ①오래전부터 양잠의 중심지로써, 우수한 고치를 생산하였고, ②묘기산(妙義山)에서 흘러내리는 다카다천(高田川)으로부터 물을 끌어오기 쉽고, 수질도 제사에 적합하며, ③당시 마을 유력자들이 용지매수에 적극적으로 협력하여 부지 입수가 순조로웠다는 점 때문에 도미오카 제사장이 '기념해야 할 장소'로 선정되었음을 밝혔다. 또한 기념행사 이외에도 도미오카 제사장을 널리 알리기 위해 도미오카 제사장의 역사 및 누키사키신사(貫前神社) 등을 컬러로 인쇄한 사진엽서(1세트 8장)도 제작하여 주민에게 배포하고 방문자에게 판매하기도 하였다.[12]

이와 같이 도미오카시는 도미오카 제사장 창립기념 행사를 '일본근대산업발상 100년제'로 규정하고 있다. 그리고 이 행사는 도미오카 제사장을 근대화유산의 장소로 '기억'하도록 만드는 단초를 제공하였다.

같은 해 도미오카시는 여공 와다 에이(和田英)의 『도미오카일기(富岡日記)』등과 같은 개인 자료는 물론이고, 간에이(寬永) 시대부터 민영화 이후까지의 자료를 총망라하여 수집하는 작업에 착수하였다.[13] 이는

---

12 「富岡製糸場100年祭盛りだくさんな行事」,『朝日新聞』(群馬), 1972.10.11.

13 「過去帳に見る工女たち 官営富岡製糸場生れて100年郷土史家の調査から」,『朝日新聞』,

〈그림8〉 경내에 있는 일본근대산업발상 100년제 기념수(필자 촬영)

"관영 도미오카 제사장이 도미오카시에 설치된 배경과 사실을 명확히 하고, 특히 창업했을 당시에 중점을 두고 이를 산업문화사적으로 해명하며, 그 의의를 평가"하기 위한 기초작업이었다(林喜代松, 1977: 4). 그 결과 1977년에 상·하권 합쳐 2,000페이지가 넘는 막대한 자료집『도미오카 제사장지(富岡製糸場誌)』가 간행되었으며, 이는 일본의 근대산업발상지라는 도미오카 제사장의 스토리를 구성하기 위한 사료적 근거 마련의 토대가 되었다.

이상과 같이 도미오카시가 주최한 1972년의 '일본근대산업발상 100년제'는 도미오카 제사장을 근대화 유산으로 규정짓는 결정적인 계기 및 토대가 되었다(그림8). 이런 의미에서 도미오카 제사장은 동시기에 세계적으로 등장했던 '산업유산'이 아니라 '근대화유산'이라는 용어를 사용한, 다시 말해서 산업유산을 근대화 유산으로 인식한 일본의 특징이 나타난 첫 번째 사례라 할 것이다.

한편, 1987년 3월 5일, 가타쿠라공업사는 엔고 영향과 만성적 구조불황 때문에 도미오카 제사장의 조업을 중지하였다. 가타쿠라공업

1972.11.7.

사는 이곳을 관광 자원으로 활용하겠다는 계획을 발표하였다.[14] 이후 도미오카 제사장을 일본의 근대화 과정에서 생산된 산업유산으로 활용하기 위한 논의가 본격적으로 시작되었다.

4. 도미오카 제사장 주변의 마을만들기[15]와 세계문화유산 등록

1) 도미오카 제사장 보존 방식을 둘러싼 논의

1980년경부터 도미오카시 교육위원회는 가타쿠라공업사에게 도미오카 제사장의 "문화재 지정"을 요청하였다. 하지만 가타쿠라공업사는 문화재로 지정했을 때 발생하는 여러 규제를 이유로 거부했다.[16]

당초 가타쿠라공업사는 조신에쓰(上信越) 자동차도로가 개통되는 1992년(실제 개통은 1993년)까지 도미오카 제사장을 어떻게 할지 방법을 제시하겠다고 발표하였다. 이를 계기로 도미오카 시민들 사이에서는 박물관 형태로 보존할 수 있을 지도 모른다는 기대감이 퍼졌다. 하지만 가타쿠라공업사는 국가나 시의 매수 또는 국가문화재지정 등과 같은 행정 측 의향에 불만을 나타내며 어디까지나 당사를 위한 사업에 사용할 것임을 명확히 밝혔다.[17] 이후 도미오카시 청년회의소

---

14 「製糸場の歴史に幕(片倉工業富岡工場)」,『朝日新聞』, 1987.1.14.
15 최근 들어서 일본의 마을만들기는 정부주도 지역개발의 한계를 극복하고 주민자치를 실현하기 위해서는, 정부주도에서 주민주도로 마을만들기 주체의 전환이 필요하다는, 주체와 운동의 관점을 강조하는 용어로 사용된다(김혜숙, 2017: 6~12 참고). 하지만 본고에서는 주체와 운동을 관점에 국한 시키지 않고 폭넓게 '도시계획'의 의미로 사용하고자 한다.
16 「旧官営富岡製糸場の外観見学可能　所有者が妥協…(Gファイル)/群馬」,『朝日新聞』, 1996.7.3.
17 「製糸場の保存」,『朝日新聞』, 1991.3.7.

가 도미오카 제사장의 역사적 가치에 대한 인식을 확산시키기 위해 1986년부터 1년에 1회 개최하는 '실크데이' 이외에는 일반 공개를 거부하였다.

한편 1991년 9월에 실시된 도미오카 시장 선거에서는 출마한 후보들은 죠신에쓰자동차도로 개통을 앞두고 지역 경제 활성화 대책 중 하나로 "제사장 터를 관광시설로 개방"하겠다는 공약을 공통적으로 제시하였다.[18] 이는 1990년에 문화청의 의뢰로 각 지자체가 '근대화유산'을 조사하기 시작한 것을 배경으로 한다(각주1 참조). 군마현이 1992년에 '실크 페어 구상'을 수립하면서 제사장을 희망 후보지로 지정한 것도 그 일환이었다. 하지만 이 또한 가타쿠라공업사가 공장 내부를 공개할 수 없다는 이유로 난색을 표하면서 성사되지 못했다.[19]

1995년 9월 12일, 재도전으로 마침내 도미오카 시장에 당선된 이마이 세이지로(今井清二郎)는 도미오카 제사장에 관해서도 적극적으로 가타쿠라공업사와 협의하겠다는 포부를 밝혔고,[20] 이듬해 5월에는 시민 주최로 개최된 '마을만들기(町づくり) 집회에 참가하여 향후 시민과 함께 도미오카 제사장을 일반 공개하도록 하는 운동을 펼쳐 나갈 것을 선언하였다.[21] 그러나 이 선언은 도미오카 제사장 개방을 바라는 시민들의 요구를 반영한 것이지만, 어디까지나 가타쿠라공업사의 양해를 구하지 않은 이마이 시장의 일방적인 발표였다.

---

18 「現・新の一騎打ち 激しい戦いを展開富岡市長選スタート」, 『朝日新聞』, 1991.9.2.

19 (주14)와 동일한 자료.

20 「新市長、今井清二郎氏が21日に初登庁　富岡市選管が当選証書／群馬」, 『朝日新聞』, 1995.9.12.

21 「住民の声が聞こえますか　初の市長と市民の対話集会開催　富岡／群馬」, 『朝日新聞』, 1996.5.25.

하지만 도미오카 제사장의 개방을 바라는 시민의 요구를 무시할 수 없었던 가타쿠라공업사의 양해를 얻어내는데 성공하여 1996년 7월 3일부터 9월 30일까지 여름방학동안 일반인 특별공개를 실시하였다.[22] 단, 이때에는 도미오카시 상업관광과에 사전 예약을 해야만 관람할 수 있었고, 제사장 내부도 관람할 수 없었다. 이는 일반 개방을 바라는 시민의 요구를 배경으로 한 도미오카 제사장의 역사적 장소성은 인정하지만 사적 소유권을 행사하려는 가타쿠라공업사, 이에 대해 도미오카 제사장의 역사적 장소성을 근거로 공공재적 성격을 강조하는 도미오카시의 힘겨루기가 일반 공개를 바라는 시민의 요구 앞에서 타협한 결과임을 보여준다. 그럼에도 많은 날에는 관람객이 하루에 100명을 넘을 정도였다. 관람객을 위한 가이드는 군마현의 퇴직 교장회 도미오카지부 회원 19명이 자원봉사로 참가하였다.[23] 도미오카 제사장을 관광자원으로 삼은 '마을만들기'에 시민들의 참여도 보다 적극적으로 이뤄지기 시작한 것이다.

1997년 8월에도 1개월에 걸친 특별공개를 성황리에 마친 직후, 이마이 시장은 '붉은 벽돌 플랜 21위원회'를 조직하고 도미오카 제사장 시설 활용과 개발계획을 세웠다. 여기에서는 도미오카 제사장 활용을 도미오카시 중심시가지 활성화에 반드시 필요한 요소로 인식하고, 상시 관람이 가능한 환경 정비, 관광시설로서의 사업화 검토, 문화재 지정 등을 단계적으로 진행할 것을 제안하였다. 이 또한 가타쿠라공업사의 의향을 확인하지 않은 일방적인 발표였다. 그럼에도 이마이 시장은 '붉은 벽돌 21위원회'의 제안을 토대로 1998년 4월에 가타쿠

---

22 「歴史きざんだ建物, 旧富岡製糸場が夏に一般公開」, 『朝日新聞』, 1996.6.2.
23 「旧富岡製糸場を特別公開 29日まで」, 『朝日新聞』, 1997.8.1.

라공업사에게 상시 관람을 요청하였다.[24] 하지만 2005년 사적으로 지정되고, 같은 해 가타쿠라공업사가 마침내 도미오카 제사장을 도미오카시에 기증할 때까지 7년 간 상시 관람은 이뤄지지 않았다.[25]

한편, 도미오카시는 2002년 2월, '도미오카 중앙 토지구획 정리사업'을 발표하였다. 이중에는 도미오카 제사장을 핵심으로 한 관광형 상업지 건설 계획도 포함되었다.[26] 이어서 2003년 8월, 군마현도 '도미오카 제사장을 세계유산으로 만드는 연구 프로젝트(富岡製糸場を世界遺産にする研究プロジェクト)'를 발표하였다.[27] 이후 세계문화유산 등록 여부는 도미오카시의 도시재생을 좌우하는 핵심 사안으로 떠오르게 되었다. 특히 죠신전철(上信電鉄) 죠슈토미오카역(上州富岡駅)에서 출발하여 도미오카 제사장에 이르기까지의 공간은 세계문화유산 등록을 위한 중요한 공간이 되었다. 다음은 세계문화유산 등록을 위한 도미오카시의 마을만들기에 대해 살펴보도록 하자.

2) 세계문화유산 등록을 위한 도미오카시의 마을만들기

2004년 4월, 군마현은 세계유산추진실을 설치하였다.[28] 하지만 이는 어디까지나 도미오카 제사장의 소유자인 가타쿠라공업사와 합의한 사항이 아닌 일방적 행보였다. 그럼에도 군마현은 '제1회 도미오

---

24 「旧官営富岡製糸場、いつも見学させて 富岡市長、所有者に要望／群馬」, 『朝日新聞』, 1998.3.24.

25 「近代遺産の旧新町屑糸紡績所で初の一般見学会120人が参加／群馬県」, 『朝日新聞』, 2005.10.21.

26 「諸手続き開始発表富岡市街地の『中央土地区画整理事業』／群馬」, 『朝日新聞』, 2002.2.28.

27 「『近代産業発祥』の富岡製糸場、世界遺産登録へ研究班／群馬」, 『朝日新聞』, 2003.8.26.

28 「世界遺産目指し推進委発足へ 県, 富岡製糸場の登録／群馬」, 『朝日新聞』, 2004.4.7.

카 제사장 세계유산 전도사 양성강좌'를 개설하였고, 이 강좌의 수료자를 중심으로 같은 해 8월 30일, '도미오카 제사장 세계유산 전도사 협회'가 설립되었다. 이 단체는 도미오카 제사장의 가치의 보급 및 계몽 활동을 펼치는 자원봉사 단체이다. 2017년 3월 현재, 224명이 활동중이다.[29]

이처럼 시민 차원에서도 군마현 차원에서도 적극적으로 세계문화유산 등록을 추진하는 분위기가 조성되는 가운데, 그동안 해결되지 않았던 가타쿠라공업사와의 합의도 2004년 9월에 이뤄졌다.[30] 가타쿠라공업사가 국가 중요문화재 지정 등을 받아들이고 도미오카시에 도미오카 제사장 부지를 양도한 것이다.[31]

2006년 3월, 도미오카시는 1997년부터 추진했지만 여전히 시민을 설득하지 못했던 중심지 시가지 구획정리사업계획을 폐기하고, 새롭게 세계유산 등록을 위한 '마을만들기' 계획을 확정 발표하였다(표4 참조).[32]

29 「富岡製糸場世界遺産伝道師協…会」, 群馬県HP(http://www.pref.gunma.jp/01/b4610003.html) 참조

30 「所有者の片倉工業, 受け入れの意向 富岡製糸場が重文指定／群馬」, 『朝日新聞』, 2004.9.9.

31 「製糸場用地取得に10億円富岡市05年度予算案／群馬」, 『朝日新聞』, 2005.2.22. 도미오카 제사장 부지 매입비용 10억 엔의 내역은 국가 보조 9억 엔, 현 보조 1억엔, 시 부담 1억 엔이다.

32 「『富岡製糸場を世界遺産に』街並み保存, 区画整理中止新たな街づくり／群馬」, 『朝日新聞』, 2005.3.25. 도미오카시는 4월에 행정기구로 '도미오카 제사장과(富岡製糸場課)'를 설치하였다.

〈표4〉 도미오카시 마을만들기 계획 확정 과정

연월	내용
2005.03	도미오카시 마을만들기 계획 재검토 결정
2005.03.	도미오카시 마을만들기 계획 재검토 협의 시작
2005.04 ~ 07	마을만들기 계획 재검토 검토회 개최(시청)
2005.05 ~ 07	마을만들기 워크숍 실시
2005.08	도미오카시 마을만들기 계획(안) 책정
2005.11 ~ 2006.02	역사적 문화유산을 계승하는 거리·마을만들기 검토회 개최
2006.03	도미오카시 마을만들기 계획 확정

※ 富岡市建設部富岡中央街づくり推進室, 2006.3: 42.

도미오카시는 다음과 같이 마을만들기의 관점을 제시하고 있다.

도미오카시의 중심 시가지에는 도미오카 제사장이 1872년 창건 당시 모습을 간직하고 있고, 그 도미오카 제사장을 이용한 마을만들기를 추진하는 것이 매력 창출로 이어진다.

세계유산 등록이라는 큰 목표를 향한 마을만들기를 추진하는데 다음과 같은 세가지 시점을 염두에 두고 마을만들기를 추진하는 것이 장래를 향한 지속성 있는 마을만들기와 연결된다.

첫째, 그곳에 사는 생활자의 관점

둘째, 주변 지역에서 모이는 시민의 관점

셋째, 관광객 등의 방문자 관점(富岡市建設部富岡中央街づくり推進室, 2006.3: 2)

또한 세계문화유산 등록을 위해서는 도미오카 제사장 주변 환경이 '완충지대'로서 적절히 보호되어 있는 것도 큰 전제조건이므로, '완충지대'를 보호하기 위한 개발 규제와 세계유산에 걸 맞는 마을만들기를 제도적으로도 정비할 필요가 있음을 밝히고 있다(富岡市建設部富岡

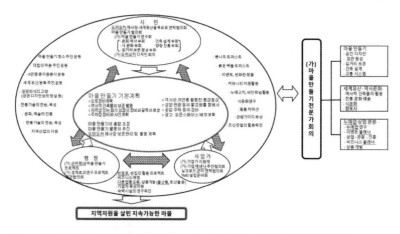

中央街づくり推進室, 2006.3: 3).

도미오카 제사장 주변에 대해서는 "메이지시대의 역사와 문화를 가깝게 접하며 걸을 수 있는 거리 환경 창조 및 육성"을 목표로 하였다(富岡市建設部富岡中央街づくり推進室, 2006.3: 1). 구체적으로는 (가칭)도미오카 디자인회의와 협의하여 경관조례 및 마을만들기 협정에 기초한 디자인 가이드라인을 정함으로써, 역사성을 살린 거리 경관 형성이 가능하도록 유도하였다(富岡市建設部富岡中央街づくり推進室, 2006.3: 16~17). 주택의 경우는 무채색 지붕, 그리고 백색 또는 도미오카 제사장과 같은 붉은 벽돌 등의 벽면을, 점포의 경우에는 쇼 윈도우를 설치하고 전시조명을 문 닫은 후에도 켜두도록 하는 등 구체적인 방침을 제시하였다. 이렇게 하여 만들어진 도미오카 제사장 주변은 전통적인 건축형태의 상점이 즐비한 거리와 비슷한 경관으로 재정비되었다.

또한 도미오카 제사장을 방문하는 관광객을 대응하기 위해 1점포 1작가 사업(각 점포에서 지역 출신 작가의 작품 등을 전시 판매), 1점포 2업종

사업(본업 이외에 토산품이나 찻집 등 관광객을 대상으로 장사) 등을 추진하였고(富岡市建設部富岡中央街づくり推進室, 2006.3: 2: 23~24), 특히 도미오카 제사장의 특징을 살린 갤러리나 실크 관련 상점도 지원하였다(富岡市建設部富岡中央街づくり推進室, 2006.3: 25). 이외에도 도미오카의 역사와 문화를 배울 수 있는 데라코야(寺子屋, 조선의 서당과 같은 서민 대상 교육기관)를 개설하여 지역 전문가 초청 강좌를 개설하는 등 도미오카 제사장을 핵심으로 하는 '도미오카학(富岡学) 확립을 도모하였다(富岡市建設部富岡中央街づくり推進室, 2006.3: 25).

도미오카시의 도시 만들기는 시민·사업자·행정의 3자 협동에 의해서 추진되었다(도표2 참조). 그 결과 현재 도미오카 제사장 주변의 긴자(銀座) 거리, 니초(二町) 거리 등과 같은 거리는 전전(戰前) 일본의 분위기를 느낄 수 있는 경관으로 재정비되었고, 이는 현재 관광객들에게 '도미오카 산책' 코스로 제시되고 있다.

이상과 같은 도미오카 제사장 및 주변의 마을만들기의 특징은 무엇보다도 도미오카시의 일관된 주도에 의해서 이뤄졌다는 점이다. 하지만 이 못지않게 세계유산 등록을 통한 지역 경제 회생 등을 기대하는 시민들의 적극적인 참여도 중요한 부분을 차지한다. 특히 도미오카 제사장을 소유한 가타쿠라공업사에 대한 여론의 압박은 도미오카 제사장 및 주변의 마을만들기의 가장 두드러진 특징이라 할 것이다. 왜냐하면 도미오카시가 1997년부터 추진해 오던 시가지 구획정리사업계획이 시민의 협력을 얻지 못하고 지지부진한 상태였던 것에 비해, 가타쿠라공업사가 도미오카 제사장의 국가 중요문화재 지정을 받아들이고 도미오카시에 제사장 부지를 양도한 것을 계기로 도미오카시가 준비한 세계유산 등록을 위한 새로운 마을만들기 계획은 시민들의 적극적인 협조로 순조롭게 마무리되었기 때문이다. 이런 의미에서

도미오카 제사장 주변의 마을만들기는 기존의 혁신적 관점에서 평가
받는 마을만들기[33]와는 그 내용을 달리하는, 다시 말해서 관민일체형
마을만들기의 결과물이라고도 할 수 있을 것이다.

　이상과 같은 마을만들기가 진행되는 한편, 2007년 7월에는 국가
사적, 이듬해 7월에는 중요문화재로 지정되면서 세계문화유산 등록
을 향한 제도적 준비가 마무리되었고, 마침내 2014년 6월 21일 도미
오카 제사장은 세계유산에 등록되었다(표5). 일본에서는 18번째, 문화
유산으로는 2013년도의 '후지산'에 이어 14번째, 근대산업유산으로
는 처음이었다.

〈표5〉 도미오카제사장의 세계유산 등록 과정

연도	내용
1972	일본근대산업발상 100년제(관영 도미오카제사장 창립기념, 10.10~15)
1987	조업 중지(3.5)
1996	도미오카시 요청으로 일반인 특별 공개(7.3~9.30)
2003	군마현, 세계유산 등록운동 시작(8.25)
2004	군마현, 세계유산추진실 설치(4.7), 세계유산전도사협회 설립(8.30)
2005	사적 지정(7.14), 가타쿠라공업이 건물 등을 도미오카시에 양도(10.1)
2006	중요문화재 지정(7.5), 도미오카 제사장의 공유지화 완료(11.23) 도미오카 제사장과 실크산업 유산군 제안서를 문화청에 제출(11월)
2007	문화청이 세계문화유산 국내 후보로 선정(1.23)
2008	'세계유산 포럼' 개최(3.20)

---

33 예를 들면 고바야시 이쿠오는 다음과 같이 혁신적 관점에서 마을만들기를 기존의 도
시계획과 비교하고 있다. "마을만들기는 지역에서 시민에 의한, 자율적이고 지속적인
환경개선운동이다. 도시계획은 국가와 정부에 의한 통일적 연속적인 환경형성제도이
다. 즉 마을만들기는 도시계획이 아니고 시민의 참가라는 점에서 운동이다." 伊藤雅
春·小林郁雄·澤田雅浩·野澤千絵·眞野洋介, 2017: 7~8.

연도	내용
2011	천황 부부 방문(8.23)
2014	유네스코 세계문화유산 등록(6.21)

※ 富岡市, 1972 : 『朝日新聞』 기사 등을 참조하여 작성함.

5. 도미오카 제사장과 실크산업 유산군의 UNESCO 세계유산 등록의 의미

이상 도미오카 제사장과 실크산업 유산군이 일본의 근대화 산업유산으로 규정되는 과정, 그리고 이 과정에서 등장한 UNESCO 세계유산 등록과 도미오카 제사장과 주변을 둘러싼 도미오카시의 마을만들기가 어떠한 관련성을 지녔는지 살펴보았다. 그 특징을 정리하면 다음과 같다.

첫째, 도미오카 제사장은 도미오카시가 1972년에 개최한 '일본근대산업발상100년제'를 계기로 일본의 대표적인 근대화유산으로 인식되었다. 이는 산업유산을 근대화유산으로 인식한 일본의 특징이 나타나는 최초의 사례라 할 것이다. 이런 의미에서 동시기에 일본에서 진행된 산업유산의 재정비, 예를 들면 홋카이도의 오타루 운하 주변 정비 등과는 그 내용을 달리하는, 다시 말해서 비서구권에서 유일하게 '근대화'에 성공한 국가라는 프로파간다가 투영된 최초의 '근대화유산'이라 할 것이다.

둘째, 도미오카 제사장의 보존을 둘러싼 30년 가까운 도미오카시와 가타쿠라공업사의 대립, 그러나 도미오카시(군마현 포함)에 의해서 세계유산 등록이라는 도시 재생의 목표가 제시되었을 때, 이를 명분으로 삼아 도미오카 제사장의 '공적 이용'을 사적 소유권자인 가타쿠라공업사에게 압박하는 시민들의 움직임, 그리고 마침내 가타쿠라공업사가 '백기'를 든 후, 도미오카시가 10여 년간 시민의 협력을 얻지 못해 지지부진하던 중심지 시가지 구획정리사업계획을 폐기하고 세계유산 등록을 위한 마을만들기 계획을 제시했을 때에는 시민들의 적극적인 협조가 이뤄졌다는 점이다. 이는 기존의 혁신적 관점에서 분석되어 오던 일본의 마을만들기와는 내용이 다른, 오히려 관 못지않게 주민이 역사적 공공성을 무기로 사적 소유권자를 압박하여 추진된 이른바 관민일체형 마을만들기의 한 사례라 할 것이다.

참고문헌

일반자료

富岡市, 1972, 『日本近代産業発祥100年祭』, 富岡市.

富岡市建設部富岡中央街づくり推進室, 2006.3, 『富岡市まちづくり計画 地域資源を活かした持続可能なまち−富岡製糸場の世界遺産登録を見据えて』, 富岡市, pp.1~25.

経済産業省, 2007, 『近代化産業遺産群33』, 経済産業省.

経済産業省, 2009, 『近代化産業遺産群·続33』, 経済産業省.

地域活性化統合事務局, 2009, 『『明治日本の産業革命遺産 九州·山口と関連地域』について』, 内閣官房 地域活性化統合事務局, pp.1~2.

군마현 기획부 세계유산과, 2015, 『도미오카 제사장과 실크산업 유산군』(한국어판 팸플릿), 군마현 기획부 세계유산과.

特定非営利活動法人富岡製糸場を愛する会, 2017, 『学びパンフレット 世界遺産「富岡製糸場と絹産業遺産群」』(改訂版), 特定非営利活動法人富岡製糸場を愛する会.

신문자료

「富岡製糸場100年祭 盛りだくさんな行事」, 『朝日新聞』(群馬), 1972.10.11.

「過去帳に見る工女たち 官営富岡製糸場生れて100年 郷土史家の調査から」, 『朝日新聞』, 1972.11.7.

「製糸場の歴史に幕(片倉工業富岡工場)」, 『朝日新聞』, 1987.1.14.

「製糸場の保存」, 『朝日新聞』, 1991.3.7.

「現·新の一騎打ち 激しい戦いを展開 富岡市長選スタート」, 『朝日新聞』, 1991.9.2.

「住民の声が聞こえますか 初の市長と市民の対話集会開催 富岡／群馬」, 『朝日新聞』, 1996.5.25.

「新市長、今井清二郎氏が21日に初登庁 富岡市選管が当選証書／群馬」, 『朝日新聞』, 1995.9.12.

「歴史きざんだ建物、旧富岡製糸場が夏に一般公開」, 『朝日新聞』, 1996.6.2.

「旧官営富岡製糸場の外観見学可能 所有者が妥協(Gファイル)／群馬」, 『朝日新聞』, 1996.7.3.

「旧富岡製糸場を特別公開29日まで」、『朝日新聞』、1997.8.1.

「旧官営富岡製糸場、いつも見学させて 富岡市長、所有者に要望／群馬」、『朝日新聞』、
　　1998.3.24.

「諸手続き開始発表 富岡市街地の『中央土地区画整理事業』／群馬」、『朝日新聞』、2002.2.28.

「『近代産業発祥』の富岡製糸場、世界遺産登録へ研究班／群馬」、『朝日新聞』、2003.8.26.

「世界遺産目指し推進委発足へ 県、富岡製糸場の登録／群馬」、『朝日新聞』、2004.4.7.

「所有者の片倉工業、受け入れの意向 富岡製糸場が重文指定／群馬」、『朝日新聞』、
　　2004.9.9.

「製糸場用地取得に10億円 富岡市05年度予算案／群馬」、『朝日新聞』、2005.2.22.

「『富岡製糸場を世界遺産に』街並み保存、区画整理中止 新たな街づくり／群馬」、『朝日新
　　聞』、2005.3.25.

「近代遺産の旧新町屑糸紡績所で初の一般見学会 120人が参加／群馬県」、『朝日新聞』、
　　2005.10.21.

참고문헌

강동진, 2008, 『빨간 벽돌 창고와 노란전차−산업유산으로 다시 살린 일본 이야기−』, 비온
　　후.

김연진, 2013, 「산업단지 문화재생 사업의 의의와 방향」, 『산업입지』 vol.52.

김혜숙, 2017, 『일본의 주민주도형 마을만들기 성공조건에 관한 연구』, 한양대학교 국제
　　학대학원 일본학과 박사논문.

伊東孝, 2000, 『日本の近代化遺産』, 岩波書店.

伊藤雅春・小林郁雄・澤田雅浩・野澤千絵・真野洋介, 2017, 『都市計画とまちづくりがわか
　　る本』, 彰国社.

北河大次郎・後藤治 編著, 2007, 『図説・日本の近代化遺産』, 河出書房新社.

林喜代松, 1977, 「発刊に当たって」, 富岡製糸場誌編纂委員会編, 『富岡製糸場誌』, 富岡教
　　育委員会.

鈴木淳, 2017, 「富岡製糸場と絹産業遺産群」, 『日本歴史』824号.

富岡製糸場世界遺産伝導師協会, 2011, 『富岡製糸場事典』, 上毛新聞社.

3부

냉전과 탈냉전기 문화지형

1장

20세기 냉전복음주의와 문화풍경

|

전사(前史)

손민석

1. 환태평양 관점에서의 냉전복음주의 전사(前史)

복음주의운동에 대한 학문적 관심이 역사학, 정치학 등 인문사회과학 담론으로 확산되고 있다. 가령 미국정치 연구자들은 트럼프 지지 백인 복음주의자들의 현재 정치 활동뿐만 아니라, 레이건 정부 시기를 거치면서 정치 전면에 등장한 종교 우파 정치운동 계보를 추적해 왔다. 보다 근래에는 2차 대전 전후에 태동한 신복음주의(Neo-Evangelicalism) 운동은 '순수한' 비정치적 신앙으로 출범한 선교운동이었는데 20세기 후반과 21세기 트럼프 시대에 '타락한' 정치운동으로 변모했다는 식의 대중적 통념을 반박하는 학술 작업이 진행 중이다. 근본주의 운동 지도자들이 대공황 시기를 지나면서 뉴딜정책에 반대하는 기업인들의 지원과 영향 관계 속에서 특정한 정치경제질서를 지지했다는 연구, 빌리 그레이엄이나 칼 헨리와 같은 신복음주의자들이 초대 FBI 국장 에드거 후버와 긴밀한 관계를 맺고 백인복음주의 기독교내셔널리즘 형성에 공모했다는 연구는 복음주의와 미국정치에 대한 보다 미묘하고 복잡한 사회적 맥락을 전달한다(Grem 2015; Gloege

---

*   이 글은 〈신앙과 학문〉 21권 1호에 실린 "20세기 미국 근본주의-복음주의 "제자도" 기원과 전개" 논문을 기초자료로 삼아 전면적으로 수정·보완한 글이다.

2016; Hammond 2017; Martin 2023).[1]

미국 국내정치 맥락을 넘어 냉전국제정치의 장(場)에서 복음주의 세력의 역할 역시 주목받고 있다. 가치 담론이 진영화(bloc-ization)되는 국제무대에서 자유진영과 공산진영은 냉전 초기부터 물리적 군사력 대치를 넘어 가치를 둘러싼 세계관 투쟁을 벌여 왔다(Stevens 2010; Herzog 2011; Gaston 2019).[2] 20세기 중반 신복음주의자들은 세계 정세를 '기독교적 미국'과 '무신론적 공산주의'가 대결하는 '영적 전쟁'으로 규정하고, '자유진영' 정치경제 질서와 기독교 담론을 결합시켰다. 냉전질서 맥락에서 1950년대 복음주의 부흥운동을 다룬 연구들은 그레이엄의 전도대회에서 당대 '미국적 가치'와 이념도 함께 전파되었다고 분석한다. 1910년대 개신교 근본주의자의 반공주의 수사에서는 무신론적 위협과 종말론적 해석이 주로 나타났다면, 1950년대 그레이엄의 설교와 스타일에서는 대공황 및 2차 대전 이후 환경이 반영되어 새로운 의미가 더해졌다. 공산주의는 무신론적 신념뿐 아니라 20세기 중반 미국이 주도하는 '자유 시장' 자본주의와 대립하는 삶의 방식이라는 점이 함께 부각되었다(Balbier 2014; Balbier 2022).

---

1 이 글에서 '근본주의'는 20세기 초 미국의 현대주의-근본주의 논쟁에서 근본주의 5대 교리에 동조한 세력들 가운데 20세기 중반 빌리 그레이엄이 구심점이 된 신복음주의 흐름에 직간접적으로 동조한 개신교 보수주의 선교운동으로 제한한다. 이 글이 다루는 역사적 시기에는 '근본주의', '복음주의', '신복음주의' 용법이 상호 교차적으로 사용되었다. 여기에서 주된 관심 대상은 카펜터가 '전진하는' 근본주의자들('progressive' fundamentalists)로 호명한 신복음주의자들의 전사(前史)이다(Carpenter 1997). 신복음주의 운동이 부상하는 과정에서 '분리주의적' 근본주의와 충돌하는 양상은 트랜스내셔널한 차원에서 보다 상세하게 분석되어야 하며, 이는 추후 과제로 남겨 둔다.

2 지난 세기에 상대적으로 덜 알려진 공산진영의 '종교냉전'(religious Cold War) 내막도 기밀문서가 해제된 이후에는 보다 상세하게 밝혀지고 있다. '무신론적' 신념에 입각했던 소련 당국은 러시아 정교회를 통로 삼아 조직적인 공작활동을 벌였고, 자신들을 평화의 메신저로 부각시키기 위해 냉전 초기 교회일치운동을 활용했다(Chumachenko 2002; Dobson 2018).

한편 그레이엄을 위시한 미국 복음주의 지도자들이 국제적인 영향력을 크게 발휘하게 된 계기는 냉전 한국과 무관하지 않았다. 1949년 로스앤젤레스 집회가 그레이엄을 미국 내에서 전국적 명사로 부각시켰다면, 한국 산업화 시기에 개최된 빌리 그레이엄 여의도 전도 집회는 "역사상 가장 많은 인원이 참석한" 대회로 지금까지 기록되어 있다. 밥 피어스가 한경직과 함께 세계적인 구호 기관인 월드비전을 창설한 계기 역시 미국의 영향력이 심대했던 해방 이후 한국 상황과 전쟁이라는 특수한 시공간과 관련되어 있다. 1950년 3월 한국을 방문해 한경직과 함께 구국전도운동에 참여한 피어스는 당시 미국에서는 "변두리 인물"이었지만 한국에서는 "세계적인 부흥사"로 소개되었다. 말하자면, 당시 "미국의 복음주의가 미국 본토에서보다 해외에서 더 주도적인 역할을 담당"한 것이다(박명수 2021, 71). 이후 한국전쟁의 참상을 영상화해서 미국인들에게 소개하고, '고아' 합창단을 조직해서 기금을 마련하는 과정에서 피어스의 월드비전은 세계적인 인도주의 기관으로 진화해 갔다.

한반도 분단 체제를 조망하는 데 글로벌 냉전질서 이해가 필수적인 것만큼이나, '주변부' 한국에서 발발한 열전(熱戰)이 냉전질서 균열구조의 제도화에 미친 영향을 포착하는 것도 중요하다. 냉전의 종교사 연구도 마찬가지다. 이러한 맥락에서 근래에는 미국의 신복음주의 선교운동이 한국의 보수 개신교 문화 형성에 미친 영향을 넘어 환태평양 관점(transpacific perspective)에서 "냉전한국이 미국의 복음주의 제국을 형성해 간 과정"을 추적하는 연구물이 축적되고 있다(Swartz 2020; Kim 2022).

이 글은 냉전국제정치라는 특정한 맥락 속에서 형성된 '냉전복음주의'(Cold War Evangelicalism)의 탄생과 전개 과정을 탐구하기 위한 예비 조사 작업의 일환이다. 구체적으로 냉전복음주의의 전사(前史)에 초점을 맞추어 '스타디움' 규모 대중 집회에 특화된 YFC(Youth For Christ, 십대선교회)와 '일대일' 제자훈련 프로그램을 개발했던 네비게이토(Navigators) 기관의 초기 형성 과정을 검토한다. 주류교단에서 밀려나던 미국 근본주의자들은 '시대의 변화'에 적응하면서, 대공황과 2차 대전이라는 혼란과 전쟁의 시대를 '근육질 기독교'(muscular Christianity) 에토스로 '전진'했다. 다음으로 2차 대전 이후 미국 패권이 확산되는 과정에서 '전진'하는 근본주의자들의 활동과 한반도 상황을 소재 삼아 미국에서 소비된 문화정치 담론을 살펴본다. 끝으로 글을 마무리하면서 냉전복음주 문화풍경의 의미를 간략하게 생각해 본다.

2. 근본주의-현대주의 논쟁 이후 변화 양상

20세기 중반 이후 서방세계는 미국의 패권을 중심으로 재구축되었다. '해가 지지 않는 나라' 영국에서 '대서양과 태평양을 아우르는' 미국으로 권력 이동이 이루어지기 시작한 시점에 관해서는 다양한 해석이 있다. 20세기 진입 직전 급속한 산업국가로 도약했던 미서전쟁 시기에서부터 우드로 윌슨의 1차 대전 참전 결정 시점, 태평양전쟁을 계기로 2차 대전에 참전한 시기에서부터 종전 이후 전후질서 모색과 해외미군 상시 주둔 결정 시기에 이르기까지 미국의 부상에 대한 역사적 연원은 다양하게 탐구되고 있다. 이 글에서는 헨리 루스의 '미국의 세기'(American Century) 출간 시점인 대공황 이후 태평양전쟁 전후 시기(1930–1940년대)와 전후질서를 구상하는 과정에서 미국 패권의 범위가 확장된 시기에 활동한 근본주의자들과 신복음주의자들에게 관심을 가진다(Luce 1941; Cummings 2009).

20세기 초 미국에서는 종교성과 근대성의 관계를 둘러싸고 다양한 논의가 있었다. 먼저 예수의 신성(神性), 초자연적인 기적과 같은 전통 교리에 대한 근대 학문의 비평과 도전이 있었다. 1910-1920년대에는 '근본주의-현대주의 논쟁'(The Fundamentalist-Modernist Controversy)이 격렬하게 일어났다. 근본주의적 보수파는 진화론과 고등 성서비평 등으로 고전적 신조가 도전받자, 현대 사조에 적응하는 현대주의자가 되기보다 '근본적인 것들'(Fundamentals)을 수호할 것을 요청했다.

신학 논쟁과 더불어 도시 빈곤 문제 등 사회적 의제를 두고 프로테스탄트 세계는 균열이 심화되었다. 19세기 후반에 선진화된 공업 국가 대열에 합류한 미국은 한 세대 전부터 여러 도전을 마주했고, 종교의 사회적 역할도 함께 논의되었다. 앤드루 카네기가 대중화시킨 '부의 복음'(the Gospel of Wealth) 신봉자들은 자본친화적인 '자유 시장'을 찬미했다(Carnegie 1962). 다른 한편 산업화 과정에서 발생한 노동자 학대와 불평등 확산과 같은 사회악에 응답을 요청하는 담론도 나타났다. '사회적 기독교'(Social Christianity) 혹은 '사회복음'(Social Gospel) 운동으로 알려진 흐름은 혁신주의 시대 개혁가들의 사회적 비전과 상응했다. 혁신주의 개혁가들은 독점자본 통제 정책과 사회복지제도 개선을 도모했다. 정치 민주화와 독과점 규제, 빈곤 퇴치를 개혁자들이 추구하는 것과 보조를 맞추면서 '사회적 기독교' 신학자들은 사회 변혁을 위한 도덕적, 영적 자양분을 제공했다(Evans 2017).[3]

사회의 구조악보다 개인적인 죄악에 초점을 맞추어 회개를 촉구하

---

3 혁신주의 시대 정신적 자원이 된 운동으로 1900년까지는 주로 사회적 기독교로 호명되었다(Smith 2000).

는 신앙각성운동도 일어났다. D. L 무디나 빌리 선데이와 같은 근본
주의 부흥사들은 회개와 갱신의 메시지를 전했다. 사회적 개혁에 헌
신한 모든 기독교인이 동일한 방식으로 '현대주의' 신학 관점을 취한
것은 아니었다.⁴ 동시에 많은 사회복음주의자가 현대화된 '신학적 자
유주의'와 친화성을 지닌 것도 사실이었다. 교리적으로 전통적 입장
에 선 근본주의 부흥주의자들은 사회복음주의자들에 대해 의구심을
표명했다. 예컨대 빌리 선데이는 "사회 개혁 운동이 예수 그리스도를
배제한 채 사회 봉사로부터 종교를 이끌어 내려 하고 있다고 비난"했
다(마르스텐, 1992: 47).

당시 근본주의 보수파들이 사회 개혁 의제에 소극적인 것처럼 보인
배경에는 무디가 전파한 구명선 신학(lifeboat theology)이 자리했다. 세
계선교 운동에 깊은 영향을 끼친 무디에게 "이 세계는 난파된 배"에
불과했다. 그리스도의 긴박한 재림을 앞두고 기독교인들의 유일한 관
심사는 구명선을 가지고 "구원할 수 있는 모든 영혼을 구해 내는 것"
뿐이라고 그는 설파했다(마르스텐, 1992: 36-37). 이와 더불어 표면적으
로 보이는 신학적 강조점 차이뿐만 아니라, 근본주의 보수파가 혁신
주의 사회 개혁 의제에 공감하지 않았던 배경에는 노사 관계나 국가
와 기업의 역할에 대한 관점의 차이가 있었다.

종교성과 근대성의 관계는 근대 학문과 근대 정치경제 등 다차원
적으로 전개된다. 속류적 오해와 달리 '영혼 구원' 선교운동은 내세(來
世) 차원만으로 환원되지 않는다. 설령 근본주의자들이 자신들은 영
혼 구원에만 집중한다고 말했다고 하더라도 그들은 (비유하자면) '구명

---

4   아래에서 살펴볼 근본주의 운동 인사인 윌리엄 라일리도 20세기 초 혁신주의 시대
    에는 '복음 전도와 개혁'을 함께 강조하면서 노동자 처우 개선에 목소리를 높였다
    (Trollinger 1990, 63-68).

선' 사용법[조직경영 전략 및 정치경제적 차원]을 중시했다. 1870년대부터 1920년대까지 무디와 무디성경학교(Moody Bible Institute) 지도자들은 근대 성서비평학의 도전에 관해서는 현대주의자가 아닌 근본주의자 입장에 섰다. 기업경영에서는 달랐다. 무디성경학교처럼 '근본적인' 교리가 "순수하게 보증된(Guaranteed Pure)" 종교기관 지도자들은 동시대 경영 전략을 적극적으로 차용했다. "남북전쟁이 끝나고 1차 세계대전에 이르기까지 '기업복음주의자'(corporate evangelicals) 그룹은 현대 소비자 자본주의와 양립할 뿐만 아니라 그것에 독특하게 의존하는 새로운 형태의 '옛 종교'(old-time religion)를 탄생"시켰다(Gloege 2016, 2). 실무적 관점에서는 종교적 권위에 변화를 가져왔다. 이전에는 주로 교단에 소속된 조직화된 제도교회가 종교적 권위의 소재지였다면, 이제는 "기업처럼 구조화된 종교 조직에 신자들이 느슨하게 묶여 있는" 방식이 선호되면서, 종교적 권위가 발휘되는 양상이 변화되었다(Gloege 2016, 5). 계급 갈등이 심화되던 시기에 기업가들은 기독교 메시지를 자본친화적인 방식으로 수용할 수 있었다. 또한 자본친화적인 메시지는 (조직화된 인종차별과 같은) 구조악에 도전하지 않은 채 백인 중산층에게 '안정적으로' 호소력을 발휘했다.[5]

한편 1925년 스콥스 재판 이후 교단 내 신학 논쟁에서 근본주의자들은 현대주의자들에게 밀리면서 주류교단에서 주변화된 것처럼 보였다. 적지 않은 사람들이 근본주의 운동이 더 이상 미국의 종교 정

---

5 1920년대 이후 대공황 시기를 지나면서 태동한 기업화된 보수 개신교 운동과 냉전 초기 복음주의와 기업자본주의와 친화성을 분석하는 작업(Moreton 2009; Grem 2015; Hammond 2017)은 오늘날 '복음주의와 자본주의의 공명기'(The Evangelical-Capitalist Resonance Machine) 정치경제신학 계보를 이해하는 데 필수다(Connolly 2005).

치 지형에서 주목받을 것이라고 생각하지 않았다. 세계기독교근본주의협회(World's Christian Fundamentals Association)를 창립하고, 윌리엄 제닝스 브라이언과 함께 진화론 반대운동에 앞장섰던 윌리엄 라일리는 1930년대 반동적인 극우 정치와 반유대주의 음모론에 빠져들었다(Numbers 1987, 140; Trollinger 1990, 5-8).[6] 이런 모습은 당대 주류교단 지도자들이나 초기 외부 관찰자들이 근본주의 운동을 무지몽매하고 편집증적인, 사회에 적응하지 못한 낡은 종교 운동으로 간주하는 맥락을 제시했다(Niebuhr 1937; Hofstadter 1963). 하지만 "근본주의를 옛 질서가 사라지면서 나타나는 하나의 부산물" 정도로 해석하고, "문화적 변혁이 완성되고 사회적 원인이 제거되면 그 운동은 사멸할 것"이라고 보는 관점만으로는 근본주의 운동의 회복탄력성(resilience)과 '전진'하는 흐름을 포착하기 어렵다(마스든 1997, 433).

1930-1940년대 근본주의 운동은 방관하는 외부자로 존재하거나 세력 결집에 소극적이지 않았다. 비록 1920년대 공론장에서 진화론 논쟁이나 주류교단 교권 정치에서는 우위를 점하지 못했지만, 근본주의자들은 '생산자 중심의 종교에서 소비자 중심의 종교로' 전환되는 시기에 지역 종교소비자를 대상으로 풀뿌리 차원에서 활동 반경을 넓혀 갔다. 오트밀 회사인 퀘이커 오츠사 창립자인 헨리 크로웰은 무디성경학교 이사회 의장을 맡으면서, 소비자에게 직접 제품을

---

6 라일리는 1920-1930년대를 지나면서, 초기 진보적인 입장을 버리고 극우 정치와 '유대-공산주의 음모론'에 빠져들었다. 그는 "공공연하게 히틀러를 지지했던" 제럴드 윈로드와 반유대주의 담론을 라디오 방송으로 내보낸 찰스 커플린에 동조하기도 했다(Trollinger 1990, 73-82; 팩스턴 2005, 450-451). 히틀러가 "붉은 짐승[공산주의]으로부터 독일과 유럽을 구하기 위한 신의 도구"라고 치켜세우는 편지를 쓰기도 했다. 라일리가 히틀러의 유대인 정책 변호를 멈추게 된 계기는 미국이 참전한 2차 대전이었다(Trollinger 1990, 74).

홍보한 경영 전략 노하우를 복음 전파 방법론으로 활용하기도 했다 (Gloege 2016; 머서 2011). 근본주의 운동 지도자들은 '전진'하면서 성경학교, 선교 단체, 기업 단체, 출판사, 초교파적 선교운동 협의체, 독립 교단을 출범시켰다. 앞서 언급한 라일리도 성경학교 및 선교훈련학교(Northwestern Bible and Missionary Training School)와 인문대학이 결합된 학교를 중심으로 미네소타 지역 네트워크를 구축했다.

근본주의자들은 주류교단이 신학적으로 타락했다는 신념을 강화하는 동시에, 기존의 제도교회 전통에 얽매이기보다 전통적인 신앙수호와 전파를 위한 네트워크를 형성해 갔다(Carpenter 1980; Brereton 1990). 신복음주의자들의 네트워크는 공식적인 조직망 차원에 국한되지 않았다. 도리어 개별적이고 비공식적으로 연결되는 경우도 적지 않았다. 이 글에서 다룰 YFC 지도부와 네비게이토 리더십의 관계 역시 마찬가지였다. 아래에서는 젊은이를 대상으로 시대에 발맞춘 '스타디움' 규모의 대중 집회(rally)를 조직한 YFC와 근육질 기독교를 내면화하고 '일대일' 제자훈련을 계발한 네비게이토 초기 역사를 검토한다.

3. '시대에 발맞춘' 근본주의자들의 젊은이 대중 집회

2차 대전이 끝날 무렵 "약 백만 명의 청소년들이 매주 토요일 밤 전국 9백 개 교회와 강당에 모여 YFC 집회를 열" 정도로 YFC는 하나의 "현상"이었다(Carpenter 1997, 161-176; Bergler 2012, 30). 그뿐 아니라 YFC는 향후 복음주의 지도자들을 다수 배출한 모판이 되었다. 빌리 그레이엄은 YFC 전임 순회전도자로 활동하면서 인지도를 높여갔다.

홋날 그레이엄은 라일리가 1947년 당시 불과 20대였던 자신에게 노스웨스턴학교 총장직을 제안한 까닭은 자신이 복음 전도자로 부상했을 뿐 아니라 전국에 YFC 인맥이 있었기 때문이라고 회고했다(그레이엄 2001, 147). 밥 피어스 역시 YFC 아시아 파송 선교사로 활동하다가 한국전쟁이 일어났을 때 세계적인 구호 기관인 월드비전을 설립했다(Shelley 1986).

YFC 선교운동에는 1930년대 이후 계속된 미국 근본주의자들의 '불안'과 '열망'이 담겨 있었다. 대공황과 2차 대전 시기를 지나면서, 미국 근본주의자들은 공산주의와 나치즘이 미국의 자유와 민주주의를 붕괴시킬 것을 우려했다. 히틀러가 독일 젊은이들을 동원하는 상황에 맞서, 미국의 근본주의자들은 자국 젊은이들을 문명사적인 "위기의 악한 영향으로부터 보호"하고 '그리스도를 위한 젊은이'(Youth For Christ)를 통해 "위험천만한 세계를 변화시키고자 했다." 이들은 "도덕적 타락으로부터 미국을 구할 열쇠"는 젊은이 부흥이라고 생각했다. 다른 한편으로 YFC 운동은 미국 역사에서 이전 세대가 경험하지 못한 청소년(adolescent) 문화와 맥을 같이 했다. 1940년대에 14-18세에 해당하는 '십대'(teenager) 미국인 대다수가 고등학교에 진학하기 시작했다. 사회 전반에 퍼지기 시작한 '청소년 문화'는 기업의 시장 조사와 홍보 전략을 변화시켰다. 청소년들에게 접근했던 종교계 역시 마찬가지였다. "교회 지도자들은 점점 더 강력하고 널리 퍼져 있는 청소년들의 충성심을 얻기 위해 경쟁해야" 했고 "청소년 그룹은 종교 혁신의 핵심적인 실험 공간임이 입증"되었다(Bergler 2012, 5-6).

1940년대 YFC 대중 집회 초기 모델을 제시한 인물은 잭 월튼이었다. 전직 보험설계사였던 월튼은 1933년부터 성경 공부 단체를 조직하고 운영하다가, 1940년 이를 통합, 개편해서 생명의말씀협회(Word of Life Fellowship)를 창설했다.[7] 1941년부터는 라디오 선교 방송을 내보냈고, 1942년부터 시작된 캠프 사역은 점차 미 전역으로 확장되었다. 또한 뉴욕 타임스 스퀘어, 메디슨 스퀘어 가든 등에서 개최된 월츤의 대중 집회는 청중들의 반향을 일으켰다. 무디성경학교 방송국에서 일하던 조지 셰이와 레이시 홀은 시카고에도 이에 상응하는 젊은이 집회가 필요하다고 토리 존슨을 설득했고, 존슨은 시카고에서 YFC 운동을 조직했다. 1944년 "당시 시카고는 서부 해안과 아시아, 동부 해안과 유럽으로 가는 철도 중심지였는데, 수십만 명의 군인들이 시내 거리에 머물러 있었다." 시카고 오케스트라 홀에서 열린 첫 번째 집회 설교자는 빌리 그레이엄이었다. 사람들을 동원하는 데 성공한 YFC 운동은 미국과 캐나다에서 교세를 점차 확장해 갔다(Johnson 1984, 16).

YFC의 모토는 '시대에 발맞추되, 반석에 닻을 내린다'(Geared to the Times, Anchored to the Rock)였다. 이전 세대가 전수한 '근본적인 교리'는 충실하게 수호하되, 복음 전파 대상과 문화에는 민감하고 유연하게 대응하기를 주문한 것이다. YFC 초대 회장인 토리 존슨은 "화석시대 사람"처럼 살지 말고 사람들이 복음을 듣도록 하려면 "관심을 끌어야 한다"는 점을 강조했다. 그러다 보면 기독교를 알지 못하던 이들이 "다른 이유로 왔다가 복음을 듣게 된다"는 것이었다(Johnson 1984, 8). 사회적 혼란과 전쟁이 끝나지 않은 상황에서 군인들과 젊은이들을 대상으로 개최하는 집회라는 점을 고려하면서, YFC 집회 프로그램은 군사적 강건함과 애국심, 엔터테인먼트를 결합했다. 한편

---

7   월츤이 YFC 운동 초기에 미친 영향 때문에, 전국 YFC 공식 창립 연도는 1944년이지만, 1946년 타임지 종교면 기사에는 1940년부터 YFC 운동이 시작했다고 기록되어 있다(Time 1946).

에서는 "애국심을 고취하면서도 활기차고 긍정적인 여흥거리를 제공하는 것을 목표로 삼았으며, 스스로를 청소년 범죄를 해결하기 위한" 단체로 인식했다. 오락과 시사를 곁들이면서도 강렬한 설교를 제시함으로써 사람들이 결단하도록 했다(왜커 2021, 74-75).

'스타디움' 규모의 집회를 조직한 YFC는 시대 감각에 맞추어 플랫폼을 짜고, 음악도 유행하던 스타일을 따라 구상했다. '라디오 세대'에 효과적으로 접근하기 위해 테크놀로지를 잘 다루는 이들이 참여했고 당시 유명 인사들의 신앙 간증을 포함시키는 등 YFC 집회는 버라이어티 쇼와 같았다. 언론매체와도 우호적 관계를 유지하고 있었다.[8] 1945년 미국 현충일에 시카고 솔저필드에서 YFC 창립 1주년 행사가 열렸는데 이날 행사에 7만여 명 가까운 젊은이들이 운집했다. 이를 본 미디어재벌 윌리엄 허스트는 자신이 운영하는 22개 매체에 YFC 행사를 보도하도록 지시했다. 한 세대 이전 스콥스 재판 당시 미디어가 근본주의자들을 시대에 뒤처진 낡은 사상을 고집하는 이들로 묘사했다면, 이번에는 보도의 내용과 태도 모두 달랐다. "대다수가 우호적이었다"(Carpenter 1997, 165-167).

시카고 솔저필드 집회 간증은 스포츠 스타 질 도즈와 밥 핀리가 맡았다. 핀리는 YFC와 기독학생회(Inter Varsity Christian Fellowship, IVCF) 간사였다. 동시에 그는 버지니아대학교 복싱 대표팀에 있으면서, 2년간 무패 행진을 이어 간 경력이 있었다. 1944년에는 대학 간 미들급 복싱 챔피언에 오르기도 했다.[9] YFC 운동 지도자들은 스포츠를 복

---

8 1920-1930년대 미국대중문화 형성에 있어 라디오와 시공간 개념의 변화에 대해서는 이재원 외(1998)을 참조하라.

9 핀리는 1948년 YFC와 IFES 아시아 선교사로 나간다. 중국 상주를 희망했지만, 중국이 공산화되자 YFC에서 함께 사역한 피어스를 한국에서 만나 전쟁이 일어나기 전

음 전파의 플랫폼으로 삼았다. YFC가 유명 스포츠 스타 간증을 전면에 내세운 것은 홍보적 측면이 있었다. 동시에 이는 기독교 신앙과 스포츠맨십이 결합한 '근육질 기독교' 역사 전통과 연결되어 있었다(Hall 1994; Putney 2001; Baker 2007). 가령 1924년 파리올림픽 금메달리스트 에릭 리델이나 19세기 후반 케임브리지대학교 크리켓 선수였던 C. T. 스터드는 1940년대 근본주의자들에게 선교적 도전을 준 인물이었다. 근육질 기독교 옹호자는 대체로 "스포츠와 신체적 레크리에이션에서 도덕적이고 종교적 가치를 발견"한다(McLead 2017, 195). 다만 오랜 역사를 지닌 근육질 기독교는 고정된 단일 개념이라기보다 시대와 장소에 따라 다른 방식으로 나타났다.

대공황과 2차 대전과 같은 혼돈과 전쟁의 시대를 통과하면서 근본주의자들은 근육질 기독교 전통을 이어 갔다. 여기에서는 이전 세대에서 제기된 근육질 기독교 쟁점 가운데 반지성주의 문제와 정복주의 문제를 검토한다.[10] 먼저 근육질 기독교 용법이 등장한 초기 반지성주의 관련 논평을 소개한다. 빅토리아 시대 인기소설 『톰 브라운의 학창시절』 저자 토머스 휴즈는 '새로운 남성상'을 상정하면서 근육

인 1950년 3월부터 부흥 집회를 연다. 이 시기에 핀리는 자신을 홍보대사로 고용한 IFES 국제총무 우즈와 한국 상황을 두고 자주 교류했다. 우즈는 한국의 대학에 속한 여러 단체들을 IFES에 가입시킬 것을 요청했다. 하지만 핀리는 공산주의가 점차 한반도에서 영향력을 확장하고 있는 상황에서 한국인들이 외국 선교 단체에 가입했다는 사실 때문에 핍박을 받을 수 있다는 이유를 들어 우즈의 요청을 거부했다. 이후 1951년 트로트맨에게 외국인 유학생 선교의 도전을 재차 받고 그는 국제유학생선교회 (International Students Inc., ISI)를 설립했다(Govier 2019).

10 초기 근육질 기독교와 관련된 다른 쟁점으로는 사회적 혼합과 신학적 유연성이 있다. 초기 근육질 기독교 주창자들은 '광교회파' 성공회에 속한 '기독교사회주의자'들이 많았다. 이들은 노동자들의 여가 부족 문제를 해소하고, 다양한 계층이 우호적으로 만나는 사회적 혼합의 장을 마련하고자 했다. 또한 종교적으로 지나치게 금욕적이거나 심각해지기보다 자유롭게 여흥을 즐기는 공간을 열고자 했다. 종교와 스포츠의 결합은 이 문제를 해소하는 것처럼 보였다(McLead 2017).

질 기독교를 옹호했다.[11] 소설 속 주인공은 "책벌레 스타일의 모범생"에서 장난기와 책임감이 가득한 "운동장에서 뛰노는 새로운 소년"으로 변해 갔다(휴즈 1999; 설혜심 2004). 동시대 비평가였던 매슈 아놀드는 휴즈에 비판적이었다. 건강한 동물성과 즐겁고 충실하게 맺는 교우관계, 용기와 진실함을 독려하고 규율적인 삶은 잘 표현했지만, 정작 지성 계발 차원은 무시했다는 것이다. 아놀드는 근육질 기독교 논의가 "문명 수준의 저하와 남자다움에 대한 잘못된 이상, 학문 탐구에 대한 뿌리 깊은 무관심"으로 이어질 수 있음을 우려했다(Fitch 1898, 103-107). 그는 근육질 기독교에 대한 단순한 의존이 "아무런 결실도 맺지 못할 것이며, 사물을 있는 그대로 바라보고 인류를 보다 온전하게 완성하는 방향으로 이끌어 가는 교양문화로 반격하는 것이 건전하다"고 말했다(Arnold 2006, 45).

근육질 기독교와 정복주의 관계 역시 반복적으로 등장하는 의제다. 근육질 기독교 전통은 교회가 담대하게 도전을 마주하지 못한 채 유약한 모습을 보이는 것을 반대했다. 무기력한 신앙을 극복하고, 건장한 육체성과 성숙한 도덕성을 결합하는 '기사도'(chivalry) 남성성의 이상을 추구했던 것이다. 회의론자들은 근육질 기독교가 제국주의 정신에 부합하는 '모범생'을 만들어내는 것이 아닌지 의문을 품는다. 아울러 진정한 남자다움을 '정력적인 야성', '거친 박력'으로 성별화(性別化)하면서 나타나는 문제를 제기한다. 혼돈을 수용하고 신중하게 숙고하거나 수줍게 머뭇거리는 삶은 '사내답지 못한'(effeminate) 나약한 행동으로 치부되고, 경쟁하고 쟁취하는 삶의 방식을 특권화할 위험이 근

---

11 『톰 브라운의 학창시절』의 한글번역본 제목 『머스큘러 크리스천: 톰 브라운의 학창시절』은 근육질 기독교 주제를 선명하게 보여준다(휴즈 1999).

육질 기독교에는 상존했다. 강인함과 불굴의 투지를 내세우지만, 이면에 도사리는 강압과 독선, 착취와 학대를 성찰하지 못할 약점도 있다. 이 논쟁은 앞서 언급한 휴즈 저작들에 대한 해석을 놓고도 이루어졌다. 휴즈의 작품들은 오랫동안 "반지성적인 신조를 고취"시킬 뿐 아니라, "제국주의 정신에 부합"하는 근육질 기독교의 표상으로 간주되어 왔다.[12]

1940년대 YFC 집회에서 전파된 근육질 기독교는 향후 미국 복음주의 문제점으로 지적되는 '반지성주의'와 '정복주의' 문제와 무관하지 않았다. YFC에서는 단순화한 설교와 군사적인 전쟁 언어로 부흥과 선교의 필요성이 전파되었다. 이들은 '영웅적인' 남성성을 도전했다. 다만 이벤트성 집회에서 홍보 차원이 곁들어진 전쟁영웅과 스포츠스타 간증이 청중들에게 얼마나 영향을 발휘했는지는 추가적인 논의가 필요하다. 전도 집회에서 일회성으로 '결단'하는 것을 넘어 근육질 기독교를 일상에서 실천하면서, 내면화하는 작업은 네비게이토가 개발한 제자훈련을 통해 구상되었다. 삶의 전환기에 접어든 젊은이들을 대상으로 한 네비게이토 제자훈련은 이후 미국과 한국의 제자운동에 심대한 영향을 미쳤다.

---

12 수정주의 해석가들은 휴즈의 『그리스도의 남자다움』에서 제시된 보다 미묘한 차원에 주목한다. 이들은 휴즈가 그리스도를 고착화된 남성성과 여성성을 뛰어넘는 모범으로 그렸다고 지적한다. 그리스도는 "비겁함의 흔적"이 없을 뿐 아니라, "부드러운 공감과 섬세한 반응"을 보인 온화함의 이상이다. 나이팅게일의 표현을 빌린다면, 다음 해방은 '여성적 그리스도'(female Christ)를 통해 이루어진다(Gill 1998, 426-427).

4. '근육질 기독교'를 내면화한 제자훈련

네비게이토가 법인화된 해는 전국 YFC 창립 1년 전인 1943년이었다. 설립자 도슨 트로트맨은 1920년대 주일학교 교사 활동과 청소년 대상 선교 활동을 하다가 활동 반경을 해군으로 확장해 갔다. 프랭클린 루스벨트(FDR)가 대통령으로 취임한 해인 1933년 이후부터는 군인 성경 공부 및 순회전도 팀을 네비게이토(항해사)라는 명칭으로 사용하고 양육체계를 발전시켰다. 성경 암송을 통해 회심을 경험한 트로트맨은 성경의 약속에 대한 즉각적 신뢰와 실용주의적인 적용에 초점을 맞추면서 양육 시스템을 구상했다. 또한 1930년대 초반 '근본주의 5대 교리'를 주장하던 교사들이 교회 리더십에서 제명되었을 때, 트로트맨은 당대의 주류교회가 신학적으로 '배교' 상태에 접어들었다고 판단하고, 근본주의 선교 단체들과 연대를 강화했다.

네비게이토와 YFC 운동 초기 지도자들은 협력 관계에 있었다. 트로트맨은 월츤이 뉴욕 매디슨 스퀘어 가든에서 개최한 첫 번째 대중집회에 참여했다. 월츤은 트로트맨이 "남자의 남자(man's man)"였다고 회고했다. 트로트맨은 성황리에 마무리된 집회에 감명을 받지 않아 보였다. 그는 월츤을 강하게 도전하면서, 결신자들에 대해 후속조치를 마련했느냐고 질문했다. 월츤에게는 결신으로의 초대 외에 아무 계획이 없었다. 트로트맨은 월츤의 집에 머무르면서, 결신자들을 대상으로 어떻게 제자훈련 할지를 멘토링했다(Wyrtzen 1991, 12). 월츤뿐만 아니라, 당시 대다수 근본주의자들은 영혼 구원을 강조하고 있었다. 트로트맨은 영혼 구원에만 초점을 맞추는 것으로는 부족하고, 후속계발(follow-up, 양육) 과정이 뒷받침되어야 한다고 주장했다. 그는 "영혼 구원은 20분에서 몇 시간 정도면 되지만, 회심한 이들이 올

바로 서도록 양육하는 데에는 20주에서 몇 년이 걸린다"고 말했다 (Trotman 2008, 31).[13]

트로트맨은 결신만으로 할 일을 종결짓는 '안이한 신념주의'(easy believism)에 크게 반발했으며, 회심 이후 기독교인의 삶을 구상했다. 그는 양육과정을 체계화하면서, 회심과 변화된 삶에는 외적으로 표준화된 모델이 존재하고 있다는 신념을 나타냈다. 아울러 일정한 노력이 뒷받침된다면, 특정한 외적 표준에 당도할 수 있다는 확신이 결합되어 있었다. 네비게이토가 상정한 외적표준은 강인한 남성성 혹은 근육질 기독교에 부합했다. 트로트맨은 유약한 모습이 승리하는 기독교인의 삶과 어울리지 않는다고 간주했다. 그는 자신의 기관 간사들에게 거칠고 엄격한 훈련을 요구했다. 밥 포스터는 네비게이토 내부자들에게 트로트맨이 "실망하고 좌절하는 회장"으로 비춰질 때가 많았다고 회고했다. 완벽주의자였던 트로트맨은 "다른 사람들이 어설프게 해놓은 일들을 보고는 그냥 참고 넘기지 못했고, 온전히 책임을 맡기지 못하는" 성격이었다는 것이다(포스터 1988, 28).

1940년대 네비게이토 참여자들은 더욱 증가했다. 성장세를 따라잡기 힘들 정도로 조직이 커지는 과정에서 사람들을 압박하는 트로트맨의 리더십 스타일은 내부반발을 초래하기도 했다. 1944-1945년에는 외부 이사회 판단을 의뢰할 정도로 트로트맨의 리더십을 문제 삼는 일이 발생했다. 오란 벨은 트로트맨이 '배우려는 자세'(teachableness)

---

13 20세기 초반 프레드릭 테일러의 관리방식(테일러주의)은 네비게이토 조직운영을 이해하는 한 가지 시선을 제공한다. 트로트맨은 고정된 틀에 얽매이기보다 상황에 따라 형식을 변형시켰지만, 조직이 확장되는 과정에서 계량화와 작업수행의 표준화, 과업에 대한 동기부여를 통해 생산성 증진과 효율성 최대화를 추진했다. 경영관리 및 테크놀로지를 염두에 두면서 20세기 복음주의 교회를 분석한 작업은 Weaver(2020)를 참고하라.

를 강조하지만, 자신은 정작 책망을 거부하고 주변인들에게 지나치게 가혹하다고 비난하면서 구체적인 사례를 제시했다. 소집된 이사회는 벨의 비판이 공정성을 잃었다고 판단했고, 트로트맨의 양육모델을 적극 추천했다(Hankins, Jr. 2011, 103-106). 벨의 구체적 비판내용이 타당했는지 여부는 논란의 여지가 있었지만, 세세한 부분까지 통제하는 트로트맨의 리더십 운영은 종종 핵심 측근까지도 압박감을 느끼게 했다. 본부 직원들의 증언에 따르면 리더십 개발 과정에서 트로트맨은 "자신의 경험을 바탕으로 더 멀리 볼 수 있다"고 판단했고, "직관적이고 강하게 권면하는" 스타일을 나타내면서 "업무장악력을 억제하지 않았다."(Skinner 1974, 300).

내부반발을 수습하는 과정에서 찰스 풀러를 비롯한 이사회 구성원들은 트로트맨의 제자훈련 방식을 지지했다. 근육질 기독교가 새롭게 부상하는 복음주의 네트워크에서 규범적 정당성을 인정받은 것이다. 풀러와 위클리프성경번역선교회(Wycliffe Bible Translators)의 카메룬 타운젠트는 트로트맨에게 제자훈련 및 간사 대상 멘토링을 요청했다(Svelmoe 2008, 296; Hankins, Jr. 2011, 101-103). 1947년에는 "복음 전도, 제자도, 세계선교"를 모토로 열린 국제복음주의학생회(International Fellowship of Evangelical Students, IFES) 창립 컨퍼런스가 열렸는데, 주최 측인 스테이시 우즈는 트로트맨에게 제자도 강연을 부탁했다(MacLeod 2007, 109). 트로트맨은 이후 1948년 1회 유럽 컨퍼런스 강연과 일본 기독학생회 간사훈련에도 참여하는 등 초기 IFES 운동에 관여한다. 그 외에도 국제 YFC 이사회를 비롯해 트로트맨은 당시 여러 기관 이사회나 자문위원회에 참여하면서 신복음주의 네트워크에 관여했다(Skinner 1974, 296; Hankins, Jr. 2001, 113).

네비게이토 제자훈련 방식을 보다 폭넓게 알린 다른 계기는 YFC

전임사역자였던 그래이엄과 협력 관계를 통해서였다. 1948년 스위스의 비튼버그에서는 YFC 주관 세계복음화대회가 열렸는데, 그레이엄은 라일리에게 제안 받은 노스웨스턴학교 총장직 수행여부를 두고 트로트맨과 휴버트 미첼, 밥 에반스에게 자문을 구했다. 트로트맨은 전도와 양육 커리큘럼의 필요성을 말했고, 그레이엄은 교과과정을 신설할 테니, 네비게이토가 과정을 담당할 것을 제안했다.[14] 1949년 양육과정이 신설되었을 때, 책임자는 돈 로젠버거였다(Skinner, 1974, 298-299). 로젠버거는 첫 학기에 훗날 세계복음주의협의회(World Evangelical Fellowship) 최초의 상근직 사무총장으로 활동할 월드런 스코트를 만나 네비게이토에 참여시켰다. 스코트는 노스웨스턴 학우였던 리로이 아임스에게 네비게이토 제자훈련 과정을 전달했다. 그리고 아임스는 이후 미국 네비게이토 대학생 선교를 개척하고, 『제자 삼는 사역의 기술』(Lost Art of Disciple-Making)을 집필해서 복음주의권 대중 일반에 제자훈련의 필요성과 방법을 확산시켰다(Scott 2006, 111-126; Stanley 2013; Eims 1978).

동시대 선교운동에 참여한 근본주의자들과 마찬가지로 트로트맨은 '우리 세대에 세계복음화를' 모토를 현실화하고자 했다. 그는 기도와 성경 묵상, 친교와 영혼 구원, 양육과 영적 재생산 과정을 통해 세계복음화 비전이 성취된다고 말했다. 영적 재생산을 통한 세계 복음화는 앤드루 머리의 착상에서 빌려온 것이었다. 1900년 학생선교

---

14 그레이엄은 4년여 기간 노스웨스턴학교 총장직을 유지하다가 자신이 독자적으로 설립한 빌리 그레이엄 전도협회(Billy Graham Evangelistic Association, BGEA)에 전념했다. 라일리가 사망하고 그레이엄이 총장직을 수행한 시기는 새로운 복음주의운동이 부상하고, 분리주의적 근본주의와 초기분열이 진행된 기간이라는 점을 주목할 필요가 있다(Rosauer, 2020).

사 수련회에서 앤드루 머리는 선교사 문제에 대한 열쇠는 단순 증가 (adding)가 아니라 승법증식(배가, multiplying)을 통한 세계복음화에 있다고 말했다. 매년 1사람씩 배가한다면 당시 세계인구 기준으로 30여 년 만에 전 세계에 복음을 전할 수 있다는 것이었다. 짐 다우닝은 트로트맨이 앤드루 머리의 착상에서 제자훈련과 영적 재생산, 세계복음화를 긴밀하게 연결했다고 말했다(Downing 2011).

초기 네비게이토 제자도에는 개방적인 지적 탐구에 회의적인 반지성주의(Anti-Intellectualism) 특징이 드러난다. 그것은 마크 놀이 지적한 것처럼 "행동주의적이고 대중추수 전략에 경도된 운동의 긴급성에 지배되면서 폭넓고 깊이 있는 지성 계발"에 소홀했던 20세기 미국 보수 개신교 에토스를 전형적으로 나타낸 것이다(Noll 1994). 활동가적 충동이 강했던 트로트맨은 고등학교 졸업 이후 당대 저명한 근본주의자들과 교류하면서 신학 수업을 듣다가 중도에 그만두었다. 아울러 고등학교를 막 졸업하고, 군인으로 복무한 이들을 대상으로 하는 선교현장은 고등교육기관 혹은 지성사회와 같은 엄밀한 지적 도전이 요구되지 않았다. 진지한 학문적 탐구를 추구하지는 않았지만, 트로트맨은 종종 근본주의자들의 신앙이 '학문적으로도' 승리했다고 설파해 왔다. 앞서 언급한 것처럼 스콥스 재판 이후 근본주의자들에게는 진화론을 어떻게 이해할 것인지가 중요한 주제였다. 트로트맨은 대중적 통념과 얽힌 창조과학에 경도되어 있었다. 그는 젊은지구창조론(Young Earth Creationism) 초기 지도자였던 해리 림머와 아서 브라운의 저서를 주로 참고하면서, 6000년 지구 창조설이 "과학적으로 정확성을 담보하고 있다"는 입장을 표명하곤 했다(Hankins, Jr., 2011; Lienesch 2007).

또한 초기 제자도에는 빈곤 퇴치나 사회적 불평등 해소에 대한 조직적인 담론이 결여되어 있었다. 실존적으로 네비게이토가 사회경제적으로 취약한 계층과 접속이 절연된 것은 아니었다. 초기 네비게이토가 접촉한 선교 대상자 다수는 대공황과 같은 경제위기 상황에서 고등학교 졸업 후 재정난 해소를 위해 군에 지원한 이들이었다. 또한 1960년대 이전까지 네비게이토는 훈련된 간사들을 다른 선교 기관에 '대여'했는데, 이는 향후 다른 기관 의제와 접목될 가능성을 열어 둔 것이기도 했다. 일례로 네비게이토는 밥 피어스가 창설한 인도주의 기관인 월드비전과 긴밀하게 교류했다. YFC 선교사였던 밥 피어스는 월드비전을 구호단체일 뿐 아니라 복음 전도 단체로 간주했고, 초기 신복음주의자들에게 복음 전파뿐만 아니라 빈곤 퇴치 및 고아 사역 등 사회적 책임을 함께 요청했다(월드비전 한국 2001; King 2019). 다른 선교 기관 지원과 연대 정책으로 제자도 개념이 향후 확장될 수 있는 가능성이 있었지만, 초기 네비게이토 제자도 모형에 빈곤 퇴치 문제를 각성시키는 강조점은 약했다. 이는 부분적으로 다른 근본주의자들처럼 '사회복음'의 신학적 자유주의 경향에 대한 알레르기 반작용에서 기인했다(이재근, 2015, 170-176).

　빈곤 퇴치나 불평등 해소방안을 사회구조 및 제도와 결부시켜 탐색하고 선교 현장에서 구현하는 논의를 발전시키지 못한 이유는 다음과 같다. 첫째, 개인적 경건과 사회적 정의를 조직적으로 다루기 위해서는 신학적 탐구, 사회과학적 분석, 공공영역 전문가, 목회상담 현장 등 다양한 층위의 담론과 실천이 통합적으로 이루어져야 한다. 이를 위해서는 상호 협력하면서 복잡한 쟁점을 정밀하게 분석하고, 교육 현장에서 활용 가능한 형태로 변환하는 연구개발팀과 기획 및 운영위원회가 필요하다. 초기 네비게이토는 종합적인 기획과 운영을 담당할 팀을 갖추지 못했다. 게다가 앞서 살펴본 것처럼 초기 네비게이토 제자훈련 과정은 복잡한 지적 탐구 자체를 높게 평가하지 않았다.

둘째, 제자도 프로그램이 방법론적 개인주의(methodological individualism)에 입각해 설계되어 있었다. 물론 제자화 프로그램이 일대일 훈련 이외에도 소그룹 운동과 대규모 캠페인·집회와 상호관계 속에서 조직된 것은 사실이다. 하지만 초기 네비게이토 제자도 모델은 (프로테스탄트 전통 중에서도 플리머스 형제단의 영향과 주류교단에 대한 부정적 판단이 영향을 미쳐) 조직화된 제도보다 개인의 책무성 강화에 보다 초점을 맞추어져 있다. 또한 방법론적인 개인주의에 입각한 제자도 모델은 구조와 행위자 문제(structure-agent problem)나 사회공동체 맥락에 배태된 행위자성(embedded agency) 측면을 반성적으로 숙고하기 어렵게 했다.

셋째, 사회경제적 문제 진단과 해소 방안에 대한 기존의 정세적 판단을 변경할 필요를 느끼지 못했기 때문이었다. 방법론적 개인주의에 기초한 제자도 모델을 계발했지만, 트로트맨과 동시대 근본주의자들이 '복음의 사회적 국면'(Social Dimension of Gospel)을 결여했다고 보는 것은 충분한 분석일 수 없다. 정치사회적 지평은 공백으로 남겨질 수 없는 영역이기 때문이다. 이러한 맥락에서 근본주의 선교운동이 '총체적' 선교와 무관하다고 보는 관점은 자칫 오해를 불러일으킬 수 있다. '총체성' 안에 담길 내용과 형식, 우선 순위는 정세적 판단과 맞물린 논쟁적 개념이기 때문이다. 최근 제출되는 연구 동향에서 주목할 점은 역사적 근본주의-신복음주의 연구에서 총체적 선교 개념 자체가 '본질적으로 논쟁적이고 경합적인 개념'임을 인정하고, 당대 역사적 맥락을 다층적으로 복원하고 있다는 점이다. 근래에는 표면적으로 정치에 대한 관심이 없다고 표명한 종교인들이 내리는 정세적 판단을 시대적 맥락 속에서 추적하고 있다.[15]

---

15 이와 관련해 1974년 로잔대회 이전 20세기 복음주의에서 망각된 '총체적 선교'(holistic

1930-1940년대의 시대적 맥락을 검토해 보면, 계급 갈등이나 빈곤 퇴치 문제는 당시 캘리포니아 지역정치와 국가적 맥락에서 논쟁적으로 다루어진 정치 의제였다. 트로트맨의 입장은 뉴딜정책을 시행한 루스벨트를 반대하는 보수적 근본주의자들의 대열에 서 있었다. 초기 네비게이토 사역 무대였던 1930년대 캘리포니아주는 정치적 소용돌이 가운데 있었다. 1934년에는 샌프란시스코 부두와 해상 노동자들이 파업을 전개했다. 7월 5일('피의 목요일')에는 투입된 공권력의 발포로 피켓을 든 2명의 노동자 사망 사태가 일어났다. 수많은 추모자가 참여한 장례 행렬 이후 여론의 흐름은 달라졌고 연방정부 중재를 거쳐 노동자들의 요구는 대부분 수용되었다. 서부 연안 일대 파업을 주도한 파업위원회 위원장은 공산당원인 해리 브리지스였다(Starr 1996).

같은 해 캘리포니아 주지사 선거에서는 민주당 후보 업튼 싱클레어의 '캘리포니아 빈곤 퇴치'(End Poverty In California, EPIC) 캠페인이 주목을 받았다. 그는 누진세 적용 및 상속세 인상 등을 골자로 한 세금 개혁, 대규모 공공사업, 연금 보장을 요구했다. "합법적으로 기업 자본주의 체제를 변화"시킨다는 EPIC 캠페인은 초기에 큰 호응을 받

mission) 개념이 로잔언약을 통해 새롭게 탄생했다는 서사 역시 냉전의 국제정치 맥락에서 다시 정위될 필요가 있다. 로잔언약 탄생 과정에서 복음 전도의 우선성을 강조하는 '협의(狹義)의 선교'를 주창한 그룹과 복음 전도와 사회 참여를 포괄하는 '광의(廣義)의 선교'를 개진한 그룹이 충돌한 것은 사실이다. 하지만 로잔언약에서 논의된 총체적 선교 개념 논쟁은 다종다양한 총체적 선교 개념 논쟁 가운데 한 가지 종교사적인 맥락만을 제시한다. 총체적 선교 개념의 다층적 맥락에 대한 논의가 필요한 까닭은 다음과 같다. 첫째, 총체적 선교를 구성하는 내용은 단일하게 고정된 실체라기보다 근본적으로 유동적이고 다의적이라는 점이다. 둘째, 총체적 선교가 표현되는 형식은 명시적일 뿐 아니라 암묵적이기도 하고, 때로 전략상 은폐된 방식으로 수행되기도 한다는 점이다. 아무리 그레이엄이 자신은 복음 전파에만 관심 있는 전도자라고 표면적으로 발언했더라도, 그는 로잔대회 이전 1950-1960년대에 그 어떤 종교인들보다도 미국의 시민종교 문화에서부터 백악관 정치, 나아가 냉전의 국제질서에 이르기까지 '총체석으로' 관여한 인물임을 부정하기 어렵다.

았다. 하지만 곧 공화당과 미디어 재벌, 할리우드 스튜디오 대표들의 조직적 반대에 부딪혔다.[16] 비록 싱클레어는 주지사 선거에서 패배했지만 그의 캠페인은 이후 뉴딜정책에 활력을 불어넣기도 했다(Sinclair 1934; Mitchell 1992; Starr 1996).

정치적 소용돌이 속에서 보수적 근본주의자들은 루스벨트의 뉴딜정책을 위협적인 신호로 간주했다. 이 시기 루스벨트는 좌파와 우파 양측으로부터 '파시스트', '공산주의자'로 비판받았다. 1936년 이전 미국 공산당은 루스벨트를 '파시스트'라고 비판했다. 공산주의 좌파에게 루스벨트의 "국가부흥위원회(National Recovery Administration)는 무솔리니의 조합주의 국가를 모방한 것이 분명했다"(Hofstadter 1955, 327). 자유방임 자본주의와 작은 정부를 지향하는 보수주의자들 입장에서는 정부의 적극적 개입으로 경기를 부양하려는 루스벨트의 시도를 '공산주의'라고 비난했다.

한편 1936년 이후 미국 공산당의 태도 변화도 감지되고 있었다. 히틀러의 등장으로 공산주의 소련이 잠재적 위험에 처하게 되자, 스탈린은 미국과 동맹을 고려하면서, 1935년 코민테른 7차 대회를 통해 노선 변화를 공식화한다. 1936년 이후 미국 공산당은 '파시즘에 맞서는 광범위한 반파시즘 인민전선'을 따라 그 전까지 '사회적 파시스트'로 칭하던 루스벨트의 재선 승리를 희망했다.

이런 정세에서 루스벨트 연임에 즈음하여 종교적 근본주의자들은

---

16 이들은 더스트볼 지역에 닥친 자연재난 여파로 캘리포니아로 이주한 이주민들에 대한 선주민들의 압박감을 이용했다. 가령 할리우드에서는 엑스트라를 동원해 '난폭한 범죄자' 모습을 하고 이민을 온 사람들이 '러시아 억양'으로 싱클레어를 지지하는 뉴스릴을 만드는 방식으로 반대 캠페인을 지원했다. 공산주의가 캘리포니아를 장악하려고 한다는 '붉은 공포' 메시지를 주입한 것이다.

팔레스타인으로의 유대인 귀환, 유대인 국가 건설 지원을 약속한 발푸어 선언, 세계 경제 대공황, 히틀러의 유대인 박해, 무솔리니의 옛 로마 제국 복원 시도, 무신론 국가를 제도화한 스탈린의 등장과 같은 국제정치 현실을 성서에서 예언된 종말의 파노라마 차원에서 이해했다.[17] 이들은 아마겟돈이 다가오는 현실에서 "중앙집권적인 국가와 국제주의를 모색하는 루스벨트의 시도는 종말의 시대에 전체주의 국가와 악마의 영감을 받은 세계 통치"라고 판단했다. 이런 정세에서 많은 근본주의자는 "루스벨트 지지를 도래하는 적그리스도를 지지하는 것"으로 간주했다(Sutton 2012). 트로트맨 역시 루스벨트를 반대하는 흐름에 부합하는 인물이었다. 그는 루스벨트의 승리는 "악마와 '적'의 승리와 다름없다"고 일지에 기록했다(Hankins Jr. 2011, 80).[18]

---

17 냉전복음주의의 형성 과정에서 세대주의 종말론과 동시대 정세판단 연구는 추후 과제로 남겨둔다. 추후에 논의할 내용은 (나폴레옹 전쟁 이후) 영국 플리머스 형제단 형성 시기, (세계대전 전후) 미국 근본주의-현대주의 논쟁시기, (한국전쟁 전후) 한국 근대 화시기를 다룰 예정이다. 시공간의 차원이 전혀 상이함에도 불구하고, 변주된 형태로 나타나는 공통주제는 전쟁 이후 혼돈스러운 세계상, 근대 비평 학문의 도전, 동시대 사건에 대한 '예언적인' 해석이다.

18 루스벨트는 전례를 강조하는 성공회 신자였고, 신학적 자유주의와 사회복음주의 운동에 영향을 받았다. 루스벨트 내각에는 사회복음주의에 영향 받은 사람들이 다수 포진해 있었다. 특히 미국의 첫 여성장관이자 1933년부터 1945년까지 최장수 노동부장관을 지내면서 뉴딜의 막후에서 활약한 프랜시스 퍼킨스는 자신을 정치활동을 사회복음에 대한 헌신으로 간주했다. 노동부장관으로 임명받았을 때 그녀는 "신, 루스벨트, 그리고 수백만 명의 잊혀진 평범한 노동자를 위해" 워싱턴 정가에 왔다고 말했다. 퍼킨스는 근로시간 상한제, 최저임금제, 실업연금, 사회보장법, 아동노동금지 등 주요 복지정책을 주도했다(Woolverton and Bratt 2019; Downey 2009).

5. 미국 패권의 시대와 '종족화'(種族化)된 냉전복음주의

1945년 루스벨트가 사망한 지 얼마 지나지 않아, 2차 대전은 연합군의 승리로 종결되었다. 미국은 전후 세계질서 건설을 주도한 패권국가로 부상했다. 한편 이 시기는 미소냉전이라는 글로벌 차원의 균열구조가 형성되고 있었다. 대서양과 태평양이라는 거대한 바다를 양편에 두고 자리 잡은 미국은 냉전질서 주도권을 쥐기 위해, 환대서양 및 환태평양 정치경제 질서에 관여했다. 대서양 방향으로 소련의 세력 확장을 막고 유럽을 재건하기 위해 마셜 플랜 같은 경제부흥프로그램을 기획했고, 태평양 방향으로는 역코스 정책과 일본을 '기지국가'화하면서 미국 패권을 도모했다(Steil 2018; 남기정 2016).[19]

시대 변화를 감지한 근본주의자들은 대공황과 2차 대전 기간에 종교시장에서 세력화에 성공한 경험에 자신감을 품고 미국 패권의 흐름과 발맞추면서 미국의 해외 상시 주둔지가 있는 경로를 따라 세계복음화 프로젝트를 수행했다. 일례로 미군주둔기지가 있던 일본과 필리핀에서는 YFC 운동이 모판이 되어 미군들과 여성들을 대상으로 한 대중 집회와 라디오 방송 선교를 하던 미군복음의시간(G. I. Gospel Hour)과 극동성경학교(Far Eastern Bible Institute)가 1947년에 극동복음십자군(Far Eastern Gospel Crusade)으로 합병해서 선교 활동을 이어 갔다.

네비게이토가 국제화된 시점 역시 미국 패권의 부상 시기와 맞물린

---

19 환대서양 관점의 냉전복음주의 네트워크는 추후과제로 남겨둔다. 추후에 다룰 내용은 1954년 BGEA 주최 런던전도집회와 1966년 BGEA 주최 베를린세계전도대회, 1974년 로잔세계복음화대회를 1948년 YFC 주최 세계복음화대회에서 이어지는 냉전복음주의의 역사적 계보 속에서 조망할 것이다. 스위스와 영국, 독일에서 개최된 세계선교대회를 유럽의 전후질서 재건 및 세계종교지형 재편 시도로 분석할 예정이다.

다. 트로트맨은 2차 대전이 연합군의 승리 국면으로 접어들던 1944년 겨울 〈전후 세계에서 미국의 책임〉(America's Responsibility in the Post-War World)이라는 글을 발표했다. 그는 모든 것을 갖춘 "미국이 세계 모든 나라들 가운데 가장 큰 책임을 짊어지고 있다"고 말하고, 전후 세계에서 기독교인의 책임을 논의했다. 그가 제시한 책임은 세계복음화를 위해 전도와 양육할 수 있는 선교사를 훈련시키고, 현장에 파송할 뿐 아니라, 선교지에서 안착하는 데 지원을 아끼지 않는 것이었다(Trotman 1944, 11; Skinner 1974, 363). 전쟁이 끝나자 트로트맨은 본격적으로 네비게이토 간사들을 다른 선교 기관에 배치하기 시작했다. 그는 1948년 아시아와 유럽 방문 이후 "이제 우리가 북을 두드릴 차례"라고 말했다(McGilchrist 2017a).

네비게이토 최초의 해외선교사는 중국에 파송된 로이 로버트슨이었다. 중국내지선교회(China Inland Mission, CIM) 선교사였던 딕 힐리스는 트로트맨에게 중국선교의 적시(適時)라고 말하면서, "중국으로 트로트맨이 직접 오든지, 측근 중에서 가장 뛰어난 사람을 보낼 것"을 요청했다(Skinner 1974, 283). 로버트슨은 진주만 공습 생존자이자 F6F 헬캣 조종사로 참전한 군인이었다. 1949년 1월 중국에 도착한 로버트슨의 임무는 힐리스를 지원하는 것이었는데, 얼마 지나지 않아 중국 본토가 공산화되자 대만으로 자리를 옮겼다(Skinner 1974, 302). 그는 대만에서 힐리스와 선교 활동을 하고 1951년에 일본으로 건너가 데이비드 모켄과 YFC 대중 집회를 진행했다(McGilchrist 2018a).

한편 1950년 장개석의 부인 송미령의 초청을 받은 힐리스는 1951년 대만에서 동양십자군(Oriental Crusade, OC)을 창설했다. 중국 공산당으로부터 추방당한 힐리스는 국공내전에서 패배한 장개석의 국민당 정부의 전폭적인 지원을 받고 전도집회를 개최한다. 장개석의 초상화가 현수막으로 걸린 집회장소는 기독교 메시지가 전파되는 장(場)인 동시에 '자유중국'(Free China) 국민당 정부 선전무대이기도 했다. 한편 OC도 참여한 1951년 YFC 오키나와 선교 이후 로버트슨은 일본에서 선교 활동을 하게 되었고, 트로트맨은 힐리스의 대만선교를 지원하기 위해 덕 스팍스를 파송했다. 스팍스는 양육과 통신 과정 책임자로 일하면서 네비게이토 제자도를 전파했다(Skinner 1974, 317-319; Hillis 1954).

OC 부서에는 '체육, 설교, 기도'(Playing, Preaching, Praying)를 결합한 농구전도 팀이 있었다. 종교와 스포츠를 결합하는 근육질 기독교 전통을 이어 간 것이다. 힐리스는 당시 중국과 홍콩, 대만과 필리핀 등 아시아에서 농구가 인기스포츠인 점에 착안해 테일러대학 코치였던 돈 오들에 연락했다. 훗날 올림픽농구팀 대만 감독으로 활동한 오들은 승리를 위한 모험(Venture for Victory, VV)을 창설했다(Rousselow-Winquist and Winquist 2001). VV는 1955년에 한국을 방문하기도 하는 등 이후 40여 개국에서 활동했다.

태평양 전쟁 참전 군인이었던 밥 보드만은 1952년 오키나와에서 네비게이토 사역을 개척했다. 태평양전쟁 말기 오키나와는 "일본에서 유일하게 수십만 민중의 일상생활 터전에서 대규모 지상전이 벌어진 지역"이었다. "지상 전투 부대 18만여 명과 후방 지원부대까지 합치면 54만 명에 달하는 미군"이 오키나와에 밀고 들어왔다(모리테루 2008, 19)" 전쟁이 끝나고 미국은 오키나와를 점령하고 군사기지화 했다. 이런 상황에서 네비게이토 지도부는 태평양전쟁 중에 일본군 총탄에 목을 관통하는 중상을 입어서 목소리를 제대로 낼 수 없었던 보드만을 일본 선교 개척 적임자로 판단했다(보드만 2003, 16; Winebrenner 1996, 189).

네비게이토 한국 팀 출범 역시 주한미군 주둔지와 한국전쟁 상황과 밀접하게 관련이 있었다. 보드만은 한국 네비게이토 공식 출범기에 가교역할을 했다. 1962년 10월 짐 다우닝의 권유로 한국을 방문한 보드만은 주한미군 대상 선교를 기획했다. 1963년 서울로 파송된 인물은 한국전쟁 참전 군인이자, 1960년부터 오키나와에서 주일미군 대상으로 선교하던 란 욕이었다. 그는 주한미군이 주둔한 용산지역에 거점을 삼고 활동하다가 유강식을 통역자로 만나 네비게이토 제자훈련과정을 전달했다. 이후 유강식은 1966년 한국 네비게이토를 공식 출범시키고 1978년까지 한국 대표로 일하게 된다.[20] 한국 네비게이토가 공식적으로 출범한 시기는 1960년대 중반이었지만, 1953년 한국전쟁이 진행 중인 시기에 이미 네비게이토 제자훈련은 월드비전을 통해 전파되고 있었다. 앞서 언급했던 것처럼 트로트맨은 월드비전과도 초기부터 연대하고 있었다.

1950년대 초 트로트맨과 힐리스는 한국교회 교계인사들로부터 전도자들을 보내 줄 것을 요청받았다. 당시 인도선교를 나가기 위해 도쿄에서 비자를 기다리던 덕 코자트를 한국에 파송했다. 1953년 대구에 도착한 코자트는 월드비전의 지원과 한국인 이원설 등의 조력으로 네비게이토 성경 암송 및 성경 공부 한국어 교재를 발간했다. 코자트는 피어스의 요청으로 1954년 통신 과정 사무실을 서울로 옮기고, 이

---

20 란 욕을 만나기 전 유강식은 다른 선교사들과 교류하고 있었다. 1959년 대구에서 만난 믿음의 방패 선교회(Shield of Faith Mission International) 선교사 딕 욕, 세계복음화십자군(World Evangelization Crusade, WEC) 선교사 케이스 글라스, 어린이전도협회(Child Evangelism Fellowship, CEF) 선교사 존 쿡 등과 함께 교류하면서, 1960년부터는 CEF 총무로 일했다. 아울러 에드윈 제임스, 윌버 맥가피, 네이스웬더와 같은 형제교회에 속한 내한 선교사들과 모임을 가졌다. 이들 가운데 일부 선교사들은 직간접적으로 미국에서 네비게이토 활동을 경험한 적이 있었다. 가령 네이스웬더는 캘리포니아 롱비치 군인센터에서 네비게이토 성경공부 모임에 참여했다(양진효 2010).

후 여러 도시에서 집회를 열었고, 한국인들을 훈련시켰다(Cozart 2006, 23-32; McGilchrist 2018c). 월드비전에서 운영하는 어린목자회(Little Shepherd Movement)에서는 코자트가 전한 108구절 주제별 성경 구절을 가지고 정기적인 암송대회를 개최했다(월드비전 한국 2001; World Vision 1964, 15).[21] 대학생성경읽기선교회(University Bible Fellowship, UBF) 설립자 이창우 역시 코자트로부터 제자훈련을 받았다. 그는 자료 번역팀에 있으면서 코자트에게 배우고, 이후 1960년대에 남장로교 선교사 배리 사라와 함께 UBF를 창설한다(Barry, 1991; Chung, 2003, 474).

로버트슨(중국), 보드만(일본), 욱(한국)의 사례에서 볼 수 있는 것처럼 아시아 네비게이토를 개척한 이들 가운데는 참전 군인이 많았다(Fairservice 2007). 1940년대 진주만 공습 이후에 전쟁의 공포 속에서 강조되던 군인정신과 트로트맨이 추구하는 강성 제자도 규율이 미묘하게 맞아떨어지면서 장병들의 네비게이토 참여가 활발했다(McGilchrist 2017a). 참전군인 가운데 일부는 종전 이후에 해외 주둔 미군 기지를 거점으로 군인정신 제자도를 아시아에 전파했다. 냉전한국에 전파된 제자훈련이 군사화된 근대(Militarized Modernity) 문화 감각과 상응하는 것처럼 보이는 데에는 이런 배경을 간과하기 어렵다(Weinstein and Seay 2007, 44; Loveland 1996). 여기에 더해 3년간의 전쟁을 치르면서 반공주의 정서가 고조된 남한에서는 십자가의 자유와 한미동맹이 보증하는 자유('보혈(寶血)과 혈맹(血盟)')가 상호교차하는 방

---

21 네비게이토에서는 1943년에 성경 암송 체계를 개편했다. 트로트맨은 성서학자 50명을 모아 8개월에 걸쳐 어떤 성경 구절을 포함할지 결정했다. 원래 600구절을 선정했다가 300구절로 줄이고 최종 108구절로 확정했다. 1945년에는 통신 과정을 통해서 성경 암송 완료자들에게 수료증을 우편으로 동봉하는 방식을 개발했다. 1950년대 주제별 성경 암송 구절은 대중적으로 보다 폭넓게 알려졌고, 1957년에는 구절 수를 조정해서 108구절에서 60구절로 주제별 성경 암송 구절을 변경했다(Fletcher 2018).

식으로 표상되기도 했다. 1956년에 간사들에게 보낸 서신에서 트로트맨은 "장군의 지프, 헌병대의 호위, 군악대의 경례 등 호의적인 분위기" 속에서 기독교 메시지가 전파되고 수만 명의 군인들이 결신했다는 소식을 전했다. 이를 후원한 장성은 한국전쟁 당시 육군참모총장을 지낸 백선엽이었다. 그는 피어스와 코자트에게 한국군 장병들을 대상으로 한 전도대회를 요청했다(Cozart 2006; McGilchrist 2018b).

전쟁의 포화가 그치지 않은 1952년 겨울 한국을 방문한 그레이엄은 군복을 입고 설교했다. 그의 메시지를 듣는 이들 가운데는 군사적 안보동맹에 입각한 자유와 십자가를 통한 죄로부터의 자유를 상응시킨 이들도 있었다. 종교적 개종과 정치적 개종을 중첩시키는 연상은 당시 그레이엄 자신의 세계관과 부합하는 것이었다. 그는 거제도 포로 문제를 다룬 해롤드 볼켈의 『한국의 철조망 뒤에서』(*Behind Barbed Wire In Korea*)를 추천하면서 "공산주의자를 영광스러운 기독교인으로 변화시킨 신의 능력"을 말했다(Voelkel 1953, 3). 동시에 그레이엄의 관점에서 수용소 포로들이 전향해서 '자유' 대한민국의 시민이 된 사건은 미국과 한국이 강경하게 공산주의를 압박하는 "롤백 정책이 실패한 후에 거둔 도덕적 승리"이기도 했다. 공산주의를 변화시키는 종교적 힘과 공산주의에 맞서 전후도덕질서를 수립하는 정치적 힘은 분리되지 않았다. 포로들이 대한민국을 향한 "전향"을 입증하는 한 가지 방식은 공산주의를 반대하는 기독교로 "개종"했음을 보여주는 것이었다(Park 2021). 그레이엄은 한국을 방문하고 돌아와 출판한 책을 "예수 그리스도의 좋은 군사로 고난을 견디는 법을 배운" 주한유엔군에게 헌정했다(Graham 1953).

초기 미국의 신복음주의 지도자들의 사회적 상상 속에서 자유의 회복과 전후질서 재건의 희망은 오래된 아메리카주의, 미국의 신앙 전통 안에 있었다. 이들은 세계 정세를 '기독교적 미국'과 '무신론적 공산주의' 세력이 "자유냐, 예속이냐"를 두고 인류 최후의 결전을 펼치는 종말론적 장면으로 묘사했다. 피어스는 전쟁의 군사사(軍事史)는 널리 퍼졌지만 '영적인 힘'에 관해서는 제대로 밝혀지지 않았다면서, 1952년에 『알려지지 않은 한국 이야기』(The Untold Korea Story)를 출판했다. 그는 "공산주의에 맞서 도전할 수 있는 강력한 기독교 메시지"를 설파했고, 공산주의의 잔혹한 핍박에도 불구하고, "한국인들에게 불어 닥친 엄청난 영적인 열정 때문에 공산주의가 흰개미 전술로 남한 정부를 파괴하지 못했다"는 이야기를 전했다(Pierce 1952, 5, 30).

피어스는 전쟁 와중에 미군이 한국에 남겨 놓은 혼혈아, 희생당한 고아나 전쟁미망인, 한센병 환자들에 대한 영화를 제작해 구호금을 마련했을 뿐 아니라, 정치적으로는 공산주의가 무서운 역병이라고 선전하는 〈적색역병〉(The Red Plague), 공산주의자 박해에도 불구하고 그리스도를 증언하다가 순교한 이들의 신앙을 영상화한 〈휴직 중인 죽은 사람들〉(Dead Men on Furlough)을 통해 반공주의 정서를 확산시켰다(월드비전 한국 2001, 138-139).[22]

새로운 복음주의자들이 공론장 무대 전면에서 주목을 받게 된 배경에는 냉전 초기 핵전쟁의 공포를 신적 심판의 주제로 전환시키면서 동시대 사람들의 신경을 건드린 점과 미국 정계와 언론계에서 공포를 주입하는 복음주의 신앙을 냉전기 담론투쟁의 무기로 삼기 위한 전략

---

22 피어스가 제작한 영상물은 미국 보수적 개신교인들에게 영향을 미쳤다. 일례로 해리 홀트는 YFC 집회에서 피어스 영화를 보고 충격을 받고 전쟁고아를 입양하고 홀트아동복지회(Holt Children's Services, Inc.)를 설립한다. 이후 홀트는 한국에 전도자가 필요하다고 판단하고, 딕 욕, 월버 맥가피 등 자신이 알고 지내던 이들에게 한국 선교사로 올 것을 요청한다.

적 지원이 있었다. 대표적으로 로스앤젤레스 집회에서 그레이엄이 전국적인 명사로 떠오르게 된 배경에는 종말론적 심판의 메시지와 냉전 미디어 정치가 있었다.[23] 그레이엄의 부흥 집회에서 나타나는 설교는 주로 이 도시가 성적 타락과 물질적 탐욕, 사회적 범죄 등 '죄악의 도시'가 되었음을 규탄하면서 영적 부흥과 신적 심판의 갈림길에 서 있는 지금 회개를 촉구하는 것이었다. 그런데 로스앤젤레스 집회가 시작되기 이틀 전에 소련이 원자폭탄 실험에 성공했다는 소식이 들렸다. 그레이엄은 이번에는 도시 규모의 악행을 넘어 지구 규모의 종말을 경고하는 예언자로 나섰다. 그는 이미 1년 전 소련이 핵무기를 보유하고 있어서 사용할 준비를 마쳤다고 말한 바 있다. 그에게는 경고가 현실로 나타나는 것처럼 보였다. 그레이엄은 종말론적인 예언자처럼 말했다. 그는 "공산주의가 신, 그리스도, 성경, 그리고 모든 종교에 맞서기로 결정했다"고 선언했다. 그레이엄은 "공산주의는 전능자인 신과 전쟁을 선포한 악마에게 영감과 지시를 받고, 동기를 부여받은 종교"라고 맹렬하게 비난했다. 부흥 집회는 3주에서 8주로 연장되었고, 이를 지켜본 미디어 재벌인 윌리엄 허스트는 "그레이엄을 띄우라"고 지시했다. 빌리 그레이엄은 언론 헤드라인을 장식했고, 이후 20세기 내내 미국 전역에서 가장 저명한 부흥사로 자리매김하게 된다(Lahr 2007; Martin 2018, 114, 118).

그레이엄은 미국의 패권과 애국심, 복음주의 신앙을 결합한 '미국의 목사'(America's Pastor)였다. 그는 전후세계질서에서 새로운 경쟁자

---

23 여기에서 본격적으로 논의하기는 어렵지만, 종교냉전 담론을 논의하기 위해서는 '세속' 미디어 정치뿐 아니라 종교전문 방송국들의 활동 역시 주목할 필요가 있다. 새로운 복음주의 운동이 탄생하는데 1930-1940년대 라디오 정치가 미친 중대한 영향에 관해서는 Matzko(2016)을 참고하라.

로 등장한 공산주의에 맞서 '미국의 위대함'을 옹호하는 정신적 자원을 동원했다. 1950년대 그레이엄의 설교에는 소비자본주의 시대의 중산층의 풍요로움과 민주주의를 이상화하는 미국적 삶의 가치가 대변되어 있었다. 1957년 뉴욕에서 열린 그레이엄의 대중 집회는 '전진하는' 근본주의자들이 신학적 자유주의자들뿐 아니라 가톨릭 교인들과 유대교인들과도 충분히 협력할 수 있음을 보여주는 계기를 마련했다. 또한 뉴욕집회에서 그레이엄 설교 전에 '추천의 변'을 맡은 닉슨 부통령이 강단에 올라와 '미국의 위대함과 종교적 부흥'을 동일시한 긴 연설은 정치와 종교의 조화를 모색하는 미국 시민종교(civil religion)의 한 단면을 보여주었다. 이들은 1950년대 '자유주의적 합의'(liberal consensus)에 일정한 수준에서 동조하면서도 이후에 격렬한 충돌로 이어질 긴장을 근본적으로 내포하고 있었다(Balbier 2017). 냉전 초기 미국의 WASP 지배 문화에서 신복음주의자들이 주도한 반공주의적인 백인 남성 보수 개신교 애국주의 담론은 1960년대 이후 인종, 젠더, 계급, 종교, 국적 등 주변화되거나 은폐되어 왔던 의제들이 교차하면서 정치화될 때마다 충돌을 불러일으키면서 문제의 소재지가 되었다.

냉전 초기 '미국의 목사' 그레이엄에게 한국의 정치 상황은 1950년대 반공 투쟁하는 '상상된 공동체' 구축에 도움이 될 정도만큼만 관심의 대상이었다. 그는 1950년대 미국정치의 맥락과 결부시켜 한반도 문제에 관해 직간접적으로 정치적 입장을 표명했다. 먼저 그레이엄은 한국전쟁 발발 이전부터 북한 공산주의에 강경한 입장을 취할 것을 촉구했고, 전쟁이 일어난 이후에는 전 세계를 삼키는 공산주의 전체와 맞서는 전쟁이라고 간주했다(왜커 2021, 131-136). 그런데 1952년 미국 대선정국이 본격화되었을 때 그레이엄 자신은 한국전쟁에 미국이 참전하는 것을 결코 찬성한 적이 없었다고 말했다. 찬성한 적이 없는데도 마치 "에덴동산에서 아담이 지은 원죄의 짐을 모두가 물려받은 것처럼" 워싱턴에 앉은 한 사람[트루먼]이 내린 결정 때문에 "싫든지 좋든지" 미국인들이 참전하게 되었다고 그는 트루먼 정부를 비판했다.[24] 그레이엄은 한국전쟁이 "동양인의 마음"을 조금도 이해하지 못한 어리석은 워싱턴 지도자의 극동외교정책 실수로 발발했다고 지적했다. 게다가 소련 간첩인 "알거 히스가 미국의 외교정책을 수립했고, 현재 외교정책 수립자들 일부는 동양에는 가 본 적도 없다"고 비난을 이어 갔다. 여기에서 멈추지 않고 "승리를 위해 필요한 모든 조치를 취하라는 맥아더 장군의 의견을 무시한 채 '비겁하고', '반쪽짜리 마음가짐으로' 전쟁을 끌면서 거의 매주 2천명의 미국인을 희생시키면서 원래 오류를 악화시켰다"고 그는 주장했다(Martin 2018, 151).

그레이엄은 1952년 12월에 밥 피어스와 함께 한국의 전장을 순방했다. 미국에 돌아간 직후인 1953년 2월에 출간한 일지 『나는 전장에서 당신의 아들들을 보았다』(I Saw Your Sons at War)에는 당시 정치적, 군사적 상황에 대한 그레이엄의 관점이 담겨 있다. 그레이엄은 확신 있는 이승만의 '도덕적 수준'에 깊은 인상을 받았다고 말했다. 그는 "미국에 돌아가거든 미국인들에게 '어떤 대가를 치르더라도 평화' 추구를 슬로건으로 삼기보다 '어떤 대가를 치르더라도 도덕적 정의' 실현을 슬로건으로 삼으라고 말하라"는 이승만의 언설에 공감을 표시한다. 또한 그레이엄은 참전 군인들의 목소리를 빌려 "버티기 전쟁으로

---

24 빌리 그레이엄은 훗날 자서전에서 전쟁 발발 직후 트루먼에게 북한의 위협에 단호하게 대처할 것을 촉구하는 전보를 보냈다고 회고한 바 있다. 전보는 "공산주의를 즉각 응징할 것을 강력하게 촉구"하면서 "비율로 따지면 남한에는 세계 어느 곳보다 그리스도인들이 많은" 상황에서 "우리는 그들을 실망시킬 수 없다"는 내용을 담고 있었다.(그레이엄 2001, 3).

끊임없이 마찰을 빚고 있다"고 말하면서, 자신은 군인들로부터 "1년 전 판문점에서 평화 협상이 시작된 이후 우리가 잃은 것보다 적은 손실로 압록강으로 바로 갈 수 있었을 거라는" 이야기를 들었다고 전했다. 또한 한국 "전장에서는 공산주의와 싸우면서, 고국[미국]에서는 공산주의자들이 자유롭게 돌아다녀도 되는지 이해할 수 없다"는 미군들의 불만을 전달한다. 그레이엄은 군인들이 "공산주의자들이 국무부에 영향력을 행사하고 있다는 점에 비통함"을 느낀다고 기록했다. 또한 "전쟁을 하는 이유와 목적도 알지 못한 채" 지쳐 가고 있다는 이야기를 전했다. 그레이엄이 군인들의 목소리를 빌려 전달한 내용은 1952년 대선정국에서 한반도 뉴스를 '상품화'한 그레이엄 자신의 관점과 크게 다르지 않았다(Graham 1953, 54, 63).

1953년 정전협정 이후 유엔총회 결의안에 따라 개최된 1954년 6월 제네바 회담에서 한반도 중립화 통일방안 안건이 결렬되었을 때, 그레이엄은 8월에 기고한 〈사탄의 종교〉(Satan's Religion)라는 글에서 제네바 "극동평화회의에서 아무리 많은 말을 하더라도 공산주의의 마음을 바꿀 수 없다"고 단언했다(Graham 1954, 41). 한국통일 문제를 다룬 제네바 극동평화회의는 전후 한반도 분단 체제와 동아시아 냉전질서 형성에 중요한 계기가 된 회담으로 여기에는 예기치 않은 함수와 정치적 역학관계가 복합적으로 작용했다(오정현 2021). 하지만 확신에 찬 그레이엄에게 제네바 회담 결과는 예견된 것이었다. 그것은 "공산주의가 죽거나 기독교가 죽어야 하는, 죽음을 내건 전투"이고, "그리스도와 적그리스도의 투쟁"이기 때문이었다. 그는 공산주의에 맞설 수 있는 토대가 "보수적이고 복음주의적인 기독교", "도덕적이고 정신적 안보 차원에서 요청되는 기도와 영적 부흥", 그리고 "개인이 거듭난 체험"에 있다고 확언했다. 그리고 그것은 "인류 역사에서 가장 위대

한 이상을 품은 옛 아메리카주의"와 동일한 것이었다(Graham 1954, 41,
44-46). 복음주의를 미국주의와 동일시한 그레이엄은 '종족화된' 냉전
복음주의의 한 가지 단면을 보여준다.

6. 시류를 탄 근육질 기독교 돌아보기

서두에서 밝힌 것처럼 이 글은 냉전국제정치라는 특정한 맥락 속에
서 형성된 '냉전복음주의'(Cold War Evangelicalism)을 탐구하기 위한 예
비 조사 작업의 일환이다. 본격적인 탐구는 추후연구를 통해 개진하
기로 하고, 여기서는 지금까지 논의를 정리하고 글을 마무리한다. 대
형집회에 특화된 YFC와 일대일 제자훈련을 개발했던 네비게이토는
'시대에 발맞추면서' 대공황 시기에 성장하고, 전쟁에 참여한 세대에
'근육질 기독교'를 제시했다. 1940년대 시카고나 로스앤젤레스에는
유럽 전선과 아시아 전선의 교차로에서, 태평양 연안에서 젊은 군인
들이 전쟁의 공포와 사회적 압박을 느끼면서, 불투명한 앞날에 대한
답답함과 초조함을 내면화하고 있었다. 동시에 라디오와 함께 성장한
전시세대는 진주만 공습 이후 히틀러의 나치즘과 일본의 군국주의에
맞서 참전하는 삶을 '영웅적 행위'로 선전하는 미디어 영향을 받고 있
었다. 명예로운 애국심을 가지고 자기를 희생하는 '위대한 세대'로 살
것을 요구받고 있었다. 그 과정에서 때로 감각기관의 '불일치'를 경험
하기도 했다. 전파방송을 통해 전쟁영웅을 칭송하고 위대한 미국을
찬미하는 소식을 귀로 듣지만, 일상에서는 차별과 불평등, 문화적 분
열을 눈으로 보거나 자신이 당사자로 관여되기도 했다. 일상에서는
부조리와 답답함을 경험하면서 비상사태 속에서 명예로움과 위대함

을 요구받았다(Rose 2008).

YFC지도부는 젊은이들이 "영웅적인 것에 도전하는 무언가"를 원하고 있다고 판단했다(Time 1946; Carpenter 1985). 동시에 젊은이들에게 접근하기 위해서는 그들이 일상의 초조함과 진부함을 잊고 여흥을 즐기면서 문화적 고립감을 벗어나도록 하는 것이 필요하다고 생각했다. 여기에 더해 근육질 기독교에 부합하는 강력한 메시지를 전파하면서, 공포심과 명예심이 공존하는 전시세대의 신경을 건드리고자 했다. YFC 운동 기획자들은 위대한 영적 부흥이야말로 지역사회 범죄를 해소하고 도덕 질서를 재건하는 삶의 기초임을 설파했다. 트로트맨이 이끈 네비게이토 역시 규율이 일상에서 내면화될 때까지 엄격하게 훈련시키면서, 다른 사람들도 거칠게 훈육할 수 있는 사람들을 재생산하고 있었다.

한편 대공황 이후 2차 대전 시기에 뉴딜정책에 대한 정치적 반대와 지지를 '그리스도와 적그리스도의 대결'로 전환시킨 근본주의자들은 냉전시대가 도래하자 핵전쟁의 공포를 예언된 아마겟돈의 파노라마의 한 장면으로 갱신하면서 종교냉전에 참전했다. '적과 동지를 구분'하면서 '심판과 부흥의 갈림길'에서 '결단'할 것을 강조했다는 점은 동일했다. 다만 20세기 중반 미국의 냉전복음주의자들은 한 세대 이전(스콥스 재판 직후) 근본주의자들보다 미래를 밝게 보았다. 연이은 파산 소식이 전해지는 대공황 시기 종말론적 파노라마와 경제 부흥과 풍요가 보도되는 패권의 시대에 상상된 종말론적 풍경은 달랐던 것이다. '전진'하는 근본주의 선교운동에서는 정복의 언어가 자주 사용되었다. 이들은 자신들이 사는 시대가 그리스도를 위한 '승리'를 달성할 적기(適期)이며, 이를 위해서는 '침공'하는 '십자군'이 유럽과 아시아, 남미 등 전 세계에 '전초기지'를 건설해야 한다고 생각했다. 미국의 초기 냉전복음주의자들은 부흥과 선교의 긴박성을 강조하면서, 스타디움 규모의 대중 집회와 일대일 제자훈련 모델을 해외에서 재생산하고자 했다.

전진하는 근본주의의 태동기라고 할 수 있는 스콥스 재판(1925년) 전후를 기점으로 100년 가까운 시간이 지나면서, 냉전복음주의에 대한 공과가 여러 각도에서 논의되고 있다(이재근 2022). 냉전복음주의의 형성과 전개 과정을 검토하는 작업은 20세기 냉전질서의 문화풍경과 사회적 자리를 포착하는 데 유용할 뿐 아니라, 한국의 압축적 근대화 과정에서 등장한 복음주의 운동을 이해하는 데에도 일정한 참조점을 제공한다.[25] 냉전복음주의 문화풍경을 다루는 글을 마무리하면서 추후 참고할 사항을 생각해 본다. 그것은 '시류'(時流)를 탄 '근육질' 기독교의 공과와 관련된 물음이다.

먼저, 시류를 타고 올라선 기독교를 돌아본다. 시대에 발맞춘 복음주의자들은 자원 배치와 선전도구 활용에 있어서 외적 규모나 영향력 면에서 성공을 거두었다. "1970년대 이전까지 초교파적인 선교 단체 사역과 독보적인 종교방송 산업을 비롯해 조직적 차원에서 풍부한 자원 네트워크를 구축"해 나갔다(Diamond 1995, 92-93). 근래의 냉전복음주의 연구자들은 시대를 읽어낸다는 미명 아래 시류에 매몰되어간 지점을 지적한다. 예컨대 미국 패권주의 행렬에 합세하면서 순응주의(conformism)의 덫에 빠졌다는 논의가 대표적이다. 아울러 백인남성복

---

25 해방 이후 한국 복음주의운동 형성사에서 YFC와 네비게이토 모델이 직간접적으로 미친 영향은 심대했다. YFC 전임사역자 출신인 그레이엄은 4차례 방문을 통해 한국전쟁시기부터 1970-1980년대 산업화시기에 이르기까지 대중적인 종교문화에 깊은 영향을 미쳤다. 그뿐만 아니라 네비게이토 제자훈련 모델 역시 다양한 경로를 통해 확산되어 "한국교회에 제자도 정신을 소개해 새로운 차원의 기독교인 양육방향을 제시"했다고 평가받기도 했다(박용규 1998, 123).

음주의 기독교내셔널리즘에 매몰되어 인종과 성별과 계층을 위계적으로 '종족화'(種族化)한다는 비판이 제기된다. 제 몸 부풀리기를 향한 욕망이 너무 깊고 절대적이어서 비판적 숙고의 필요성을 감지조차 못한다는 논평도 존재한다. '미국적' 복음주의−자본주의 공명기에 부합하지 않는 담론과 실천은 악마화하거나 기껏해야 부차적인 것으로 치부하고 '도구화'한다는 지적이다.

다음으로, 근육질 기독교의 공과를 생각해 본다. 앞서 살펴본 것처럼 근육질 기독교는 단일하게 고정된 개념이라기보다 시대와 장소에 따라 다양한 방식으로 나타났다. 성서가 제시하는 '그리스도의 군사' 용법은 인생에는 분투하면서 진지하게 추구해야 할 소중한 그 무엇이 있음을 교훈한다. 참된 삶을 향해 순례하는 신앙여정에 '단련하는 삶'과 '선한 싸움'이 동반된다는 것이다. 진실과 맺는 관계 안에서 자신의 삶을 탐색하고 변형시켜가는 영성의 삶의 일부로 규범준수의 필요성이 환기될 수 있다. 또한 숱한 눈물의 밤을 견디게 할 뿐 아니라 타자의 아픔에 공감하고 견실한 삶을 추구하는 차원에서 신의 뜻을 붙잡고 이를 확언하는 삶의 가치 역시 존중받을 수 있다.

하지만 군사적 강건함과 결부된 근육질 기독교가 자기지배력 강화에 지나치게 초점을 맞추다가 신의 뜻을 도식화된 규범으로 환원했던 흐름은 비판적으로 숙고되어야 한다. 상명하복 명령체계를 강조하는 군사문화가 지배한 근육질 기독교는 구성원들을 인위적으로 통제하고 압박해 왔다. 은총의 신비와 모름의 영역을 인정하고 타자의 곁에 머무르기보다, 타자의 삶을 도식적인 틀로 재단하고 억누르는 오류에 빠진 것이다. 도식화된 규범의 틀 안에 매몰된 존재는 삶의 다채로운 면모와 진실을 마주하지 못한다. 성서의 지혜서 전통은 삶의 다양한 국면에 주의를 기울이라고 말한다. 성서는 인과응보의 규범적 지

혜(잠언) 뿐 아니라, 선악 규범의 잣대로 판가름할 수 없는 현실세계의
실존(욥기)을 함께 그려낸다. 삶을 탈바꿈할 만큼의 열정과 사랑(아가
서) 뿐 아니라, 공허와 헛됨 뿐임을 자각하는 지혜(전도서)를 동시에 말
한다. 그리고 이 모든 굴곡진 삶의 여정에서 신의 임재와 부재를 경험
하면서 타자와 함께 부르는 노래(시편)로 초대한다.

| 참고문헌 |

그레이엄, 빌리 저. 윤종석 역. 2001. 『빌리 그레이엄 자서전: 내 모습 이대로』. 두란노.

남기정. 2016. 『기지국가의 탄생: 일본이 치른 한국전쟁』. 서울대학교출판문화원.

마르스텐, 죠지 저. 홍치모 역. 1992. 『미국의 근본주의와 복음주의 이해』. 성광문화사.

마스든, 조지 저. 박용규 역. 1997. 『근본주의와 미국문화』. 생명의 말씀사.

머서, 저 저. 정미혁 역. 2011. 『크로웰: 삶의 십일조를 하나님께 드린 시리얼 왕』. 미래사.

모리테루, 아라사키 저. 정영신·미야우치 아키오 역. 2008. 『오키나와 현대사』. 논형.

박명수. 2021 "한국 월드비전의 배경과 창립과정." 『한국교회사학회지』 58: 51 - 102.

박용규. 1998. 『한국교회를 깨운 복음주의 운동』. 서울: 두란노.

보드만, 밥. 2003. 『헌신』. 서울: 네비게이토출판사.

설혜심. 2004. "19세기 영국의 퍼블릭 스쿨, 제국, 남성성:『톰 브라운의 학창시절』을 중심으로" 『영국사학회』 11: 89-120.

양진효. 2010. 『우리 중에 이루어진 사실』. 익산: 선한목자.

오정현. 2021. "1954년 제네바 정치회담과 한반도 국제관계" 『통일정책연구』 30(1): 1-30.

왜커, 그랜트 저. 서동준 역. 2021. 『빌리 그래함』. 서울: 선한청지기.

월드비전 한국. 2001. 『월드비전 한국 50년 운동사: 1950-2000』. 서울: 월드비전.

이재근, 2015. 『세계 복음주의 지형도: 세계기독교 관점에서 보는 복음주의 역사』 서울: 복있는사람.

이재근, 2022. 『20세기, 세계, 기독교: 지난 100년간 세계기독교를 만든 21명의 증인들』 서울: 복있는사람.

이재원·강현두·원용진·전규찬. 1998. "라디오와 시·공간 개념의 변화." 강현두·원용진·전규찬, 『현대 대중문화의 형성: 1920~30년대 미국의 대중문화 형성과 사회적 효과』. 101~133. 서울대학교출판부.

팩스턴, 로버트 저. 손명의·최희영 역. 2005. 『파시즘』. 서울: 고양인.

포스터, 밥. 1988. 『불타는 세계비전』. 서울: 네비게이토출판사.

휴즈 토머스 저. 하남길 역. 1999. 『머스큐러 크리스천: 톰 브라운의 학창시절』. 서울 : 21세기교육사.

Arnold, Matthew. 2006. *Culture and Anarchy: An Essay in Political and Social Criticism*. New York: Oxford University Press.

Baker, William J. 2007. *Playing with God: Religion and Modern Sport*. London: Harvard University Press.

Balbier, Uta. 2014. "Selling Soap and Salvation: Billy Graham's Consumer Styled Revival Meetings and the Reshaping of German Evangelicalism in the 1950s" *Amerikastudien/ American Studies Quarterly* 59(2): 137−152.

Balbier, Uta. 2017. "Billy Graham's Neo−evangelical Triumph and the Limits of the Liberal Consensus" In *The Liberal Consensus Reconsidered: American Politics and Society in the post−War Era*. edited by Robert Mason and Iwan Morgan, 227 − 244. Gainesville: University Press of Florida.

Balbier, Uta. 2022. *Altar Call in Europe. Billy Graham, Mass Evangelism, and the Cold−War West*. New York: Oxford University Press.

Barry, Sarah. 1991. "UBF World Mission History" *Prepared on the Occasion of Dr. Samuel Lee's 60th Birthday* http://history.ubfservice.com/chapter/sarah_barry_1991.pdf (검색일: 2023. 1. 3)

Bergler, Thomas E. 2012. *The Juvenilization of American Christianity*. Grand Rapids, Mich. : William B. Eerdmans Pub. Co.

Brereton, Virginia L. 1990. *Training God's Army: The American Bible School, 1880 − 1940*. Bloomington, IN: Indiana University Press.

Carnegie, Andrew. 1962. *The Gospel of Wealth and Other Timely Essays*. Cambridge: Belknap Press of Harvard University Press.

Carpenter, Joel A. 1980. "A Shelter in the Time of Storm: Fundamentalist Institutions and the Rise of Evangelical Protestantism, 1929−1942" *Church History* 49: 62−75.

Carpenter, Joel A. 1985. "Geared to the Times, but Anchored to the Rock" *Christianity Today* (Nov. 8, 1985)

Carpenter, Joel A. 1997. *Revive Us Again : The Reawakening of American Fundamentalism*. New York: Oxford University Press.

Chumachenko, T. A. 2002. *Church and State in Soviet Russia: Russian Orthodox from World War II to the Khrushchev Years*, ed. and transl. Edward E. Roslof. Armonk, NY: M.E. Sharpe.

Chung, Jung. 2003. "The University Bible Fellowship: A Forty−Year Retrospective Evaluation." *Missiology: An International Review* 31(4): 473−485

Connolly, William E. 2005. "The Evangelical−Capitalist Resonance Machine" *Political Theory* 33(6): 869−886.

Cozart, Linda. 2006. *The World Was His Parish: The Life and Times of Doug Cozart Missionary Statesman*. BookSurge Publishing.

Cumings, Bruce. 2009. *Dominion from Sea to Sea : Pacific Ascendancy and American Power.* New Haven: Yale University Press.

Diamond, Sara. 1995. *Roads to Dominion: Right-wing Movements and Political Power.* New York: Guilford Press.

Dobson, Miriam. 2018. "Protestants, Peace and the Apocalypse: : The USSR's Religious Cold War, 1947-62." *Journal of Contemporary History* 53(2): 361-390.

Downey, Kirstin. 2009. *The Woman Behind the New Deal: The Life of Frances Perkins, FDR's Secretary of Labor and His Moral Conscience.* New York: Nan A. Talese/ Doubleday.

Downing, Jim. 2011. "An Interview with Jim Downing: Jim Downing, 75 Years as a Disciple-Maker." *Mission Frontiers* 33(1): 17-30.

Eims, LeRoy. 1978. *The Lost Art of Disciple Making.* Grand Rapids: Zondervan.

Evans, Christopher H. 2017. *The Social Gospel in American Religion: A History.* New York: NYU Press.

Fairservice, Sandy. 2007. *Asia Legacy: Stories of Navigator Pioneers,* Singapore: NavMedia.

Fitch, Joshua. 1898. *Thomas and Matthew Arnold and their Influence on English Education.* London: Charles Scribner's Sons.

Fletcher, Susan. 2018. "The Topical Memory System" *NavHistoy Collection: Short Reads.* Colorado Springs, CO: The Navigators History Department.

Gaston, K. Healan. 2019. *Imagining Judeo-Christian America: Religion, Secularism, and the Redefinition of Democracy.* London: University of Chicago Press.

Gill, Sean. 1998. "How Muscular was Victorian Christianity? Thomas Hughes and the Cult of Christian Manliness Reconsidered." *Studies in Church History* 34: 421-430.

Gloege, Tim. 2016. *Guaranteed Pure: The Moody Bible Institute, Business, and the Making of Modern Evangelicalism.* Chapel Hill: University of North Carolina Press.

Govier, Gordon. 2019. "Remembering Robert Finley: InterVarsity's First Evangelist" *Intervarsity News.*

Graham Billy. 1953. *I Saw Your Sons at War: The Korean Diary of Billy Graham.* Minneapolis: Billy Graham Evangelistic Association.

Graham Billy. 1954. "Satan's Religion." *The American Mercury* 79: 41-46.

Grem, Darren E. 2015. *The Blessings of Business: How Corporations Shaped Conservative Christianity.* New York: Oxford University Press.

Hall, Donald E. 1994. *Muscular Christianity: Embodying the Victorian Age.* New York: Cambridge University Press.

Hammond, Sarah Ruth. 2017. *God's Businessmen: Entrepreneurial Evangelicals in Depression and War.* edited by Darren Dochuk. Chicago: The University of Chicago Press.

Hankins, Jr., James. D. 2011. "Following Up: Dawson Trotman, the Navigators, and the Origins of Disciple-Making in American Evangelicalism, 1926-1956." *Trinity Evangelical Divinity School.* Ph.D Dissertation.

Herzog, Jonathan P. 2011. *The Spiritual-Industrial Complex : America's Religious Battle Against Communism in the Early Cold War.* New York: Oxford University Press.

Hillis, Dick. 1954. *The Story of ORIENT Crusades.* LA: Orient Crusades.

Hofstadter, Richard. 1955. *The Age of Reform: From Bryan to F.D.R..* New York: Vintage Books.

Hofstadter, Richard. 1963. *Anti-Intellectualism in American Life.* New York: Random House.

Johnson, Torrey. 1984. "Oral History Interview with Torrey Johnson by Robert Shuster" *BGC Archives Collection* 285. Tape 3.

Kim, Helen Jin. 2022. *Race for Revival: How Cold War South Korea Shaped the American Evangelical Empire.* New York: Oxford University Press.

King, David. 2019. *God's Internationalists: World Vision and the Age of Evangelical Humanitarianism.* Philadelphia: University of Pennsylvania.

Lahr, Angela M. 2007. *Millennial Dreams and Apocalyptic Nightmares: The Cold War Origins of Political Evangelicalism.* New York: Oxford University Press,

Lienesch, Michael. 2007. *In the Beginning Fundamentalism, the Scopes Trial, and the Making of the Antievolution Movement.* Chapel Hill: University of North Carolina Press,

Loveland, Anne C. 1996. *American Evangelicals and the U.S. Military 1942-1993.* Baton Rouge: Louisiana State University Press.

Luce, Henry. 1941. "The American Century." *Life* 17: 61-65.

MacLeod, Donald. 2007. *C. Stacey Woods and the Evangelical Rediscovery of the University.* Downer's Grove, IL: IVP. Academic.

Martin, Lerone A. 2023. *The Gospel of J. Edgar Hoover: How the FBI Aided and Abetted the Rise of White Christian Nationalism.* Princeton, N.J.: Princeton University Press.

Martin, William C. 2018. *A Prophet with Honor: The Billy Graham Story (Updated Edition)* Grand Rapids, Mich.: Zondervan.

Matzko, Paul. 2016. "Radio politics, origin myths, and the creation of new evangelicalism." *Fides et Historia*, 48(1): 61-90.

McGilchrist, Donald. 2017a. "A History of Our Calling." *NavHistory Collection: Worldwide Partnership.* Colorado Springs, CO: The Navigators History Department.

McGilchrist, Donald. 2017b. "Navigators among the People of God." *NavHistory Collection: Worldwide Partnership.* Colorado Springs, CO: The Navigators History Department.

McGilchrist, Donald. 2018a. "Cross-Cultural Missions." *NavHistory Collection: Worldwide Partnership*. Colorado Springs, CO: The Navigators History Department.

McGilchrist, Donald. 2018b. "Military Ministries." *NavHistory Collection: Worldwide Partnership*. Colorado Springs, CO: The Navigators History Department.

McGilchrist, Donald. 2018c. "Youth Ministries." *NavHistory Collection: Worldwide Partnership*. Colorado Springs, CO: The Navigators History Department.

McLeod, Hugh. 2017. "Muscular Christianity: American and European." In *Secularization and Religious Innovation in the North Atlantic World*. edited. David Hempton and Hugh McLeod. Oxford: Oxford University Press.

Mitchell, Greg. 1992. *The Campaign of the Century: Upton Sinclair's Race for Governor of California and the Birth of Media Politics*. New York : Random House.

Moreton, Bethany. 2009. *To Serve God and Wal-Mart: The Making of Christian Free Enterprise*. Cambridge, Mass.: Harvard University Press, 2009

Niebuhr, Richard. H. 1931. "Fundamentalism." *Encyclopedia of Social Science 6*. New York: Social Science research Council.

Noll, Mark A. 1994. *The Scandal of the Evangelical Mind*. Grand Rapids, Mich.: W.B. Eerdmans.

Numbers, Ronald L. 1987. "The Creationists." *Zygon* 22(2): 133-164.

Park, Sandra. 2021. "Christianity, Citizenship, and American Empire in the Korean War" *American Religion Journal Supplements*

Pierce, Bob. (as told to Ken Anderson). 1952. *The Untold Korea Story*. Grand Rapids, Michigan: Zondervan Publishing House.

Putney, Clifford. 2001. *Muscular Christianity: Manhood and Sports in Protestant America, 1880-1920*. Cambridge, MA: Harvard University Press

Rosauer, Greg. 2020, "Billy Graham's Northwestern Years (1948-1952): Emerging Evangelical and Fundamentalist Identities." *Fides et Historia*, 52(1): 39-54.

Rose, Kenneth D. 2008. *Myth and the Greatest Generation: A Social History of Americans in World War II*. New York: Routledge/Taylor and Francis Group.

Rousselow-Winquist, Jessica and Alan H. Winquist. 2001. *Coach Odle's Full Court Press: Taylor University & Sports Evangelism*. Upland, IN: Taylor University Press.

Scott, Waldron. 2006. *Double Helix: A Missionary's Odyssey*, Unpublished Manuscript.

Shelley, Bruce L. 1986. "The Rise of Evangelical Youth Movements." *Fides Et Historia*, 18: 47-63.

Sinclair, Upton. 1934. *I, Governor of California, and How I Ended Poverty: A True Story of the Future*. New York: Farrar & Rinehart.

Skinner, Betty. 1974. *Daws: The Story of Dawson Trotman, Founder of the Navigators*.

Zondervan Publishing Company.

Smith, Gary. 2000. *The Search for Social Salvation. Social Christianity and America, 1880–1925*. Lanham, Maryland: Lexington Books.

Stanley, Brian. 2013. *Global Diffusion of Evangelicalism: the Age of Billy Graham and John Stott*. Downers Grove, Illinois: IVP Academic.

Starr, Kevin. 1996. *Endangered Dreams: the Great Depression in California*. Oxford: Oxford University Press.

Steil, Benn. 2018. *The Marshall Plan: Dawn of the Cold War*. New York, NY: Simon & Schuster.

Stevens, Jason. 2010. *God-fearing and Free: A Spiritual History of America's Cold War*. Cambridge, Mass.: Harvard University Press.

Svelmoe, William. 2008. *A New Vision for Missions: William Cameron Townsend, the Wycliffe Bible Translators, and the Culture of Early Evangelical Faith Missions, 1896–1945*. Tuscaloosa: University of Alabama Press.

Swartz, David. 2020. *Facing West: American Evangelicals in an Age of World Christianity*. New York: Oxford University Press.

Time. 1946. "Religion: Youth for Christ." *TIME*. (Feb. 4, 1946).

Trollinger, William. 1990. *God's Empire: William Bell Riley and Midwestern Fundamentalism*. Madison: University of Wisconsin Press.

Trotman, Dawson. 1944. "America's Responsibility in the Post-War World." *Christ's Ambassadors Herald* (December 1944)

Trotman, Dawson. 2008. *Born to Reproduce*. Colorado Springs: NavPress.

Voelkel, Harold. 1953. *Behind barbed wire in Korea*. Grand Rapids, Mich.: Zondervan Publishing House

Weaver, John. 2020. *Technology, Management and the Evangelical Church*. North Carolina: McFarland & Company, Inc., Publishers.

Weinstein, Michael L and Davin Seay. 2007. *With God On Our Side: One Man's War Against an Evangelical Coup in America's Military*. New York: Thomas Dunne Books.

Winebrenner, Jan. 1996. *Steel in HIS Soul: the Dick Hillis Story*. WinePress Publishing.

Woolverton, John. and James Bratt. 2019. *A Christian and a Democrat: A Religious Biography of Franklin D. Roosevelt*. Grand Rapids: Eerdmans.

World Vision. 1964. *World Vision Magazine*. 8(3). Pasadena, California: World Vision, Inc.

Wyrtzen, Jack. 1991. "Oral History Interview with John Von Casper "Jack" Wyrtzen by Robert Shuster." *BGC Archives Collection* 446, Tape 3.

2장

냉전기 디아스포라 문학의 정치성과
월남민 김은국의 경계넘기

정주아

1. 어느 월남민의 미국행과 소설쓰기

'리처드 E. 김'(Richard E. Kim)이라는 이름으로도 알려진 작가 김은국(金恩國, 1932~2009)은, 주지하듯 1960년대 첫 장편소설인 『순교자 The Martyred』(1964)로 노벨문학상 후보에 지명되어 국내외를 떠들썩하게 했던 한국계 미국 작가이다. 1955년에 유학 차 도미(渡美)하며 역사학도가 되겠다는 꿈을 꾸던 청년은, 고국을 떠난 지 십여 년이 지난 1964년, 대한민국 국적을 버리고 미국 시민권을 소지한 '한국계 미국 작가'가 되어 방한(訪韓)한다. 이때 저 '한국계 미국 작가'라는 호칭은 어쩔 수 없이 어색한 느낌을 주는 것인데, 무엇보다도 이러한 명명이 이민자 출신 재미동포의 후손이라든가 입양아·혼혈인으로 자라난 상태에서 혈통의 뿌리를 찾는다는 통상적인 맥락을 벗어나, 20대 초반에 미국으로 건너간 한국 청년이 십 년 만에 국적을 바꾸어 나타난 상황에서 사용되고 있기에 그러하다.

그럼에도 김은국에게는 '한국계 미국 작가'라는, 바뀐 국적을 강조한 명명이 잘 어울린다. 그의 글쓰기 방식과 그 결과물들에서 확인

---

*   이 글은 『한국현대문학연구』(2019.12)에 실린 논문을 수정한 것임.

되는 일정한 '탈-(한국)국적의 지향', 다시 말하자면 '한국에서 벗어나 한국에 대해 말하기'라는 경향을 염두에 둔다면 말이다. 그는 첫 소설 『순교자』를 비롯하여 이후 발표된 두 편의 장편소설 『심판자 The Innocent』(1968)와 『빼앗긴 이름 Lost Names』(1970)을 모두 영어로 써냈다.[1] 열거한 세 편의 장편소설은 각각 한국전쟁, 5.16 군사정변, 일제 강점기 창씨개명 등 한국 역사의 주요 국면을 다룬다. 김은국은 일제 강점기에 교육을 받았으나 조선어 구사에 어려움을 느끼지 않았으며[2] 근·현대 한국사를 작품의 제재로 삼고 있음에도, 소설 창작 수업을 시작한 미국에서 영어권 독자를 향해 영어로 작품을 발표했다. 실제로 그는 '나는 스스로 미국 작가라고 생각'했다고 언급한 적이 있고, 이에 근거해서 학계에서는 그의 문학적 지향이 "'한국 작가'보다는 오히려 '미국 작가', '미국 작가'보다는 '세계 작가', 아니 그냥 '작가'로 인정받고 싶었던 것"이라고 평가하기도 한다(김욱동 2007, 131). 아울러

---

1 이 글은 『순교자』와 그 속편 격인 『심판자』를 분석 대상으로 삼는다. 『순교자』 및 『심판자』의 최초 발표본 및 번역본의 서지사항은 다음과 같다. 이하 본문의 인용 및 페이지 수는 아래 (*)한 판본을 따르고, 별도의 판본을 인용하는 경우 따로 주석을 달아 표시하기로 한다.
Richard E. Kim, The Martyred, New York: George Braziller, 1964.
김은국, 장왕록 역, 『순교자』, 삼중당, 1964.
김은국, 도정일 역, 『순교자』, 시사영어사, 1978. (*문학동네, 2010 재출간)
김은국, 김은국 역, 『순교자』, 시사영어사, 1982.
김은국, 김은국 역, 『순교자』, 을유문화사, 1990.
Richard E. Kim, The Innocent, Boston: Houghton Mifflin, 1968.
* 김은국, 나영균 역, 『심판자』, 중앙일보사, 1968.

2 만주 용정(龍井)의 미션스쿨을 다니며 유년기를 보낸 김은국은 7세에 황해도 황주의 고향으로 돌아와 초등학교에 입학한다. 가족들은 평소에 조선어를 사용했고, 초등학교 입학 당시에는 중국어는 이해가 가능하지만 일본어는 모르는 상태였다. 『잃어버린 이름』은 부친의 항일운동 전력으로 인해 일본인 경찰 및 교사에게 문제아로 낙인이 찍혔던 보통학교 및 고등보통학교 시절의 에피소드를 다룬다. 학교에서 벌어지는 조선인 학생들에 대한 노골적인 차별과 조선어를 비롯한 조선 문화 말살 정책이 비판된다.

한국사의 특수성에 근거한 사건을 다루되, 김은국은 작중 주제를 다분히 카뮈나 도스토예프스키 등의 문제의식을 연상시키는 무신론적 실존주의나 선악의 윤리 문제 등과 결부시켜 다루곤 한다. 요컨대 김은국의 소설은 소재를 제외한다면, 창작 언어, 예상 독자층, 주제화의 방식 등에 있어서 국적과 무관한 혹은 국적에서 자유로운 글쓰기를 지향한다고 볼 수 있다.

이에 김은국과 그의 작품에 대한 비평 및 학술적 검토는 작품에 내포된 종교 및 철학적 메시지에 대한 분석, 카뮈나 도스토예프스키 등의 해외 작가 및 대표작들과의 비교, 한국어 번역 문제, 당대 미국 및 세계 문학계의 조류 등을 확인하는 방향으로 이루어졌다. 개별 논의의 내용 및 평가의 방향은 다를 수 있겠으나, 작가 김은국 연구의 제반 경향들은 영문학자 김욱동에 의해서 종합되었다고 보면 된다. 김욱동(2007)은 작가 본인 및 가족과의 인터뷰를 통해서 작가의 생전에 평전을 완성하고 작품 세계를 개괄한 바 있다. 가령, 그는 김은국을 강용흘을 잇는 "한국계 미국 문학의 제2세대 작가"라 평가하고(152) 카뮈의 무신론적 실존주의와의 비교, 종교철학적인 현상 인식과 구원의 문제, 성장소설의 플롯, 영문 번역의 문제 등 다각도의 관점으로 『순교자』를 읽어낸다(153-229).

이 글은 선행연구들의 결과들을 참고하되, '한국을 벗어나 한국에 대해 이야기하기'라는 김은국 글쓰기의 특징을 해명하는 데 관심을 둔다. 구체적으로, 20대의 대한민국 청년이 미국 시민이 됨으로써 비로소 말할 수 있었던 어떤 사실들에 관한 것이다. 물론 이는 김은국이 직접적으로 정치적인 탄압을 받았다거나 사상 통제를 받았다는 의미는 아니다. 그의 소설들은 '한국'이라는 장소 및 '한국인'이라는 정체성을 떠나 그 자신을 자발적으로 이방인의 위치에 두었기에 가능했

던 서사를 보여준다는 의미이다. 이 맥락을 이해해야만 '미국인 작가'
가 되어 굳이 한국 근현대사와 긴밀하게 연결된 제재들을 영어로 써
낸 한 '한국계' 작가의 내면을 이해할 수 있다.

이 글은 김은국이 '한국계 미국 작가'이기에 앞서 한국전쟁기에 월
남한 '월남민'이기도 하다는 사실에서 출발한다. 다시 말해, '한국계
미국 작가가 한국에 관한 소설을 썼다'는 방식의 접근이 아니라, '어
느 월남민이 미국으로 건너가 소설을 썼다'는 수준에서 접근한다고
할 수 있을 것이다. 이는 국적의 전환과 글쓰기의 문제를 다루되, 그
논의의 초점을 민족공동체의 이산 상태에 맞추기보다 공간의 이동 자
체에서 생겨나는 디아스포라 문학의 정치성에 맞추어보기 위함이다.
개인을 '떠난 자' 혹은 '뿌리 뽑힌 자'로서 민족/국가의 대표단수로 취
급하곤 하는 디아스포라 문학의 해석적 관례는, 주어가 놓인 처지와
관념적 수준을 일반화하는 경향이 있다. 즉, 서술 대상의 특수성이
민족 혹은 국가 단위의 보편성에 의해 희석되는 경우가 빈번하다는
의미이다. 가령 '신과 인간의 관계'에 관한 문제작으로 꼽히는 김은국
의 『순교자』가, 그 시공간적 배경이라 할 한국전쟁기 평양이라는 장소
의 특수성이 지워진 채로 한국전쟁이 낳은 '분단의 비극', '민족의 내
전' 수준에서 해석되고 있는 것도 그 예이다.

그렇다면 '한국계 미국 작가'가 점령해버린 주어의 자리에 '월남민'
이라는, 전쟁 전후 김은국이 포함되었던 집단의 이름을 대체해 넣는
경우 어떤 결과가 생겨나는가. 김은국은 함경남도 함흥에서 출생하여
유년 시절을 만주의 용정 및 황해도 황주에서, 청소년기를 평안남도
평양에서 보냈다. 당대의 지주 집안들이 그러했듯이, 그의 가족도 재
산을 몰수당한 뒤 생명을 걸고 밀항하여 서울을 거쳐 목포에 정착했
다. 경제적인 불안정함에 더하여 김은국이나 그의 부친은 간첩 혐의

를 받는 일을 감내해야 했다. 월남한 청년들 다수가 그러했듯이 그는 백색 테러를 일삼던 극우단체인 서북청년회의 원조와 보호를 받았고, 한국전쟁이 발발하자 군대에 자원입대함으로써 '반공'에 대한 신념을 행동으로 옮겼다. 물론 장차 한국전쟁이 발발하여 남한이 공산화할 경우 가족들이 입게 될 재난을 막고, 군에 적(籍)을 둠으로써 남한 내에서 월남민으로서 감당해야 하는 신원(身元)의 불안정함을 극복하기 위한 것이었다. 휴전 이후 미국 유학을 떠나 소설쓰기에 입문하여 첫 소설을 써내기까지, 스물세 살 청년의 삶을 구성하는 체험은 모두 이와 같은 한국의 특수한 정치적 상황을 배경으로 한다.

첫 장편인 『순교자』와 그 속편인 『심판자』는 이북 대 이남, 평양 대 서울 간에 존재하는 한반도 내부의 대립 구도나, 한국전쟁 전후 월남민의 불안과 상실감을 고려하지 않고서는 온전히 이해하기 힘들다. 자신의 삶을 "유랑민", "일종의 집시"라(김욱동 2007, 49) 지칭하는 맥락은 비단 고국을 떠나 미국에 정착한 데에서 오는 회한만을 가리키지 않는다. 그것은 분단으로 인한 고향 상실에 더해서 남한에서 이방인으로 취급받으며 살아야 했던 월남민의 근원적인 결핍감과 연결되어 있다. 태연하게 자신을 '미국 작가'라 칭하거나 국적의 상실 혹은 변동에 연연하지 않는 저러한 태도란, 어디에서도 소속을 구하지 못하는 자의 근원적 상실감을 전제하고서야 이해할 수 있는 것이다. 그러나 이러한 유랑민 의식을 확인하거나 삶에 대한 회한을 털어놓을 수 있는 거리두기가 한반도를 떠난 입장에서야 비로소 가능했다는 것도 부인할 수 없는 사실이다. 김은국이 써내는 한국을 향한 발화는 그 자신이 냉전기 미국이라는 공간에 속해 있음을 전제로 한다. 요컨대, 이 글은 '한국계 미국 작가'라는 주어의 자리에 '월남민'을 대체하여 넣고, 그로부터 월남민이 직면해야 했던 현실적 문제들로부터 '한국계 미국작가'라는 위상의 변화가 갖는 의미를 살펴보게 될 것이다.

　본문에서는 1960년대에 쓰인 김은국의 장편소설『순교자』(1964)와 『심판자』(1968)를 대상으로, 해당 작품에 반영된 월남민의 문학적 상상력이 한반도의 정치적 상황과 어떻게 결합되는가를 살핀다. 『순교자』에서는 이북에 고향을 둔 월남민으로서 그가 경험해야만 했던 이남으로의 경계 넘기와 이동의 기억이 한반도의 대표적 두 도시에 투영되는 양상을 논의한다. 이어『심판자』에서는 월남민의 감수성이 냉전기 미국이라는 공간에서 두 겹의 발화 행위로 구현되는 양상에 논의의 초점을 맞춘다. 이로부터 디아스포라 문학의 본질적 요소라 할 경계 넘기나 공간의 이동이 어떻게 그 자체로 정치성을 내포하게 되는지 살펴보고, 논의의 결말에 이르러서는 디아스포라 문학연구 방법론의 차원에서 그 의미를 적용해보기로 한다.

2. 무책임한 국가의 희생양과 버려진 백성들

　김은국의 첫 장편소설『순교자』(1964)는 구한말 이래 한반도의 기독교 성지로 불렸던 평양을 배경으로 삼는다. 유엔군이 진주한 평양, 작중 화자인 이 대위('나')는 전쟁 발발 직전 목사들의 집단 처형이 자행된 내막을 알아내라는 지시를 받는다. 목사 집단 처형 사건의 전말은 소설의 초중반 줄거리의 뼈대를 이룬다. 총 14명 중 12명이 사살되고 2명만이 생존한 사태는, 이 두 사람이 어떻게 살아남게 되었느냐는 질문을 낳는다. 사건의 충격으로 한 사람은 미쳐버렸기에, 사건의 유일한 목격자이자 생존자로 남은 이는 신(申) 목사뿐이다. 그는 생존을 위해 믿음을 배반하고 동료들을 밀고한 것이 아니냐는 의혹에 휩싸이지만 침묵으로 일관한다. 사태의 진상은 북한군 포로가 체포되면서 드러난다. 체포된 목사들 중 생존을 위해 동료를 배반한 자들이 존재했으며 처형 당시 목사들 대부분이 생명을 구걸하며 죽어갔다는 것, 반면 신 목사는 그들 중 유일하게 북한군에게 저항하는 모습을 보였기 때문에 살아남았다는 것이다.

사망한 목사들을 순교자로 상징화하여 시민을 대상으로 반공의식을 고취하려는 군 측의 사상전이 수행되는 가운데, 정반대의 내용을 담은 진실이 밝혀지면서 작중 인물들의 입장은 저마다 갈라진다. 국군 측 정치정보국장 장 대령은 공산주의의 만행을 고발하기 위해서는 진실이 은폐되어야 한다고 주장한다. 평소 장 대령의 정보책으로 활동해오던 고 군목(軍牧)은 순교자가 아닌 이들을 순교자로 날조하는 것은 신성모독이라며 반대한다. 중심인물인 이 대위('나')는 진실이 왜곡되어서는 안 된다는 원칙론을 편다. 그러나 정작 사태의 희생양인 신 목사가 직접 나서 자신은 '유다'이며 동료들을 배반했다고 거짓 자백하고, 사망한 목사들을 순교자로 추앙하는 작업에 손수 앞장을 서는 사태가 벌어진다.

이 삽화는 작가의 외조부로서, 6.25 발발 직전 공산 정권에 의해 체포되었다가 국군의 평양 입성을 앞두고 살해된 이학봉(李學鳳) 목사의 실화에 바탕을 둔 것이라 알려져 있다(김욱동 2007, 167-169). 다만 처형을 앞둔 목사들이 동료를 밀고하거나 목숨을 구걸했다는 설정에서 보았듯이, 작가가 이 실화를 차용하는 방식은 오히려 종교적 모독에 가깝다. 나아가 '신 목사는 왜 (자신이 동료를 배반했다는-인용자) 거짓 자백을 했는가'라는 질문에서부터 시작되는 소설의 후반부는 무신론에 경사된 것으로 사실상 『순교자』의 핵심부에 해당한다.

"난 평생 신을 찾아 헤매었소." 그는 소곤거리듯 말했다. "그러나 내가 찾아낸 것은 고통 받는 인간······무정한 죽음에서 벗어나지 못하는 인간뿐이었소."

"그리고 죽음의 다음은?"

"아무것도 없소! 아무것도!"

(『순교자』, 255)

신 목사는 이 대위에게 자신이 목사임에도 불구하고 신이 약속한 구원이나 내세(來世)를 믿지 않는다고 고백한다. 내세를 믿지 않는다는 작중 신 목사의 고백은 앞서 살핀 목사 처형 사건의 전말과 마찬가지로 무신론적 맥락에 닿아 있다. 그러나 거짓으로나마 신의 약속과 영광을 '연기(演技)'해야 한다는 신 목사의 뜻은 확고하다. 절망이 인간을 좀먹지 않도록 해주어야 한다는 것, "인간이 희망을 잃을 때 어떻게 동물이 되는지, 약속을 잃었을 때 어떻게 야만이 되는지"를 알기에 "정의에 대한 약속"(271)을 통해 고난을 이겨내야 한다는 것이다.

작가가 신 목사를 통해서 제시한 인간 구원의 방식은 종종 『순교자』를 카뮈나 도스토예프스키의 세계관과 비교하도록 만드는 접점이 되면서, 동시에 『순교자』를 카뮈의 어설픈 모작으로 평가하는 근거가 되곤 했다. 특히 작가가 소설 머리에 붙여 놓은 헌사에서 직접 카뮈를 언급하면서 그 영향 관계는 부인할 수 없는 것이 되었다.[3] 대부분의 논자들은 신을 부정하는 인물들에게서 '인간이 겪는 고통을 염두에 둔다면 신을 부정할 수밖에 없으며 해답은 오로지 인간들이 연대하여

---

3 "'이상한 형태의 사랑'에 대한 그의 통찰이/ 나로 하여금 한국 전선의 참호와 벙커에서의/ 허무주의를 극복하게 해준/ 알베르 카뮈에게"

펼치는 투쟁뿐'이라는 카뮈의 무신론적 메시지와의 관련을 읽어내면서도 『순교자』가 카뮈 식의 메시지를 제대로 담아내는 데에는 실패했다고 본다. 『순교자』에서는 신을 부정한 인간의 투쟁을 찾아보기 힘들고, 무엇보다도 종교적 환상의 필요성을 역설하는 신 목사의 주장에 동의하기 힘들다는 것이다. 대중들의 절망을 막으려면 종교적 환상을 유지시킬 필요가 있다는 신 목사의 신념이란, 흡사 성직자가 사기꾼이 되어 '종교를 아편 삼아' 팔아넘기는 것이나 마찬가지라는 극단적 비판도 존재한다.[4] 요컨대 신을 부정하면서도 인간의 능동적 투쟁의 모습은 보이지 않고, 도리어 중심인물은 신의 환영을 유지하여 민심의 동요를 막으려는 기만에 몰두하고 있다는 것이다. 선행연구에서 수행된 이러한 분석은 그 논리가 지극히 타당하다 하겠으되, 오히려 작가가 카뮈의 무신론적 사유에 경도되었으면서도 그 사유를 작중에 그대로 적용할 수 없었던 이유에 대한 질문을 낳는다. 즉, '카뮈'에 동의하면서도 결국 '카뮈'와 정반대의 결론을 내릴 수밖에 없었던 이유는 무엇인가.

'신은 없다'고 무신론적 결론을 내리면서도 대중을 위해서는 종교적 환상이 필요하다는 신 목사의 주장, 즉 '종교는 아편이 되어야 한다'고 주장하는 신 목사의 맹목성은 이해하기 까다로운 대목이다. 게다가 이 같은 신 목사의 기만적인 신념은, 소설의 후반부에 이르러 플

---

4 이동하는 『순교자』가 카뮈의 『페스트』를 본받고 있으나 '인간의 사랑과 투쟁'이라는 주제가 신 목사나 이 대위 같은 중심인물에서 제대로 구현되지 않았다는 의견을 피력한다(이동하 2002, 170-181). 정명환 역시 이동하와 동일한 입장에 서 있다. 그는 작중 인물의 작위성과 구성상의 미숙함을 두루 살피고 카뮈의 서투른 모작이라는 결론을 내린다. '종교를 아편으로 취급한다'는 표현은 정명환의 것이다. (정명환 1978, 213) 이밖에 송창섭은 카뮈의 『이방인』에 비할 때 『순교자』의 시점 및 서사구조가 엉성하다는 점을 논증하고, 특히 결말부는 역사를 초월하여 구원과 정의를 희구하는 어조로 이루어져 있기에 이는 카뮈와 거리가 멀다는 점을 지적한다(송창섭 1998, 85-112).

롯을 지탱하는 유일한 이념으로 대두하여 작중 화자인 이 대위('나')를 감화시키는 것을 물론 이 대위의 친구이자 무신론자인 박 대위, 종교에 냉소적이었던 장 대령, 종교 교리의 집행에 있어 원칙론을 고집했던 고 군목 등 모든 인물을 장악하는 행동 지침이 된다.

이 대목에서 작중 배경 공간인 평양의 특수성을 환기하는 작업은, 『순교자』를 카뮈와의 유사성 속에 가두는 상태에서 꺼내어 작품의 내적 논리를 복원하는 실마리를 제공해 줄 수 있다. 특히 『순교자』가 '1950년 10월 둘째 주' 유엔군의 평양 점령이 이루어진 시기부터 '1950년 12월 4일' 대동강 교량을 폭파하고 철수하기까지, 평양 내에 남아 있었던 개신교도와 군인들의 이야기라는 점은 주의를 요하는 대목이다. 종교를 아편으로 활용해야 한다는 신 목사의 처방은, 앞서 목사들의 집단학살 사건이 보았듯 곧 평양이 '거대한 무덤'이 되어버린다는, 불길하지만 피할 수 없는 운명에 대한 공포감 속에서 제시된다. 이는 물론 한국전쟁 시기 평양 철수의 전모를 이미 알고 있는 작가 김은국의 사후적인 시선에서 나온다. 다시 말해, 군중들이 장차 고립되어 죽어갈 운명임을 알고 있는 자가 내놓은 고육지책인 것이다.

물론 한국전쟁 이전에도 평양은 기독교적인 관점으로 보았을 때 거듭 '박해'를 받아온 땅이었다. 평양은 청일전쟁(1985)과 러일전쟁(1904), 서구 열강이 한반도에서 벌인 두 차례의 전쟁의 피해를 직접 입은 곳이다. 무능한 국가와 부패한 관료가 지켜주지 못하는 생명과 사유재산을 지킬 곳을 찾아, 군중들이 서양 선교사들이 세운 교회로 몰려들기 시작한 것이 평양을 비롯한 서북 지역 기독교 부흥의 시초이다(정주아 2014, 54). 평양 지역 백성의 수난이 문학적 관심사로 포함되는 장면은 이미 이인직의 「혈의 누」(1906)에서부터 확인할 수 있겠다. 청일전쟁 시기 전쟁에 휩쓸린 무고한 시민들이 죽어가는 장면을 보고 이인직은 '우리나라가 강하지 못한 탓'이라 울분을 토하고 있다. 나라에서 보호받지 못한 백성의 수난이라는 측면이 이미 강조되어 있는 것이다. 한국전쟁기 평양의 수난을 그린 『순교자』는 '나라에서 버림받은 백성의 수난사'라는 플롯을 이어받고 있는 셈이다. 이는 작중에서는 집단 처형을 앞두고 자신과 욥의 운명을 동일시하는 박 목사의 절규를 통해 직접적으로 언급된다. 그는 본래 단 한 번도 자신의 신앙을 의심해 본 일이 없는 신실한 인물이었으나, 심한 고문으로 정신을 잃을 지경이 되자 「욥기」의 다음과 같은 구절을 외우며 고뇌한다.

> "성 중에서는 죽어가는 자들이 신음하며 다친 자가 부르짖으나
> 하나님은 그들의 기도를 듣지 아니하시느니라."(욥기 24장 12절)
> (167)

고통받는 무고한 인간의 운명을 문제 삼는 이들에게 「욥기」는 보편적인 텍스트이다. 다만 『순교자』가 「욥기」를 인용하는 방식은 '나에게 무슨 죄가 있는가, 왜 나에게 이런 고통을 겪게 하는가'를 신에게 항변하는 형태의 전통적인 질문과는 차이가 있다. 『순교자』의 작가는 이 질문을, '왜 당신의 신은 저들의 고통을 모른 척 방관하는가'를 묻는 형태로 수용한다.

> "목사님의 신은 목사님이 무슨 고난을 당하건 개의치 않습니다.
> 그렇지 않나요?… 당신의 신은 우리의 고난을 이해하지도 않을뿐더
> 러 인간의 비참, 살육, 굶주린 백성들, 그 많은 전쟁, 그리고 그 밖의
> 끔찍한 일들과는 애당초 아무 상관도 하려 하지 않습니다."(253)

질문 형태의 차이는 대답의 형태에도 영향을 미친다. '신은 왜 나에게 이런 고통을 주는가'라고 묻는다면, 서사는 신을 긍정하든 부정하든 간에 주어진 고통을 받아들이는 주체를 중심으로 나아가기 마련이다. 그러나 『순교자』의 질문은 처음부터 신이 없음을 전제하거나 신을 믿지 않는 입장에서 '당신이 믿는 신의 존재를 증명해보라'고 요구하는 방식으로 제시된다.[5] 모두가 신봉하는 초월적인 절대자를 향한 성토이자 추궁인 것이다. 이는 평양에 남은 '버려진 백성'의 입장에서 발화된 것으로, 『순교자』가 종교와 정치를 결합시키는 방식 즉, '신'과 '국가'의 위상을 결합시키는 국면을 보여준다. '버려진 백성'의 입장을 대변하기에 당초 무신론적 태도가 전제될 수밖에 없다. 한국전쟁기 유엔군과 국군은 평양을 '버렸던' 것이다.

'왜 당신의 신은 저들의 고통을 모른 척 방관하는가'라는 질문은 『순교자』가 기독교적 문법을 빌려 말하고 있는 월남민의 뒤늦은 원망이기도 하다. 작중에서 신 목사는 신의 존재를 믿지 않으면서도 신의 존재를 내세워 평양 백성의 보호자가 되기를 자처한다. 이때 왜 국군의 평양 철수 결정이 즉각 '버려지는' 상태이자 '죽음의 운명'으로 직결되는 것이냐고 묻는 것은 무의미하다. 퇴각하는 공산주의자들에 의해 집단 처형된 목사들에 대한 에피소드가 소설의 출발점이었던 것처럼, 평양을 근대 기독교의 성지로 이해하고 있는 작가의 관점에서 본다면 '공산화'는 곧 평양인들을 죽음 속에 던져 넣는 것이나 다름이 없다.

---

5 이러한 질문 방식의 차이는 작가에 의해서 분명하게 감지된 사안이다. 신 목사에게 "목사님의 신은 저들의 고난을 진정 알고 있을까요?"(202)라고 묻는 이 대위를 향해서, 장 대령은 아마 그런 질문이 '우리가 국외자(局外者), 비신자'이기에 가능한 질문일 것이라 평가한다. 사실 신자라면, 그런 질문이 아니라 "내가 무슨 잘못을 저질렀기에 이런 고난을 받아야 하는 거냐"(204)고 신에게 따지고 들었으리라는 것이다.

이렇듯 『순교자』에서 기독교와 반공주의는, 스스로를 '버려진 백성'으로 자각하는 월남인의 원망을 담아낸 서사의 맥락에서 조우한다.

주지하듯, 성경의 「욥기」에 등장한 욥은 신을 대면했지만 신은 그에게 납득할 만한 설명을 해주지 않았다. 신은 인간을 압도하는 자신의 초월적 권능을 보여주며, 하찮은 인간인 욥이 승복하고 복종할 수밖에 없도록 만들었다. 욥은 신과 대면했다는 사실 자체에 만족하며 신에게 불경했던 자신의 죄를 회개한다. 이렇듯 신의 권위 아래에서 억압된 질문은, 카뮈나 도스토예프스키의 경우가 그러했듯이, 무고한 고통이 있는 곳에서는 어디에서나 되살아나는 것이다. 다시 말해, 김은국이 반드시 카뮈를 모방하려 들어서가 아니라, 무고한 인간의 고통을 문제 삼는 지점에서 카뮈를 만났을 뿐이고 그 질문을 작품 속에 수용하는 방식은 얼마든지 달라질 수 있다는 뜻이다.

그리고 김은국은 욥의 억압된 질문을, '의심하는 자'만이 알아챌 수 있는 진실의 문제로 수용한다. 『순교자』의 중심인물과 주변 인물은 '미리 앎'의 차이, 즉 신이든 국가든 그 초월적 존재의 무심함을 앞서 안 자와 무지한 자의 차이에 의해 결정된다. 주요 등장인물은 유엔군 및 국군의 평양 철수에 대한 정보를 미리 습득하게 된다. 이들 '의심하는 자'가 반드시 교인일 필요는 없다. 오히려 신 목사, 이 대위, 장 대령, 박 대위 등 주요 등장인물은 '회개하지 않는 욥'의 자질을 갖는다는 점에서 공통분모를 갖는다. 신이 인간의 고통에 무심하다는 절망적 진실을 알아챘듯이, 이들은 장차 국가가 그 백성의 고통을 방관하게 되리라는 것, 장차 평양 철수가 시행되고 많은 이들이 버림받는다는 사실을 예견하는 것이다. 그리하여 이 소설은 "신이 없는 세계의 비참"을 남보다 앞서 알아챈 자들의 고독,[6] 그리고 신의 존재를 의심한 적 없는 선량한 '성(城) 중의 백성'이 장차 맞게 될 죽음을 미리 알아챈 자들의 절망에 대한 기록이 된다.

죽음의 운명이 다가오는 가운데 일신의 안위를 도모할 것인가, 아니면 제 무리에 남아 운명의 길로 나아갈 것인가. 물론 이때 '죽음의 운명'이란 평양 철수 방침을 가리킨다. 그 죽음의 운명은 이미 '목사 집단학살' 사건으로 인해 학습된 바 있기에 더욱 구체적인 위협으로 다가온다. 제 무리에 닥칠 죽음의 운명을 미리 아는 자에게 강요되는 잔혹한 선택, 이것이 '따라 죽는다'(殉)의 의미에서 도출되는 '순교'의 맥락이고 이 소설의 참주제이다.[7]

문제는 이 소설에서 언급되는 '순교'가 순수하게 종교적인 의미가 아니라, 한국전쟁이라는 정치적 상황 속에서 발화된다는 사실이겠다. 신이 무심한 것은 인간으로서 어쩔 수 없지만, 인간에게 인간이 무심한 것은 항의를 할 수 있는 사안인 것이다. 욥의 운명에서 출발한 신에 대한 항의는, 『순교자』에 이르러 제 성의 백성들이 겪는 고난을 방기하는 권력자들에 대한 항의로 연결된다. 작중에는 평양 철수의 비인도적인 측면을 비난하는 듯한 설정이 여러 차례 등장한다. 6.25 발발 시 서울 시민들을 안심시킨 뒤 정부가 한강 교량을 끊고 도망친 사

---

6 "나 자신이 공포의 근원인지도 모르겠다고 내가 말한 적 있었지? ···이제 알겠어. 그것 말고는 이 세계의 비참을 ─ 세대에 세대를 거듭하면서 끊임없이 계속되는 이 세계의 비참을 달리 설명할 길이 없어."(157)

7 김은국은 'The Martyred'라는 제목이 '순교자'라는 한글로 옮겨지다 보니 본의와 달리 '종교적인 냄새'가 짙어진 듯하다며, "순교자라는 제목을 생각하실 때 '순교'에서 '교(教)'를 강하게 인식하지 마시고, '순(殉)'이라는 말이 지닌 진솔한 뜻을 더 크게 헤아려 달라"고 부탁한 바 있다(「독자에게 드리는 글」, 2004, 6). 김욱동은 이 제목은 '순교를 당한 사람들'로 옮기는 편이 맞다고 분석하면서도(김욱동 2007, 154), "무엇보다도 '순교자'란 제목을 달고 있으면서도 작중인물 가운데 순교자가 단 한 사람도 없다는 사실보다 더 아이로니컬한 것도 없을 것"(189)이라는 견해를 밝히고 있다. 그러나 종교적 맥락에 한정시키지만 않는다면, 이 소설은 온통 순교자들의 죽음으로 채워져 있음을 알 수 있다. '남겨진 사람'들과 함께 죽음을 맞았다는 점에서 신 목사, 민 소령, 장 대령, 박 대위 등은 모두 순교자, 즉 '순교를 당한 사람들'이다.

례를 들며,[8] 군의관 민 소령이 "여기가 또 서울의 재판(再版)이 되지 않길 난 진심으로 바라고 있소."(241)라고 말하는 대목은 그 대표적 사례이다. 고 군목은 이 대위에게 평양 철수 방침을 전해 듣고 피난을 권유받자 평양 잔류를 선택한다.

> "그래 또 사람들을 내버린단 말이오? 내 백성들을? 당신은 내가 어떡하리라고 생각했소? 또 도망을 쳐? 또 그들을 배반해? 내가 그럴 수 없다는 걸 당신도 알지 않소?"(244)
> "떠나지 못하는 사람이 더 많다는 걸 난 알고 있소. 나이 들고 굶주린 사람들이 가면 어딜 가겠소? (중략) 여기야말로 내가 있어야 할 곳이오. 여기, 내 백성들의 곁에 말이오."(245)

작중에서 성직자인 고 군목과 신 목사, 군인인 장 대령, 군의관인 민 소령 등은 평양에 남는 쪽을 선택한다. 특히 군의관인 민 대령은 평양에 남겨진 중환자를 염려하다 대동강 철교 폭파 직전에 야전병원으로 되돌아 간 후 실종된다. 이런 에피소드가 소설에 극적인 성격을 더하고 있음은 물론이다. 이들의 의연함은 신속한 철수를 서두르는 군대의 움직임과 뚜렷한 대조를 이룬다. 이들의 죽음은 자기 책임을 방기하는 신 혹은 국가를 대신하여 인간으로서는 감당해내지 못할 책임을 받아들였다는 점에서, 그러나 신의 영광이 아니라 무기력한 인

---

8 강석경의 「잃은 것을 되돌려주는 이방의 한국인」(김은국 1985, 262)에 의하면, 한국 전쟁 발발 직후인 1950년 6월 27일 김은국은 적과 대치 중이라는 정부의 발표를 믿고 을지로 하숙집에 머물다가 인민군에게 끌려가 의용군 수용소로 끌려갔다. 당시 그는 수용소를 탈출하여 서울이 수복되기까지 피신 생활을 했고, 발각될 위기를 간신히 모면하기도 했다.

간을 위해 생명을 걸었다는 점에서 'the martyred'('순교 당한 자들')라는 용어로 지칭될 수밖에 없다.

순교자들의 행렬은 평양 철수가 완수된 이후에도 계속된다. 장 대령은 비밀 침투 작전 중 발각되자 부대원들이 안전하게 탈출할 때까지 적을 저지하다 전사한다. 박 대위 또한 전투 작전 중 자신의 부대가 새로운 진영을 구축할 때까지 후위에 부하들과 남아서 버티다가 전사한다. 비단 종교인이 아니라 하더라도 죽음의 운명을 알고도 그 운명을 수용하기로 선택한 자들에게 '순교자'의 의미가 부여된다는 사실을 확인할 수 있는 대목이다. 신 목사, 민 대령, 장 대령, 박 대위 등 소설 결말부에 이르러 하나씩 고지되는 '순교자'들의 행보는 무사히 사지(死地)를 탈출한 자들에게 그들이 빠져나온 '그곳'과 그곳에 두고 온 '사람들'의 존재를 계속해서 환기시킨다. 버려진 백성이 여전히 신음하고 있는 곳, 순교자들의 무덤이자 성지인 그곳은 곧 평양이다.

『순교자』는 1964년, 한국전쟁 이후 분단 체제가 고착되어 가는 가운데 쓰인 작품이다. 전쟁 이후의 시간을 더듬는 작가의 시선을 빌려 본다면, 평양 철수는 평양인들에게는[9] 적화(赤化)된 땅을 벗어날 수 있는 마지막 기회가 닫히던 순간이었고, 무엇보다도 반공주의를 신봉한다는 점에서 '아군'이라고 믿었던 절대 권력이 수많은 인명들을 사지에 남긴 채 책임을 방기했던 사건이 될 것이다. 이로써 『순교자』는 월남민의 글쓰기라는 면에서 읽을 때, 신에게도 국가에게도 구원받지 못하고 방기된 '버려진 백성'의 자의식을 투영한 소설이 된다.

---

9 물론 이때 '평양인'이란, '평양 시민 일반'을 지칭하는 것은 아니며 작가 김은국이 작중에서 묘사한 바 있는 '공산주의에 반대하거나 공산주의에 의해 고통을 받는 평양 시민'과 '남하의 의사가 있었으나 경제적·물질적 사정으로 여정을 계속하지 못했던 피난민 집단'을 일컫는다.

3. 월남민의 반공의식과 백색 테러리즘의 상상력

"5.16 군사혁명의 역사적 배경과 유사한 점이 있다면 어디까지나 우연의 일치"(『심판자』 1968, 서문)라고 밝히고 있지만, 김은국의 두 번째 장편 『심판자』는 제재의 모든 면에서 5.16 군사정변을 소설화했다는 인상을 준다. '미국의 좌파 지식인을 경계해야 한다'는 논조로 쓰인 작가 서문에서부터 그 분위기가 짐작되는 것이지만, 당시 미국은 베트남 전쟁을 둘러싼 상반된 여론 때문에 혼란스러운 상태였다. 반전 운동으로 달아올랐던 미국의 평단에서는 『심판자』를 한국에서 일어난 군사정변을 미화하는 소설이라고 평가했다. "남한에서 쿠데타를 일으키는 군대 지도자들을 '점잖은 애국자들'로 묘사하고 있다"는 한 미국 저널의 서평은(김욱동 2007, 240) 이 소설을 향한 의혹이 어느 지점을 향하고 있는지를 분명히 보여준다.

『심판자』의 줄거리는 단순하다. 한국전쟁이 끝난 어느 시점, 무능한 독재 정권과 부패한 정치 세력으로 인한 국가적 혼란을 비난하며 일부 소장파 군인들이 '군사혁명'을 모의하고 실행에 옮긴다. 전작 『순교자』에서 육군본부 정치정보국 소속으로 평양에 파견되었던 이 대위가, 『심판자』에서는 한국전쟁 이후 합동참모본부에 소속된 이 소령으로 진급하여 재등장한다. 전작의 이 대위('나')가 화자 겸 관찰자로서 신 목사와 각별한 관계를 맺으며 신 목사의 종교적 고뇌와 영웅적 면모를 부각시켰듯이, 『심판자』에서도 이 소령은 절친한 친구이자 군사혁명의 우두머리인 민 대령의 활약과 내적 고뇌를 전달하는 역할을 한다. 군사혁명은 총 9명 수뇌부의 역할 분담에 의해 비밀스럽게 기획된다. 그 과정에서 혁명에 반대하거나 이권을 탐내는 장성(將星)들이 나타난다. 작중 대부분의 사건은, 비밀을 유지한 채 반혁명 세력을 체포하는 과정에서 뛰어난 판단력과 리더십을 보여주는 민 대령의 활약에 관한 것이다. 미(美)당국과의 협상이나 군 내부 공산주의자들의 반란으로 여러 돌발 상황이 생겨나고, 예상보다 많은 인원이 희생이 된 끝에 민 대령 일파는 정부를 전복하고 혁명위원회를 꾸리는데 성공한다. 그러나 혁명의 성공을 자축하는 분위기 속에서, 민 대령은 정체불명의 게릴라들에게 암살되어 비극적 최후를 맞는다.

한국에서도『심판자』는 일부 문예지의 서평란을 통해 간단히 소개되었을 뿐 별다른 반향을 일으키지는 못했다. 이러한 반응은 물론 군사정권 하에서 군사정변을 소재로 한 소설을 언급할 때 따르는 정치적 부담감을 염두에 두고 받아들여야 한다. 작가가 작중에서는 군인들의 집단행동을 군사 쿠데타(coup)라고 써놓고도 작자 서문에서는 '군사혁명'(military revolution)으로 단어를 바꾸어 사용했다거나, 번역본에서는 그나마 본문에 등장하는 군사 쿠데타라는 단어가 일괄적으로 '군사혁명'이라 번역되어 출판되었다는 정황 또한 마찬가지이다.『심판자』는 "5.16 무력 정변의 역사적 의미를 박 정권의 욕구에 맞게 재구성한 텍스트"(송창섭 1999, 44)라는 한 연구자의 단언은, 이 소설이 발표되던 당시부터 현재에 이르기까지 제재의 정치성 및 창작의 의도에 대한 의구심이 지속되고 있음을 보여주기에 충분한 것이다. 그 결과『심판자』는 오늘날까지도 비평계나 학계에서 읽히거나 언급되는 일이 거의 없으니, 이 작품에 대한 역사적 평가는 오히려 이러한 침묵을 통해 역설적으로 이루어졌다고 보아도 무리가 없을 것이다.

작가는 비록 '우연의 일치'라 말하며 부인하고 있지만,『심판자』가 5.16 군사 정변에서 소재를 얻었음은 분명해 보인다. 그러나 세간의 비판처럼 이 소설이 5.16 자체를 소설화하고 미화하고 있는가에 대해서는 신중하게 접근할 필요가 있다. 앞서『순교자』를 월남민의 시선에서 읽는 경우 전쟁 휴머니즘에 그치지 않고 평양 철수를 둘러싼 월남민의 피해의식을 확인할 수 있었던 것처럼, 『심판자』 또한 군사정변의 스펙타클에 가려져 있던 월남민의 정치적 상상력이 드러나는 것을 볼 수 있기 때문이다. 실상 이 정치적 상상력은 오히려 당대 한국사회에서는 언급하기 힘든 내용들을 다룬다. 말하자면 5.16 군사정변이 실제 사건이라는 요인 외에도 『심판자』를 억압하는 요인들은 더 있다는 뜻이다. 이는 주요 인물의 성격이나 구성 등 이 소설의 서사적으로 매끄럽지 못한 지점들을 유심히 살펴야 하는 이유이기도 하다.

『순교자』에 비할 때 『심판자』가 국내외적으로 냉랭한 평가를 받았던 것은 비단 군사정변을 제재로 삼았다는 사실 때문만은 아니었다. 엄밀히 말하자면 작품 자체가 정치적인 이슈를 넘어설 만큼의 완성도를 갖추지 못했다는 사실이 근본적인 이유가 된다. 이 소설은 당초 '군사혁명'을 모의하고 'D-day'에 맞추어 사전 작업을 해나가는 군인 집단을 그리고 있음에도 정작 군사정변 당일 벌어진 사건에 대한 서사가 없다. 독자를 당혹스럽게 만드는 이와 같은 전개는 작중 화자인 이 소령의 우유부단한 태도에서 비롯된다고 할 수 있다. 철저한 반공주의자인 이 소령은 한국이 '무능한 정치가들, 절망적 민생, 무자비한 독재'로 인해 '썩은 사회'가 되었다고 진단하고, 한국전쟁에서 희생된 생명에 값할 만한 변화를 찾을 수 없다는 사실을 비관하며 군사혁명에 합류했다. 군사혁명에 대한 열망에도 불구하고 그는, 정작 혁명 수뇌부에 합류한 직후부터 어떤 경우에도 살인은 안 된다는 '무혈혁명'을 주장하기 시작한다. 이 소령의 의견은, 혁명 반대 세력을 미리 처단하지 않으면 혁명도 불가능하다는 다수의 견해와 사사건건 마찰을 빚는다. 살인은 불가하다는 이 소령과 살인의 불가피함을 설득하는 수뇌부 간의 입장 차는 좀처럼 좁혀지지 않으며, 소설의 갈등선을 매우 단조롭고 지루하게 만든다. 결국 민 대령은 이 소령을 일본에 파견하는 방식으로 수뇌부에서 배제시킨다. 그 결과, 일인칭 관찰자 시점으로 쓰인 이 소설에서는 혁명 당일의 상황이 서술될 수 없었다. 일본에 있는 '나(이 소령)'에게, 그날 새벽 혁명이 시작되었고 성공했다는 보고가 당도할 뿐이다. 혁명 당일의 상황은 일본에 보도된 신문기사의 형식을 빌려서 서술된다. 혁명군 대 부패 세력이라는 선명한 선악의 구도, 살인불가론을 되풀이하는 단조로운 화자, 혁명 당일 묘사의 부재로 인한 서사적 긴장감의 하락 등 『심판자』의 실패 요인은 한두 가지가 아니다. 연구자들 중 김은국의 소설에 대해 가장 우호적인 태도를 보이는 김욱동마저 "과연 『심판자』가 이 두 작품(『순교자』와 『잃어버린 이름』—필자 주)을 쓴 작가가 쓴 작품인지 의심이 들 정도"라(김욱동 2007, 281) 평가하고 있는 것이다.

그러나 그럼에도 불구하고 『순교자』에서 『심판자』로 넘어오는 동안에 김은국이 보여주고 있는 창작상의 기복은 좀 더 면밀하게 검토할 필요가 있다. 중심인물의 연속성 면에서 본다면 『심판자』는 『순교자』의 후속편 격이 되고, 이 후속편에 이르러 인물이 놓인 시공간은 한국전쟁의 결과물인 분단 이후의 서울로 바뀌었다. 전쟁 이후의 평양이 완결되고 닫혀버린 시공간으로서 회상과 상상의 자유를 가능케 한다면, 서울은 1961년의 군사정변과 1963년에 출범한 제3공화국의 연장선상에 놓인 열린 시공간이다. 실제 군사정변을 일으킨 당사자들이 군림하고 있는 수도 서울을 배경으로 펼쳐지는 군사혁명의 이야기란, 비단 해당 사건을 쿠데타와 혁명 중 무엇이라 부를 것인지 어휘를 선택하는 데에 있어서만 억압적 요인으로 작용한 것은 아니었다. 실제 군부 세력들을 의식하면서 그는 무엇을 말하려 했으며 어디까지 말했고 어디부터 말하지 못한 것인가. 달리 묻는다면, 5.16이 연상된다는 세간의 의견을 단지 '우연'이라 부인하면서까지 그가 한반도에서 벌어진 '군사혁명'의 시간에 이끌렸던 이유는 어떻게 설명할 수 있을 까. 이 대목에서 작가 김은국이 월남민이며 '반공주의'를 둘러싼 복잡한 이해 구조 속에 존재했다는 사실을 염두에 두고『심판자』를 재독해 본다면, 전후 월남민이 놓였던 정치사회적 굴절이 뚜렷하게 떠오르는 것을 볼 수 있다.

월남민의 반공의식을 염두에 두고『심판자』를 재독하는 경우, 무엇보다 먼저 눈에 띄는 것은 '군사혁명'을 주도하는 주동자가 월남민으로 설정되어 있다는 사실이다. 당연한 말이겠지만, 혁명이 혁명이라 불리는 이유는 주어를 바꾸는 시도이기 때문이다. 법의 테두리 안에서 조율과 타협을 추구하는 것이 아니라, 법제 자체를 바꾸어 놓을 새로운 주체가 등장하는 일이다.『심판자』에서 그 주체는 군사혁명의 지도자인 민 대령이며, 그는 이북 출신의 월남민이다. 즉,『심판자』는 서울 한복판에서 '반공'을 기치로 내 건 월남민에 의해 이루어지는 무능한 정부를 향한 단죄와 전복(顚覆)의 서사이다. 적어도 김은국에게 이 소설의 군사혁명은, 5.16 군사 쿠데타와는 상관없는, 오로지 문학적 상상으로만 가능한 '진짜 혁명'인 것이다.

작중에서 민 대령은 반공을 명분으로 내건 '혁명'이 어떻게 '구국'의 사명으로 연결되는가를 보여주는 인물, 즉 월남민의 생래적인 반공의식이 곧장 국가 반공주의로 연결되는 국면을 보여주는 인물로 설정되어 있다. 그는 해방 이전 평양 북방의 마을에서 태어나, 학창 시절 일제의 학병 입대를 거부하다 부모를 잃었다. 일본인 친구의 도움으로 관동군에 입대했다가 탈출하여 중국 팔로군 산하 조선의용군에 합류한다. 해방 이후 귀향하여 농부가 되려 하지만, 이번에는 공산당에 입당할 것을 강요하는 공산주의자와 소련 군부에 저항하다 모함에 빠진다. 군부대에 연행된 그는 소련군을 죽인 뒤에 결국 월남하게 된다. 그의 이력에는 조선 땅에서 태어난 한 개인의 평범한 삶을 파괴한 침입자들의 궤적이, 다시 말해 일본을 향한 민족주의적 원한이 해방 이후 공산주의에 대한 원한으로 이행되는 흐름이 집약되어 있다.

『심판자』에 등장하는 혁명군 내부에는 민 대령 이외에도 김 중령, 조 소위 등 월남민이 포함되어 있다. 이는 월남민의 다수가 해방 전후 한국 군대에 입대하여 한국전쟁에 참여했던 사정과 관련되어 있다.[10] 5.16 군사정변에 이들 월남민 출신의 장교들이 주역으로 참여한 것은 역사적 사실이기도 하다. 군사정변의 주역은 육군사관학교 제5기와 제8기로 알려져 있으며, 육사 5, 7, 8기는 월남한 서북 지역 출신 청년들이 대거 응시했을 뿐만 아니라 합격자도 많았던 기수로 꼽힌다.[11] 이들이 '군사혁명'에 가담한 이유는, 다른 어떤 집단의 명분보다도 "정적 모함 수단이 아닌 제대로 된 반공을 하기 위해 박정희 군사 정변에 주역으로 동참하였다"는 학술적 언명이(윤정란 2014, 183) 가능할

---

10 김귀옥(1999, 421-422)의 연구 및 그가 인용한 연구 자료들에 의하면, 해방 후부터 1945년까지 육사 졸업생의 37%이상이 전쟁 전에 월남한 이북 출신이었다. 특히 1947년에 입교한 5기생의 경우 서북청년회 대원이거나 서북청년회에 관련된 이북 출신이 2/3를 차지한다는 보고도 있다.

11 윤정란(2014)은 서북청년회가 월남한 조선민주당의 산하 단체로서 1946년 11월에 발족했고, 주요 구성원들은 신의주학생사건을 통해 공산주의에 반감을 지니게 되었으며 영락교회와 활동 반경을 공유했던 이북 출신 35세 이하의 청년들이라 정리하고 있다. 이 조직은 당초 이승만 정권하에서 미군정에 북한 관련 정보를 수집하여 제공하거나, 좌익 인물에 대한 감시, 대북 방송 등을 수행했다. 직접 북쪽에 침투하여 정보를 수집하는 임무를 맡기도 하고, 국립대학을 비롯하여 국내 주요 기관에 잠입하여 '좌익소탕 활동'에 앞장섰다. 육사 제5기에 서북 출신들이 많았던 것은, 당시 '남조선경비사관학교'로 불렸던 육사에 다수의 남로당원들이 사관후보생으로 입학했다는 사정과 관련이 되어 있다. 서북청년회에서는 이에 대한 대책 마련 차원에서 가능한 한 많은 서북 출신 청년들이 사관후보생으로 지원하도록 격려했다. 5기생 중 서북 출신이 3분의 2를 차지하였다고 한다(173-174; 183-185).

정도로 뚜렷한 것이다. 이는 작중에서 '한국전쟁을 통해 무엇을 얻었는가'라고 한탄하며 군사정변에 가담했던 이 소령의 태도와도 겹쳐진다. 이들의 반공주의는 국시(國是)로 장려되기에 앞서, 이북에서의 삶의 체험으로부터 각인된 생래적인 것으로, 저 악명 높은 서북청년단의 제주 4.3 만행에서 드러나듯 맹목적이고 절대적인 것이다.

월남민이 단순 참여자가 아니라 혁명의 무리를 이끄는 수장으로 설정되었다는 사실은 정치적인 고려가 필요한 대목이다. 과거 식민지 시기 팔로군 산하 조선 의용대에서 일본군과 싸우고, 해방 후에는 소련군과 싸운 민 대령은 이로써 '애국'의 모든 조건을 충족한 인물이 된다. 이렇듯 거리낄 것이 없는 이력을 배경으로, 그는 도리어 기존 군부의 유력자인 함 장군을 체포한 뒤 그가 일본군대에 부역했던 사실을 들어 다음과 같이 조롱할 수 있는 것이다.

> 아아, 함장군님, 자신을 좀 보시지! 자기자신과 당신을 둘러싸고 있는 바보들을 보세요! 뭐가 보이지요! 뭐가 보입니까, 아아! 일본 군대에서 굼벵이 노릇을 해가며 기어오른 뚱뚱한 바보, 혼도 없는 광대처럼 아첨하고 뱃이 없는 노예처럼 알랑거리며, (후략) (243)

김은국의 『심판자』에서는, 반공의 이념으로 한반도를 뒤덮고 공산주의를 소탕하겠다는 열정에 불타는 월남민이 혁명군의 수뇌부를 이끄는 우두머리가 된다. 그의 동료들은 서울의 대통령 관저를 비롯하여 주요 기관을 점령하고 부패한 군부에 대해 정화작업을 실시한다. 『심판자』는, 수도 서울의 장악이라는 월남민의 갈망과 금기시된 상상력이 착종된 텍스트이다.

그러나 군사혁명의 지도자가 월남민으로 뒤바뀐 사실 이외에도

『심판자』를 월남민의 자의식 측면에서 문제적 텍스트로 만드는 대목은 또 있다. 이는 설정상의 뒤바뀜보다 본질적인 문제인데, 해방 공간 및 한국전쟁에서 월남민들, 구체적으로 서북 출신 청년들이 수행했던 역할 및 그에 따른 인간적인 모멸감과 관련된다. 앞서 말했듯 정작 군사정변 당일에 대한 묘사가 없는 군사정변 제재 소설인『심판자』에서 그 핵심 내용은 '유혈혁명'을 주장하는 수뇌부와 '무혈혁명'을 주장하는 화자 이 소령 간의 갈등이다. 요컨대 '혁명'이 아니라 '살인 행위'에 초점이 맞추어져 있다는 뜻이다. 이에 혁명을 명분으로 삼아 반대 세력을 속이고 죽이는 일을 묵과해야 하는 상황에 놓인 이 소령은 "내가 어림없게도 직업적인 살인자, 강탈자, 공갈자, 썩어빠진 악의 대행자, 어느 모로 보건 악마라고밖에 할 수 없는 자들이나 하는 일을 속아서 맡게 되었다는 자각"(92)에 괴로워한다.

군사정변의 주동자인 민 대령 또한 임무를 완수한 이후 소설의 결말에 이르러 친구인 이 소령을 '심판자'라 부르며 자신의 심경을 다음과 같이 털어놓는다.

> "하지만 이 세상에 사람이 남을 위해서 자신을 희생하는 것 이상으로 쉬운 일이 어디 있어?(…) 하지만 이소령, 남을 위해서 남을 없애면 우린 살인자가 되고 짐승이 되어 버려. 세상은 자네가 필요하지. 성인과 순교자들이 필요해. 그리고 나도 필요해. 살인자도 필요하단 말이야." (260-261)
>
> "나는 언제 자신을 없애야 할지를 알고 있는 악의 도구에 지나지 않어."(263)

첫 번째 인용은 『심판자』가 어떤 측면에서 『순교자』의 속편격으로 구상되었는지를 보여준다. 세상 사람들 모두가 찬미하고 찬양하는 명분 있는 일을 위해 희생하는 인물들은 수없이 많고 그런 숭고한 순교자가 되기란 쉽다는 것, 그러나 '남을 위해서 남을 없애는 일'을 해야하는 '살인자'가 운명으로 주어지는 경우가 있다는 것이다. 결론부에 이어지는 민 대령의 논지는 다음과 같이 요약된다. '착하고 좋은 사람은 악을 없애지는 못하고 그곳에 악이 있다고 외칠 뿐이다. 그 무능을 대신해서 악과 평생을 싸우도록 운명 지어진 사람이 필요하다. 나(민 대령)는 바로 그 도구적 인간이다. 그러나 그 도구적 인간이 결국은 살인범에 불과함을 알려줄 심판자가 필요하다. 그것이 바로 자네(이 소령)인 것이다.'(260-263) 『심판자』의 주인공은 이렇듯 '악의 도구'가 되어버린 인간이며, 이 소설의 주제는 신의 무심함 속에서 신을 참칭한 대가로 결국 살인자로 심판받을 수밖에 없는 '악의 도구로서의 인간'과 그 운명인 것이다.

신을 대신하여 악인을 처단하는 인간의 모습이란 얼핏 도스토예프스키적인 설정과 유사해 보인다. 그러나 작가 김은국이 통과한 해방 이후 월남민으로서의 삶, 특히 백색 테러를 일삼던 서북청년회의 일원으로서 체험했던 시공간을 감안한다면 이러한 설정은 인류보편적인 선악의 문제로 환원해버려서는 안 될, 역사적 구체성을 띤 문제의식으로 연결된다. 작가 김은국이 서북청년회의 일원이었다는 사실은 1973년 서북청년회의 회장이었던 문봉제(文鳳濟)의 증언을 통해 밝혀졌다(『중앙일보』, 1972.12.21.-1973.2.9.)[12] 김욱동이 정리한 김은국의 일대기에 의하면, 1947년 월남 후 기식할 곳을 찾던 김은국은 서북청년회의 도움을 받게 되었다. 같은 해에 김은국이 부친과 목포에 정착할

---

12 김은국에 관련된 해당 발언은 1973.1.29일자 제30화 〈對學園투쟁〉 편을 참조할 것.

수 있도록 도운 것도 당시 서북청년회 간부였으며, 당시 김은국은 서
북청년회 목포 지부 정식 회원이 되었다고 한다(2007, 52-53). 당시 김
은국의 나이가 15세에 불과했던 것을 감안한다면 아마도 10대 청년
들로 이루어진 '서북학생총연맹'에 소속되었을 것으로 추측된다(윤정
란 2014, 163). 1946년 미군정이 '국립대학설립안'을 공포한 후 반대 운
동이 일어났을 때, 서북청년회는 이 반대 운동을 주도하는 좌익 세력
을 척결한다는 명분으로 각 학교에 회원들을 편입시켰다. 구체적으로
는 '서북학생총연맹'의 조직을 활용했다.[13] 김은국이 서울대학교 상과
대학에 입학한 것도 이 시기이며,[14] 문봉제는 김은국이 "서울大에 박
힌 西靑의 전위 조직"으로 활동했다고 증언하고 있다.[15] 서북청년회
와 관계하면서 그가 실제로 어떤 일을 했는지는 알 수 없지만,[16] 서북

---

13 서북청년회에서는 국립대학설립 반대 운동을 중등과정 및 대학 과정을 필요로 하는
월남민 청년들의 교육 문제를 해결하는 기회로 활용했다. 월남한 청년들 대부분은 학
적 기록을 보유하지 않은 채 남쪽으로 넘어와 편입학 자격을 얻지 못했던 것이다. 서
북청년회 측에서는 당시 문교부장에게 편입학증명을 서북청년회위원장의 확인증으로
대체할 것을 요구하여, 당시 경성대학을 비롯하여 통합설치 반대 운동이 벌어지던 각
학교에 무시험 전형으로 약 6천여 명을 편입시켰다(윤정란 2014, 171-172; 문봉제
『중앙일보』, 1973.1.26.-27.).

14 김욱동(2007, 56-57)은 당시 서북청년회 회원들이 무시험으로 입학했음에도 불구하
고 김은국은 입학시험까지 치러서 영어 최고 득점을 얻었던 점, 평양고보 재학 시 그
의 성적이 뛰어났던 점을 감안하면 서북청년회의 힘을 빌리지 않았더라도 합격을 했
을 것이라 본다. 그러나 입학 후에도 서북청년회와 관계가 있었던 것도 사실이라 적고
있다.

15 "西靑이 된 뒤의 일이지만 『순교자』의 저자 金恩國씨(黃州)도 서울大에 박힌 西靑의
전위조직이었다. 金씨는 46년에 단신 월남, 각 합숙소를 전전하던 끝에 이듬해 봄 鮮
于京植 동지(平北定州)를 따라 木浦지부에 내려가 정식대원이 됐다. 金씨는 학생부장
직을 맡아보며 지부에서 대주는 돈으로 木浦高를 나왔으며 서울大에 들어가서는 西北
의 기치를 높이 들고 反左전선에 앞장섰었다." (문봉제『중앙일보』, 1973.1.29.)

16 김은국은 훗날 한 회상기에서, 자신이 목포에서 고등학교에 다니던 시절 친구의 아버
지가 '학생연맹' 동급생들에게 끌려간 아들을 구해 달라면서 자신을 찾아왔던 일화를
적고 있다. 이 일화에 등장하는 '학생연맹'이 곧 서북학생총연맹이라면 실제로 그는
해당 조직에 영향력을 지니고 있었으며 주변에서도 이를 인지할 정도로 관여되어 있

청년회가 월남한 청년들에게 행사했던 영향력과 실질적인 경제적 원조를 무시하기는 어려웠을 것이다.

이후 한국전쟁의 휴전에 이르기까지 약 4년간의 군 복무 기간을 합하면, 미국으로 건너가기 전까지 그의 청소년기는 오로지 반공의 쟁취와 공산주의와의 투쟁으로 얼룩진 것이 된다. 비록 철저한 반공주의자의 시선에서 도출된 문제이지만, 김은국이 『심판자』를 통해 내놓은 '악을 제압하기 위해 악을 행하는 인간의 존재론적 비극'이란 의제는 해방 공간에 자행된 백색 테러리즘과 관련된 이해를 심화시키는 견해라 할 수 있을 것이다.

4. 미국인의 자격과 '유랑민/세계시민'의 이중발화

물론 『순교자』나 『심판자』는 월남민의 자의식에 대한 고려를 하지 않아도 충분히 의미 있는 메시지를 전달하는 소설들이다. 『순교자』는 신에 대한 믿음이란 어떤 태도인지를 묻고, 결국 그 답은 인간을 구원하려는 인간의 이타적 희생과 노력에 의해 유지되는 것이라는 대답을 내놓는다. 이를 위해 작가는 한국전쟁을 배경으로 타인을 위해 자신의 생명을 희생하는 고귀한 인간 군상의 예를 제시한다. 『심판자』는 군사 쿠데타를 성공으로 이끈 유능하고 냉철한 지휘관의 내면을 그린다. 명분과 대의가 확보된 살인은 과연 그 정당성을 인정받을 수 있느냐는 질문 앞에서, 그는 어떤 명분에도 불구하고 인간을 죽인다는 것은 살인일 수밖에 없다고 단정 짓고 자신이 저지른 악의 대가를 심판

었던 셈이다. (「6·25라는 惡夢의 씨앗」, 1985; 67-68)

받고자 청한다. 혁명이나 전쟁에 수반되는 살인이라는 불가피한 악의 문제와 이를 대하는 인간의 근원적 양심에 관한 이야기인 것이다.

이들 주제들은, 카뮈나 도스토예프스키가 지향해온 철학적 화두를 이어받은 것이며 비단 한국사에 한정시킬 것이 아니라 일반적인 전쟁과 내전의 문제로 확장하여 읽는다고 해도 무리가 없다. 이에 김은국이 '유랑민(망명자)'으로서의 존재론적 관점을 유지한 덕분에 그간 한국문학이 식민지의 체험이나 한국전쟁을 종종 '자국사(their national history)'의 특수성(particularity)에 가두곤 했던 한계를 탈피하여 보편성(universality)을 획득하고 세계적 문맥(global context)에 자리매김하는 데 성공할 수 있었다는 평가도 가능해지는 것이다(Jooyoen Rhee 2016, 17).[17]

실제로, 위의 선행연구에서 언급되었듯이, 김은국의 소설에는 작중 상황을 월남민의 정치적·지정학적 조건과 같은 한국적인 특수성으로 환원시키지 않으려고 노력한 흔적이 뚜렷하다. 한국적인 특수성에 함몰되지 않으려는 노력은 작중에서 이방인의 태도와 관점을 유지하려 노력하는 화자 '나'(이 대위/이 소령)에게 각인되어 있으며, 실상 이들의 노력은 화자가 서사에 녹아들지 못하고 인류적 차원의 대의나 진리를 되풀이하며 겉도는 중심인물이 된다는 부작용을 낳는다. 『순교자』의 '나'는 목사 처형사건의 현장인 평양에 투입된 이후 자신이

---

17 이 논문의 저자는 김은국의 인물들이 '한(恨, han)'과 같은 절망적이며 비관주의적인 감정을 '자유-의지(free will)'로 이겨내려는 의지를 지녔다는 사실이나, '나' 대신에 '우리'나 '공동체'에 관한 서술을 즐긴다는 사실은 '상실과 고통'을 보다 많은 독자들과 공유하기 위한 시도라 평가한다. 저자는 김은국의 전작에 대한 깊이 있는 독해를 통해 그의 소설이 '유랑자의 정체성'이라는 존재론적 기반 위에 쓰여 있으며, 그의 창작은 자신이 경험한 상실과 고통을 보편화하기 위해 '언어적, 문화적, 국가적'인 경계들을 넘어서려는 지향을 지닌다고 보고 있다(Jooyoen Rhee 2016, 1-18).

대면하는 모든 인물 및 사건 정황에 대해 거리를 두는 중립적인 태도를 보인다. 미궁에 빠진 사건의 진상을 밝혀나가는 플롯인 만큼, 『순교자』는 '진실'의 공개 여부를 둘러싸고 벌어지는 논쟁이 자주 등장한다. 대중들에게 순교자라 추앙받는 목사들이 실제로는 처형 직전에 신을 부정하고 목숨을 구걸했었다는 진실, 마찬가지로 순교자로 추앙받는 인물이 실은 공산당 끄나풀이었다는 진실, 대중들이 목숨을 구걸한 배신자라 알고 있는 신 목사가 실은 유일하게 인민군에게 저항한 인물이었다는 사실 등이다. 그리고 무엇보다도 이제 신도들의 정신적 구심점이 된 신 목사가 실은 신을 믿지 않는다는 사실이 '숨겨진 진실'의 정점에 있다. 이렇듯 숨겨진 진실들은, 그 공개 여부에 따라 오로지 신앙으로 죽음의 공포에 맞서고 있는 지역 주민들을 공황 상태에 빠뜨릴 수도 있는 사안들이다.

진실의 공개 여부를 둘러싼 논쟁의 지점에서 화자 '나'는 언제나 '진실은 진실로서 공개되어야 한다'는 원칙을 고수한다. 희망을 잃은 피난민들에게 끝까지 신의 존재를 확신시킬 필요가 있다고 믿는 신 목사에게도 화자 '나'는 '진실을 말하는 것 이외에 다른 길은 없다'고 조언한다.

> "이 대위, 당신도 내가 진상을 털어놓으리라고 생각했소?"
> "그건 모르겠습니다." 나는 말했다. "제가 알고 있는 건 진리란 반드시 드러내고 얘기해야 한다는 것뿐입니다."
> (…) "당신이 내 입장이라면 진상을 모두 털어놓겠소?"
> "그렇습니다." 나는 단호히 말했다. "다른 길은 없습니다." (179)

화자 '나'는, 작중에서 벌어지고 있는 모든 갈등 상황을 떠나 진실의 공개를 단호하게 주장하는 편에 선다. 이러한 태도는 『심판자』에서도 동일하게 반복된다. 화자인 '나'(이 소령)는 어떤 경우에도 유혈혁명을 일으켜서는 안 되고 인명을 사물인양 무심하게 살상해서는 안 된다는 소신을 굽히지 않는다. 두 작품 모두 공통적으로 화자인 '나'는 사태의 중립적인 관찰자로 남아 있고자 하며, 상황의 특수성과는 별개로 보편적인 원리원칙을 고집하고자 한다.

이런 태도의 문제성이란 '진실은 반드시 드러내어 얘기해야 한다'거나, '어떤 명분으로도 생명의 살상은 정당화되지 않는다'는 명제 자체의 옳고 그름에 있는 것은 아니겠다. 도리어 이 대목에서 흥미로운 것은, 저렇듯 복잡한 갈등 상황에서 제출된 명제들이 너무도 흠잡을 데 없이 보편타당하다는 사실, 각종의 개별적인 조건들을 초월하는 '정치적 올바름'으로 무장하고 있다는 사실일 것이다. 화자 '나'가 내놓은 윤리 규범들은, 작중 신 목사나 민 대령이 처한 예외적 상황이나 이들 개별자들이 품고 있는 존재론적 고민의 깊이에 비할 때 '기계적 중립성'이라 보아도 좋을 정도로 보편타당한 진리들이다. 분명 이 자명한 진리는 믿음과 진실의 대립, 선과 악의 불분명한 경계 등의 문제로 얽혀있는 소설의 플롯을 단순하고 경직된 방향으로 몰아가는 '부작용'을 낳는다. 이런 철학적 주제들이 언제나 그 해답이 단순치 않다는 이유 때문에 문학적 주제로 소환된다는 점을 감안한다면 말이다. 그러나 역설적으로, 기계처럼 중립적인 혹은 '무해한' 판단력 덕분에 김은국 소설의 화자는 작중에서 벌어지는 사태에서 관찰자에 머물 수 있고 동시에 사건의 갈등에 깊숙하게 연루되지 않을 수 있다. 요컨대 김은국 소설의 화자는 플롯의 진행을 방해하면서 동시에 플롯을 진행하는 이중적 면모를 지닌다.

김은국의 소설이 보여주는 보편 지향적인 태도는 비단 작중 메시지가 갖는 주제의 철학적 보편성만으로는 해명되지 않는다. '월남민'의 시선에서 김은국의 소설을 재독하는 일은, 그의 소설이 담고 있는 보편주의적 메시지들이 때로는 특수성을 은폐하기 위한 알리바이가 되기도 하고, 때로는 특수성을 우회하는 도피처가 되기도 한다는 사실을 보여준다. 이는 특수성을 극복의 대상이 아니라 특수성에 덧씌워진 보편성의 차원으로 읽어낼 때 적확한 해석을 얻을 수 있다는 뜻이기도 하다.

김은국이 미국에 정착하여 작가가 되는 과정은 소극적으로는 '탈-한국인'의 방식이면서 적극적으로는 '세계시민 되기'의 연장선상에 있다. 그가 한국을 떠나 정착한 미국이라는 공간은 김은국 자신이 한국에서 경험한 시공간을 객관화할 수 있는 거리를 제공하면서, 동시에 그 체험을 세계인의 시선에서 보편화할 수 있는 길을 열어주었다. 다시 말해, 평양철수로 인해 나라에서 버림받은 이북 출신 백성의 원망이라든가 반공을 위해 '살인 기계'로 이용된 삶에 대한 회한에 함몰되지 않고, 그와 동일한 자리에 '신과 구원', '선과 악'의 일반론을 적용하며 냉정하게 버틸 수 있도록 해주었던 것이 바로 미국의 힘이다. 이때 미국을 곧 세계로 치환하는 일이란 1960년대 냉전 체제 하에서의 미국의 영향력이나 그로 인해 생겨난 지정학적 인식의 단순성을 감안한다면 결코 무리가 아닐 것이다.

김은국의 소설들은, 비록 작가 스스로 '유랑민'이라든가 '일종의 집시'로서의 자의식을 강조한다고 하더라도, 미국에 살았던 이민자의 감각에 한정해서 쓰인 것으로 읽혀서는 안 된다. 김은국 소설의 저층을 이루는 정동이란 일차적으로는 한반도가 분단되고 그 분단이 고착되어 가는 상황에서 월남민이 느끼는 상실감이며, 나아가 작가의 유년기를 풍요롭게 채워주었던 유토피아에 대한 원초적 상실감까지도 포함한 감정이다. 마지막 장편소설 『잃어버린 이름 *Lost Names*』(1970)에서 회고된 바 있지만, 김은국은 간도(만주) 용정의 미션스쿨을 다니며 유년 시절을 보냈다.[18] 아래의 인용은 김은국이 조선으로 돌아온 이후 용정 시절을 추억하는 부분으로, 작중의 '나'는 전학 온 첫날 낯선 조선인들로 가득한 교실에서 용정에 두고 온 친구들을 떠올린다. 외국인 미션스쿨에서 선교사의 자녀들과 어울렸던 까닭에 친구들의 국적은 다양하다.

> 만주에선 친구들과 어울려 곧잘 노래를 불렀지. 만주에 두고 온 다정한 친구들, 불과 일주일 전까지도 만주에 두고 온 그 친구들과 함께 놀고 노래했지 – 조선, 중국, 캐나다, 미국, 영국 아이들. 나는 그 아이들의 얼굴과 몸짓과, 함께 부르던 노래를 생각했다.(『잃어버린 이름』(1970), 2011, 56)

유년기의 실낙원이 되어버린 용정의 기억 속에서 어린 그는 다양한 국적의 친구들과 함께 뒤섞여 노래하는 모습으로 등장한다. 김은국의 유랑민 감각을 이해하려 할 때, 유년기 용정의 기억은 흥미로운 단서라 할 만하다. 이 기억은 김은국이 느꼈던 최초 이향(離鄕)의 상실감조차도 기독교 공동체 특유의 가족적 분위기와 코스모폴리타니즘의 원초적 감각이 겹쳐져 있음을 보여주기 때문이다.

민족/국가 중심적인 디아스포라의 관점에서 볼 때 그는 모국을 떠

---

18 1933년 김은국의 양친은 함흥에서 간도 용정으로 이주했고, 김은국의 부친은 캐나다 선교사들이 세운 은진중학교에서 교원으로 일했다. 부친의 고향인 황해도 황주로 돌아온 것은 1938년으로, 1932년생인 김은국은 갓 태어나 초등학교 입학 무렵까지 간도 용정에 살면서 유년기에 기독교 공동체 특유의 다문화를 경험했다.

난 유랑민이겠지만, 다시 생각한다면 그는 좌우의 냉전 체제하에서 우파 자유주의 이데올로기의 거점이었던 미국에 정착한 시민권자이기도 하다. 이에 그는 서울 시민을 버렸듯 다시 한번 평양 시민을 버린 국가와 그 때문에 '남겨진 사람들'에 대한 이야기를 쓰기 시작할 수 있었다. 또한 월남민 출신 군인들이 반공주의를 기치로 내세워 국가를 전복하는 정치적 상상을, 아울러 국가를 만들기 위해 살인 기계로 쓰인 인간의 존재론에 대한 이야기를 꺼낼 수 있었다. 쟁취해야만 하는 자유가 아니라 주어진 자유 속에서, 무소속이 아니라 스스로 무소속이라 상정할 자유를 주는 소속 공간 속에서야 비로소 '영원한 이방인', '유랑민'으로서 말하고 상상하는 일이 가능했던 것이다. 냉전시대 '미국'이라는 자유민주주의 심장부의 시민이 됨으로써, 더이상 이북 출신의 월남민이라는 꼬리표를 연상하지 않아도 되었던 것이다. 가장 안정된 정착민의 자리에서 '소속 없음'에 대해 비로소 말하기 시작했다는 것은 아이러니한 일이다. 요컨대 미국이 주는 보편주의의 안전망 안에서 그는 어디에도 소속되지 않은 자가 될 자격을 얻었다. 그만큼 월남민 김은국이 표명했던 '유랑민 의식'이란 실은 '미국 시민 곧 세계시민'의 자격과 중첩되어 발화되고 있다고 할 것이다.

5. 공간의 정치성과 냉전기 디아스포라 문학의 해석

이 글에서는 '한국계 미국작가' 김은국의 소설들을 다시 읽으면서, 월남민으로서의 자의식이 작품의 인물이나 구성에 어떤 방식으로 영향을 미치는지 논증하고자 했다. 대표작인 『순교자』에는 공산주의자들에게 평양을 '내어 준' 대한민국의 무책임함에 대한 원망이 제 백성을 버린 무심한 신에 대한 원망과 뒤섞여 있다. 이에 작가는 한국전쟁기 평양에서 무심한 초월적 존재를 대신해 인간이 인간을 구원하기 위해 많은 이들이 스스로 죽음을 선택할 수밖에 없었던 상황, 즉 신 없는 세상에서 '순교자'가 되기를 선택하는 아이러니한 상황에 내몰렸던 사실을 이야기한다. 『심판자』에서는, 수많은 목숨을 희생하고도 아직도 한반도에 공산주의자가 존재한다는 사실에 분노한 월남민이 반공을 기치로 군사혁명을 일으켜 대한민국의 정부를 전복하고 국가를 장악하는 모습을 보았다. 이 대목에서 '악을 제압하기 위해 악을 저지를 수밖에 없는 인간'이라는 형태로 극우 테러리스트의 존재론이 성립되는 과정도 살펴보았다.

이상의 논의는 김은국을 단지 '재미 한인작가', '한국계 미국작가'라는 수식어 속에서 이해할 때에 좀처럼 눈에 띄지 않았던 내용들임이 분명하다. 이러한 김은국의 사례는 디아스포라 문학을 해석할 때 생각해야 할 두 가지 정도의 논점을 제공한다고 할 수 있겠다. 하나는 방법론 자체가 분석 대상을 전형적인 해석의 틀 안에 가두는 함정을 피해야 한다는 것이다. 방법론이 해석의 길잡이 역할을 벗어나 동일한 패턴의 해석을 재생산하는 도그마로 기능할 수도 있다는 의미이다. 한국인 김은국이 아니라 미국인 김은국으로 살겠다는 도발적인 선언, 그리고 그 이면에 놓인 월남민으로서의 분노와 상실감은 민족/국가 중심 디아스포라 문학의 해석적 범주가 얼마나 기계적인 것인가를 보여준다. 무소속자가 되겠다는 갈망이 어떤 경계 넘기와 이동의 원동력이라 할 때, 일단 민족/국가에의 소속감과 이향으로 인한 상실감을 전제하곤 하는 디아스포라 문학의 관점은 얼마나 효율적일 수 있는가를 새삼 느끼게 되는 것이다.

다른 하나는, 새로운 정착지는 비단 떠나온 고향을 대체하는 임시적인 배경으로 존재하는 것이 아니라 엄연한 정치적 실재로서 작품에 영향을 미친다는 사실이다. 떠나온 자는 어딘가에 정착한 자가 된다. 떠나온 자는 '뿌리 뽑힌 자'로서 떠나온 과거의 시공간을 그리워하며 살 수도 있겠지만, 그의 현재는 새롭게 뿌리 내린 공간의 정치사회적 환경과 언어를 통해 전개된다. 월남민으로서 대한민국에서 이방인으로 살았던 김은국은 매카시즘의 심장부에 속한 구성원이 되어 비로소 떠나온 땅의 역사와 사람들에 대해 이야기하기 시작했다. 그가 대한민국을 국가적 책임의 측면에서 혹은 이념적인 불철저함의 측면에서 비판하고, 스스로를 반공주의 투사이자 역사의 희생양으로 의미화할 수 있었던 것, 나아가 모국에 대한 비판을 철학적인 중립성을 통해 구현할 수 있었던 것은 그가 놓인 미국이라는 공간이 제공하는 정치사회적인 뒷받침이 있었기에 가능했던 일이다. 이러한 정황은 냉전 체제하에 발표된 디아스포라 문학이라는 특수성을 염두에 둘 때에만 발견할 수 있다. 아울러 김은국의 글쓰기는 정착민의 입장에서 새롭게 구성되는 이방인의 역사라 할 수 있다. 김은국은 정착지에서 도리어 모국을 낯설게 바라보며 글을 쓰기 시작했다. 그의 사례는 디아스포라 문학의 이해에 있어, 친숙한 모국에서 낯선 정착지를 바라보는 시선이 언제나 옳은 것만은 아니라는 사실을 나타낸다. 이 경우 디아스포라 문학은 망향의 서사, 유랑민의 수난사, 혹은 정체성 탐색의 주제 등을 훌쩍 뛰어넘어 새로운 정착 공간의 현재적 특성을 과거에 투사한 결과물이 된다. 이는 디아스포라 문학을 지배하는 전형적인 시간의 틀에 대한 재고가 필요하다는 사실을 시사한다.

| 참고문헌 |

Richard E. Kim, 1964, *The Martyred*, New York: George Braziller.

김은국, 1978, 도정일 역, 『순교자』, 시사영어사. (*문학동네, 2010 재출간)

김은국, 1990, 김은국 역, 『순교자』, 을유문화사.

Richard E. Kim, 1968, *The Innocent*, Boston: Houghton Mifflin.

김은국, 1968, 나영균 역, 『심판자』, 중앙일보사.

Richard E. Kim, 1998, *Lost Names*, Berkeley: University of California Press.

김은국, 2011, 『잃어버린 이름』, 다림.

김은국, 1985, 『잃어버린 시간을 찾아서』, 서문당.

김귀옥, 1999, 『월남민의 생활 경험과 정체성』, 서울대학교출판부.

김욱동, 2007, 『김은국, 그의 삶과 문학』, 서울대학교출판부.

문봉제, 1972.12.21.-1973.2.9., 「남기고 싶은 이야기들-서북청년회」, 『중앙일보』.

이동하, 2002, 「김은국의 『순교자』와 알베르 카뮈」, 『한국소설과 기독교』, 국학자료원.

정명환, 1978, 「고난의 의미:김은국의 『순교자』와 카뮈」, 『한국작가와 지성』, 문학과지성사.

정주아, 2014, 『서북문학과 로컬리티』, 소명출판.

윤정란, 2014, 「서북청년회 출신들의 정치적 배제와 부활」, 『숭실사학』33.

이기한, 2003, The Martyred Revisited: Challenging the Parameters of Asian American Literature, Journal of American studies(美國學論集) 35(3).

송창섭, 1998, 「이상한 형태의 진리: 김은국의 순교자」, 『한국학연구』10.

_____, 1999, 「낭만적 허구와 역사적 진실: 김은국의 심판자와 잃어버린 이름」, 『한국학연구』11.

정은경, 2017, 「이중언어의 맥락과 독자-김은국의 『순교자』읽기의 결락된 한 맥락을 찾아서」, 『어문논집』 81.

Jooyoen Rhee, 2016, 'Against the Nihilism of Suffering and Death: Richard E. K. Kim and His Works', *Cross−Currents: East Asian History and Culture Review* E−Journal No.18.

3장

디아스포라 기억의 재현과
탈냉전 역사쓰기의 가능성

—

『굿바이 마이러브 NK』와『유역』

이헌미

1. 한인 디아스포라와 탈냉전 역사쓰기의 문제들

"냉전이 여전히 격렬하게 지속되는 지역을 대상으로 탈냉전적 역사서술이 가능한가?" 이런 질문으로 시작하는 논문에서 안드레 슈미드는 국가가 생산하고 통제하는 아카이브에 의존하는 북한 연구의 문제점을 지적했다(안드레 슈미드 2019, 168). 북한 연구들은 구소련과 동유럽 국가들의 문서고 개방과 구술사와 문화연구 등 탈냉전 역사학의 새로운 방법론적 동향에 힘입어, 북한의 지배 담론을 상대화하려는 노력을 보여 주고 있다. 그러나 북한 사회의 폐쇄성이 여전한 가운데, 공식 아카이브 이외에 북한 사회와 인민의 생활에 대한 앎을 가능하게 하는 장소가 없다는 근본적 문제는 남아 있다. 그리고 이것은 북한사 서술에서 북한 사람들의 주체성과 행위자성이 드러나지 않는 재현의 한계로 이어진다.

그렇다면, '대상으로' 삼는 것에서 한 걸음 더 나아가, 냉전이 지속되는 바로 그곳에서 탈냉전적 역사서술은 가능한가? 남한의 북한 연구자들은 북한 방문이 금지되어 있고, 체제 경쟁과 타자화 속에서 상

* 이 글은 2020년 한국여성문학학회 〈여성문학연구〉 49호에 게재된 논문을 일부 보완하여 전재하였습니다.

호 정체성이 재구성되는 '분단의 시선'(정영철 2012, 51)을 내면화하고 있다는 점에서, 이중 삼중의 접근 불가능성에 직면한다. 1990년대 중후반 이래 폭증한 북한출신주민들이 북한 연구의 새로운 '자료원'으로 떠올랐지만, 남한 사회에 유입된 '탈북자'라는 위치성 속에서 이들의 면담 자료는 정치화될 위험과 왜곡에서 자유롭지 않다(조영주 2019, 75).

이러한 제약 속에서, 북한에 대한 탈냉전적 역사 서술이란 무엇이며, 한국 사회에서 그러한 작업은 어떤 방식으로 시도될 수 있을까. 1990년대 냉전의 해체는 역사서술에서도 민주화 바람을 일으켰다. 이제 역사학의 질문은 국가 권력과 거시적 체제로부터 주체의 미시적 경험들에 대한 이해와 문화 연구로 옮겨졌다. 또한 냉전 이후 각지에서 되살아난 민족주의와 정체성 정치의 물결 속에서, 보다 긴 세계사적 시간성 안에서 냉전을 상대화할 필요성이 제기되었다. 이렇게 볼 때, 탈냉전적 역사서술은 초강대국 정치와 이념에 기초한 진영 논리 속에서 구조적이고 영속적으로 기술되었던 냉전사를, 다양한 행위자들의 경험으로부터 아래로부터 재구성하고 성찰하는 작업을 뜻한다.

북한 연구에서 정전화된 공식 아카이브에 머무르는 한, 행위자 주체성과 세계사적 시간성의 회복을 핵심으로 하는 탈냉전적 역사쓰기는 요원하다. 이에 필자는 냉전사에서도, 남북한사에서도 누락된 디아스포라의 경험과 기억을 매개로 북한 사람들의 역사를 아래로부터 독해하려고 한다. 오늘날 한국과 중국, 동남아시아와 미국, 유럽에까지 이르는 북한출신주민들의 행렬은 1990년대 글로벌한 수준의 탈냉전과 한반도 수준의 냉전 지속이라는 '시차'가 빚어낸 정치경제적 산물이다. 그런 의미에서 이들은 신자유주의 시대 자본이 요구하는 초국적 이동성과 북한 국가가 주민들에게 강제하는 이념적 국경 통제의 충돌로 생겨난 난민들이다. 그런데 탈북자라는 말은 실패국가 북한에서 탈출한다는 냉전적 이미지 속에서 이러한 구조적·역사적 맥락을 은폐한다. 따라서 이 글에서는 탈북자라는 무시간적이고 몰역사적인 형상 대신, 특정 시공간에 처한 행위자의 실천에 주목하는 '디아스포라' 개념을 통해 북한인들의 국경을 넘은 이동과 이주에 접근하고자 한다.

본문에서는 탈식민주의 디아스포라 문화 연구, 영화와 소설을 통한 역사 재현, 기억 연구의 접점에서 김소영의 2017년 다큐멘터리 영화 「굿바이 마이 러브NK: 붉은 청춘」과 이회성의 1992년 소설 「유역(流域)」을 다룬다. 이러한 이론적 선택은 이 글의 분석 대상인 1950년대 말 북한 유학생들의 소련 망명과 그 이후의 삶을 반공주의라는 상투어에서 벗어나 장기적인 한민족 디아스포라 속에서 의미화할 수 있게 만든다. 특히 탈냉전기 중앙아시아가 민족, 국적, 이념, 젠더가 교차하고 주체의 위치성이 재형성되는 '디아스포라 공간'임을 밝히고자 하였다. 마지막으로 디아스포라 영화와 문학에서 드러나는 '기억의 다방향성'을 통해, 디아스포라 정체성이 그 자체로 긍정적이거나 부정적인 경계인적 본질을 가지는 것이 아니라, 문화적 실천과 개입을 통해 퇴행적 민족주의 뿐 아니라 보편적이고 민주적인 가치를 지향할 수 있음을 논하였다.

2. 영상·문학적 역사 재현과 제3의 공간으로서의 디아스포라

영화와 문학은 오랫동안 한국사에서 기억의 보고였다. 특히 남북 분단체제와 가부장적이고 권위주의적 정권 아래에서 공론화되기 어려운 좌우 이념 대립과 국가 폭력, 여성의 전쟁 경험이 가족사 이야기 형태로 많이 다루어졌다. 최근에는 '위안부' 및 광주5.18, 제주4.3 등

한국사의 트라우마적 기억에 대한 문화적 재현의 관점에서도 논의가 활발히 진행되고 있다. 이 글에서 다루는 두 작품은 1950년대 말 소련으로 망명한 북한 유학생들의 삶을 재현한다. 이들의 이야기는 역사가 아닌 영화와 문학이라는 형식으로 남한 사회에 전달되었다. 분단 체제와 냉전 사고틀 속에서 남북한 내셔널 히스토리의 서사는 특정 주체들을 비가시화하고 금기시한다.

한국 사회에는 한국전쟁이나 38선, 비무장지대, 간첩과 첩보를 소재로 북한을 다룬 극영화들이 많은 반면, 북한에 관한 다큐멘터리는 탈북자들을 담은 소수의 작품들 이외에는 극히 적다. 재일 2세인 양영희 감독의 「디어 평양」(2005)처럼 예외적인 경우를 제외하면, 북한에 관한 다큐멘터리는 대부분 북한에 출입이 가능한 서양인들이 만들어 왔다.[1] 북한에 대한 동시대의 영화적 재현을 관통하고 있는 것은, 북한 그 자체로 과거이며 낯선 나라라는 '레트로'적인 감수성이다. 이들은 북한을 글로벌한 시공간에서 동떨어진 시대착오적 산물로 간주한다. 한편에는 신자유주의적 세계가 상실한, 가난하지만 순수했던 시절과 이상화된 사회주의 과거에 대한 향수(nostalgia)가 존재한다. 다른 한편에는 한반도 지정학과 전쟁 음모론, 북핵 개발과 김씨 일가의 독재에 대한 냉소와 적대감이 존재한다. "역사적 과거를 정동적으로 사용"(Steedman 2002, 68)함으로써 타자화된 북한의 집단 이미지를 제시하는 이러한 영화들은 북한과 '나머지 세계'를 이분법적으로 사고한다는 점에서 냉전적이다. 나아가 '그들'과 달리 '우리'는 역사적 진보의 종점이라는 동질적인 시간성에 속해 있다고 상정되지만, 그러

---

1   그레고리 뮐러 · 앤 르왈드, 「헬로우 평양(A Postcard from Pyongyang)」 2019; 비탈리 만스키, 「태양 아래(Under the Sun)」, 2015; 안나 브로이노스키, 「안나, 평양에서 영화를 배우다(Aim High in Creation!)」, 2013 등.

한 보편적 공동체는 당연히 존재하지 않는다. 냉전 이후 각지에서 되살아난 민족주의와 정체성 정치의 물결 속에서, "성찰이 아니라 소망, 원한, 취향, 감정의 강화를 통해서 작동"하는 민영화된 미디어 공론장의 세계, "경합하는 다원주의(antagonistic pluralism)"(히토 슈타이얼 2019, 144, 152)가 있을 뿐이다.

외국인들이 만든 북한 다큐멘터리와 남한에서 만들어진 북한 극영화들이 가진 전형성을 생각할 때, 「굿바이 마이 러브NK」는 북한에 관한 표준적인 다큐멘터리가 아니다. 무엇보다도 남북한의 국민사로도, 중앙아시아 고려인의 민속지로도, 그리고 소련의 국가사로도 모두 포착이 되지 않는, 냉전기 소련으로 망명한 북한의 정치적 난민을 다루고 있다. 그간 남북한사회에서 이들을 역사적으로 재현할 문법은 없었다. 트린 민하의 지적대로라면, 다큐멘터리의 사회적 개입은 기존의 지배적인 재현체계를 답습하지 않는 것에 그 핵심이 있다(Minh-Ha 1990, 96). 「굿바이 마이 러브NK」는 유학생에서 망명자가 된, 탈북-고려인-소련 카자흐스탄 공민이라는 다중 정체성을 가진 무국적/비정형적 존재들(stateless beings)을 가시화하고, 공식 아카이브가 담아내지 못하는 그들의 디아스포라 기억을 채록한다.

영화의 역사 재현에 대해서는 이제까지 많은 논의가 이루어졌다. 한편에는 과거의 재현에 있어 문자성을 시각성보다 우위에 놓는 주장이 존재한다. 이들은 이미지의 구체성과 직접성 때문에 역사에 필수적인 사유의 과정이 생략된다고 비판한다. 그 반대편에는 마틴 제이가 말한 망막주의적 전통, 즉, '보는 것이 곧 믿는 것(seeing is believing)'이라는 주장이 존재한다. 이러한 전통에서 사진과 영상은, 말이나 글에 개입되는 가치편향에서 자유로운, 과거의 명백한 증거로 간주되었다. 그러나 과거에 대한 시각적 재현이 역사 담론의 중요한 일부가 된 오늘날의 상황은, 문자성과 시각성을 이분법적으로 취급하기 어렵게 만든다.

영화사학자 로버트 로젠스톤은 대중이 주로 시각 매체를 통해 역사 지식을 습득하는 시대에, 역사가들은 글로 쓰던 역사 담론을 시각적인 담론으로 전환시킬 수 있어야 한다고 말한다(Rosenstone 1988). 헤이든 화이트는 로젠스톤의 주장을 받아서, '역사서술(historiography)'에 대응하는 '영상역사(historiophoty: 비주얼 이미지와 영화적 언설을 통한 역사 재현)'라는 개념을 만들어 냈다(White 1988). 헤이든 화이트는 1973년 작 『메타역사』에서부터 역사학의 문학적 상상력을 강조하면서, 전통 역사학이 맹신하고 있던 사료 실증주의를 비판했다. 역사학도 문학도 내러티브와 플롯의 형식을 통해 구성된 과거에 대한 이야기일 뿐, 과거의 복원이 아니라는 것이다. 이러한 논의를 통해 그는 역사 서술 작업을 사실 고증의 문제에서 해석과 재현의 차원으로 옮겨 놓았다. 그에 따르면, 인식적 재현과 시각적 재현 사이에는 과거에 대한 진리 주장의 측면에서 가치의 우열관계가 없다.

이렇게 볼 때, 역사, 문학, 영화는 모두 복구 불가능한 과거를 '재현(re-present)'을 통해 다시 보여주는 구성적 행위이며 일종의 번역 작업이다. 또한 역사학자들은 사실을 발견하고 사건을 분석하는 가치중립적 과학자가 아니라, 역사적 행위에 미학과 도덕적 목적을 불어넣는 예술가에 가깝다(Dean 2019, 1337). 그러므로 "서사의 힘과 시각성의 힘 사이의 권력 관계"(박명진 2012, 150)를 심문하는 대신, 역사학과 문학과 영상이 펼쳐 보이는 역사적 상상력을 총체적으로 다루는 비평적 개입이 요청된다. 역사 재현은 이제 전문 역사학자 뿐 아니라 소설가와 감독이, 독자와 관객이 함께 과거의 현재적 의미를 재구성하는 공공역사적 작업이 되었다. 더구나 오늘날 기억의 유례없는 정치화 속에서, '우리는 무엇을, 어떻게 기억해야 하는가'를 둘러싼 사회적 기억의 윤리가 치열하게 다투어지고 있다. 이러한 의미에서, 영화와 문학 작품들은 식민지와 한국전쟁, 냉전과 독재로 점철되었던 국가 서사에서 억압되었던 개인들의 기억을 사회적 기억으로 이전시키고 번역하는 중요한 기제가 될 수 있다. 그러나 이러한 논의들은 여전히 상당 부분 '한국'영화와 '한국'문학에 국한된 '방법론적 민족주의'에서 벗어나지 못하고 있다. 여기에서 남한 사회 집단기억의 맹점이자 외부로서, 한민족 디아스포라 문학과 영화에 주목하게 된다.

디아스포라 개념은 "씨의 흩뿌려짐"이라는 그리스어 어원을 가진다. 전통적으로 디아스포라는 집을 떠나 추방 상태로 살아야 했던 유대인들의 집단적 트라우마와 귀환 소망을 가리키는 말이었다. 1960년대와 70년대를 거치면서 이 말은 다양한 연원의 이주민과 소수민족, 난민 공동체들에게로 확대 적용되었다. 로빈 코헨은 이를 '희생자 디아스포라', '노동 및 제국 디아스포라', '무역 디아스포라', '문화적 디아스포라'로 범주화하였다(Cohen 2001, ix-x). 이들 디아스포라를 관통하는 핵심은 공통의 기원 내지 고국에 대한 감정적 애착과 문화적 특징이라고 이야기되어 왔다. 그러나 1990년대 탈근대·탈식민·페미니스트 이론의 영향 속에서, 보다 은유적이고 탈영토화된 디아스포라 해석이 출현한다. 이들에 따르면 디아스포라는 어떤 집단이나 장소에 결부된 문화적 본질이 아니라, 타자와의 상호작용이 불가피할 뿐 아니라 초국적으로 확대되는 '제3의 공간'으로 인식된다(Knott and McLoughlin 2010, 10-11).

아브타 브라는 에이드리언 리치의 '위치의 정치학' 개념을 원용하여 주체의 여러 위치들이 병치되고, 경합하고, 표명되고, 부인되는 장소로서 '디아스포라 공간'을 논하였다. 리치는 "지도상의 한 장소가 또한 역사상의 한 지점이며, 그 안에서 여성, 유대인, 레즈비언, 페미니스트로서 내가 만들어진다."라고 썼다. 리치에게 있어 정체성은 유동적이고 모순적으로 경험되며, 다양한 담론에 의해 구성되고 봉합된 것이다(박오복 2015, 3-4). 마찬가지로 디아스포라 공간은 젠더, 민족, 계급, 이념 등 주체의 위치가 교차하면서, 포용과 배제, 소속감과 타자성, '우리'와 '그들'의 경계가 다투어지는 곳이며, 이주자와 토박이라는 차이의 대당이 여러 종류의 권력 관계 속에서 재구성되는 곳이다(Brah 2005, 205).

냉전기 중앙아시아는 스탈린의 강제이주 정책으로 다양한 소수 민족들이 공존하던 디아스포라 공간이다. 1950년대 말 소련으로 망명한 북한 유학생들은 인종적으로는 고려인으로 '패싱'되고, 문화적으로 고려인 공동체에 참여하면서, 사회적으로 소련의 카자흐스탄 공민으로 살아간다. 그러나 탈냉전 지도에서 소련이 사라지면서 중앙아시아 디아스포라 공간에서는 '소련인', '카자흐스탄인', '한인'의 경계와 위계가 균열을 일으키고 재구성되며, 분단된 조국을 가진 북한 디아스포라인들의 정체성 고민은 심화된다. 이하에서는 이 문제를 김소영의 다큐멘터리, 최국인의 영화, 한대용의 문학 작품, 이회성의 소설을 통해 살펴보기로 한다.

3. 무국적자들의 디아스포라 기억을 아카이빙하기

「굿바이 마이 러브NK」는 다음과 같이 시작한다. 첫 장면. 눈 덮인 설원 저 멀리 꼭대기에 나무 헛간이 한 채 덩그러니 있다. 다음 장면. 태양이 지고 있는 허허벌판에 간신히 실루엣만 보이는 두 사람이 서

있다. 자세히 보면 한 사람은 카메라 렌즈를 들여다보며 촬영을 하는 중이고, 다른 한 사람은 그 옆을 지키고 있다. 와이드 앵글과 익스트림 롱쇼트로 찍은 이 장면들은 앞으로 펼쳐질 이야기가 역사의 머나먼 풍경 속에서, 까마득히 작은 점처럼 보이는 인간을 담아낼 예정임을 암시하는 듯하다. 이러한 도입부는 냉전사학자 존 루이스 개디스가 역사의식에 대한 은유로 사용한 그림, 카스파르 다비드 프리드리히의 1818년작 「안개바다 위의 방랑자」를 떠올리게 한다. 이 그림은 "풍경에 대한 지배와 그 안에 있는 개인의 하찮음"을 동시에 보여준다. 짙은 안개에 휩싸인 봉우리에 서서 먼 곳을 내다보는 그림 속 인물처럼, 역사가는 현재와 미래로부터 등을 돌린 채, 잡힐 것 같지만 결코 잡히지 않는 과거의 사실들을 구조와 개념으로 추상화해서 인식한다(개디스 2004, 15-17).

「굿바이 마이 러브NK」의 첫 장면에 등장하는 두 인물은, 화면의 구도상 훨씬 원경에 배치되어 있어서 풍경의 지배자라기보다는 풍경의 일부이다. 풍경의 지배자는 카메라이다. 혹은 이미지를 바라보는 관객이다. 카메라가 조금씩 그들에게 가까이 가지만, 여전히 너무 멀어서 관객에게 저 풍경 속 인물의 고유한 생김새는 드러나지 않는다. 그러나 멀리 있음에도 알 수 있는 사실은, 프리드리히의 방랑자, 즉 은유로서의 역사가와 달리 김소영의 인물들은 등을 돌리고 있지 않다. 풍경의 일부로서, 관객들을 향하여 몸을 연 채로, 그들은 영화를 만들고 있다. 이 장면은, 압도적 풍경과 대비되는 인간의 왜소함, 그럼에도 그 스스로 뭔가를 카메라에 담고 있는 인물을 관객의 시선이가 닿는 소실점에 배치함으로써, 역사와 기억, 재현의 관계를 생각하게 만든다. 실제로는 제작진 두 명을 담고 있는 도입부 장면은, 이 영화를 만든 사람들과 영화의 대상을 겹쳐 보게 만든다. 그리하여 한국전쟁 뒤 북한의 재건과 사회주의 예술 발전에 공헌하려고 소련에 갔던 유학생들이, 그리고 오늘날 남한의 영화 제작진이 카자흐스탄에서 영화를 찍게 된 사태를 하나의 질문으로 관객에게 내놓는다.

김소영 감독은 「거류」(2000)에서부터 이주가 일상화된 근대적 삶에서 여성이 경험하는 "위치 지워진 정체성(situated identities)"(Brah 2005, 1)에 대한 탐색을 계속해 왔다. 영화 속 돌아가신 할머니의 삶의 궤적을 더듬으며, 감독은 할머니와 아버지의 고향인 고성을 찾아간다. 할머니는 종가의 큰 딸이자 아내이자 어머니로 기억되며, 그 존재가 "가족의 장소/세대의 장소"(아스만 2003, 394)를 매개로 삼아 흔적으로만 발견된다. 집과 가족에 매여 살면서도 그 안에서 타자로 남는 여성됨에 대한 감독의 질문은, 할머니가 젊은 시절을 보낸 서부 경남 일대에 살고 있는 다양한 여성들의 이야기를 듣는 작업으로 이어진다. 자신의 집에서 이방인이 되는 사람들이라는 문제의식은 망명 삼부작 「눈의 마음: 슬픔이 우리를 데려가는 곳」(2014), 「고려 아리랑: 천산의 디바」(2016), 「굿바이 마이러브NK: 붉은 청춘」(2017)에 이르러 민족의 역사에서 소외된 사람들과 그들의 기억이 머무는 장소에 대한 관심으로 확대된다.

김소영의 영화에서 기억하기는 사랑하는 대상의 상실 이후를 살아가는 자의 애도의 윤리와 직결된다. 망명 삼부작의 첫 번째 「눈의 마음」에서 감독은 카자흐스탄 천산에서 노제를 지내는데, 이는 영화를 만들기 전 돌아가신 아버지, 그리고 냉전기 잃어버렸던/잊어버렸던 민족의 타자, 구소련 고려인들을 겹쳐 추모하는 몸짓으로 해석된다. 망명 삼부작은 1937년 강제이주 당한 고려인들이 흩어져 살았던 우즈베키스탄, 투르크메니스탄, 키르키즈스탄, 카자흐스탄에서부터 소련 해체 후 한국으로 이주한 고려인 3,4세 노동자들이 모여 사는 안산에 이르기까지, 우슈토베 정착 기념비, 고려극장, 카자흐 필름 아카이브, 다문화광장, 한글학교 등 고려인 기억의 장소를 찾아가는데, 이는 또한 '나/한국인은 누구이며, 어디에 있는가?'를 되묻는 여정이기도 하다.

카자흐스탄 고려인 2세 감독 송 라브렌티는 영화 「고려사람」(1992)에서 고려말을 유창하게 구사하는 우슈토베의 다양한 비(非)고려인 소수민족들을 인상적으로 담아낸 바 있다. 김소영의 영화 「눈의 마음」과 「고려 아리랑」은 고려말을 전혀 모르는 고려인 3,4세들과, 이들 중 일부가 남한의 노동시장에 유입되면서 경제적 필요에 의해 '한국어'를 배우는 모습을 역으로 보여준다. 망명 삼부작에는 차를 타고 어디론가 가면서 창밖으로 흘러가는 풍경이 바뀌는 이동의 이미지가 반복해서 출현한다. 송 라브렌티와 김소영의 영화들은 이주와 이민이 불가피한 시대에 언어와 혈통, 땅에서 민족 문화의 고정된 본질을 발견하려는 시도가 헛된 것임을 폭로한다. 그 대신 생활을 통해 전수되고 각 세대에 의해 재창조되는 몸에 붙은 습속이자 '삶의 예술'로서의 음식과 제사, 노래와 춤에 주목한다. 고려인 공화국이 없었던 소비에트에서 고려극장이 "탈영토적 문화주권 생성 장치"였으며, 고려인들이 강제이주의 일방적 희생자가 아니라, 중앙아시아에서 다민족 하위주체의 수평적 결연("하위주체의 세계성")을 만들어낸 역사적 행위자들이었다고 본 감독의 성찰 또한 여기에서 비롯된다(김소영 2018, 159).

김소영은 국민사와 냉전사에서 기억되지 않은 이야기들을 복원하려 하고, 다른 한편으로는 오늘날 탈냉전 자본주의적 세계화를 상대화할 수 있는 참조점을 발견하고자 한다. 그는 고려인 2세의 영화와 문학 작품 속에서 제국과 국가의 망각정치에 길항하여 펼쳐지는 고려

사람의 기억정치를 읽어낸다(김소영 2018, 171). 이러한 문제의식에서 생존자들의 구술을 영상으로 기록하고, 고려인들의 노래, 문학, 영화 작업들을 발굴함으로써 디아스포라 아카이브를 만들어 가고 있다. 여기에는 아카이브를 인식론적 투쟁의 장소로 보고, 피지배 계급과 하위주체들의 존재를 지우는 식민주의 아카이브의 기록체계에 대항하여, 역사의 흔적과 파편으로부터 대안적 아카이브를 생성하려는 기획이 엿보인다. 그런 의미에서 망명 삼부작은 그 자체로 하나의 탈식민 아카이빙(스피박 외 2016, 31) 작업이라고 해석 가능하다.

「굿바이 마이 러브NK: 붉은 청춘」이라는 타이틀이 나온 뒤, 영화는 "한국 전쟁 중, 북한에서 모스크바로 유학을 떠난 8명의 청년들이 있다. 모스크바 국립영화대학에서 공부하던 이들은 1956년 북한에서 종파사건이 일어난 후 김일성 체제를 비판하고 1958년 소련으로 망명한다. 이들은 스스로를 모스크바 8진이라 부르고, 유라시아 대륙으로 흩어진다."는 자막으로 시작한다. 영화의 역사적 배경은 이 세 문장으로 요약되며, 남한의 어느 역사책에서 이야기는 여기서 끝날 수도 있다. 이어지는 다음 장면에서 우리는 어느 나이든 남자의 얼굴을 보게 된다. 카메라 포커스가 원경에 맞춰진 클로즈업 때문에 그의 얼굴은 처음엔 흐릿하게 보이다가, 카메라가 물러서면서 점차 또렷해진다. 화면은 한 동안 그가 홀로 걷는 모습을 비추다가 그가 8진 중 1인인 촬영감독 김종훈임을 알리는 자막이 뜨고, 그의 목소리로 자신이 한국전쟁에 인민군으로 참전했다가 소련 유학을 오게 된 경위를 설명한다.

이 영화는 1952년에서 54년 사이 소련으로 국비유학을 떠났다가 망명한 8명의 북한유학생들 가운데 6명이 이미 사망했고, 2명 가운데 최국인은 영화를 찍던 도중(2015년) 사망한 상황에서 만들어졌다. 영화는 이들의 삶을 재구성하기 위해 생존자 김종훈, 최국인, 지나이다 이바노브나(한대용의 부인)와의 인터뷰, 역사적 배경에 대한 설명과 주석을 담은 자막, 기록영상, 감독 자신의 보이스오버, 개인적·역사적 사진과 편지들, 8진이 창작한 영화, 연극, 소설을 다양하게 사용하고 있다. 이러한 '구체성의 미학'과 다양한 영화언어들 안에서, 김소영의 영화는 이들의 망명과 망명 이후 삶의 의미에 관한 다층적 텍스트의 가능성을 드러낸다(김지혜 1997). 영화의 중심인물인 작가 한대용, 영화감독 최국인, 카메라맨 김종훈이 카자흐스탄 알마티에 정착했다는 점에서, 또 여기에서 1937년 강제이주를 당한 고려인들을 만나 고려인 2세대 문예 운동에 참여하고, 카자흐, 몽골 등 다른 소수민족들과 함께 살아가며 그들에 관한 역사 영화와 다큐멘터리를 창작했다는 점에서, 이 영화는 한국전쟁기와 포스트스탈린 시대 북한 디아스포라에 대한 기록인 동시에, 다양한 역사적 연원을 가지는 소련의 한인들에 대한 민족지적인 성격도 가지고 있다. 특히 스탈린의 소수민족 추방 정책과 흐루쇼프의 정치적 망명자들에 대한 관용 정책의 결과, 카자흐스탄이라는 소련의 변방에서, 민족적 동일성으로도 국민적 통합성으로도 소구되지 않는 차이의 공존이 생겨났다는 점은 매우 흥미롭다.

남한의 공식 역사 서사에서 해방 이후 한반도 남쪽으로의 귀환은 가시화되는 반면, 북한으로의 이주(한국전쟁기의 '월북', 1950년대말 재일교포 북송 등), 그리고 북한에 존재했던 이동성은 잘 다루어지지 않는다. 특히 한국전쟁 전후 북한이 소련, 중국, 동독, 폴란드, 헝가리 등에 전쟁고아와 유학생들을 대규모 파견했던 사실은 최근까지 거의 알려진 바가 없었다.[2] 이러한 재현의 비대칭성은 사회적 기억과 망각의

---

2 1952년에서 54년까지 8진이 모스크바에 영화 유학을 가게 된 배후에는 한국전쟁 이

기제로 작동하면서, "공산 진영의 감금 대 자유 진영의 이동성이라
는 냉전기 트랜스퍼시픽 반공주의 수사"(안드레 슈미드 2019, 169)를 재
생산해 왔다. 이 잊혀진 북한의 디아스포라는, 비슷한 시기에 미국과
캐나다로 건너간 남한의 전쟁고아, 미군 신부, 혼혈아, 입양아, 유학
생들과 함께 한민족 디아스포라의 세 번째 흐름을 완성한다.[3] 이러한
시야의 확장은 탈식민 냉전 국가로서 남북한이 지닌 공통점을 보게
만든다.

구한말과 일제강점기부터 해방과 내전, 냉전기에 이르는 한인들의
이산의 역사는 코헨이 개념화한 희생자 디아스포라, 제국주의적 디아
스포라, 노동 디아스포라의 성격을 복합적으로 가진다. 이는 구소련

후 북한의 재건을 도우려는 사회주의 국가들의 조직적 원조가 존재했다. 여기에는
기술자와 학자를 북한에 파견하고, 북한 학생들을 유학시키는 교육 원조도 포함되
어 있었다. 이와 관련된 연구로는 Charles K. Armstrong, "Fraternal Socialism': The
International Reconstruction of North Korea, 1953–62", *Cold War History*, Vol.5
No.2, Routledge, 2005; 정근식 · 김윤애 · 임수진, 「북한에서 소련형 대학 모델의
이식과 희석화」, 『아시아리뷰』 제7권 1호(통권 제13호), 서울대학교 아시아연구소,
2017; 루자 카타린(Ruzsa Katalin), 「냉전초기 사회주의 진영 내부의 우의정치: 한
국전쟁 전후 헝가리로 간 북한의 전쟁고아와 장학생을 중심으로」, 성균관대학교 석
사학위논문, 2017; 홍인택, "North Korean selves in the war orphans' transnational
epistolary space : on their experiences and representations of collective selfhood, 1953
– 1962", 서강대학교 석사학위논문, 2019; 권금상, 「북한의 전쟁고아 정책과 실천에
관한 연구 : 한국전쟁과 재건 시기 『로동신문』 분석을 중심으로」, 『통일인문학』 제80
집, 건국대학교 인문학연구원, 2019.

3   윤인진은 코리안 디아스포라를 크게 다음 네시기로 구분했다. 첫째, 1860년대부터
1910년까지 구한말 농민, 노동자들의 중국, 러시아, 하와이로의 경제유민 형태의 이
주. 둘째, 1910년부터 1945년까지 일본 제국주의 정책의 직간접적 결과로서 일본, 중
국, 만주, 러시아, 미국 등으로의 이주. 노동자와 농민, 정치적 난민과 독립운동가들,
만주 집단이주와 강제징용을 포괄함. 셋째, 1945년부터 남한정부가 최초의 이민정책
을 수립한 1962년까지 한국전쟁에 기인한 대규모 이민. 넷째, 1962년부터 현재까지
의 이민. 윤인진, 「코리안 디아스포라: 재외한인의 이주, 적응, 정체성」, 『한국사회학
회 사회학대회 논문집』, 한국사회학회, 2003, 126–127쪽.

고려인들의 역사적 중층성과 복합성에 오롯이 새겨져 있다.[4] 이 가운데 영화가 다루고 있는 인물들은 한국전쟁을 겪은 북한 출신 망명자라는 특수성을 가진다. 영화는 독재와 강제이주를 북한 출신 망명자들과 고려인들의 공통 경험으로 제시한다. 지나이다 이바노브나는 인터뷰에서 한대용이 "김일성은 스탈린과 다름없다"고 생각했다고 말한다. 또한 모스크바 국립영화학교를 졸업한 8진은 소련 당국의 명령에 따라 시베리아와 북극해와 중앙아시아로 흩어지게 되는데, 이 때 영화는 이들의 이동 경로를 화살표로 표시한 지도 뒤로, 스탈린의 흐릿한 영상을 오버랩시킨다. 흐루시초프 시대 소련의 망명자 정책을 스탈린의 소수민족 추방령에 비유하고 있는 셈이다.

영화는 「그 고장 이름은?」이라는 한대용의 단편에서 다음 대목을 인용하면서 시작하고 끝난다.

> "모든 일에 시작과 마지막이 중요하듯 사람도 마찬가지일 게야.
> 죽는 일도 중요한 일이지. 사람이 태어난 곳은 고향이라는데 사람이
> 묻히는 땅은 뭐라고 하느냐? 거기에도 이름이 있어야 할 거야. 고향
> 이란 말에 못지않게 정다운 말이 있어야 할 거야"

「굿바이 마이 러브NK」가 민족주의에 균열을 일으키는 지점은, 이

---

4 윤인진에 따르면, 52만 구소련 고려사람은 약 80% '대륙의 고려사람'(1860년대 중반부터 연해주로 이주한 사람들과 자손들), 10% '사할린 고려사람'(1938년 일제에 의해 사할린에 강제징용되었다가, 1945년 소련의 출국금지로 소련국민이 된 사람들과 후손들), 10% '북한 출신 고려사람'(1945년 이후 북한을 이탈하여 소련국민이 된 사람들과 후예들)으로 구성된다. 윤인진, 『코리안 디아스포라』, 서울: 고려대학교 출판부, 2005, 87-148쪽; 정은경, 「국민과 비국민 사이: 이회성의 작품에 나타난 20세기 코리안 디아스포라 루트와 내러티브」, 『어문론집』 제45집, 중앙어문학회, 2010, 68쪽에서 재인용.

처럼 '태어난 땅'이 아닌 '묻히는 땅', 영토와 국민으로 환원되지 않는 고향의 이름을 묻는 대목이다. 여기에는 '귀향'과는 반대 방향으로의 이동성이 전제되어 있다. 아브타 브라는 고정된 기원이나 특정 장소로서의 '고향'이 아닌 '고향을 바라는 마음(a homing desire)'을 디아스포라 개념의 핵심으로 제시한다. 디아스포라 주체에게 고향은 분절적으로 경험된다. 한편으로 고향은 디아스포라적 상상력 속에서 욕망의 대상으로만 존재하는 신화적 장소이면서, 다른 한편으로는 온갖 감각으로 경험되고 기억되는 생활의 장소이기도 하다. 디아스포라 주체에게 어떤 장소가 고향이 되거나 되지 못하는 것은 포함과 배제의 개인적인 경험과 밀접하게 관련되며, 사회적 소속을 둘러싼 투쟁의 문제일 수밖에 없다(Brah 2005, 188-189). 「굿바이 마이 러브NK」에서 인용된 「그 고장 이름은?」의 대목은, 바로 이 정처 없지만 정처를 원하고, 머물면서도 완전히 속하지 못하는 디아스포라 정체성의 곤경을 예리하게 짚어내고 있다.

영화는 이들의 고향을 바라는 마음이 식민지와 내전, 독재, 사회주의 일상 속에서 어떻게 구성되고 좌절되는지 보여준다. 김종훈은 한국전쟁 때 폭격으로 어머니와 집을 잃었으며, 덕분에 소련으로 쉽게 떠나올 수 있었다고 회고한다. 그에게 북한은 더 이상 애착의 대상이 되지 않는다. 인터뷰에서 고백했듯, 그는 "춘하추동 사계절이 분명하며" "고려인들이 김치도 팔고 두부도 팔고 된장도 파는" 카자흐스탄의 수도 알마티에서 새로운 집을 발견한다. 지나이다 이바노브나와의 인터뷰는 남편 한대용의 사진과 원고, 편지들을 소중하게 간직하고 있는 집에서 이루어진다. 지나이다는 한대용과의 연애와 결혼, 장남 안드레이의 출생을 애정을 담아 묘사한다. 그러나 동시에, 고향에 돌아가지 못하는 사람이자 여권대신 국적부재라 쓰여 있는 서류를 들고 있었던 사람, 혼인신고를 하려고 했을 때 고려인이라는 이유로 민족차별을 당했던 사람으로 한대용을 기억한다. 김종훈의 증언에 따르면, 유명 작가이자 김일성의 최측근인 한태천을 부친으로 둔 한대용은 망명의 선택을 놓고 심리적 갈등을 많이 겪었다. 영화에서는 망명 이후에도 북한으로의 귀국을 탄원하고 종용하는 아버지와 어머니의 편지가 계속 비추어진다. 최국인이 그리움을 담아 회고하는 장소는 그가 태어난 남한도, 북한도 아닌 만주다. 그는 식민지 시절 부모를 따라 만주 연길로 이주하여 연안파 조선의용군으로 투쟁했던 인물이다. 그에게 북한은 함께 싸웠던 연안파 혁명가들과 가족이 몰살당한 곳이며, 자신의 부모가 죽어서 묻히지도 못한, 떠올릴수록 고통스러운 회한의 땅이다.

「눈의 마음」과 「고려 아리랑」을 관통하는 쾌활한 생명력과는 대조적으로, 「굿바이 마이 러브NK」에는 비애가 짙게 깔려 있다. 이들 망명 남성 예술가들에게서는 고향 상실이 새로운 자리잡기로 이어지는 "고향의 치환"(김소영 2015, 86)보다는 디아스포라 주체의 불안정성이 강렬하게 느껴진다. 영화에서는 김종훈과 최국인이 망명 이후 새롭게 꾸린 가족이 전혀 드러나지 않는다. 대신 훼손된 민족을 대체하는 듯한 8진끼리의 형제애적이고 동지적인 결속이 두드러진다. 이들 디아스포라 정체성에서는 창작 활동을 하는 것, 특히 우리말로 하는 것이 매우 중요하게 다루어진다. 지나이다 이바노브나의 회고에 따르면, 한대용은 졸업 후 처음 발령 받았던 바르나울 방송국 촬영기사 일을 그만두고, 옛 선생 정상진의 주선으로 카자흐스탄 크즐오르다에서 소련 유일의 고려어 신문인 「레닌기치」 신문에서 문예지 담당자로 일하게 된다. 그는 1962년 레닌기치에 단편소설을 발표하며 작가로 활동을 시작, 우리말 소설을 활발히 발표하고, 1964년 「의붓어머니」라는 희곡을 쓰면서 고려극장의 문학부 부장을 맡아 고려인 2세대 문예 부흥에 온 힘을 쏟아 붓는다. 지나이다 이바노브나는 고려인 젊은 세대들이 모국어를 점점 잊어버리는 것이 한대용의 '아픔'이었다고 증언한다.

영화에 등장하는 마지막 인터뷰에서 최국인은 자신이 카자흐스탄 공훈감독도 되고 국가상도 받았지만, 카자흐 민족이 아닌 자기 민족을 위해서 영화를 만들지 못했기 때문에 자신의 일생이 비참했다고 결론짓는다. 최국인이 토로하는 강렬한 비애는, 비록 그가 비록 소련 공민증을 취득했지만, 국적이 그의 소속감으로 이어지지 않았음을 시사한다.[5] 그 이유는 무엇인가?

4. 보이는 것과 보이지 않는 것, 재현의 공백과 침묵을 읽기

「굿바이 마이 러브NK」에서는 망명사건의 핵심 주동자인 허웅배의 이야기가 거의 다루어지지 않는다. 해방과 한국전쟁 이후 소련의 대북 영향력, 조선노동당 내부 김일성계와 소련계, 연안계 사이 권력투쟁, 1957년 10월 아버지의 지인이자 연안파 핵심인사 이상조가 모스크바 주재 북한대사에서 파직되자(Lankov and Selivanov 2019, 246, 248) 허웅배가 느꼈을 개인적 위기감(김병학 2011, 708-711) 등의 배후 설명 또한 생략되어 있다. 지나이다 이바노브나의 증언으로 알 수 있듯

---

5 8진은 망명 이후 오랫동안 거주 이동의 자유를 매우 제한받았다. 녹색 거주증만 가진 무국적자는 내무부의 허락 없이 거주하는 도시 밖으로 나갈 수 없었다. 영화에는 드러나지 않지만, 허웅배와 최선옥 부부는 가장 먼저 소련공민증을 취득하였다. 반면, 오랫동안 망설이던 한진은 1976년, 최국인은 1978년에 공민증을 취득했다. 리경진은 끝까지 무국적자로 남았다. 김병학, 「한진의 생애와 작품세계」, 『한진전집』, 서울: 인터북스, 2011, 753-754쪽.

이, 다른 모든 인물들이 중앙아시아와 시베리아로 유배되다시피 흩어진 가운데, 허웅배는 모스크바에 살았다. 한대용이 아팠을 때, 허웅배와 그의 아내 최선옥은 인맥을 이용해서 종양학자들을 찾아주고 병원에 입원시켜 수술을 받게 해 주었다. 허웅배가 소련 사회에서 얼마나 영향력 있는 인물이었는지 짐작케 하는 대목이다. 또한 허웅배는 1980년대 후반 소련 당국의 묵인 하에 이상조 등 북한의 고위층 망명자들을 인터뷰해서 임은이라는 가명으로 『북조선성립비사』라는 책을 일본에서 내기도 했다(Lankov and Selivanov 2019, 249).

영화의 말미에 고려인 화가 문 빅토르가 그린 8진의 초상화 한가운데에는 허웅배의 초상화가 놓여있다. 초상화에는 이들의 일생을 상징하는 듯한 물건이 함께 그려져 있다. 허웅배에게는 사회주의 혁명과 소비에트 공산당의 상징인 낫과 망치가, 최국인에게는 필름과 릴이 함께 한다. 영화가 선택한 주인공은 허웅배가 아닌 최국인의 삶이다. 여기에는 최국인과 김종훈이 인터뷰 가능한 유일한 생존자였다는 다큐멘터리 장르적 제약이 작용했을 것이다. 더불어 문화적 기억을 통해 민족국가 중심 역사서술을 탈정치적으로 해체하려는 감독의 의지가 엿보인다.

「굿바이 마이 러브NK」는 디아스포라인의 문화적 실천을 매개로 삼아 디아스포라 주체에 접근한다.[6] 냉전기 소련으로 망명, 카자흐스탄 공민이자 고려인 공동체의 일원으로 살아간 탈북 망명인들의 경험은

---

6 "그래서 영화의 마지막에 보면 〈용의 해〉가 나오고 우리가 바로 그 장면을 다시 찍잖아요. 재현의 현시라고 할까. 레프레젠테이션representation을 우리가 프레젠테이션presentation 하는 느낌. 전에는 굉장히 조심스러운 눈으로 봤다고 한다면 지금은 최국인 감독의 영화라는 프리즘으로 그 풍경을 프레젠테이션 하는 거죠." 정한석, 「뿌리깊은 방랑자를 찾아: 〈굿바이 마이 러브NK: 붉은 청춘〉 김소영」, 2019.5.16. 인터뷰. [http://reversemedia.co.kr/article/174] 2020.3.26. 검색완료.

제국과 국가, 민족의 역사로는 '말할 수 없다'. 하위주체로서 그들의 존재는 공식 역사에서 지워질 뿐 아니라, 김일성 독재의 희생자, 흐루시초프 시대 소련 관용정책의 수혜자, 중앙아시아 소수민족 고려인으로 대상화되어 동질적으로 서술된다. 영화는 "하위주체의 자기 역사 쓰기"(김정한 2011, 280)인 구술사와 예술사를 방법론으로 삼아 이 문제를 우회하려고 한다. 그러나 인식론적 폭력이 단순히 하위주체들의 기록을 복원하거나, 대안적 재현으로 극복되는 것은 아니다. 하위주체가 말할 수 없다는 것은 물리적 침묵이라기보다는, 그들의 발화 행위가 지배적인 담론과 재현의 체계 안에서 이루어질 수밖에 없으며, 그런 면에서 온전히 인식되지 못한다는 뜻이기 때문이다.[7]

최국인의 인터뷰와 그것을 배치하는 방식은, 이 영화가, 소련 당국이 북한 망명자들을 탈정치화시키고 일국 사회주의 문화전략에 따라 이용하는 방식을 충분히 의식하고 있음을 보여준다. 인터뷰에서 최국인은 자신이 감독한 「용의 해」가 중소갈등의 국면에서 소련공산당 지시로 만들어진 위구르 민족주의 선전 영화임을 말한다. 그리고 자신이 조선 사람이지만 열일곱 살부터 12년 동안 중국에도 살았고 카자흐스탄에도 살기 때문에 이 영화를 만들 수 있었다고 말한다. 또 다른 작품 「쇼칸 발리하노프」에 대해, 최국인은 이 영화의 주인공이 러시아 말에 통달해서 러시아 짜르를 도왔던 몽고족 출신 카자흐스탄인이었다고 설명하는데, 이 대목에서 카자흐스탄 국가 영화에 고려인으로

---

7 김정한, 「서발턴 개념의 한계와 연구 전략」, 경희대학교 대학원보 205호, 2015년 3월 2일. "김종훈 감독님은 한국의 우파 매체에서 계속 인터뷰를 해서 자신의 레퍼토리가 완벽하게 있어요. 우리가 관심을 갖고 있는 게 당신이 얘기하는 김일성 체제에 대한 비판만이 아니라, 영화인으로서, 사회주의자로서의 당신의 모습이라는 걸 한 3년 걸려서 겨우 전할 수 있었죠." 김소영, 위의 인터뷰.

출현했던 최국인의 얼굴이 겹쳐진다. 최국인은 계속해서 러시아 민족을 중심으로 대국가를 만드는 것이 소비에트 사회주의 국가이며, 가맹공화국에서는 러시아 민족과 친선을 도모하는 영화를 의무적으로 일 년에 한편씩 만들어야 한다고 말한다.

2013년에 진행된 이 인터뷰에서 최국인은 소련 국가사회주의를 민족간 위계가 존재했던 대(大)러시아주의 사회주의 제국으로 비판한다. 소련의 문화정책에 대한 이러한 상대화된 인식은 소련이 해체되고 카자흐스탄 연방 공화국이 카자흐 민족국가로 탈바꿈하면서 가능해진 측면이 있다. 그러나 영화에서는 1990년대 소련의 붕괴와 냉전의 종식이 8진의 삶과 내면에 가져왔을 변화가 드러나지 않는다. 「굿바이 마이 러브NK」에서는 탈냉전이 가져온 디아스포라 주체의 위치성 변화가 읽히지 않는다. 이러한 '재현의 공백'이라는 영화적 장치가 지닌 미학적 의미와 정치적 효과의 관계"(오혜진 2013, 312)는 무엇인가? 그리고 "북한을 하나의 담론적 구성물이자 남한사회의 자기 반영으로 조명"(임유경 2019, 14)할 때 이 영화는 북한에 대한, 그리하여 남한사회에 대한 어떤 상상력을 드러내고 있는가?

같은 인터뷰에서 최국인은 자신이 "돌아간다면, 한국으로 북한으로 돌아갔다면" 한대용의 졸업작품 「삼팔선」 시나리오를 영화로 만들려고 했다고 말한다. 그가 구사한 문장은 분열적이다. 돌아가는 일은 미래 시제이기도 하고, 과거 시제이기도 하다. 돌아갈 장소는 한국이기도 하고 북한이기도 하다. 식민지에서 태어나 중국 공산당과 함께 항일 운동을 하다가 인민군으로 한국전쟁에 참전, 민족국가 형성기에 한반도를 떠난 최국인은 '네이션'을 경험해 보지 못한 사람이다. 그는 신화적 장소로서 '민족'을 사랑하지만, 그러한 사랑이 귀속될 장소는 없다. 김일성 독재로 변질된 북한에도, 고려인 공화국이 없는 소련에도, 분단된 한반도의 남쪽에도 그가 돌아갈 곳은 없다. 귀향의 시제와 장소가 분열되어 있는 최국인의 프로이트적 실언은 남한 감독이 카자흐스탄에서 북한 망명자를 만날 수 있게 된 2013년에 분단 디아스포라 주체의 '고향을 바라는 마음'은 여전히 지연되며, 더욱 모순적으로 경험되고 있음을 보여준다. 따라서 8진의 구술과 작품을 채록하는 대안적 아카이빙만으로는 충분하지 않다. 이들의 발언을 해석하여, 구체적 시공간에서 '사건'으로 나타나는, 지배 담론에 종속될 수 없는 이들만의 독특성, 차이를 재현하는 작업이 필요해진다. 여기에서 이 영화에는 감추어져 있는 탈냉전이라는 시간성에 주목한다.

한대용이 「그 고장 이름은」을 쓴 것은 1988년이다. 이 소설은 1990년 종합작품집 『오늘의 빛』에 실렸다가, 1991년 「고려일보」에 다시 게재된다. 소설은 러시아어 선생인 까쮸샤가 알마티에 혼자 사는 어머니가 위독하다는 전보를 받으면서 시작된다. 어머니에게는 까쮸샤 위로, 강제이주 기차에서 앓아 죽은 1937년생 딸과 대조국전쟁이 시작되던 1941년 태어나 전쟁이 끝난 이듬해 성홍열로 죽은 아들이 있었다. "모든 일에 시작과 마지막이 중요하듯 사람도 마찬가지일 게야. 죽는 일도 중요한 일이지. 사람이 태어난 곳은 고향이라는데 사람이 묻히는 땅은 뭐라고 하느냐? 거기에도 이름이 있어야 할 거야. 고향이란 말에 못지않게 정다운 말이 있어야 할 거야."라는 영화의 인용구는, 죽음을 앞둔 어머니가 까쮸샤에게 러시아어로 건네는 말이다.

"그 고장 이름은? 아무리 궁리를 해봐도 적당한 말이 떠오르지 않았다. 아마 그런 말은 세상에 있는 것 같지 않았다."

까쮸샤는 고향의 반어어인 타향을 떠올려 보기도 하고, 여러 가지 이유로 고향을 떠나는 것이 불가피해진 요즘 세상의 상황을 생각하지만, 끝내 어머니의 물음에 대한 대답은 찾지 못한다. 게다가 어머니는 돌아가시던 날 생전 쓰지 않던 조선말로, "그 고장 이름은…?"이라는 신음소리 같은 고함소리를 지르고 돌아가신다. 죽음이 임박한 어머니는 처음에는 러시아어로, 두 번째는 조선말로 '그 고장의 이름'을 묻는다. 딸은 러시아어로도, 조선말로도 자신과 어머니의 처지를 이를 마땅한 말을 찾지 못한다. 여기에서 어머니는 네이션의 은유로 읽힌다. 죽음을 앞둔 어머니가 딸이 알아듣지도 못하는 조선어로 그 고장의 이름을 묻는 상황은, 소련이 망하게 되자, 남북한이 경쟁적으로 카자흐스탄 고려인들을 자국민으로 포섭하고 나선 상황을 빗대고 있다. 그런데 러시아어로도, 조선어로도 그 고장의 정다운 이름이 끝내 꾸려지지 않는다는 것은, 북한 출신 고려인의 디아스포라적 정처없음은 탈냉전으로도 해결되지 않으며, 오히려 더 심화됨을 암시한다.

영화에서 지나이다 이바노브나는 고려인들이 모국어를 반드시 알아야 한다는 것이 한대용의 신념이었다고 증언한다. 그러나 '모국어'라고 번역된 그것은 조선어인가? 고려어인가? 한국어인가? 한대용이 작품활동을 한 주요 지면인 재소고려인 신문 「레닌기치」는 1980년대 말 소련 붕괴와 더불어 제호를 「고려일보」로 바꾸게 된다. 1991년 1월 고려일보 첫 호에 기고한 글에서, 한대용은 다음과 같이 썼다.

"쏘련에서도, 중국에서도, 일본에서도 또 조국 본토에서도 우리말로 쓰지 않은 작품이 조선-한국문학이냐 아니냐 하는 론쟁이 많이 벌어졌고 또 벌어지고 있다. 그러나 지금 우리가 처한 립장에서 볼 때 아직은 우리 고려작가들이 고려인들의 생활을 묘사한 작품은 범민족문학권에 포괄하는 것이 선책이라고 생각한다. 될 수 있는 대

로 이 진공시기가 짧고 하루빨리 우리말문학이 부흥되기를 바랄 뿐
이다."(김병학 2011, 679)

소련이 해체되고 카자흐스탄 공화국이 독립하게 되는 1991년 초
에, 그는 러시아어로 쓴 고려인 문학이 '조선-한국문학'이냐고 묻는
다. 한대용이 이러한 질문들을 던진 때는 정주국에서는 탈냉전이 되
었지만 모국에서는 냉전이 계속되고 있는 특정 시점이다. 1988년 남
한에서는 서울올림픽이 열렸고, 여기에 자극받아 북한은 1989년 평
양에서 세계청년학생축전을 성대하게 개최했다. 1990년에는 한국과
소련이 공식 수교하였고, 미소 냉전 종식이 선언되었다. 한대용은 '그
고장 이름'과 '비모국어 한인문학'의 의미를 물음으로써, 러시아어와
조선말 어느 쪽의 '국어'로도 포착되지 않는 디아스포라 주체의 경계
성을 말한다. 그 배후에는 국민국가 카자흐스탄의 소수민족이 된 고
려인들의 위치 변화, 중앙아시아와 남북한과의 관계 변화가 놓여 있
다. 미소간의 냉전이 끝나면서 남북한 정부는 각자 민족주의 정통성
을 주장하면서 해외 한인들을 경쟁적으로 포섭하였다. 이제 중앙아시
아라는 디아스포라 공간 속 이들 주체의 불안정한 위치성은, 분단된
조국의 남쪽과 북쪽, 사라져가는 소련이라는 사회주의 제국과 출현하
고 있는 카자흐스탄 국민국가의 사이에서 더욱 심화된다.
　한대용은 소련, 중국, 일본의 한인 디아스포라 문학을 '범민족문학'
이라고 부르자고 제안한다. 그러나 '범민족문학'은 남한 사회에서 종
종 나르시시즘적으로 전유된 타자의 형상으로서의 '재외동포문학'으
로 번역된다. 디아스포라 주체의 문화적 실천과 분단 체제 비판은 국
민국가 주체의 상상력 안에서 남한과 북한, 어느 한쪽으로 환원된다.
그 결과 「굿바이 마이 러브NK」는 자칫 망명과 이산을 경유하여 남한

사회에 너무나 익숙한 북한 체제 비판과 민족 수난 서사로 소비될 수 있다. 그리하여 마지막 인터뷰에서 최국인이 삼팔선과 김일성 독재, 자주독립, 민족의 단결성을 말할 때, "힘없는 민족의 주권과 영토 문제"를 언급하는 감독의 보이스 오버와 더불어, 우리는 먼 길을 돌아 제자리에 와 있는 듯한 기분이 든다.

이러한 불가능성 속에서 하나의 돌파구는, 그러므로 한민족 디아스포라 vs. 조국이라는 폐쇄적 이분법에서 벗어나, 디아스포라'들'을 통해 비로소 드러나는 조국의 모습을 탈중심적으로 사유하는 것이다. 박경환이 지적했듯, 디아스포라 주체가 보여주는 '불안정한 위치성'은 민족, 국가, 진영 등이 자연적이고 보편적인 범주가 아니라 지배 담론의 효과임을 폭로하면서, 역으로 정주민들의 삶과 역사를 낯설게 보도록 만든다(박경환 2007, 5-6). 이러한 문제의식에서 마지막 장에서는 재일 작가 이회성의 「유역」을 통해 디아스포라 기억의 다방향적 접속을 통한 새로운 역사 상상력의 가능성을 따져 보고자 한다.

5. 디아스포라 기억의 다방향적 접합과 비로소 보이는 것들

『유역(流域)』은 재일 조선인 작가 이회성이 1989년 8월, 소련작가동맹의 초청을 받아 중앙아시아 여러 나라를 방문했던 것을 계기로 쓴 르포 형식 소설이다. 1992년 4월 잡지 『군상(群像)』에 「유역으로(流域 ヘ)」라는 제목으로 최초 발표되었고 1992년 6월 강담사에서 단행본으로 출판되었다.[8] 소설의 시간인 1989년에 재일 소설가 춘수와 르포작

---

8 이후 수정을 거쳐 2010년 문고본이 나왔지만, 이 논문의 인용과 분석은 1992년 초출

가 강창호는 소련작가동맹의 초청으로 중앙아시아 고려인들을 만나 1937년 강제이주 사건('37년 문제')을 취재한다. 이때 북한출신 고려인 유진, 박진, 하진을 만나게 되고, 특히 유진은 통역으로 이들의 여행 내내 동반하게 된다. 소설에 등장하는 '삼진'은 8진 가운데 한대용(유진), 허웅배(박진), 리경진(하진)을 모델로 하고 있다고 추정된다(정은경 2010, 71; 양명심 2013, 226; 신인섭·김동현 2014, 341).

소설의 주인공 춘수의 가족사를 통해 우리는 '대륙 고려사람', '북한 고려사람'에 이어 구소련 고려인공동체의 또 다른 층위를 이루는 '사할린 고려사람'의 디아스포라 지류와 만나게 된다. 춘수의 아버지는 식민지 시절 일본 점령지 사할린에서 살다가 해방 후 소련 국가정치 보안부의 친일 부역자 색출 작업('일제 밀정 사냥')을 피해 일본으로 도망쳐온 인물로 그려진다. 이는 1935년 사할린 출생으로 1947년 사할린에서 탈출, 홋카이도에 정착한 이회성 일가의 자전적 이야기를 상당 부분 반영하고 있다. 소설은 재일의 정체성 고민을 중앙아시아라는 디아스포라 공간 속에서 상대화하고, 보편적으로 확장시켜 나간다.

「유역」에 대해서는 디아스포라의 관점에서 일정한 조망이 이루어져 왔다. 정은경은 춘수가 유라시아에서 발견한 것은 "탈장소성 보편성"에 가닿은 코리안 디아스포라의 혼성적 차이이며, 이회성이 구축하는 디아스포라 네트워크는 탈민족과 탈국가 네트워크라고 역설했다. 그는 20세기초 유라시아 한인 디아스포라의 비국민성을 하위주체의 표상으로 보고, 국민국가적 공공공간으로 회수되지 않는 중층적이고 혼성적인 디아스포라 공간이 '민족'이나 '국민'을 내파해 가리라 전망한

본의 한국어 번역본을 대상으로 한다. 이회성, 김석희 역, 『유역(流域)』, 서울: 한길사, 1992.

다(정은경 2010, 76-78). 신인섭과 김동현은 이 소설이 1989년 상황에서 1937년을 소환하여 "돌발적인 기억이 착종하면서 만들어내는 복합적인 디아스포라 이미지"를 통해서 정형화된 재일의 기억을 상대화하고 있다고 평가하였다(신인섭·김동현 2014, 331-333). 이 논문에서는 1937년 강제이주의 기억이 탈냉전 소련에서 어떻게 민족주의와 정체성 정치의 자원으로 동원되었는지, 그리고 이것이 이회성의 소설에서 어떻게 디아스포라 기억의 연대로 전유되는지 '다방향적 기억'(multidirectional memory) 개념을 원용하여 논구하고자 한다.

마이클 로스버그는 특정한 역사적 트라우마와 기억의 전거들이 원집단을 떠나 초국적으로 유영하는 오늘날의 상황을 '기억의 다방향성'이라고 개념화했다. 기억들은 서로를 참조하고, 초국적 기억의 틀 속에서 스스로의 기억을 재정의하고, 다른 집단들의 기억을 자신의 것으로 전유한다. 집단기억은 더 이상 각 집단의 정체성과 배타적으로 결합되지 않으며, 상이한 기억들이 상호참조적으로 연결되어 민족주의적, 국가주의적 기억의 틀에 도전하는 새로운 공론장을 획득하고 있다(권윤경 2015). 이러한 기억들은 다방향적으로 결합된다는 점에서 진보적으로도, 퇴행적으로도 사용될 수 있다. 그렇기 때문에 오늘날 만연한 공공역사 서사에서 하나의 역사적 트라우마와 다른 트라우마를 병치시키는 것이 어떤 의미를 만들어내는지에 더욱 세심한 주의를 기울일 필요가 있다(이브 로즈네프트 2019, 107-109).

소설에서는 유진의 입을 통해, 탈냉전기 카자흐스탄의 민족주의적 분위기가 전해진다. 소설 속 시간으로 이들이 방문하기 3년 전인 1986년에는 알마티의 제 1서기가 카자흐인에서 러시아인으로 바뀌면서 폭동이 일어났다. 유진의 해석에 따르면, 소비에트 시민으로 잘 동화된 것 같은 카자흐인의 이면에는 집단화 과정에서 희생된 2백만

명 카자흐인의 학살에 대한 기억과 대러시아주의에 대한 뿌리깊은 민족주의적 반감이 존재했다. 게다가 카자흐인을 죽이거나 추방한 뒤 그 공백을 메우려고 조선인을 강제이주시켰다는 견해도 나오고 있는 상황이었다(이회성 1992, 16, 92-93). 소련에서 민족주의 분위기가 비등할수록 고려인의 입지는 까다로워졌다. 페레스트로이카 시대를 맞아 '조선인'이라는 활자가 『프라우다』지나 『이즈베티야』지 같은 중앙지에 실리게 된 것은, 이전 시기의 소수민족 박해와 차별을 생각하면 매우 획기적인 일이다. 그러나 소비에트 연방에는 130개 민족이 모여 있고, 그 민족들이 제각기 비극을 맛보았으며, 어디서나 복권을 노리고 있다. 이런 상황에서 '조선인 문제' 해결은 아주 중요하지만, 자칫하면 민족적 편향으로 받아들여질 위험이 있었다(이회성 1992, 84-85).

이 대목에서 우리는 스탈린 시대 집단화 정책과 강제이주 기억을 둘러싼 '희생자 민족주의'가 소련 내 소수민족들 간에 벌어지고 있음을 짐작하게 된다. 각자의 민족 서사 안에서 강제이주 기억은 집단들이 이를 놓고 제로섬 게임을 벌이는 중심축이 된다. 이들은 내 고통이 당신 고통보다 크고, 그 고통이 나의 정체성을 규정한다고 주장하며, 자신들을 희생시킨 가해자를 색출하려 한다(Lim 2010, 138-162). 이런 상황에서 남한과 북한 정부의 남북 체제 경쟁과 '땅뺏기 싸움'이 재일 조선인들에 이어 소련의 고려인들에게 반복된다. 연극에 도움이 된다면 남이든 북이든 가고 싶다는 아리랑극단의 입장은 묵살되고, 해방기 한인들의 재국민화 과정에 존재했던 남북한 정부의 선별적이고 "문제적인 포용"(Kim, 2016)이 재연된다.

강창호는 유진에게서 "'재일' 조선인에게는 없는 독특한 그늘"을 본다. 그러나 춘수는 이 시대에는 누구에게나 그늘이 있다고 본다(이회성 1992, 20). 그는 여행을 통해 어디에 살든 똑같이 고민하고 괴로워

하고 조선인들을 발견한다. 그러나 한민족은 '민족'으로서만 괴로워
하는 것이 아니라 '인간'이라는 무대에 끌려들어갔으며, 인간으로 돌
아가야 한다고 본다. 유진과 우크라이나 아내 사이에 태어난 아들 유
리, 그 유리와 독일인 아내 사이에 태어난 아이를 "혼혈, 자크베, 튀
기, 기포, 호모 소비에틱스"로 규정하는 배타적 민족주의야말로 새로
운 공포의 대상이기 때문이다(이회성 1992, 318).

　소설에서 춘수는 조총련 운동의 민족적, 이념적 경직성에서 벗어나
재일이 어떻게 하면 이 사회에서 인간답게 살아갈 수 있는가를 고민
하는 인물로 그려진다. 그리하여 종래 재일 조선인 사회를 가르는 분
열선이었던 국적(조선 국적, 한국 국적, 일본 귀화인)과 체제적 사고를 뛰
어넘어 "남이든 북이든 거기가 민중이 살고 있는 조국"(이회성 1992,
64)이라는 인식을 보여준다. 그는 남과 북 양쪽 모두를 비판할 수 있
는 재일의 자리, "우리야말로 중심이야."라고 말하면서(이회성 1992,
220-221) '37년 문제', '강제이주' 서사를 민족 수난의 배타적 민족주
의 수사로 동원하는 것과는 다른 쪽으로 상상력을 전개한다. 즉, 천
황의 적자라며 강제 동원했던 조선인들을 전쟁이 끝나자 '외국인'으로
내팽개쳤던 일본, 전쟁 승리로 사할린 남부를 손에 넣고 조선인들을
일방적으로 억류한 스탈린의 소련 대신, 자기 가족들에게 특별도항증
명서를 만들어준 유대계 소련인 요셉스를 기억한다. 그는 이 사건을
누구보다 고향에 돌아가고 싶었을 유대인 디아스포라 요셉스가 조선
인 일가족을 구원했다고 해석한다. 그의 기억은 여기에서 나아가 이
스라엘의 팔레스타인 학살은 아우슈비츠의 반복이라는 성찰, 비록 분
단되었지만 나라를 가진 조선인들보다 나라도 없고 집도 없고 여권도
없는 팔레스타인 사람들이 훨씬 더 불행하다는 연민으로 이어진다(이
회성 1992, 237-242).

이회성의 『유역』에서는 1937년 스탈린의 강제이주 트라우마가 더 넓은 한민족 디아스포라 기억들과 연결되어 국가 폭력(일제의 조선인 강제동원, 해방 이후 소련과 일본에 의해 선별된 귀환, 냉전기와 탈냉전기 남북한의 자국민에 대한 이념 통제) 일반에 대한 성찰과 비판으로 이어진다. 또한 강제이주의 집단기억은 고려인들만의 경험이 아니라 카자흐스탄, 우즈베키스탄 등 다른 소수민족들이 공유하는 것으로 제시된다. 나아가 '37년 사건'의 기억은 홀로코스트 기억과 접합되어 오늘날의 정치문제로서 팔레스타인 무국적자들의 생존권이나 크림 타타르족 독립운동에 대한 연대 의식으로 이어지는 계기가 된다.

이러한 역사 상상력은 임지현이 21세기 글로벌 기억 형성의 윤리로 제시한 '비판적 상대화'와 '급진적 병치'의 덕목에 정확히 부합한다. 그에 따르면, 냉전의 종식으로 억압되었던 기억들이 해빙되면서, 글로벌 기억 공간에서는 홀로코스트, 스탈린의 대숙청, 식민지 학살이라는 세 가지 희생자의식이 서로 착종하는 모습을 보인다. 여기에서 홀로코스트와 같은 세계적 기억을 축으로 한 기억의 다방향적 접합은 종종 자국의 범죄를 상대화하거나 희생을 일방적으로 강조하기 위한 민족주의적 목적으로 이용된다. 따라서 탈냉전기 역사적 진실 찾기가 배타적 기억 전쟁으로 이어지지 않으려면, 피해를 서열화하거나 특권화하는 대신 다른 희생자들에 공감하는 방식으로 글로벌한 기억들이 직조되어야 한다(Lim 2020). 그리고 한민족 디아스포라 영화와 문학은 그 중요한 장이 될 수 있다.

6. 타인의 얼굴을 마주하기

> "영화에 의해 과거가 이미지로 표상되면 그 독특한 효과로서 과거와 미래가 동시에 존재하게 된다…기록(document)으로서의 영화에 수반되는 회고적으로 과거를 돌아보는 시선은 동시에 전방을 바라보는 시선, 우리 앞에서 멈추지 않고 흘러가는 이미지를 주시하는 시선이기도 하다."(레이 초우 2004, 72-73; 박명진 2012, 171에서 재인용)

「굿바이 마이러브 NK」에는 8진의 기념비라고 할 만한 설치작업 이미지가 여러 번 출현한다. 어느 숲 속에 긴 유리판이 여러 장 세워져 있다. 해가 떠오르자 빛의 반사와 풍경의 투영이 분분히 일어나는 가운데, 묘비나 비석을 연상시키는 유리판을 영사막 삼아 8진의 사진이 투사된다. 해가 지자 유리판은 다시 어둠에 잠긴다. 다큐멘터리 영화는 공식 역사에 기록되지 않았던 존재들의 '얼굴'을 눈앞에 가져다 놓음으로써 그들의 삶과 목소리에 귀 기울이게 만든다. 그러나 각성의 순간은 지나가고, 성찰적 교훈은 때로 분명하지 않다. 역사의 이야기적 측면과 대중성을 과장할 경우, 트라우마적 역사 기억이 종족적·민족적 투쟁 수단으로 전락할 우려가 있다는 비판 또한 그래서 존재한다(Moses 2005, 311).

그러나 문제는 역사적 상상력 자체에 있다기보다는 상상력의 내용과 방법일 것이다. 여기에서 공공 역사가이자 기억 활동가로서 역사학자 및 문화 연구자의 비판적 개입이 필요해진다. 「굿바이 마이 러브NK」와 「유역」은 모두 강제이주의 집단기억을 매개로 무국적자들의 역사적 재현을 시도하고 있다. 다만 남한 영화감독과 재일 소설가의 상이한 위치성은 디아스포라 기억 재현의 의미를 다르게 가져간다. 「유역」은 그 제목이 대변하듯, 결국 남한으로도 북한으로도 환원될 수 없는 디아스포라 주체의 불안정하고 비판적 위치성을 적극적으로 확보하고, 현실 국민국가 체제의 한계와 폭력을 고발한다. 숨겨졌던 탈냉전의 시간성 속에서 「굿바이 마이 러브NK」의 제목을 다시 보면, 우리는 여기에서 두 번의 이별을 읽는다. 하나는 8진이 망명의 시점에 고향–모국에 고한 안녕이다. 두 번째 안녕은 현실 사회주의 국가들의 몰락 속에서, 남한 좌파의 관념 속에 존재해온 북한에 고하는 이별이다. 북한의 실제 얼굴은 김일성 주체사상과 국가 아카이브가 아닌 떠도는 디아스포라 주체들에게서 발견되어야 하기 때문이다.

| 참고문헌 |

기본자료

김병학 엮음, 『한진 전집』, 서울: 인터북스, 2011.

김소영, 『거류』, 2000.

_____, 『눈의 마음: 슬픔이 우리를 데려가는 곳』, 2014.

_____, 『고려 아리랑: 천산의 디바』, 2016.

_____, 『굿바이 마이러브NK: 붉은 청춘』, 2017.

이회성, 김석희 옮김, 『유역(流域)』, 서울: 한길사, 1992.

단행본

레이 초우, 정재서 역, 『원시적 열정』, 이산, 2004.

로절린드 C. 모리스 엮음, 가야트리 차크라보르티 스피박 외 지음, 태혜숙 옮김, 『서발턴은 말할 수 있는가?: 서발턴 개념의 역사에 관한 성찰들』, 서울: 그린비, 2016.

박명진, 『한국영화의 존재방식과 광학적 무의식』, 광명: 도서출판 경진, 2012.

알라이다 아스만 지음, 변학수·백설자·채연숙 역, 『기억의 공간』, 대구: 경북대학교출판부, 2003.

윤인진, 『코리안 디아스포라』, 서울: 고려대학교 출판부, 2005.

존 루이스 개디스 지음, 강규형 역, 『역사의 풍경: 역사가는 과거를 어떻게 그리는가』, 서울: 에코리브르, 2004.

헤이든 화이트 지음, 천형균 역, 『메타역사 1』, 서울: 지식을만드는지식, 2011.

히토 슈타이얼 지음, 안규철 역, 『진실의 색』, 서울: 워크룸프레스, 2019.

Brah, Avtar. *Cartographies of Diaspora: Contesting Identities*, Taylor & Francis e-Library, 2005.

Cohen, Robin. *Global Diasporas: An introduction*. Taylor & Francis e-Library, 2001.

Kim, Jaeeun. *Contested Embrace: Transborder Membership Politics in Twentieth-Century Korea*, Stanford, California: Stanford University Press, 2016.

Knott, Kim and McLoughlin, Seán (eds.). *Diasporas: Concepts, Intersections, Identities*. London & New York: Zed Books, 2010.

Steedman, Carolyn. *Dust: The Archive and Cultural History*. New Jersey: Rutgers University Press, 2002.

논문

권금상, 「북한의 전쟁고아 정책과 실천에 관한 연구 : 한국전쟁과 재건 시기 『로동신문』 분석을 중심으로」, 『통일인문학』 제80집, 건국대학교 인문학연구원, 2019, 5-40쪽.

권윤경, 「기억의 경쟁에서 연대로? 홀로코스트와 프랑스 탈식민화 기억의 다방향적 접합」, 『역사비평』 제112호, 권윤경, 2015, 370-397쪽.

김소영, 「하위주체의 세계주의: 제국을 넘어선 세계와 영화」, 『황해문화』 제89호, 새얼문화재단, 2015, 67-87쪽.

_____, 「아래로부터의 세계성, 고려인: 망명 삼부작 눈의 마음 고려 아리랑 굿바이 마이 러브 NK」, 『문화과학』 제96호, 문화과학사, 2018, 156-175쪽.

김정한, 「서발턴은 마지막 비상구인가?: 서평 『박정희 시대의 유령들』(김원, 현실문화, 2011)」, 『역사문제연구』 제26권, 역사문제연구소, 2011, 276-291쪽.

_____, 「서발턴 개념의 한계와 연구 전략」, 경희대학교 대학원보 제205호, 2015년 3월 2일.

김지혜, 「역사와 영화: 영화로 역사 서술은 가능한가」, 『역사비평』 제11호, 역사비평사, 1997, 375-388.

루자 카타린(Ruzsa Katalin), 「냉전초기 사회주의 진영 내부의 우의정치: 한국전쟁 전후 헝가리로 간 북한의 전쟁고아와 장학생을 중심으로」, 성균관대학교 석사학위논문, 2017.

박경환, 「디아스포라 주체의 비판적 위치성과 민족 서사의 해체」, 『문화역사지리』 제19권 3호, 한국문화역사지리학회, 2007, 1-12쪽.

박오복, 「에이드리언 리치의 위치의 정치학」, 『영어영문학21』 제28권 2호, 21세기영어영문학회, 2015, 165-194쪽.

신인섭·김동현, 「디아스포라 서사의 소통전략: 이회성의 『유역으로』를 중심으로」, 『일본어문학』 제60권, 한국일본어문학회, 2014, 327-345쪽.

안드레 슈미드, 「북한을 역사화하기: 국가사회주의, 인구이동, 그리고 냉전사학」, 『사회와 역사』 제124권, 한국사회사학회 2019, 165-217쪽.

양명심, 「이회성의 새로운 상상력과 구성의 전환점: 『유역으로』를 중심으로」, 『일본문화학보』 제56호, 한국일본문화학회, 2013, 223-237쪽.

오혜진, 「그날 이후의 서정시와 망막적인 것: 다큐/영화의 미학과 정치를 다시 묻기 위해」, 『문화과학』 제75호, 문화과학사, 2013, 303-329쪽.

윤인진, 「코리안 디아스포라: 재외한인의 이주, 적응, 정체성」, 『한국사회학회 사회학대회 논문집』, 한국사회학회, 2003, 101-144쪽.

이브 로즈네프트, 「히틀러의 흑인 희생자를 상상하기: 다방향 기억과 최근의 홀로코스트

소설」, 『독일연구』 제42호, 한국독일사학회, 2019, 107-140쪽.

임유경, 「북한 담론의 역사와 재현의 정치학」, 『상허학보』 제56권, 상허학회, 2019, 11-60쪽.

정근식·김윤애·임수진, 「북한에서 소련형 대학 모델의 이식과 희석화」, 『아시아리뷰』 제7권 1호(통권 제13호), 서울대학교 아시아연구소 2017, 109-150쪽.

정영철, 「남북 관계와 바라봄의 정치: '시선의 정치'와 정당성 경쟁」, 서울대학교 국제문제연구소 편, 세계정치 제16호 『남북한 관계와 국제정치 이론』, 서울: 논형, 2012, 47-80쪽.

정은경, 「국민과 비국민 사이: 이회성의 작품에 나타난 20세기 코리안 디아스포라 루트와 내러티브」, 『어문론집』 제45권, 중앙어문학회, 2010, 61-91쪽.

정한석, 「뿌리 깊은 방랑자를 찾아: 〈굿바이 마이 러브NK: 붉은 청춘〉 김소영」, 2019.5.16. 인터뷰. [http://reversemedia.co.kr/article/174] 2020.3.26. 검색완료.

조영주, 「북한 일상연구에서 나타나는 분단과 젠더정치」, 2019년 12월 17일 서강대학교 트랜스내셔널인문학연구소 국제학술대회 "트랜스내셔널 북한: 잊혀진 기억과 아래로부터의 역사" 자료집.

Armstrong, Charles K. "'Fraternal Socialism': The International Reconstruction of North Korea, 1953-62", *Cold War History*, Vol.5, No.2, Routledge, 2005, pp.161-187.

Dean, Carolyn J. "Metahistory and Resistance to Theory", *The American Historical Review*, Vol.124, No.4, The American Historical Association, 2019, pp.1337-1350.

Hong, Intaek. 「North Korean selves in the war orphans' transnational epistolary space : on their experiences and representations of collective selfhood, 1953 - 1962」, 서강대학교 석사학위논문, 2019.

Lankov, Andrei and Selivanov, Igor. "A peculiar case of a runaway ambassador: Yi Sang-Cho's defection and the 1956 crisis in North Korea", *Cold War History*, Vol.19, No.2, Routledge, 2019, pp.233-251.

Lim, Jie-Hyun. "Victimhood Nationalism in Contested Memories: National Mourning and Global Accountability" in Aleida Assman, Sebastian Conrad, eds., *Memory in a Global Age: Discourses, Practices and Trajectories*, New York: palgrave macmillan, 2010, pp.138-162.

_____. "Triple Victimhood: On the Mnemonic Confluence of the Holocaust, Stalinist Crime, and Colonial Genocide", Journal of Genocide Research, Published online: 13 Apr 2020. [https://doi.org/10.1080/14623528.2020.1750822] 2020.04.22. 검색완료.

Minh-Ha, Trinh T. "Documentary Is/Not a Name", October, Vol.52, The MIT Press, 1990, pp.76-98.

Moses, A. Dirk. "Hayden White, Traumatic Nationalism, and the Public Role of History", *History and Theory* Vol.44, Wiley, October 2005, pp.311-332.

Rosenstone, Robert A. "History in Images/History in Words: Reflections on the Possibility of Really Putting History onto Film", *The American Historical Review*, Vol.93, No.5, The American Historical Association, 1988, pp. 1173−1185.

Schmid, Andre. "Historicizing North Korea: State Socialism, Population Mobility, and Cold War Historiography", *American Historical Review*, Vol. 123 Issue 2, The American Historical Association, 2018, pp.439−462.

White, Hayden. "Historiography and Historiophoty", *The American Historical Review*, Vol.93, No.5, The American Historical Association, 1988, pp.1193−1199.

4부

정치담론의 역사성과 동시대성

1장

시큐리티 개념의 수용과
번역어 '안보'의 성립

김현, 송경호

1. '안보'의 개념사

이 장은 국제정치의 핵심 개념인 시큐리티(security)가 한국 사회에 수용되고 '안보(安保)'라는 일반적 번역어로 귀결되는 과정을 추적한다.[1] 주지하다시피, 오늘날 한국에서 '안보'라는 용어는 시큐리티의 대응어(translation equivalent)로 간주되며, 특히 안보연구자들 사이에서 '시큐리티=안보'라는 등식은 재고(再考)의 여지없이 공유되고 있다. 1990년을 전후로 서구 국제정치연구자들이 시큐리티 개념의 확장을 도모했고, 한국의 안보 연구 역시 이에 조응하여 새로운 안보 개념을 제시하면서, 지난 20여년 사이 한국에서도 '안보' 개념이 확장되어 온

* 이 장은 연세대학교 정치학과 BK21 교육연구단의 지원을 받아 수행된 다음의 논문을 수정·보완한 것이다. 김현·송경호. 2020. "시큐리티(security)는 어떻게 '안보'가 되었을까?": '안전', '안전보장', '안보'로의 전환 과정을 중심으로." 『국제정치논총』 제60집 4호, pp.1-37. 이 논문의 초고에 유익한 논평을 해주신 김태진 선생님과 세 분의 심사자께 감사드린다.

1 이 장에서는 번역어의 성립과정을 통한 개념의 수용 등을 다루고 있기 때문에, 불가피하게 다음과 같은 몇 가지 형식을 채택하고 있다. (1) 개념어들은 그 자체로 기표로 간주되기 때문에 'security', '安全', '安全保障', '安保'와 같은 형태로 홑 따옴표 안에 원어 그대로 표기했으며, 한자의 경우 모두 정체자로 표기했다. (2) 단, 이 장에서 가장 많이 등장하는 'security'가 번역어의 기표가 아니라 개념 그 자체를 지칭할 경우 예외적으로 시큐리티로 표기했다. (4) 필요한 경우 독자의 편의를 도모하기 위해 밑줄을 사용했다. 이하 등장하는 모든 밑줄은 필자에 의한 것이다.

것이다. 구체적으로, 1990년 전후 서구에서 시큐리티 개념의 확장을 도모한 부잔(Buzan 1991)의 연구, 개념 확장에 따른 시큐리티 개념의 이론적 재정립을 도모한 볼드윈(Baldwin 1997)의 연구, 그리고 스트리쳌(Stritzel 2014)의 비교적 최근의 논의를 꼽을 수 있다. 한국에서는 이러한 새로운 논의를 수용하면서 안보 개념의 확장이 도모되면서 인간안보, 에너지·자원안보, 환경안보, 경제안보 등 새로운 '비전통적 안보' 개념과 이에 대응하는 용어가 등장했다(함택영·박영준 2010).

그러나 시큐리티에 관한 서구의 연구와 달리, 한국에서의 안보연구는 앞서 언급한 '시큐리티=안보'라는 등식 위에서 전개되었으며, 이는 기본적으로 시큐리티 개념의 수용 과정(특히 번역)이라는 맥락을 전제하고 있다.[2] '안보란 무엇인가?'라는 질문에 대답하기 위해서는 시큐리티에 대한 이론적 논의뿐만 아니라, '안보'라는 용어 자체에 대한 개념사적 논의 역시 요구된다고 말할 수 있는 것이다. 그러나 한국에서는 후자의 문제를 본격적으로 검토한 연구를 찾아볼 수 없는 것이 현실이다.

한국과 마찬가지로 시큐리티의 번역어로 '安保'라는 한자어를 사용하고 있는 일본의 경우에는 일부나마 연구가 진행된 바 있다. 일본 측 연구는 '安保'라는 독특한 번역어를 특정한 시대와 상황이라는 두꺼운(thick) 맥락에서 통용되던 시큐리티에 대한 특정한 해석(conception)이 반영된 결과물 즉, '두꺼운 기표'(thick signifier)로 간주한다(Huysmans 1998). 대표적으로 다카하시 스기오(高橋杉雄 1998, 132)에 따르면, 시큐리티는 1920년대 이후 국제정치영역에서 안전보장의 의미로 사용되

---

2 주지하다시피 한국에서 안보개념에 대한 연구가 부재한 것은 아니다. 다만, 이 때의 안보개념은 시큐리티 개념이라고 할 수 있으며, 이에 대한 연구 역시 시큐리티 이론의 차원에서 전개되고 있다는 점은 분명하다(홍용표 2002; 민병원 2007; 2009; 2012).

었으며, 이러한 맥락에서 시큐리티의 번역어로 '安全保障'이 등장하게 된 것이다.[3] 이러한 설명에 근거하면 '안전보장'의 축약어로서 '안보' 역시 1920년대 이후 시큐리티의 일반적 번역어로 자리매김하기 시작한 것으로 간주할 수 있을 것이다.

그러나 이러한 설명은 두 가지 측면에서 한계를 가지고 있다. 첫 번째는 '안보' 이전에 등장했던 시큐리티에 대한 번역어의 존재를 간과하고 있다는 점이다. 국제관계 혹은 국제정치적 맥락에서 시큐리티 개념은 최소한 19세기에 동아시아에 수용되었고, 자연스럽게 이 과정에서 다양한 번역어가 등장했으며, 당시 일반적 번역어로 기능했던 것은 '안보'가 아니라 '안전'이었다.[4] 두 번째는 이처럼 시큐리티의 번역어로 사용되었던 '안전'을 제치고 '안전보장'의 축약어인 '안보'가 시큐리티의 일반적 번역어로 자리매김하는 과정을 설명하지 못한다는 점이다. 요약하면, 1920년대의 맥락에서 '안보'가 등장하게 되었다는 점은 밝히고 있지만, 그 전후사정에 대해서는 충분히 검토하지 못했

---

3   시큐리티는 그 어원을 라틴어 'Secura'에서 찾으며 어원을 공유하는 서구권에서 일반적으로 (1) 위험, 위협, 공격 등으로부터 자유로운 '상태'라는 기본적 의미, 그리고 이로부터 파생된 의미로서 (2) 이러한 상태의 '보장'이라는 두 가지 의미로 사용되어 왔다. 이는 1600년대 영어사전에서도 나타난다. 예컨대 *A Table Alphabetical* (Cawdry 1604)은 "securitie: carelessenes, feare of nothing"으로, *An English Expositor* (Bullokar 1616)는 "Securitie: Assurance from feare or danger"라고 정의하고 있다. '안전보장'이란 번역어는 시큐리티의 이런 두 가지 의미 중에서 후자의 뉘앙스를 보다 강하기 띠는 것이라 할 수 있다.

4   뒤에 보다 자세히 살펴보겠지만, 19세기 동아시아에서 시큐리티는 '평안(平安)', '무사(無事)', '안전(安全)' 등으로 번역되었다. 그러나 이러한 표현이 동아시아에서 전통적으로 사용되어 온 용어라는 점에서 기인하는 연구상의 난점이 존재한다. 첫 번째 난점은 1차 자료에서 '平安', '無事', '安全'과 같은 기표(signifier)가 등장한다고 해서 이것이 반드시 시큐리티의 의미로 사용된 것은 아니라는 점이다. 두 번째는 각각의 기표가 등장하는 빈도를 단순 비교해 하나의 번역어가 다른 번역어들에 비해 우위를 가지게 되었는지를 분석하기 힘들다는 것이다. 이에 따라 이 장에서는 기표의 등장 빈도보다 문맥상 기의(signified)의 변화 과정을 추적하는데 초점을 맞추고 있다.

다고 할 수 있다.

본 연구는 이러한 한계를 보완하기 위해 다음과 같이 구성되었다. 첫째, 19세기 동아시아에서 시큐리티 개념의 초기 수용과정을 검토하고, 당시 시큐리티의 번역어들 가운데, '안전'이 일반적 번역어로 자리매김하는 과정을 밝힌다. 둘째, 1920년대 일본과 식민지조선에서 '안전보장'이 시큐리티의 번역어로 등장하는 과정을 재검토하고, 당시에도 여전히 '안전'이 시큐리티에 대한 일반적 번역어였으며, '안전보장'은 예외적인 번역어에 해당했다는 점을 밝힌다. 셋째, 해방 이후 '안전보장'의 축약어인 '안보'가 '안전'을 제치고 시큐리티의 일반적 번역어로 자리매김하게 되는 과정을 살펴보고, 1980년대 '안보'가 시큐리티의 일반적 번역어가 될 수 있었던 것은 '안전보장'이라는 의미 맥락이 희미해졌기 때문이라고 주장한다.

2. 시큐리티 개념의 초기 수용과 번역[5]

19세기 초반 서세동점의 상황 속에서 동아시아 지식인들은 시큐리티 문제에 직면하게 된다. 특히 1839년 시작된 제1차 아편전쟁 전후로 본격화된 일련의 상황은 동아시아 지식인들이 시큐리티 문제를 인

---

5 이 장에서는 주로 영어와 일부 유럽어의 시큐리티 관련 용어들이 한역(漢譯) 혹은 일본어 번역 등을 통해 동아시아에 등장하는 경로를 추적하고 있다. 그러나 이는 19세기 동아시아에 등장한 번역어가 대체로 이러한 경로를 거쳤다든가 이 외에 다른 경로가 없었다고 주장하는 것은 아니다. 네덜란드어, 포르투갈어, 스페인어, 프랑스어, 독일어, 러시아어 등 당대 동아시아에 영향력을 투사했던 많은 나라의 문헌들 역시 검토될 수 있다면 논의를 더욱 풍부하게 할 수 있을 것이며, 나아가 라틴어 'Secura'에서 파생된 모든 개념어 혹은 시큐리티 개념을 지칭하는 모든 외래어의 번역 과정을 추적할 수 있다면 이상적일 것이다.

식하게 되는 계기가 되었다. 1839년 3월 흠차대신(欽差大臣)으로 광둥(廣東)에 도착한 린쩌쉬(任則徐)는 아편 문제를 해결하기 위해 바텔 (Emmerich de Vattel)의 *The Law of Nations* (1758) 중 일부를 파커(伯駕, Peter Parker)와 위안더후이(元德輝)에게 번역하도록 해 비교 참조했다. 근대국가의 주권과 이의 대내외적 보장이라는 측면에서 시큐리티는 당시 서구의 국제법 저술의 핵심 주제 중 하나였다.[6] 이는 바텔의 원저에서 'sovereign'이나 'sovereignty'와 같이 주권과 관련된 용어가 도합 1000회 이상, 그리고 시큐리티가 120회 이상 등장한다는 점을 통해서도 간접적으로 확인할 수 있다.[7] 자연스럽게 위안더후이를 비롯한 당대 동아시아 지식인들은 서구 국제법의 번역 과정에서 시큐리티 개념과 마주하게 된다. 번역이 기본적으로 개념에 대한 이해를 요구한다는 점에서, 당시 고안된 번역어들에는 시큐리티 개념에 대한 당대 지식인들의 이해가 투영되어 있다고 말할 수도 있을 것이다.[8]

---

6 예컨대 바텔 원저의 제2권 4장 제목은 "Of the Right to Security, and the Effects of the Sovereignty and Independence of Nations"인데, 이는 시큐리티에 대한 권리가 근대 주권 국가가 가지는 중요한 권리 중 하나임을 지적하는 대목이다.

7 참고로 같은 시기 영어사전들은 시큐리티를 'carelessness', 'freedom from fear', 'confidence', 'protection', 'defence', 'insurance', 'safety', 'certainty' 등으로 설명하고 있었다. 예를 들어, (1) *Dictionary of the English Language* (1768; 1792; 1828)는 "1) carelessness, freedom from fear, 2) confidence; want of vigilance, 3) protection, defence, 4) insurance 5) safety"로, (2) *American Dictionary of the English Language* (1828)는 "1) protection; effectual defense or safety from danger of any kind; as a chain of forts erected for the security of the frontiers 2) that which protects or guards from danger 3) freedom from fear or apprehension 4) safety; certainty"로 정의한다 (Johnson & Lynch 2003; Webster 1970).

8 「林則徐諭英國國王書」를 말한다(林則徐 1963, 125-127). 번역된 서한의 전체 제목은 "Letter to the Queen of England from the Imperial Commissioner and the Provincial Authorities requiring the interdiction of Opium"이다. 린쩌쉬는 서한 말미에 도광 19년 2월 4일이라고 기입했는데, 마시니는 이를 양력 1839년 3월 15일에서 4월 3일 사이로 추정하고 있다(마시니 2005, 49). 한편 *The London Times*에 실린 모리슨의 번

린쩌쉬의 명령에 따라 파커와 위안더후이가 공통되게 번역한 바텔의 원저 제3권 제1장 제3절("Right of making war")에 "right to security"라는 표현이 등장하지만, 두 사람 모두 시큐리티에 해당하는 직접적인 번역어를 제시하지는 않았다. 다만, 내용상 제3절에 등장하는 "defense", "the preservation of their rights", "self defence and the preservation of their rights"와 같은 구절에 대해 파커는 "自保其身", "自護其地", 위안더후이는 "保護自身", "保全自己道理" 등으로 번역한 바 있다. 이에 더해, 위안더후이의 경우, 원문의 "he must have recourse to his own sovereign, who is obliged to protect him"을 "可奔回本國, 稟求本國王保護"로 번역하는 한편, 원문의 "how could peace be preserved between nations"를 "何以保全兩國和氣"로 번역하고 있다. 앞선 예와 마찬가지로 'protect'나 'preserve'의 번역어로 '保護'나 '保全' 등을 사용하고 있는 것이다. '自保', '自護', '保護', '保全' 등은 이후 마틴의 『萬國公法』에서 시큐리티의 번역과 관련해 등장하는 표현들이다.[9]

한편, 린쩌쉬가 영국의 빅토리아 여왕에게 보내고자 작성했지만 실

역에는 해당 날짜를 1839년 3월 18일로 명시하고 있다(*The London Times*, 7 Aug. 1839).

9 대표적으로, '自護'는 『萬國公法』의 몇몇 부분에서 시큐리티의 번역어로 사용되기도 했다. 예를 들어, 마틴은 원문의 Part II. Ch.1. §12, Part II. Ch.1. §16, Part II. Ch.4. §9, Part III. Ch.2. §9. 등에 나타난 시큐리티를 '自護'로 번역하고 있다. 그러나 '自護'는 기본적으로 『萬國公法』에서 매우 다양한 의미로 자주 등장하는 표현이다. 예컨대 마틴은 "its own independence, freedom, and security"(Part II. Ch.1. §12)를 번역하면서 각각의 개념에 번역어를 부여하지 않고 이들 모두를 '自護'로 번역하기도 했던 것이다. 또한 마틴은 『萬國公法』 전반에 걸쳐 '護'라는 표현을 빈번하게 사용하고 있다. 예컨대 제2권 1장 2절의 제목인 "right of self-preservation"을 '自護之權'로 번역했으며, 제2권 2장 9절의 "full security"는 '全護'로 번역했던 것이다. 이러한 점에 비추어 봤을 때, 결국 '自護'를 시큐리티의 대응어로 간주할 수는 없는 것이다.

제로 전달되지는 못한 서한은 당시 시큐리티 번역과 관련하여 한 가지 흥미로운 사례로 간주될 수 있다. 린쩌쉬는 위안더후이에게 서한을 영어로 번역하도록 했으며, 이 영역문을 다시 헌터(亨特, William C. Hunter)에게 중국어로 번역하도록 해 비교했다.[10] 또한 이 서한을 모리슨(馬儒翰, John Robert Morrison)이 영어로 번역한 것이 *The London Times* 1839년 8월 7일자에 게재되었는데(*The Times*, August 7, 1839), 이 두 가지 번역문 외에 텡(Teng)과 페어뱅크스(Fairbanks)의 번역문까지 추가하면(Teng & Fairbank 1954, 24-28), 린쩌쉬의 서한에 대한 영문 번역본만 3가지 버전이 존재하는 셈이다. 이 세 가지 번역 중, 린쩌쉬의 원문에서 장수와 자손의 번창을 언급한 부분("延年壽, 長子孫")을 번역하면서 오직 위안더후이만이 시큐리티라는 표현을 채택하고 있다.[11] 원문 및 다른 영어 번역을 통해 확인할 수 있듯이, 원문은 엄밀한 의미에서 시큐리티에 해당되지 않는 것임에도 불구하고, 중국인이 중국어 서한을 영어로 번역하는 과정에서 시큐리티라는 표현을 사용한 것이다.

이처럼 19세기 초에 시큐리티가 동아시아 지식인들에게 소개되고

---

10 위안더후이의 번역문은 축약된 형태로 *The Chinese Repository*에 실렸으며, 이듬해 전문이 게재되었다. 전자는 *The Chinese Repository* VIII-1(May, 1839, 9-12)이며, 후자는 *The Chinese Repository* VIII-10(February, 1940, 497-503)이다. 이 장에서는 주로 후자를 참고했다.

11 "此真興利除害之大仁政, 天所佑而神所福, 延年壽, 長子孫, 必在此擧矣." [위안더후이의 번역] "By a truly benevolent system of government such as this, will you indeed reap advantage, and do away with a source of evil. Heaven must support you, and the gods will crown you with felicity! This will get for yourself the blessing of long life, and from this will proceed the security and stability of your descendants!" [펭과 페어뱅크스의 번역] "This will really be a great, benevolent government policy that will increase the common weal and get rid of evil. For this, Heaven must support you and the spirits must bring you good fortune, prolonging your old age and extending your descendants. All will depend on this act." 한편 모리슨의 번역에서는 해당 부분이 직역되지 않은 것으로 보인다.

일부 번역되기도 했지만, 아직 분명한 일반적 번역어를 가지지 못했다. 이는 제1차 아편전쟁의 결과로 맺어진 1842년의 「난징조약(南京條約, Treaty of Nanking)」에서도 재확인할 수 있다. 구체적으로 해당 조약의 제1조에서 "full security and protection for their persons and property"는 "保佑身家全安"으로 표현된다.[12] 여기서 'full security and protection'이 '全安'과 '保佑'와 대응하고 있으나, 각각 대응어 관계를 가졌다고 보기는 어렵다. 다만, 앞서 살펴본 바텔 저서에 대한 번역 사례('自保', '自護', '保護', '保全')와 오늘날의 번역 방식('保護', '安全', '安保' 등)을 고려하면, 시큐리티와 관련해 '安'이나 '保'와 같은 표현이 개념 수용의 초기 단계에서부터 사용되었다는 점은 확인할 수 있다.

국제정치적 맥락에서 시큐리티 개념이 보다 직접적인 번역어를 가지게 된 사례로 마틴(丁韙良, William A. Martin)의 『萬國公法』(1864)을 살펴보지 않을 수 없다. 『萬國公法』은 미국인 선교사 마틴이 휘튼(惠頓, Henry Wheaton)의 *Elements of International Law* (1836)를 번역한 책으로, '民主'나 '權利'처럼 새로운 개념에 대한 번역어와 신조어가 다수 등장한 문건으로 손꼽힌다. 바텔의 경우와 마찬가지로, 휘튼의 저술에서도 판본에 따라 약간의 차이가 있지만 시큐리티가 대략 100회 이상 등장한다.[13] 그러나 이들이 모두 '국가의 안전보장'과 같은 의미로 사

---

12 [영어] "ARTICLE I. There shall henceforward be Peace and Friendship between Her Majesty the Queen of the United Kingdom of Great Britain and Ireland, and His Majesty the Emperor of China, and between their respective Subjects, who shall enjoy full security and protection for their persons and property within the Dominions of the other." [중국어] "一, 嗣後大清大皇帝, 大英君主永存平和, 所屬華, 英人民彼此友睦, 各住他國者必受該國保佑身家全安." 이하 조약문의 비교는 The World and Japan Database를 참고했다.

13 바텔의 경우와 가찬가지로 휘튼의 저술 역시 국제법상 주권국가들이 가지는 권리와 의무의 문제를 중심적으로 다루고 있었기에, 주권과 관련된 표현은 도합 900여회 등

용된 것은 아니었는데, 대사(ministry)나 전쟁포로 등 개인의 시큐리티나 빚보증('security of debt') 등의 의미로 사용된 경우도 적지 않다.[14] 또한 당시의 번역 경향에 따라 시큐리티를 명사형이 아니라 동사형으로 번역하거나,[15] 문맥을 고려하여 "妨害", "有害", "無害" 등으로 의역한 경우도 상당 부분 존재한다.[16]

위와 같은 조건 속에서 마틴이 시큐리티의 번역어로 채택한 첫 번째 사례로 "平安"을 꼽을 수 있다. 구체적으로 마틴은 휘튼 원저의 "the external and internal security"(Part I. Ch.2. §23)라는 구절을 "內外平安"으로 번역했다. 그러나 사실 '平安'은 『萬國公法』에서 단 한차례 등장하는 예외적인 사례에 불과하다. 마틴이 '平安'을 시큐리티의 대응어로 사용하지 않았다는 점은 위와 유사한 구절인 "the internal and external security of the Confederation"(Part I. Ch.2. §25)을 "固保諸邦內外"로 번역한 것을 통해서도 확인할 수 있다.

주지하다시피, '平安'은 고대 유가경전 및 한서(漢書)에서도 흔히 발

장한다.

14 예를 들어, "security for a debt"나 "security for the payment of the rent"(Part III. Ch.1. §17), "security of all property rests"(Part III. Ch.2. §9), "liberty and perfect security" (Part IV. Ch.1. §9), "security of property"(Part IV. Ch.1. §11) 등이 있다. 이 부분들에서 마틴은 시큐리티에 대응하는 번역어를 명시하지 않는 경우가 대부분이었으며, 간혹 "尊而護之"와 같이 '보호'의 의미로 간접적으로 표현했다. 마틴이 "security of the religion and privileges of the inhabitants"(Part IV. Ch.2. §24)에 대해 "遵自己教規 享自己權利"라고 표현한 부분 역시 이러한 맥락에서 이해될 수 있다.

15 위 각주에서 언급한 사례도 여기에 포함된다. 또한 "security against foreign attack"(Part I. Ch2. §25)를 '至無外敵侵擾'으로 번역한 것과 "the rights and honor of the United States, and the security of their citizens"(Part 2. Ch.2. §10)을 "保我國體 安我黎民"으로 번역한 것 역시 '보호'의 의미에서 동사형으로 표현한 것으로 볼 수 있다.

16 예를 들어, "where their own immediate security or essential interests are seriously endangered"(Part II. Ch.1. §7)와 "indispensable to their own security"(Part II. Ch.1. §7) 부분을 번역하면서 '방해'라는 표현을 사용하고 있다.

견되는 표현이다. 일본의 경우 1861년에서 1863년 사이 외교문서(외국과 주고받은 서한 등)에서 '귀국의 平安을 기원합니다'와 같은 표현이 등장하지만,[17] 여기서 '平安'은 시큐리티의 번역어라기보다 문자 그대로의 전통적 의미로 사용된 것이라고 볼 수 있을 것이다. 조선의 경우 시기적으로 한참 뒤인 1894년 「보호청상규칙(保護淸商規則)」 제7조의 "事端而害朝鮮國平安"에서 '平安'이 등장하는데, 이는 문맥상 국내의 시큐리티, 즉 오늘날의 표현으로 '치안'을 지칭하는 것으로 해석될 수 있다(『고종실록』 32권, 31년 11월 20일 임진 2번째 기사).[18] 참고로 '治安'은 1885년의 「톈진조약(天津條約, Convention of Tientsin)」에서 "public security"의 번역어로 사용된 바 있다.[19]

한편, 쓰쓰미코쿠(堤殼土)는 1868년 마틴의 『萬國公法』을 저본으로 삼아 4책 중 절반 정도인 2책만을 중역(重譯)하여 『萬國公法譯義』라는 제목으로 간행했다.[20] 쓰쓰미코쿠는 대부분의 경우 마틴이 선택한 번역어를 충실하게 따르는 경향을 보이지만, 일부 표현은 일본 독자들이 이해하기 쉬운 형태로 바꾸기도 했다.[21] 그 대표적인 사례가 바로

---

17 "且貴國之平安を祈る"(「各國往復國書　自安政五年至慶応四年／分割2」1861), "貴國平安の盛ならん事を是祈る也"(「柯太境界談判起立書類　自嘉永六年十二月至慶応三年二月／6 第六號」1862), "貴國平安の儀是亦所ところなり"(「使節／池田築後守河津伊豆守河田相模守使節一件　三」1863) 등이다.

18 국사편찬위원회의 조선왕조실록 번역에서는 이 부분을 "조선의 치안에 해독을 끼친다고 인정되는 일"이라고 번역하고 있다.

19 해당 조약에서 "assure her public security"가 "自護治安"으로 번역된 것인데, 여기서 앞서 시큐리티의 번역에 활용되었던 '自護'라는 표현이 'assure'에 대응하고 있다는 점 역시 확인할 수 있다.

20 휘튼의 원저를 기준으로하면 Part II. Ch.2. §14까지에 해당한다.

21 예컨대 앞서 마틴이 시큐리티가 저해되는 상태를 '방해' 등으로 의역한 것을 다시 방해를 뜻하는 일본어인 "さはり"로 바꾸어 놓거나, '保我國體 安我黎民'이라는 한문 표현을 "國體を保護 黎民を安堵"로 풀어쓰고, '자호'를 '守護'로 바꾸는 것 등이 이에 해당된다.

마틴이 'the external and internal security'에 대해 '內外平安'으로 번역한 것을 다시 '內外無事'로 고쳐 쓴 것이다.

'無事' 역시 고대로부터 사용된 표현으로, 『조선왕조실록』에서도 '治平無事' 혹은 '無事之時' 등의 형태로 다수 등장한다.[22] 그러나 '無事'는 일상어로서의 성격이 강하기 때문에, '無事'가 시큐리티의 의미로 사용된 경우를 엄밀하게 구분하는데 난점이 있다. 예컨대 일본 외무성 외교사료에서도 '無事'라는 표현이 빈번하게 등장하지만, 이 역시 위 '平安'과 거의 동일한 맥락에서 사용되고 있을 뿐, 국제정치적 맥락에서 시큐리티를 지칭하는 용어라고 보기는 어렵다.[23]

'無事'와 관련하여 한 가지 흥미로운 사례로, 시기적으로 한참 뒤인 1934년 일본과 러시아 간의 조약문을 꼽을 수 있다. 여기서 '평화와 우애'(l'avenir paix et amiti sincère)에 대한 번역어로 "懇切にして無事ならん事"라는 표현이 사용되었는데, 이처럼 '無事'가 평화('paix')에 대응하여 사용되었음을 확인할 수 있다. 한편, 조선에서도 개항 이후 실록과 『황성신문』 등에 '無事'라는 표현이 등장하지만, 전통적 용법을 벗어나지 않았다. 그러나 1885년 6월의 "仍告本國無事"라는 표현에서 '無事'는 당시의 정치적 상황과 문맥을 고려했을 때, 시큐리티의 의미

---

22 '無事'가 '平安'과 유사한 의미를 가지는 일상어로서의 성격을 가진다는 점을 고려하면 쓰쓰미코쿠가 '平安'을 '無事'로 고쳐 쓴 것 역시 별다른 의도가 있었다기보다 단순히 당대 일본 독자들에게 친숙한 표현으로 교체한 것이라고 추측해볼 수 있을 것이다. 주지하다시피, '平安'과 '無事'는 양자 간의 친화성에 따라 '無事平安' 혹은 '平安無事'와 같은 형태로 사용되어 왔다. 일례로 『조선왕조실록』에도 "平安無事之時"라는 표현이 존재한다(『성종실록』 283권, 성종 24년 10월 6일 정묘 2번째 기사).

23 "無事之時"(『淸國外交秘史　第二卷／分割1』 1875), "貴國王殿下安寧諸官弁皆無事ナルヤ一體ニ無事ナリ"(『明治八年江華島事件善後處置　日米間難破舩救助費償還條約／5.　黒田井上両大臣朝鮮官憲ト接見記事』 1875), "尒後引續キ無事平穩ナリ"(『仏國／分割1』 1879-1885) 등이다.

를 가진다고 해석할 수도 있을 것이다(『고종실록』22권, 고종 22년 6월 11일 무인 1번째 기사). 그러나 이 역시 현재의 관점이 투영된 해석이라고 할 수 있으며, '無事'가 시큐리티를 지칭하는 번역어로 통용되었다고 볼 수 있는 근거가 되지는 못한다.

3. 일반적 번역어로서 '안전(安全)'의 등장

1882년 출판된 오쓰키(大築拙蔵)의 사법성장판(司法省蔵版) 『惠頓氏 萬國公法』은 쓰쓰미코쿠의 『萬國公法譯義』와 달리, 휘튼의 원저를 직접 번역한 것이라는 점에서 마틴의 『萬國公法』과 직접적인 비교 대상으로 간주될 수 있다. 오쓰키 역시 마틴이 시큐리티를 번역하면서 채택했던 표현을 일부 그대로 받아들이기도 했으나, 대체로 번역 과정에서 대응어를 일관되게 적용하려 노력했다는 점에서 마틴의 번역 방식과 구별된다.[24] 또한 오쓰키가 마틴의 번역을 따르지 않은 부분 역시 적지 않다. 대표적으로 앞서 마틴이 "固保諸邦內外"이라고 번역한 부분을 "內外を保安"으로 번역한 것이나, 국가의 시큐리티에 대해 "國安保全"이나 "國安"이라는 표현을 사용하고 있다는 점을 꼽을 수 있다.

또한 오쓰키는 "security of society"(Part II. Ch.2. §13)을 "人民一般

---

24 이러한 경향은 마틴이 직접적으로 번역어를 사용하지 않았던 'security of debt'에 대해 오쓰키는 일관되게 "捕拿"으로 번역하고 있다는 점을 통해서도 확인할 수 있다. 또한 마틴이 시큐리티를 '平安'으로 번역한 부분에서 '平安'이라는 번역어를 그대로 채택하는 한편, 같은 절(Part I. Ch.2. §23)에 등장하는 시큐리티를 마틴이 번역하지 않은 것과 달리, 오쓰키는 일관되게 '平安'으로 번역하기도 했다.

の安全"이라고 번역하고, "perfect security"(Part IV. Ch.1. §9)나 "the security of property"(Part IV. Ch.1. §11) 등에 대해서도 '安全'을 번역어로 채택하고 있다. 이러한 점을 고려하면, 앞서 '國安'이라는 표현에서 '安' 역시 동사가 아니라 '安全'의 축약어로 간주될 수 있으며, 결국 '國安'은 다름 아닌 '국가의 안전'으로 이해될 수 있을 것이다. 오오츠키가 시큐리티의 번역어로 사용한 '安全' 역시 고대로부터 사용된 용어로, 『조선왕조실록』에도 1400년부터 "安全之福"과 같은 표현이 수차례 등장한다(『정종실록』 4권, 정종 2년 5월 1일 을축 1번째 기사; 『성종실록』 289권, 성종 25년 4월 27일 을유 1번째 기사; 『중종실록』 26권, 중종 11년 10월 7일 을묘 5번째 기사). 일본 외무성 문건에는 '安全'이 1861년경부터 등장하는데, 특히 1861년부터 1862년 사이에 영국과 주고받은 서한에서 인사말로 "幸福安全", "安全幸福"과 같은 표현이 사용된 것을 확인할 수 있다.[25] 그러나 이 역시 시큐리티에 대한 번역어라기보다 전통적 용례에 가까운 것으로 볼 수 있다.

한편, 같은 해 네덜란드와의 왕복서간에 "安全に保護し"라는 표현이 등장하며, 1863년의 사절 문건에도 "両國交誼永久安全を保候"와 같은 문장이 사용된 바 있다. 여기서도 '安全'이 명확하게 시큐리티의 의미로 사용된 것인지는 불분명하지만, 앞선 사례들보다 국제정치적 뉘앙스를 띠는 것으로 간주할 여지가 있다. 이후 1870년대 초를 기점으로, 일본 외무성 문서에 '인민의 안전', '해상의 안전', '생명재산의 안전', '외국인의 안전', '공공의 안전행복'과 같은 표현이 다수 등장한

---

25 "來年の為め治穩幸福安全の祝詞を台下に述ふるの期を得たり"(「英國往復書翰一(萬延二年)」1861), "且つ此國の安全幸福の為め台下生命を長く保ち給ふ事を祈る"(「英國往復書翰四(文久二年) 1862」).

다.[26] 1871년의 「대일본국대청국수호조규(大日本國大淸國修好條規)」의 제1조에 "永久安全ヲ得セシムベシ"라는 구절에 등장하는 '安全' 역시 이러한 맥락에서 이해될 수 있을 것이다.[27]

1894년의 청일전쟁과 1904년의 러일전쟁을 거치면서 일본 내부에서 '제국의 안전'이 핵심문제로 대두되었고, 적어도 외교문건에서 '安全'은 보다 국제정치적 뉘앙스를 강하게 띠는 경향을 보인다. 청일전쟁과 관련해서는 일본 외무성 문건 중 「제10의회 외정에 관한 질문에 대한 답변서(外政ニ関スル質問ニ対スル答弁書)」에 "淸國ヲシテ其ノ安全ヲ保タシメムト欲スルモノナリ"이라고 한 부분은 그 대표적 예라고 할 수 있을 것이다.[28] 한편, 이 시기 주한일본공사관 기록 중, 청과 일본 간의 각서(Memorandum)와 관련하여 재청영국공사가 청국정부의 입장을 정리해 본국에 보고한 문서를 재일본영국임시대리공사로부터 전달받아 다시 일본어로 번역한 것이 있다. 그 중 4항이 "Integrity of Corea to be jointly guaranteed"인데, 이를 당시 일본어로 "日淸兩國協同シテ朝鮮國土ノ安全ヲ擔保スルコト"라고 번역했다. 'integrity'가 '國土ノ安全'으로, 'guaranteed'가 '擔保'로 번역되었던 것이다(『駐韓日本公使館記錄』 4권, 二(18)). 이처럼 당시에도 '安全'이 시큐리티의 일반

---

26 예를 들어, "常々人民ノ安全ナルモ"(「神戸在留亜米利加國醫師「ベーリー」ヨリ牢死者死體解剖方出願一件」 1872), "安全信號檢査"(「警燈及安全信號檢査ニ関スル改正規則送付ノ件」 1880), "海上ノ安全"(「同長崎県知事ヨリ ノ具申　同上/分割」 1893), "當業者ノ生命財産ヲ安全"(「本邦人民建議請願雜纂　自明治二十九年至明治三十年(1)」 1893) 등이 있다.

27 "第一條　此後　大日本國ト大淸國ハ彌和誼ヲ敦クシ天地ト共ニ窮マリ無ルベシ．又両國ニ屬シタル邦土モ各禮ヲ以テ相待チ聊侵越スルコトナク永久安全ヲ得セシムベシ．"

28 "一第三問ニ対シテハ帝國政府ハ及ブベキ文淸國ヲシテ其ノ安全ヲ保タシメムト欲スルモノナリ"(「第十議會/7　江原素六外五名提出外交ニ関スル質問並ニ大東義徹外八名ノ提出外政ニ関スル質問ニ対スル答弁書」 1898).

적 번역어로 자리매김하지는 못한 것으로 보인다. 같은 해 외무성에서 외무대신과 러시아 공사 히트로보(Hitrovo) 간의 대화를 요약한 문건에는 "security in future to the relations between Japan and Corea"를 "日本ト朝鮮トノ關係上將來安心"이라고 번역했는데, 이처럼 시큐리티가 '安心'으로 번역되기도 했던 것이다(『駐韓日本公使館記錄』 4권, 一 (39)).

러일전쟁 시기에서는 시큐리티와 '安全'의 연관성이 보다 뚜렷하게 발견된다. 1903년을 기점으로 외무성 문건에 "帝國ノ安全"이라는 표현이 다수 등장한다는 사실은 당시 '安全'이 국제정치적 맥락에서 시큐리티의 의미로 사용되었음을 보여준다. 이러한 상황에서, 당시 일본의 공식 외교문서들은 '安全'이 시큐리티의 번역어로 자리매김 해나가는 과정을 잘 보여준다. 러일전쟁 시기 일본 정부의 1904년 2월 5일자 「러시아에 대한 선전포고(露國ニ對スル宣戰ノ詔敕)」와 그 영어 번역문에서 "東洋ノ治安"은 "peace in the Extreme East"로, "永ク帝國ノ安全ヲ將來ニ保障"은 "assure the future security of Our Dominion"으로 번역되었다.[29] 「텐진조약」에서 'public security'의 의미로 사용되었던 '治安'이 'peace'의 번역어로 사용되고 있다는 점, 그리고 '自護'로 번역되었던 'assure'가 '保障'으로 번역되고 있다는 점도 흥미롭지만, 보다 중요한 것은 '安全'이 정확하게 시큐리티와 대응하고 있는 점이라고 할 수 있다.

1905년 「제2차 영일동맹협약(第二回日英同盟協約, Agreement of Alliance

---

29 "惟フニ文明ヲ平和ニ求メ列國ト友誼ヲ篤クシテ以テ東洋ノ治安ヲ永遠ニ維持シ各國ノ權利利益ヲ損傷セスシテ永ク帝國ノ安全ヲ將來ニ保障スヘキ事態ヲ確立スルハ朕夙ニ以テ國交ノ要義ト為シ且暮敢テ違ハサラムコトヲ期ス." 해당 문건의 영문본("Text of the Imperial Proclamation")은 2월 10일자로 표기되어 있다.

between Japan and Great Britain)」4조에서도 "security of the Indian frontier"가 "印度國境 ノ 安全"으로 번역되고 있으며, 같은 해 체결된 「포츠머스 조약(Treaty of Portsmouth, 日露講和條約)」의 2조에 "the security of Russian or Korean territory" 역시 "露西亞國又ハ韓國 ノ 領土 ノ 安全"으로 번역되었다는 점도 같은 맥락에서 이해될 수 있다. 물론, 이 장의 서두에서 지적한 바와 같이, 이후 일본 외무성 외교사료에 등장하는 모든 '安全'을 시큐리티의 대응어로 간주할 수 없으며, 시큐리티에 대한 번역어로 '安全' 외에 다른 용어가 여전히 사용되고 있었다는 점 역시 간과해서는 안된다.[30] 그러나 최소한 이후 일본의 공식 외교 문건들에서 '安全'이 시큐리티의 유력한 번역어 중 하나로 채택되는 경향을 보이고 있다는 점은 분명해 보인다.[31]

당시 조선에서도 기본적으로 이와 유사한 경향이 발견된다. 그 이전까지 '安全'이 주로 전통적 의미로 사용되다가 1900년에서 1910년 사이 시큐리티의 맥락에서 사용되기 시작한 것이다. 예컨대 1879년

---

30 이는 일본 외무성에서 1919년 「국제연맹규약(The Covenant of the League of Nation, 國際聯盟規約)」의 "international peace and security"라는 구절을 "各國間 ノ 平和安寧"으로 번역한 것으로도 확인할 수 있다(日本外交年表竝主要文書(上卷), 493-500).

31 1934년 일본 외교시보사(外交時報社)에서 편찬한 『지나 및 만주관계 조약 및 공문서집(支那及ビ満洲関係條約及公文集)』은 이러한 용어상의 변화를 분명하게 보여준다. 예컨대 「난징조약」의 "full security and protection"이 중국어본에서 동사형으로 번역된 것에 반해, 여기서는 "充分ナル安全ト保護", 즉 '安全'과 '保護'로 번역되고 있는 것이다. "第一條 爾今大不列顛愛蘭聯合王國女皇陛下ト清國皇帝陛下ト ノ 間及其 ノ 各自 ノ 臣民間ニ ハ 平和及親好ヲ存スヘク兩國 ノ 一方 ノ 臣民ハ他 ノ 一方 ノ 版圖內ニ於テ其 ノ 生命及財產ニ付充分ナル安全ト保護トヲ享有スヘシ"(外交時報社 1934, 237-240). 이 외에도 이 책에는 1844년 「왕샤조약(望廈條約, Treaty of Wanghsia)」22조의 "freedom and security"를 "自由且安全"으로, 27조의 "relief and security"와 "safety and security"를 각각 "救助シ安全"과 "安全"으로 번역하고 있다. 후자의 사례에서 'safety and security'에 대한 각각의 번역어를 쓰지 않고 '安全'으로만 표현된 부분 역시 주목할만 하다.

의 실록에 "通商得安全"이라는 표현이 등장하며(『고종실록』 16권, 고종 16년 4월 19일 임술 4번째 기사), 1884년 『한성순보(漢城旬報)』와 1892년의 『각사등록(各司謄錄)』에도 '나라의 안전'과 관련된 표현이 등장한다.[32] 그러나 동시에 "王室의 安全", "自主獨立을 安全히 홀 時", "公衆의 安全幸福", "旅行의 安全" 등의 용례 역시 존재한다는 점을 고려하면 (『고종실록』 33권, 고종 32년 2월 2일 갑진 1번째 기사; 『대조선독립협회회보』 제4호, 1897년 1월 15일자; 『각사등록』, 1899년 8월 25일; 『각사등록』, 1905년 5월 23일), '安全'이 반드시 국제정치적 맥락에서 시큐리티의 의미로만 사용되었던 것은 아니었다.

그러나 앞서 살펴본 「포츠머스 조약」 2조의 "the security of Russian or Korean territory"를 "露西亞國又는 韓國의 領土安全"이라고 번역했던 시기를 기점으로(『고종실록』 46권, 고종 42년 9월 5일 양력 3번째 기사), 『대한매일신보』, 『태극학보』, 『대한자강회월보』, 『서우』 등 잡지에 '安全'이 등장하는 빈도가 급격하게 늘어나는 경향이 나타난다. 그 중 일부는 국제정치적 맥락에서 시큐리티의 의미로 사용되었으나, 애초에 영어 원문의 번역이 아니기 때문에 시큐리티의 대응어로 사용되었는지 확언(確言)할 수는 없다.[33] 다만, 일본의 경우와 유사하게 1910년대를 전후로 한국에서도 '安全'이 국제정치적 맥락에서 시큐리티의 의

---

32 "우리 나라[중국]는 저절로 오래도록 안전하고 영원토록 잘 다스려져서 西國과 함께 나란히 승승장구할 수 있을 것이다."(『한성순보』, 1884년 1월 8일자). "各國의 外務大臣은 진정 公法을 믿고서 安全을 꾀할 수 없고(各國外務大臣不能恃公法以策安全)"(『한성순보』, 1884년 1월 30일자). "保吾國之光榮安全"(『각사등록』 1892년 9월 28일), "國家所以維持安全者"(『고종실록』 34권, 고종 33년 12월 8일 양력 2번째 기사).

33 "人人이 其安全을 自謀이니"(『대한매일신보』, 1905년 11월 7일자), "米國領土의 保護安全을 確實히"(『대한매일신보』, 1908년 4월 14일자), "帝國의 安全을 保証키 不足다고 宣言"(『대한매일신보』, 1909년 3월 31일자), "安全을 保흠"(『대한자강회월보』 제3호, 1906년 9월 25일자), "萬國 安全의 方針"(『태극학보』 제12호, 1907년 7월 24일).

미로 사용되기 시작했다는 점은 분명하다. 그리고 이는 1909년 「한일합방 성명서(日韓合邦聲明書)」의 정당화 근거 역시 "大韓國之位置"의 "安全"과 "帝國의 安全"이었다는 점을 통해도 확인할 수 있다.[34]

4. 예외적 번역어로서 '안전보장(安全保障)'의 등장

20세기 초반 대한제국이 식민지로 전락한 한반도에서, 시큐리티의 번역어는 국제정치에서 사용된 경우만을 놓고 본다면 '安全'이 일반적이 되어갔다. 이런 상황에서 시큐리티의 번역어로 '安全'이 아니라 '安全保障'이 등장한 것은 1920년대 국제정치적 사건과 밀접하게 맞물려있다.[35] '安全保障'이란 용어 자체는 1920년대 전까지 식민지 조선과 그 '모국(母國)' 일본에서 자주 사용되지 않았고, 간혹 사용되더라도 국가의 안전보장이란 맥락에서의 용례는 없었다.[36] 이런 언어 사

---

34 "李容九等, 謹按我大韓國之位置, 由大日本帝國之扶護, 以保其安全, 若無復容杞憂" (『순종실록』 3권, 순종 2년 12월 4일 양력 1번째 기사), "大日本天皇陛下詔書曰: 朕이 東洋의 平和를 永遠히 維持ㅎ야 帝國의 安全을 將來에 保障ㅎᄂ 必要를 念ㅎ며"(『순종실록부록』 1권, 순종 3년 8월 29일 양력 1번째 기사).

35 물론, 1910년대에 일본 외무성 문건에도 시큐리티의 번역어로서 '安全'은 保護, '保障', '保證'와 같은 표현이 결합되어 사용되고 있었다. 그러나 이는 표제어가 아니라 '安全의 保護', '安全의 保障', '安全의 保證'과 같은 표현을 단순히 축약한 것이었다. 예를 들면, "當地 ノ 安全保障"(「分割1」, 1911), "生命財産の安全保障"("Nichibei Shinbun_19140722」, 1914), "安全保証 ノ 方法"(「英國潛航艇戰対抗施設計畫ニ関スル件 同二月」, 1917).

36 1920년대 이후 일본공문서에는 "帝國臣民生命財産通商 ノ 安全保護"(「內地影響調査／分割5」, 1923), "商人及商品 ノ 安全保證"(「英國 ノ 対支取引ニ関スル件」, 1923)이라는 표현이 나온다. 또한 신문에선 "北滿輸出 安全保障"이라는 기사도 발견할 수 있다(『매일신보』, 1922년 11월 28일자). 여기서 '安全保障'이라는 표현은 모두 개인이나 상품 또는 지역을 대상으로 하고 있다.

용에 변화를 초래한 것은 국제연맹에서의 군축에 관한 논의였다. 국제연맹 창설의 근간이 된 연맹규약은 8조에서 "national safety"에 배치되지 않는 최저수준까지 군축이 필요하다는 점을 명시해두었는데,[37] 여기에서 'national safety'는 사실상 'national security'와 바꿔 쓸 수 있는 것이었다.[38]

일본 정부는 연맹규약 8조의 'national safety'를 "國の安全"으로 번역했는데, 일본은 이 구절에 특히 주의했다. 국제연맹의 가맹국이었지만 군비 축소에 반대하고 있던 일본으로서는 '나라의 안전'이야말로 자국의 군비를 유지할 수 있는 주된 명분이었기 때문이다(『日本外交文書』大正9年 第3冊 下卷, 796). 이에 따라 일본에서 '安全'이 정치적으로 주요한 개념으로 재부상하게 된다. 그리고 바로 이 군비 축소 반대의 명분으로 사용되던 '安全' 즉, 시큐리티의 의미로서 'national safety'를 해결하기 위한 국제연맹 차원의 논의가 진행되는 과정에서 국가를 대상으로 하는 '安全保障'이란 용례가 탄생하게 된 것이다.

군축 문제를 다루기 위해 1921년 초 군비에 관한 임시혼성위원회(the Temporary Mixed Commission on Armaments)가 국제연맹에 설치되었는데, 이 위원회는 1921년 보고서에서 시큐리티가 확보된 이후에야 비로소 일반적 군축이 고려될 수 있다고 봤다(Webster 2005, 554). 이런

---

37 연맹규약 8조의 전문은 아래와 같다. "The Members of the League recognise that the maintenance of peace requires the reduction of national armaments to the lowest point consistent with national safety and the enforcement by common action of international obligations."

38 1920년 국제연맹 1회 총회의 군축위원회는 연맹규약 8조가 명시한 군축의 추진에 관한 내용을 담은 보고서를 채택했는데, 그 구체적 표현은 "comprehensive reduction of armaments under the supervision of the League to the lowest figure compatible with national security"로서 'national safety'란 표현을 대신해서 'national security'란 표현을 사용했다(Webster 2005, 554에서 재인용).

상황에서 시큐리티의 보장을 위해 당시 위원회의 일원이던 로버트 세실(Robert Cecil)은 'collective security' 개념의 원형이 되는 구상을 제안했다. 그는 일반적 군축을 가로막는 장애물은 인접국에게 공격받을지 모른다는 공포이며, 이로부터 벗어나기 위해서는 "그들 국가 안전의 만족스러운 보장"이 필요하다고 역설했고, 이를 위해 가맹국 전체에 해당되는 '상호보장조약(a treaty of mutual guarantee)'의 체결을 제안했다 (Levermore 1992, 5-6).

일본 정부는 세실의 이러한 대담한 제안에 즉각 반응했다.[39] 세실이 제안한 「a general treaty of guarantee」를 「一般的保障條約」으로 번역했던 일본 정부는 이 조약 구상에 관해 논의하면서 비로소 '(국가의) 안전보장'이란 표현을 빈번히 사용하기 시작했다.[40] 이 조약 자체가 국가의 안전을 보장하기 위한 조약이었던 점을 고려하면 이에 관한 논의 과정에서 국가를 대상으로 한 '安全保障'이란 표현이 사용된 것은 자연스러웠다.[41]

식민지 조선 역시 일본의 언어 사용의 이러한 변화를 좇아갔으나, 다만 일본 정부와 식민지 조선 사회 간에는 시간적 격차가 존재했다. 1920년대 이른바 문화통치 이후 조선에서 발행된 신문은 세실이 주

---

39 세실의 제안은 국제연맹 제3회 총회에서 채택되었고, 그 결과 국제연맹은 가맹국에게 이 제안에 대한 의견을 요청했다. 일본의 대응은 이런 맥락 속에서 나왔다. 총회에서 결정된 내용에 관해서는 (Levermore 1922, 9-10).

40 이 논의 과정에서 '安全保障'의 용법에 관해서는 『日本外交文書』 大正12年 第3冊, 6. 國際聯盟ニ於ケル軍備制限問題 참고.

41 일본정부는 세실의 보장조약을 '체약국 각자의 안전에 관한 만족한 보장을 부여하기에 충분한 일반적 보장조약(締約國各自ノ安全ニ關シ滿足ナル保障ヲ與フルニ足ル一般的保障條約)'이라고 해석했다(『日本外交文書』 大正12年 第3冊 277, 292). 물론 이 것이 일본정부가 이 구상에 찬성했음을 의미하진 않는다. 일본 정부는 형식상 목표에 찬성하면서도 실질적으로 제국의 이익과 현실가능성을 염두에 두면서 군비 제한에 난색을 표했다.

도했던 국제연맹의 군축 논의에 관심을 기울였으며(『동아일보』 1922년 9월 8일; 15일), 또한 국제연맹이 군비 축소를 위해 '일반적 보장조약'의 체결을 추진한다는 사실도 보도했다. 하지만 이 기사는 군비 축소와 '보장조약'의 관계를 설명하기 위해 '安全'이나 '安全保障'의 문제에 대해서는 별도 언급하지 않았다(『동아일보』 1922년 12월 6일).

식민지 조선에서 국가를 대상으로 하는 '安全保障'이란 표현은 프랑스가 '시큐리티 문제'를 제기하면서 비로소 신문지상에 등장했다. 국제연맹에서 일반적 군축이 논의되자 프랑스는 이에 반발했는데, 프랑스 입장에서는 독일이 베르사유 조약을 여전히 준수하지 않고 있기 때문에 자신의 시큐리티가 담보되지 않고 있다는 것이었다(Levermore 1922. 12). 프랑스는 이런 시큐리티 문제를 명분으로 1923년 1월 독일 루르 지방을 점령했는데, 이 문제를 둘러싼 프랑스와 독일 간의 갈등을 전하면서 식민지 조선의 신문은 국가의 '安全'과 이것의 '보장' 문제를 언급하기 시작했던 것이다.

동아일보는 1923년 5월 6일자 신문에서 프랑스가 루르 점령 철수의 조건 중 하나로 "將來 佛의 安全을 絶對로 保障할 事"를 제시하고 있다고 전했고, 8월 4일자 「歐洲新紀元의 曙光」이라는 글에는 프랑스가 안전을 위해 루르를 점령하면서 그 담보물을 요구하고 있는데, "大陸諸國과 英佛聯合으로 佛國의 安全을 保障하자는 提議도 有"하다는 내용이 실려 있다.[42] 이처럼 '安全'과 이의 '보장'을 다루는 기사가 나오다가 1924년에 들어서면 비로소 '安全保障'이란 용어가 식민지 조선에 처음으로 등장한다. 1924년 6월 23일자 「對獨賠償協定可

---

42 1923년 8월 4일자 기사는 미국의 사회과학자인 Jeremiah W. Jenks가 *Current History* 1923년 7월판에 게재한 *Europe, Dawn of the New Era*를 번역한 글이다.

能乎」라는 기사에서는 프랑스 국무총리 에두아르 에리오(Édouard Marie Herriot)와 영국 수상 램지 맥도널드(James Ramsay MacDonald)가 "佛國의 安全保障及獨逸軍備의 制限"에 관해 논의했음을 전하고 있다. 그 이후 프랑스의 '安全保障'을 직접 언급하는 기사가 이어지는데, 이를 계기로 국가를 대상으로 사용되는 '安全保障'은 하나의 용례로 식민지 조선에서 정착된 듯 보인다.

그러나 여기에서 사용된 '安全保障'은 엄밀하게 말해 'security'가 아니라 'guarantee of security'의 번역어였다. 동아일보 1925년 2월 9일자 「德佛間의 外交」라는 기사에 따르면, 프랑스 총리 에리오는 국회에서 "佛國의 安全과 라인 占領은 分離치 못할 것이다"라고 선언하면서 "佛國安全保障"이 자신의 정강이라고 밝혔다. 이 기사는 영어 기사에 근거해서 작성되었던 것으로 보이는데, 당시 에리오의 정치적 요구에 대한 영어권 기사를 살펴보면 그가 "French security"를 추구하고 있다거나 "guarantee of security"를 얻고자 한다는 언급을 확인하긴 어렵지 않다(*The New York Times*, June 25, 1924; March 2, 1925). 이로 미루어보면 '佛國의 安全'은 'French security'에, '佛國安全保障'은 'guarantee of (French) security'의 번역에 조응하는 것으로 보인다.

한편 '安全保障'이 예외적으로 'security'에 대응하는 번역어로 사용되는 경우도 생겨나는데, 이는 '안전보장문제'와 '안전보장협약'이란 표현에서였다. 전자의 경우는 조선일보 1925년 5월 30일자 「佛外相의 外交演說 安全保障問題에 關하야」에서 확인할 수 있다. 이 기사는 5월 26일 아리스티드 브리앙(Aristide Briand) 외상이 상원에서 "安全保障問題는 數日間에 解決될터인바 그 時까지는 說明키 불능하다"고 했다고 전한다. 이 동일한 내용을 다룬 뉴욕타임즈 기사를 살펴보면, 브리앙은 "the security problem"에 대해 독일의 입장은 확고하며 연합국도 이에 대해 지금 검토하고 있다고 밝히면서, 현재로선 협상의 자세한 내용을 밝힐 수는 없지만 수일 내에 이를 전할 수 있을 것이라고 했다(*The New York Times*, May 27, 1925).

이 기사와 위의 조선일보를 비교해보면 '안전보장문제'가 'security problem'에 대응하고 있음을 알 수 있다. 'security problem'은 당시 'security'의 번역 관행에 따르면 '안전문제'라고 했어야 하지만 '안전보장문제'라고 번역된 것인데, 이는 '안전보장문제'라는 표현이 'security problem'의 의미를 더 잘 드러내기 때문이었다. 당시 유럽에서 제기된 시큐리티 문제의 핵심은 앞서 살펴보았듯이 '프랑스를 위시한 독일 인접국의 안전을 어떻게 보장할 것인가'에 있었다.[43] 이런 점에서 여기에서 사용된 시큐리티는 안전한 상태의 '보장'을 의미했다. 따라서 '안전보장문제'라는 용어는 'security problem'이란 기표가 지칭하는 기의(signified)에 더 충실한 번역이라고 볼 수 있을 것이다.

'안전보장협약'도 동일한 이유에서 'security pact'의 번역어로 사용되었다. 당시 영문 기사들은 일반적으로 프랑스 및 독일 인접국가의 시큐리티를 보장하기 위한 조약을 'security compact/pact/treaty'라고 불렀다. 구체적인 예로, 6월 25일자 뉴욕타임즈에 따르면 영국 외상 오스틴 체임벌린(Austen Chamberlain)은 하원에서 'security compact'의 지지를 요청했으며 'the proposed security compact'가 현재로선 최상의 방법이라고 역설했다(*The New York Times*, June 25, 1925). 체임벌린이 촉구한 'security compact'는 식민지 조선에서 '안전보장조약'으로 번역되는데, 조선일보는 1925년 7월 26일자 「<u>安全保障問題</u>와 英외상의 言

---

43 이 문제는 1920년대 중반 국제사회에서 가장 논쟁적 이슈였다(Luther 1925, 584-588; Benes 1926, 195-210).

明」이란 기사에서 체임벌린이 "餘로서는 獨逸이 安全保障協約의 提案을 하였다는 獨逸의 好意에 此는 조금도 疑心을 하지 안는다"고 했다. 이처럼 시큐리티의 번역어로 '安全保障'이 사용된 것은 역시 이 복합어에서 시큐리티가 안전의 '보장'이란 의미를 담고 있었기 때문이었다.

지금까지 살펴본 바와 같이, 'security pact'나 'security problem'의 번역에선 예외적으로 'security'가 '安全'이 아니라 '安全保障'으로 번역되었다.[44] 이는 두 복합어에 담겨 있는 의미를 고려하면 적절한 의역이었다고 말할 수 있을 것이다. 다만, 'security'를 '安全保障'으로 번역하는 것은 이런 특수한 경우에만 적용되는 예외적 사례에 불과했다. 따라서 이런 예외적 번역어의 축약어인 '安保'가 국제정치에서 국가의 'security'의 유일한 번역어로 전환되는 과정에는 또 다른 두꺼운 맥락이 필요했다.

5. '안보(安保)'의 유행과 일반적 번역어로의 성립

1930년대에 접어들면 시큐리티가 '安全保障'으로 번역되는 경우가 늘어나게 되는데, 그 대표적 사례가 'collective security'의 번역이었다. 이 표현이 식민지조선에서 조명을 받게 된 중요한 사건은 1936년 라인란트의 재무장이라고 할 수 있다. 베르사유 조약과 로카르노 조약은 독일에 의한 라인란트 지역의 군사기지화를 금지했지만, 히틀러의 나치 독일은 1936년 3월 17일 라인란트의 재무장화를 단행했다.

---

44 이런 번역이 예외적이었다는 것은 'security compact'가 여전히 '안전조약'으로 번역되는 경우도 있었다는 점에서도 확인할 수 있다. 예를 들면, 『동아일보』 1925년 8월 17일자, 「安全條約討議次로 巴里에서五國大使會議」.

이에 프랑스가 직접 반발하면서 유럽에서 'collective security'가 다시 주요한 정치적 쟁점으로 국제무대에 부상하게 된 것이다.[45]

식민지 조선의 신문 역시 이로 인해 촉발된 유럽의 정세에 주목하면서 관련 소식을 보도했는데, 이 과정에서 'collective security'를 '共同安全保障' 또는 '集團적 安全保障'이라고 번역했다. 1936년 7월 2일 프랑스 수상 레옹 블룸의 국제연맹 총회 연설에 관한 신문 기사는 이런 번역 경향을 보여주는 대표적 사례이다. The Times에 따르면, 블룸은 총회 연설에서 'collective security'를 위해서는 일반적 군축이 요구된다고 역설했는데(The Times, July 2, 1936), 동아일보 1936년 7월 3일자 기사는 그가 "大戰의 危機切迫을 指摘하고 共同安全保障의 必要를 力說"했다고 전했다. 'collective security'를 '共同安全保障'으로 번역한 것이다.[46]

이처럼 1930년대 이후 '安全保障'이 시큐리티의 번역어로 사용되는 경우가 늘어났으며, 이는 국제정치에서 안전의 보장이 첨예한 정치적 쟁점이 되는 상황을 반영했다. 하지만 여전히 '安全保障'이 시큐리티의 일반적 번역어로서의 위상을 갖지는 못했다. 1936년 3월에 체결된 「제2차 런던 해군 군축 협정(the Second London Naval Treaty)」에 대한 번역에서도 이를 확인할 수 있는데, 이 협정 26조 1항의 원문은 "If the requirements of the national security of any High Contracting Party should⋯⋯be materially affected by any change of circumstances,⋯

---

45 3월 21일 런던에서 열린 국제 노동자 협회(International Labour Conference)는 독일의 라인란트 재무장화가 로카르노 조약 위반이라고 비난하는 성명을 채택하면서 이에 대항하기 위해 'collective security'를 조직해야 한다고 촉구했다(The Times, March 21, 1936).

46 조선일보는 일반적으로 '集團적 安全保障'이란 번역어를 사용했다(『조선일보』 1936년 4월 21일; 11월 3일).

such HIGH Contracting Party shall have the right to depart for the current year from the current year from His Annual Programmes of construction and declaration of acquisition"으로 되어 있다.[47] 동아일보 1936년 3월 23일자의 기사는 이 조항을 짧게 요약해서 "締約國의 國家的安全이 어떠한 事情變化에 依하야 動搖되는 경우에도 同樣 通告한 後 協議 할 것"으로 번역했는데(『동아일보』 1936년 3월 23일), 여기에서 '國家的安全'이 원문의 'national security'에 대응하는 번역어이며, 시큐리티가 여전히 '安全'으로 번역되고 있음을 확인할 수 있다.

이처럼 '安全保障'이 시큐리티의 번역어로 사용되는 사례가 늘어났지만 여전히 '安全'은 시큐리티의 일반적 번역어로서 지위를 상실하지 않았다. 이런 상황에 변화가 생겨나는 단초는 안전보장의 축약어인 '安保'의 사용이었다. '安保'는 '편안히 보전됨' 또는 '편안히 보전함'이란 의미로 조선시대에 흔히 사용되었으며 식민지 시기에도 통용되었던 표현이었는데 반해,[48] '安全保障'의 축약어로서 '安保'는 식민지 시기까지 사실상 사용되지 않았다.[49] 이런 용례에 변화가 생겨나

---

47 이 협정의 전문은 미국 Library of Congress의 the United States Treaty Series 참고. https://www.loc.gov/law/help/us-treaties/bevans/m-ust000003-0257.pdf (검색일: 2020년 9월 23일).

48 조선왕조실록에서 '安保'의 전통적 용례는 『정종실록』4권, 정종 2년 6월 1일 갑오 5번째 기사에서 발견된다. 이 상소에서 "伏惟殿下, 上爲國家, 示其法令之明信, 下爲居易等, 慮其富貴之安保, 收還外寄"라는 구절에서 '安保'는 '안전히 보호한다'는 의미로 사용되었다. 구한말 신문에서는 "民業을 安保" (『황성신문』, 1905년 10월 27일), "三千裏彊土安保" (『대한매일신보』, 1907년 5월 29일) 등의 표현을 찾아볼 수 있는데, 이 역시 전통적 의미로 사용된 것이다.

49 『조선일보』 1925년 10월 30일자 「巴爾幹에도 安保協約實施? 聯盟理事會審議」라는 기사에서 한 번 '安保'가 '安全保障'의 줄임말로 사용되고 있다. 하지만 조선일보에서도 그 이후 '安全保障'의 줄임말로 '安保'가 사용되는 경우는 발견되지 않는다. 따라서 이는 대단히 예외적 사례인 것으로 보이며, 일반적으로 '安保'는 '安全保障'의 줄임말로 쓰이지 않았던 것으로 보인다.

는 계기가 바로 1946년 'United Nations Security Council'의 수립이
었다. 1946년 1월 'Security Council'이 처음으로 개최되었는데, 그 활
동을 보도하면서 신문들은 '安保'라는 표현을 비로소 쓰기 시작했던
것이다.[50]

구체적으로, 조선일보는 1946년 1월 28일자 기사에서 소련이 이란
과의 분쟁에서 '安全保障理事會'의 개입을 거부하고 양자 해결을 원
한다는 소식을 전했는데, 이 기사의 본문은 'Security Council'을 "安
全保障理事會"로 번역했지만 표제에선 이를 줄여서 "安保理事會"라
고 불렀다(『조선일보』 1946년 1월 28일). 동아일보도 1946년 1월 31일
자 기사에서도 'Security Council'과 관련해 표제에서 "安保"라고 쓰고
기사 본문에선 "安全保障理事會"라고 표기했다(『동아일보』 1946년 1월
31일). 그 이후 신문들은 항상 표제에선 '安全保障理事會'의 축약어인
'安保理事會' 또는 '安保' 라는 표현을 사용하는 경향을 보인다.

한국의 신문은 처음부터 '安保理事會'의 활동에 관심을 기울였으
며, 특히 1949년 2월부터 '安保理事會'가 한국의 국제연합 가입문제
를 검토하자, 자연스럽게 신문에서 '安保理事會'란 표현도 더 빈번
하게 등장하게 된다. 물론, 이 용어는 1940년대까지는 여전히 국제
연합의 'Security Council'의 번역에만 사용되었다. 그러나 1950년대
로 넘어가면서 비로소 '安保'가 다른 경우에도 쓰이기 시작하는데,
예컨대 'collective security'의 번역어인 '集團安全保障'은 기사의 제

---

50 연합국은 2차 세계대전의 막바지부터 'Security Council' 설립에 관한 검토를 시작했
는데, 해방 직전까지 식민지 조선의 신문은 'Security Council'을 이전의 번역 관행을
좇아서 '安全保障委員會'로 번역했다. 『매일신보』 1945년 6월 24일자 「安全保障委員
會」라는 표제의 기사는 'Security Council'을 다루었는데, 기사 제목에서 드러나듯이
'Security Council'은 '안전보장위원회'로 번역되었다.

목에서 "集團安保"로 표기되었고(『조선일보』 1951년 5월 11일), 'security treaty/compact'의 번역어인 '安全保障條約'은 "安保條約"으로(『조선일보』 1951년 7월 31일), 'security talk'의 번역어로 보이는 '安全保障會議'는 "安保會議"로 번역되었던 것이다.[51] 또한 미국의 'national security council'은 '國家安全保障委員會'로 번역하고 이를 '國家安保委'로 줄여서 표기하기도 했다(『조선일보』 1954년 4월 10일).

이처럼 1955년대에 접어들면서 '安全保障'의 줄임말이자 시큐리티의 번역어로서 '安保'는 기사의 표제에 흔히 사용되는 용어가 되었으며, 이에 따라 전통적 의미에서 '安保'는 점차 자취를 감추게 된다. 다만, '安全保障'의 축약어로서 '安保'는 여전히 시큐리티의 일반적 번역어로서 지위를 차지하지는 못했는데, 이러한 상황은 1970년대 까지 지속되었다. 이는 '安全保障'이 시큐리티에 담긴 이중적 의미를 제대로 표현하지 못해서였다고 할 수 있는데,[52] 미·일 간에 1960년 1월 19일 체결된 「Treaty of Mutual Cooperation and Security between the United States of America and Japan」에 대한 번역은 이런 상황을 잘 보여준다.

이 조약에는 시큐리티란 표현이 다수 등장하는데, 조약의 일본어판에서 시큐리티는 '安全'과 '安全保障'이란 두 가지 방식으로 번역되었다. 예를 들어, 조약명에 포함된 시큐리티의 경우 이는 안전을 보장하는 조약이라는 의미가 담겨 있기 때문에 '安全保障'으로 번역된 반면, 전문(前文)에 사용된 시큐리티는 '위협으로부터 자유로운 상

---

51 『조선일보』 1952년 10월 27일. 뉴욕타임즈에 따르면 1952년 10월 미국은 필리핀과 'security talk'를 가졌다(*The New York Times*, Oct. 29, 1952). '안전보장회의'는 이러한 영어 표현의 번역어로 보인다.

52 이중적 의미와 관련해서는 각주 3) 참조.

태' 즉, '안전한 상태'라는 의미로 사용되었기 때문에 '安全'으로 번역된 것이다.[53] 이와 유사하게 한국 신문 역시 이 조약에 관해 보도하면서 시큐리티의 번역에 두 개의 용어를 모두 사용하고 있음을 확인할 수 있다. 1960년 1월 19일 미국 아이젠하워(Dwight D. Eisenhower) 대통령과 기시(岸信介) 총리가 안보조약 체결을 선언하는 「공동성명(Joint Communique)」에는 "They are convinced that the treaty will materially strengthen peace and security in the Far East"라는 구절이 포함되어 있었는데,[54] 조선일보는 1960년 1월 21일자 「極東平和와 安全을 보장」 기사에서 그들의 공동성명을 정리해서 "「아이젠하워」大統領과 岸首相은 十九日 共同 「콤뮤니케」에서 改正된 美·日安保條約은 極東의 平和와 安全을 크게 強化할 것이라고 말하였다"고 보도했다(『조선일보』 1960년 1월 21일). 조약명에 들어간 'security'는 '安保'로 번역한 반면 조약의 일본어판과 마찬가지로 전문(前文)의 'security'는 '安全'을 선택했던 것이다.

이처럼 '安全保障'의 축약어인 '安保'는 비록 그 사용빈도와 적용 범위가 확대되었지만, 여전히 국제정치에서 사용되는 시큐리티의 일반적 번역어가 되기에는 일정한 한계를 내재하고 있었다. 앞서 살펴본 바와 같이, 시큐리티가 '安全保障'에 비해 더 넓은 의미를 가지고 있으며, '安全保障' 혹은 그 축약어로서 '安保'는 두꺼운 맥락 위에 특정한 의미를 가진 시큐리티만을 지칭하는 것이었기 때문이다. 이런 문

---

53 조약의 일본어 정식명칭은 「日本國とアメリカ合衆國との間の相互協力及び安全保障條約」이다. 일본어 전문은 https://www.mofa.go.jp/mofaj/area/usa/hosho/jyoyaku.html (검색일: 2020년 9월 23일).

54 공동성명의 전문은 The World and Japan Database 참고. https://worldjpn.grips.ac.jp/ documents/texts/JPUS/19600119.D1E.html (검색일: 2020년 9월 23일).

제에도 불구하고 '安保'는 1970년대 후반 시큐리티의 일반적 번역어로 자리매김하게 되는데, 그 계기는 1969년 닉슨 독트린의 선언과 그에 따른 주한 미군 감축 시도가 촉발한 소위 '安保 問題'였다(신욱희 2005, 1-6). 주지하다시피, 1969년 3월 한미 합동훈련이 실시되자 미국이 향후 지상군을 감축할지 모른다는 위기의식이 심화되면서 '安保 問題' 즉, 미군의 재배치로 구체화된 한미관계의 변화 속에서 북한의 위협으로부터 한국의 안전을 어떻게 보장할 것인가라는 문제가 신문의 주요 관심사가 되었다.[55]

1970년 주한 미군 감축 계획이 구체화되면서 정치권 역시 이 문제를 본격적으로 검토하게 되었고, 이와 함께 '安保'는 다양한 형태로 지면을 채우기 시작했다. 신민당은 이 문제를 해결하기 위해 '安保 特別對策委員會'를 개최했고(『조선일보』 1970년 3월 12일), 공화당은 중앙정보부장을 불러 "安保 問題"에 대한 강연을 실시해서 의원들에게 "安保 공부"를 시켰다(『조선일보』 1970년 4월 1일). 동년 6월 미국이 주한 미군 1개 사단의 철수를 통보한 가운데 '安保 問題'를 다루기 위해 "安保 國會"도 개최되었다(『조선일보』 1970년 6월 17일; 6월 18일; 7월 12일). '安保 國會' 이후 정치권에서는 "安保攻防"이 벌여지면서 "安保政局"이 이어졌고(『조선일보』 1970년 11월 8일; 11월 10일), 그 와중에 신민당 대통령 후보 김대중은 과감한 "安保公約"을 밝히면서 "安保 論爭"에 불을 지폈다(『조선일보』 1970년 11월 8일; 11월 26일). '安保 問題'를 둘러싼 이와 같은 일련의 논쟁이 지속되면서, '安保'의 유행이 시작되었던 것이다. 1971년 2월 한미 양국이 7사단의 완전한 철수와 2사단의 후방

---

55 예를 들면, 『조선일보』 1969년 3월 23일, 「安保問題를 遠慮할 時期」; 『동아일보』 1969년 3월 22일, 「韓國安保 再點檢」.

재배치에 합의하면서 주한미군 감축 문제는 일단락되었지만(신욱희 2005, 5). 박정희가 그 해 12월 「국가비상사태」를 선언하면서 "모든 施策 安保에 最優先"이라는 담화를 발표한 데에서도 잘 드러나듯이 '安保'의 유행은 단발성으로 그치지 않았다.[56]

'安保'가 시큐리티의 일반적 번역어로 자리매김한 것은 이러한 유행 덕분이라고 말할 수 있다. 즉, '安保'란 용어가 일상적으로 통용되면서 '安保'와 시큐리티의 의미 차이에 주목하지 않는 경향이 확대되고, 그 결과 시큐리티의 일반적 번역어로 자리매김할 수 있었다. 1974년 극동문제연구소에서 발간한 『동아세아의 평화와 안보』에 실린 허츠(John H. Herz)의 "國際關係패턴의 變化가 分斷國家에 미치는 影響—特히 韓國과 獨逸의 境遇"라는 번역논문은 이러한 경향을 보여주는 초기 사례로 간주될 수 있다. 이 논문을 번역하는 과정에서 시큐리티의 대응어로 일괄 '安保'가 사용되었는데, 특히 닉슨(Nixon)−사토(Sato) 공동성명에 관한 대목에서 번역어로서 '安保'의 위상 변화를 엿볼 수 있다.

허츠의 원문은 닉슨−사토 공동성명의 3항 중 "the United States would continue to contribute to the maintenance of international peace and security in the Far East"라는 부분을 언급하고 있는데(Herz 1975 165), 이 성명이 발표된 1969년 당시 한국 언론은 이 부분의

---

56 '안보'의 유행과 함께 물론 이 용어는 더 이상 표제에 국한되지 않고 기사 전문에서 '安全保障'의 축약어라는 사실이 명시되지 않은 채 단독으로 사용된다. 다만, 처음에는 '安全保障'이라는 의미를 상실하지 않았으며, 시큐리티의 번역어로서 '安全'도 여전히 사용되었다. 예를 들자면 『조선일보』 1970년 1월 7일, 「國際狀況과 70年代安保」. 이 사설은 전문에서 더 이상 '安全保障'이 아니라 '安保'라는 표현을 쓰고 있지만, 동시에 헨리 키신저의 'relative security'를 '相對的인 安全'으로 번역하고 있는 데에서 확인할 수 있듯이 상태로서의 시큐리티를 '안전'으로 번역하고 있다.

'security'를 「미·일 안보조약」의 경우와 마찬가지로 '安全'으로 번역한 바 있다.[57] 주지하다시피, 이는 '安全保障'의 줄임말인 '安保'가 아니라 '安全'이 의미상 번역어로서 더 적합했기 때문이다. 하지만 '安保'가 유행하던 1974년의 시점에서 출판된 이 번역논문은 동일한 대목의 시큐리티를 '安全'이 아니라 '安保'로 번역한다.[58] 약 5년 전만하더라도 가능하지 않았을 이러한 번역이 가능했던 것은 '安保'의 유행 덕분에 이 단어가 '安全保障'의 줄임말이란 사실과 그러한 특수한 맥락에서 만들어진 '安保'라는 표현이 시큐리티 전체를 포괄하지 못한다는 점이 간과되었기 때문일 것이다. 요컨대 '安保'가 그 태생적 한계로 인해 시큐리티의 적역(適譯)이라고 볼 수 없음에도 불구하고, 용어의 유행으로 인해 시큐리티의 일반적 번역어로 사용되었던 셈이다.

이와 같은 현상이 1970년대 중반 대중담론으로 확산되면서 '安保保障'이라는 아이러니한 표현도 나오게 된다. '安保 保障'은 1970년 중반 이전에는 쓰인 적이 없었던 표현으로, 기본적으로 이것이 동어반복으로서의 성격을 띠기 때문이었다. 앞서 살펴봤듯이 1960년대 후반까지만 해도 '安保'는 표제에만 사용되었고, 본문에는 '安全保障'이란 정식명칭이 사용되는 것이 일반적이었다. 이런 상황에서 'guarantee of security'의 번역어로 '安保 保障'이란 표현을 쓰게 되면 '安全保障 保障'이라는 의미가 되기 때문에 부자연스러울 수밖에 없었다. 따라서 신문은 'guarantee of security'를 번역해야 할 경우 '위협으로부터 자유로운 상태'라는 'security'의 의미를 고려해서, 앞서 살펴

---

57 『조선일보』 1969년 11월 22일자 「美 -日 共同聲明 要旨」의 기사에는 이 내용이 "極東에 있어서의 國際平和와 安全유지를 위해 계속 공헌"이라고 되어 있다.

58 번역문은 "極東의 安保와 平和의 維持"라고 되어 있다(허츠 1974, 45).

본 1960년 1월 21일 조선일보의 기사에서처럼 '安全의 保障'이라고 번역하는 것이 일반적이었다.

그런데 '安保'가 시큐리티의 일반적 번역어로 사용되었던 1970년 대 후반 기사에서부터 '安保 保障'이란 표현이 등장하게 된다. 동아 일보 1976년 11월 4일자 카터 대통령의 대아시아 정책을 다룬 「對亞 政策 日本主軸으로 韓國安保 보장」이란 기사에서 처음으로 '安保 保 障'이란 표현이 등장한다(『동아일보』 1976년 11월 4일). 또한 역시 카터 의 발언을 다룬 동년 12월 22일자 동아일보는 「"돌연한 行動 안 취하 겠다" 韓國民에 安保保障意圖」라는 제목의 기사를 실었다(『동아일보』 1976년 12월 22일). 이 외신 기사들에서 사용된 '安保 保障'이란 표현은 'guarantee of security'에 대응하고 있었는데, 이처럼 과거의 번역 방 식에서 본다면 용납될 수 없는 '安保 保障'이란 표현은 '安保'가 용어 의 유행에 힘입어 시큐리티의 일반적 번역어가 되었으며, 동시에 아 이러니하게 '安保'에서 '保障'이란 의미가 탈각되기 시작했음을 보여 준다.[59] 나아가 1960-70년대 박정희가 추진했던 한글 전용 정책의 성과가 본격적으로 나타나던 1980년대부터 '安保'와 '安保 保障'이란 한자어가 '안보'와 '안보 보장'이란 순 한글로 빈번히 대체되는데,[60] 이

---

59 물론 '안보'의 용례에서 '안전보장'의 의미 탈각이 전면적인 것은 아니었다. 50년대부터 '안전보장'을 주된 연구 과제로 삼아왔던 국방대학교와 그 산하 안보문제연구소는 '안보' 가 유행하던 시기에도 '안보'='안전보장'이라는 입장을 고수했다(정준호 1975, 7-19).

60 '안보 보장'이란 표현은 『조선일보』 1981년 1월 13일 「"美軍감축 이유 없다. 헤이그 韓 國안보 보장은 매우 重要"」; 1983년 2월 4일 「蘇, 日野黨상대 平和공세 "非核지키면 安 保보장"」. 'security'를 '안보'로 번역한 것을 직접 확인할 수 있는 사례로는 『조선일보』 1986년 4월 2일 「와인버거 來韓 성명 오늘 韓美 안보협 개막」. 이 기사에서 한국을 방 문 중인 와인버거(Caspar Willard Weinberger) 미 국무장관은 "한국의 안보가 극동의 안 정과 평화를 위해 매우 중요하며, 나아가 미국의 안보에도 결정적 역할을 한다"라고 발 언했는데, 이는 'the security of Korea is pivotal to the peace and stability of Northeast Asia, and that in turn is vital to the security of the United States'를 번역한 것이었

것이 '보장'이란 의미의 탈각을 심화시키면서 '안보'가 시큐리티의 일반적 번역어로서의 지위를 굳히는데 기여했던 것으로 보인다.

6. '시큐리티=안보'의 성립

대한민국의 정치에서 시큐리티가 중요하지 않았던 시기는 정부 수립이후 한 번도 없었다고 해도 과언이 아니다. 6·25전쟁과 이후의 정전체제 하에서 시큐리티는 국가정책의 핵심문제였으며, 탈냉전 이후 북한과의 화해협력이 추진되고 있는 오늘날에도 시큐리티는 그 중요성을 더해가고 있다. 북핵 문제가 미결 과제로 남아있는 상황에서, 미중갈등의 격화, 기후온난화로 인한 기후변화와 자연재해, 코로나-19와 같은 대전염병의 발호 등 시큐리티를 위협하는 사건들이 연이어 발생하고 있다. 시큐리티의 중요성이 재고되는 상황에서 서구 학계에서 시큐리티 개념을 둘러싼 논쟁이 상당부분 진행되었지만, 우리는 시큐리티와 '안보'를 등치시키고 있을 뿐, '안보' 그 자체에 관심을 두지 않았던 것이 사실이다.[61]

다. 그의 발언 원문은 *The New York Times*, April 2, 1986 「South Korea Puts Limits on Protest」. 박정희의 한글 전용 정책에 관해서는 이봉원(2011, 35-38)을 참고.

61 물론, 이는 '안보'와 '안전보장'을 연결시키지 않는 시큐리티 연구자들의 입장에선 큰 문제가 되지 않을 수 있다. 그러나 현재 한국에서 '안보'는 일상어로 자리매김하고 있고, 이에 근간해서 '안보' 교육을 받아야 하는 시민과 학생에게는 '안보'에 대한 깊은 이해를 방해하는 요인이 될 수 있다. 예를 들자면, 1990년대 이후 연구 성과를 반영해서 홍용표(2002, 123)는 '안보'를 "객관적 의미에서는 취득한 가치에 대한 위협의 부재를, 주관적 의미에서는 그러한 가치가 공격을 받을 것이라는 두려움의 부재"로, 이원우(2011, 34)는 "위협의 상대적 부재이며 국제관계에서 안보는 무장투쟁이 없는 상태"로 정의했다. '안보'가 시큐리티의 번역어라는 사실에 대한 선(先)이해 없이 '안보=안전보장'만을 염두에 둘 경우 이러한 설명은 그 자체로 이해되기 어렵다.

지금까지 살펴본 바와 같이, 시큐리티 개념이 처음으로 소개된 19세기 초중반 동아시아에서 시큐리티는 '平安', '無事' 등으로 번역되었지만, 19세기 후반으로 접어들면서 점차 '安全'이 시큐리티의 번역어로 통용되기 시작한다. 주지하다시피, 일본이 조선·대한의 식민지화를 추진하면서 명분으로 삼았던 것 역시 시큐리티로서 '安全'이었다. 1920년대 유럽에서 '시큐리티 문제'가 발생하고, 이러한 정치적 상황에서 시큐리티라는 용어에 '안전의 보장'이라는 의미가 담겨 있는 경우들이 있었기 때문에 이러한 두꺼운 맥락이 반영된 '安全保障'이라는 예외적 번역어가 등장하게 된다. 그러나 그 사용범위는 여전히 보장의 의미가 분명한 경우에 한정되었으며, 또한 해방 이전까지는 '安全保障'은 '安保'라는 축약어의 형태로는 거의 사용되지 않았다.

해방 이후 비로소 '安保'는 '安全保障'의 축약어이자 시큐리티의 예외적 번역어로 글의 표제에 국한되어 제한적으로 사용되었고, 시간이 지나면서 점차 그 사용빈도와 적용 범위가 확대되었지만 시큐리티와 '安保' 간의 의미 상 간격으로 인해 '安保'는 시큐리티의 일반적 번역어가 될 수 없었다. 이것이 극복된 것은 70년대 '安保 問題'의 발생이었고, 이를 계기로 '安保'라는 표현이 대중적으로 유행하게 되면서 비로소 '安保'는 시큐리티의 일반적 번역어의 지위에 오르게 된다. 이 과정에서 아이러니하게도 '安保'가 가지고 있었던 '安全保障'으로서의 의미와 맥락이 점차 탈각되었다. 나아가 한자어 '安保'가 한글 '안보'로 바뀌면서 이런 과정이 심화되었고, 오늘날과 같이 '시큐리티=안보'라는 등식이 확고히 자리매김하게 된 것이다.

이 장의 이러한 주장은 여러 현실적 함의를 내포하고 있다. 일례로, 이 장의 발견에 따르면, 국제정치 연구자들이 지금까지 무비판적으로 사용해 온 '안보=안전보장=시큐리티'라는 등식은 재고될 필요가 있다. '안전보장'은 애당초 시큐리티의 예외적 번역어로서, 포괄적 의미에서 시큐리티를 담아내기에는 분명한 한계를 가지기 때문이다. 또한 '안보'가 '보장'의 의미를 망각하면서 시큐리티의 일반적 번역어로서의 지위에 올랐다는 점을 고려한다면, '안보'를 설명함에 있어 개념적 혼란을 야기할 수 있는 '안전보장'이라는 표현을 굳이 사용하지 않는 것도 한 가지 방법이 될 수 있을 것이다. 즉, '안보'가 '安全-安全保障-安保'라는 역사적 궤적을 거쳐 성립된 용어라는 점은 분명하지만, 오늘날의 '안보'는 기존의 국가중심·군사중심의 국제적 '安全保障'이라는 두꺼운 맥락으로부터 벗어나, '상태'와 '보호'라는 시큐리티의 두 가지 의미를 모두 반영하는 번역어로 간주할 수 있는 것이다.

| 참고문헌 |

[1차 자료]

Bullokar, John. 1616. *An English Expositor*. London: Iohn Legatt.

Cawdry, Robert. 1966. *A Table Alphabetical of Hard Usual Words (1604): The First English Dictionary*. Delmar, New York: Scholar's facsimiles & Reprints.

Johnson, Samuel & Jack Lynch. 2003. *Samuel Johnson's Dictionary: Selections from the 1755 Work That Defined the English Language*. New York: Walker&Co.

Teng, Ssu-yü & John K. Fairbank. 1954. *China's Response to the West: Research Guide*. Cambridge: Harvard University Press.

Vattel, Emmerich de and Joseph Chitty. 1834. *The Law of Nations*. London: Sweet.

Webster, Noah. 1970. *An American Dictionary of the English Language*. New York: S. Converse.

Wheaton, Henry and William Beach Lawrence. 1863. *Elements of International Law*. London: S. Low.

林則徐. 1963.『林則徐集: 公牘』. 中華書局.

外交時報社 編. 1934.『支那及び滿州關係條約及公文集』外交時報社.

魏源 撰. 1876.『海國圖志』.

惠頓 原著. 1882. 大築拙藏 譯『惠頓氏萬國公法』司法省.

惠頓 原著. 丁題良 譯. 1864.『萬國公法』.

惠頓 原著. 堤殼士 譯. 1869.『萬國公法譯義』山城屋佐兵衛.

주요 조약 및 공문서

「국제연맹규약(國際聯盟規約)」, 「난징조약(南京條約)」, 「대일본국대청국수호조규(大日本國大淸國修好條規)」, 「러시아에 대한 선전포고(露國ニ對スル宣戰ノ詔敕)」, 「보호청상규칙(保護淸商規則)」, 「왕샤조약(望廈條約)」, 「제2차 영일동맹협약(第二回日英同盟協約)」, 「톈진조약(天津條約)」, 「포츠머스 조약(日露講和條約)」, 「한일합방 성명서(日韓合邦聲明書)」

『조선왕조실록』, 『각사등록』, 「제10의회 외정에 관한 질문에 대한 답변서(外政ニ関スル質問ニ対スル答弁書)」, 『주한일본공사관기록(駐韓日本公使館記錄)』

신문 및 잡지

The Chinese Repository, The London Times, The New York Times

『대한매일신보』, 『대한자강회월보』, 『동아일보』, 『매일신보』, 『서우』, 『조선일보』, 『태극학보』, 『한성순보』

데이터베이스

Bibliotheca Sinica 2.0(https://www.univie.ac.at/Geschichte/China-Bibliographie/ blog)

Library of Congress(https://www.loc.gov/)

Ministry of Foreign Affairs of Japan(https://www.mofa.go.jp/)

National Archives(https://www.archives.gov/)

The Avalon Project, Yale Law School(https://avalon.law.yale.edu/)

The Times Archive(https://www.thetimes.co.uk/archive/)

The Times Machine(https://timesmachine.nytimes.com/browser)

The United States Treaty Series, Library of Congress(https://www.loc.gov/law/ help/us-treaties/)

· The World and Japan Database Project(https://worldjpn.grips.ac.jp/)

國立公文書館アジア歴史資料センター(https://www.jacar.go.jp/)

國立國會図書館デジタルコレクション(https://dl.ndl.go.jp/)

국립중앙도서관(https://www.nl.go.kr/)

국회도서관(https://www.nanet.go.kr/)

대한민국 신문 아카이브(https://www.nl.go.kr/newspaper/)

法律情報基盤(https://law-platform.jp/)

日本外交文書デジタルコレクション(https://www.mofa.go.jp/mofaj/annai/honsho/ shiryo/archives/mokuji.html)

中國哲學書電子化計劃(https://ctext.org/)

한국사데이터베이스(http://db.history.go.kr/)

[2차 자료]

Baldwin, David A. 1997. "The Concept of Security." *Review of International Studies* 23(1) (January).

Benes, Eduard. 1926. "After Locarno: The Problem of Security." *Foreign Affairs* 4(2) (January).

Bullokar, John. 1616. *An English Expositor*. London: Iohn Legatt.

Buzan, Barry. 1991. *People, States & Fear: An Agenda for International Security Studies in the*

Post-Cold War Era. Hemel Hempstead: Harvester.

Cawdry, Robert. 1966. *A Table Alphabetical of Hard Usual Words (1604): The First English Dictionary.* Delmar, New York: Scholar's facsimiles & Reprints.

Huysmans, Jef. 1998. "Security! What Do You Mean? From Concept to Thick Signifier." *European Journal of International Relations* 4(2) (June).

Herz, John H. 1975. "The Impact of Changing Patterns of International Relations on Divided Nations(in particular, Korea and Germany)," *EAST ASIA AND THE MAJOR POWERS.*

Levermore, Charles H. 1922. *Reduction of Armaments and a Treaty of Guarantee with Regional Agreements.* New York: Peace Society.

Luther, Hans. 1925. "Security Problem." *Foreign Affairs* 3(4) (July).

Liu, Lydia H. 2004. *The Clash of Empires: The Invention of China in Modern World Making.* Cambridge: Harvard University Press.

Stritzel, Holger. 2014. *Security in Translation: Securitization Theory and the Localization of Threat.* Basingstoke: Palgrave Macmillan.

Webster, Andrew. 2005. "Making Disarmament Work: The Implementation of the International Disarmament Provisions In the League of Nations Covenant, 1919–1925." *Diplomacy and Statecraft* 16(3) (August).

高橋杉雄. 1998. "「安全保障」概念の明確化とその再構築."『防衛研究所紀要』1(1).

김용구. 2014. 『(한국개념사총서 1) 만국공법』 서울: 소화.

민병원. 2009. "안보개념의 경합성과 왜곡."『국제지역연구』18(1).

_____. 2012. "안보담론과 국제정치 – 안보개념의 역사적 변화를 중심으로."『평화연구』20(2).

_____. 2007. "탈냉전기 안보개념의 확대와 네트워크 패러다임."『국방연구』50(2).

신욱희. 2005. "기회에서 교착상태로: 데탕트 시기 한미관계와 한반도의 국제정치."『한국정치외교사논총』26(2).

이근관. 2002. "동아시아에서의 유럽 국제법의 수용에 관한 고찰:『만국공법』의 번역을 중심으로."『서울국제법연구』9(2).

이봉원. 2011. "1960년대 국운회 학생활동이 박정희의 한글 전용정책에 끼친 영향."『한국어정보학』13(1).

이원우. 2011. "안보협력 개념들의 의미 분화와 적용."『국제정치논총』51(1).

정준호. 1975. "國家安保政策의 基本的 성격."『국방연구』18.

존 H. 허츠. 1974. "國際關係패턴의 變化가 分斷國家에 미치는 影響─特히 韓國과 獨逸의 境遇─."『동아세아의 평화와 안보』.

홍용표. 2002. "탈냉전기 안보개념의 확대와 한반도 안보환경의 재조명."『한국정치학회보』36(4).

2장

포퓰리즘 개념의
냉전 자유주의적 기원

|

매카시즘에 대한 다원주의적 비판과
탈-이데올로기적 지식인 정치

홍철기

1. 문제설정: 포퓰리즘, 논쟁적 개념에서 대립적 개념으로

이 연구는 포퓰리즘 운동이나 현상이 아닌 포퓰리즘 개념 혹은 포퓰리즘 연구에 관한 것이다. 즉 포퓰리즘의 개념사 내지는 학술사 연구다. 그렇다면 왜 포퓰리즘 현상이 아니라 포퓰리즘 개념과 포퓰리즘 연구가 연구의 대상이 되는가? 우선 포퓰리즘 개념 자체가 현대에 가장 중요하게 논쟁적이고 정치적 개념이기 때문이다. 정치적 개념이라 함은 단지 정치적으로나 정치학적으로 중요한 개념임을 뜻하는 것은 아니다. 이 개념 또한 그 자체로 정치적 성격을 띤다는 것이다. 즉 특정한 상대방에 맞서려는 정치적 의도와 논쟁적 가치평가가 이 개념에 본질적으로 내장되어 있기 때문에, 이러한 정치성로부터 분리하여 순수하게 학문적이고 객관적인 가치중립성을 확보하면서 이 개념을 사용하기가 매우 어렵다는 것이다. 그리고 정치적 개념이기 때문에 이 개념을 객관적으로 정의하려는 노력은 자칫 그 본질적 가치 편향성을 의식하지 않았을 때, 오히려 이 정치성을 정당화하고 강화하기만 할 수도 있다. 왜냐하면 이 가치 편향성에 대해 유의하지 않을 경

---

*   이 글은『정치사상연구』28-2(2022.11)에 실린 논문을 수정 보완한 것임.

우에 포퓰리즘이라는 말의 사용자 자신은 합리성과 객관성의 독점적 대변자를 자임하면서, 이 말로 지칭되는 상대방은 그러한 가치에 반하는 것으로 규정하는 흑백논리 내지는 선악구도를 극복하기 쉽지 않을 것이기 때문이다. 게다가 이 말의 사용자가 이 말의 올바른 용법의 판단자를 겸하고 있기 때문에 문제의 소지가 더욱 커질 수밖에 없다.

그런 의미에서 포퓰리즘은 우리 시대의 대표적인 정치적 개념이다. 그런데 수많은 정치적 개념들 중에서도 포퓰리즘에만 독특한 특징이 있다. 누구도 포퓰리즘을 긍정적인 의미로 사용하지 않는 것 같다. 사실 정치적 상대방을 악마화하고 도덕적으로 무절제하게 매도하는 것은 흔히 포퓰리즘 정치 자체의 특징으로 꼽힌다. 그리고 이는 크게 잘못된 관찰이 아닌 것 같다. 그런데 또한 정치가들의 말이나 언론 지면 등에서 '포퓰리즘'이라는 말이 사용되는 방식을 검토해보면, 또한 포퓰리즘이라는 말이 사용될 때, 이 말로 지칭되는 상대방이 도덕적으로 매도되고 일방적으로 악마화는 경향도 어렵지 않게 확인할 수 있다. 특히 한국적 맥락과 언어사용을 고려했을 때, 가장 지배적인 용법이라 할 수 있는, "복지 포퓰리즘"이라는 표현을 긍정적 의미로 사용할 가능성은 상상하기 어렵다.[1] 물론 현대에 학문적으로나 정치적으로 포퓰리즘이라는 말에 긍정적인 의미를 부여하려는 시도가 없는 것은 아니다. 하지만 이는 거의 대체로 비난조와 경멸조의 용법에 대한 반응 내지는 반작용의 산물로만 보인다.[2]

---

1   한국에서 언론 주도로 형성되고 이후에 학계에 침투한 '복지 포퓰리즘' 담론에 관한 비판적 검토로는 김주호(2019), 남재욱(2019), 장휘(2020)의 연구를 참조하라. 이 연구의 관점에서 '복지 포퓰리즘' 담론이 문제적인 이유는 정치적 의도에서 형성된 담론이라는 사실 자체 때문이 결코 아니다. '복지 포퓰리즘' 담론이 오히려 정치와 학문 사이에 구별 기준을 약화시킬 가능성이 있기 때문이다.

2   예컨대 '좌파 포퓰리즘'이 그러한 사례라고 할 수 있다(Mouffe 2019).

포퓰리즘 개념의 이와 같은 특징과 성격이 기존의 연구들에서도 이미 지적된 바 있다. 예컨대 일종의 낙인으로서의 '포퓰리즘' 개념의 특징에 대해서는 이미 캐노번(Margaret Canovan)에 의해 "자기묘사(self-description)" 성격의 결여가 지적된 바가 있다(Canovan 1981). 사실 대부분의 정치적 개념, 그리고 그 중에서도 정치 이념의 명칭은 언제나 본질적으로 논쟁적이다. 자유주의, 보수의, 사회주의, 공산주의에서부터 여성주의에 이르기까지 논쟁적이지 않은 명칭과 이념을 찾기 어려울 정도이다. 옹호자들과 반대자들은 같은 말을 사용하면서도 (혹은 심지어 서로 다른 명칭을 사용하여) 특정 이념에 완전히 다른 가치 평가를 부여한다. 그런데 포퓰리즘이나 포퓰리스트는 이와는 전혀 다른 경우처럼 보이는데, 최소한 현대의 용례에 국한한다면, 이 말을 사용하는 사람은 결코 자기편을 지칭하는 긍정적 의미나 가치를 부여하지 않고 있기 때문이다. 현대적 용법에 한해서 봤을 때, 포퓰리즘·포퓰리스트에는 이러한 자기묘사적 측면이 완전히 결여되었다고 할 수 있는 것이다.

게다가 포퓰리즘 개념과 관련된 다른 문제는 이 말의 의미가 매우 모호하며, 그 정의에 대한 합의가 어렵기 때문에 본질적으로 논쟁적인 개념이라는 점에 대해서도 연구자들이 심지어 드러내놓고 인정하고 있다는 점에 있다. 실제로 이러한 특징은 포퓰리즘 연구자들이 모인 최초의 국제회의에서도 지적되었을 정도다. 그 원래 출처에 대한 명확한 표시 없이 현대 연구들에 의해 종종 언급되는 포퓰리즘 연구의 '신데렐라 콤플렉스(Cinderella Complex)'가 바로 그것이다. 즉 신데렐라의 구두를 가지고 여러 사람의 발을 맞춰가면서 그 원래 주인을 찾아 내듯이 포퓰리즘이라는 개념과 이론의 필요성이 우선 전제되고 나서 이개념에 맞는 현실 혹은 현상을 찾아 나설 위험이 있다는 것이다. 이 표현은 정치철학자 벌린(Isaiah Berlin)이 말한 것이다(MacRae et al 1967, 139).[3] 20세기 포퓰리즘 역사 연구의 대표 저작 중 하나인 벤투리(Franco Venturi)의 『러시아 포퓰리즘』의 영역본 서문을 썼던 장본인이기도 한 벌린은 LSE에서 있었던 1967년 "포퓰리즘을 정의하기"라는 매우 의미심장한 제목의 국제회의에서 이와 같은 우려를 표하면서 이 같은 표현을 사용했다(Berlin 1960; Venturi 1960).[4] 물론 그가 포퓰리즘 연구를 본질적으로 불가능한 기획이라고 생각한 것은 결코 아니다. 그는 심지어 이 회의장에서 자신만의 포퓰리즘 개념의 정의를 제시하기도 했다. 다만 포퓰리즘 개념에 포함시킬 이 현상의 특징들이 워낙 다종다양하다 보니 그 목록이 지나치게 방대해질 위험에 대해 우려를 표명한 것이 그의 원래 의도였다.[5]

이 연구는 포퓰리즘 개념정의의 문제를 정치 언어적 문제로 보면서 그 개념정의의 어려움을 '신데랄라 콤플렉스' 내지는 '본질적으로 논쟁적 개념'의 문제, 즉 단순히 개념정의에 대한 합의의 어려움으로만 보지 않을 것이다. 오히려 이 연구는 포퓰리즘 개념을 코젤렉(Reinhart Koselleck)이 말한 "비대칭적 대립개념(asymmetrische Gegenbegriffe)"의 사

---

3 벌린은, 이 연구에서 포퓰리즘 개념의 부상에 결정적인 맥락을 다루고 있는 소위 '냉전 자유주의'의 중요 철학자중 한 사람이기도 하다(Müller 2008). 주로 '자유의 두 개념'의 주창자로만 알려져 있는 벌린의 가치 다원주의적이고 '자유주의적 중도'의 세계관, 그리고 그 토대로서의 정치적 '현실감각'에 관해서는 유홍림의 연구(2019)를 참조하라.

4 이 국제 학술회의의 발표문을 발표한 것이 바로 이오네스쿠(Ghita Ionescu)와 겔너(Ernest Gellner)가 편저를 맡은 『포퓰리즘: 그 의미와 국가적 특징』이다(Ionescu & Gellner 1969).

5 '신데렐라 콤플렉스'를 단지 1960년대까지의 초기 포퓰리즘 연구에 한정하기는 어려워 보인다. 최근의 한 연구는 기존의 포퓰리즘 연구가 포퓰리즘 개념에 대한 정의내리기가 어렵다는 사실, 즉 이 개념과 현상의 논쟁적 본질을 "인정함을 인정(acknowledgment of acknowledgment)"한다고 할 수 있는, "메타-재귀성(meta-reflexivity)"의 단계에 도달했다고 비꼬고 있다(Moffit & Tormey 103, 382).

례로 보고자한다(Koselleck 1988, 210-258). 코젤렉의 '비대칭적 대립개념'이라는 생각은 포퓰리즘 개념정의의 어려움을 단지 현실과 언어의 불일치의 문제로 보지 않고, 개념정의와 사용에 이미 정치적이고 논쟁적 의도가 결합되어 있고, 이러한 논쟁적 의도와 개념의 의미가 본질적으로 역사성을 갖는다는 점을 강조한다는 장점이 있다. 사실 포퓰리즘 개념을 코젤렉의 범주에 포함시킬 수 있음은 이미 예거(Anton Jäger)에 의해 시사된 바 있다(Jäger 2017, 316-317). 이러한 선례로부터 포퓰리즘 개념을 단순하게 정의내리기 힘든 개념으로 규정하는 기존의 접근법에 대해 대안적 연구 방법을 도출하고 정립할 수 있다. 우선적으로 그러한 대안적 접근법은 우리가 사용하는 언어에 대한 학문적 관심과 주목을 촉구한다. 이에 관해서는 대표적으로 앞서 언급한 예거 외에도 스타브라카키스(Yannis Stavrakakis)의 연구를 참조할 수 있을 것이다. 스타브라카키스는 우리가 포퓰리즘이라는 말의 사용에 주목해야 하는 이유가 "학계에서 뿐만 아니라 정치와 언론에서 우리가 기본적으로 포퓰리즘에 대해 말하기 때문"이라고 지적한다. 학계에서의 용법을 기준으로, 정치적이거나 언론지상의 용법이 잘못되었다고 판단하더라도 "실제로 우리는 그것에 대해 말하기를 멈추지 못한다"는 학문적 언어의 본질적인 한계 혹은 언어의 정치적 조건을 인식할 필요가 있다는 것이다. 결국 "언어는 결코 순수하지 않기 때문"에, 그리고 "언어는 단지 객관적 진리를 반영하는 것이 아니라 능동적으로 우리의 (사회적) 실재를 구성"하기 때문에, 혹은 최소한 그 일부라도 구성하는 데에 참여하기 때문에, 우리는 포퓰리즘이라는 말의 사용에 대해 학문적이고 이론적인 관심을 가질 필요가 있다는 것이다(Stavrakakis 2017, 1). 유사한 관점에서 예거는 포퓰리즘을 개념화하는 과정에서 우리가 "동원하는 어휘의 함의에 대한 자각을 결여하고 있을 수 있다"는 성찰을 촉구한다. 그는 "현대 정치이론의 탐구들의 기초에 대한 성찰을 통해서 (…) 현대 정치이론가들이 자신들의 어휘에 대해 더 나은 이해를 할 수 있도록 도울 수 있다고 주장하며, 그로부터 역사적으로 보다 의식적인 형태의 정치이론을 가능하게 할 수 있다고 본다"(Jäger 2017, 311).

이들 선행연구는 공통적으로 1950년대 중반 이후 미국 학계에서의 논쟁과 연구 과정에서 '대문자 포퓰리즘(Populism)'으로부터 '소문자 포퓰리즘(populism)'의 탄생 계기에 관심을 갖는다. 이 시기에 원래 진보적 미국 역사학자들의 우호적인 연구 대상이었던 미국의 19세기말 농민 정치 운동을 당대의 매카시즘과 연결시키면서 근대화와 진보에 역행하는 보편적인 반동 운동으로 전환시켰는데, 현대 서유럽의 포퓰리즘 연구는 바로 이 때 일어난 "의미론적 이동(semantic drift)" 이후에 그것을 계승하고 수용하였다는 것이다(Jäger 2017). 이 연구는 바로 이들 기존 연구의 연장선상에 있다. 이 연구 또한 매카시즘에 반발하면서 이를 포퓰리즘이라고 명명한 대표적인 사례로 역사학자 호프스태터(Richard Hofstadter, 1916-1970)와 사회학자 실스(Edward Shils, 1910-1995)의 저작과 논의를 그 주된 검토 대상으로 삼는다.[6] 이 연구는 위에 소개한 선행연구들의 연장선상에 있지만, 이들 연구가 포퓰리즘이 '비대칭 대립개념'이라는 점에 대해서는 충분히 집중하지 않았다고 본다. 선행연구들에서도 포퓰리즘은 다원주의와의 비대칭적 대립관계에 있다는 점이 지적되지만 포퓰리즘에 반대되는 다원주의가 구체적으로 무엇이었는지, 그리고 정치적으로 어떤 함의를 갖고 있었는지에

---

6   호프스태터와 실스 이외에도 이 시기 포퓰리즘 개념의 주요 주장자 중 한 사람은 바로 사회학자 립셋(Seymour Martin Lipset)이다(Lipset 1955, 1960, 1963). 립셋의 논의는 논문의 분량 상의 이유로 제외하였다.

관해서는 충분히 다뤄지지 않았다고 본다.

따라서 이 연구는 우선 호프스태터, 실스 등의 저작에서 관찰되는 포퓰리즘 개념에 관해 검토한 이후에, 그 다음으로는 이들 저자가 말하는 포퓰리즘의 대안인 탈-이데올로기적 지식인 정치(intellectual politics)의 구체적 내용을 검토할 것이다. 여기서 '탈-이데올로기적'이라 함은 소위 '이데올로기의 종언'을 둘러싼 1950-1960년대의 논쟁에 참여하면서, '전체주의 = 이데올로기'라는 등식을 전제로 이데올로기 비판에 합류한 일군의 학자와 지식인들을 지칭하는 수식어다.[7] '지식인 정치'가 말하자면 전통적인 신분적 지배층이나 민주주의에서의 일반 시민, 혹은 직업 정치가 모두와 구별되고 그로부터 어느 정도는 자율적인 지식인 집단에 의해 주도되는 정치를 의미한다면, 탈-이데올로기적 지식인 정치란 바로 이데올로기 비판과 극복을 목표로 하는 정치, 혹은 이데올로기의 종언 이후 정치에서 직업적 지식인 집단의 주도권을 주장하고 정당화하는 정치를 뜻한다.

뒤에서 논하겠지만, 이 연구에서 다루는 실스는 명시적으로 '이데올로기의 종언' 테제에 관해 논의했던 주요 저자들 중 한 사람이며, 호프스태터 또한 넓은 의미에서는 이들 저자 군에 포함된다. 특히 기존 연구들과 달리 포퓰리즘 개념에 대한 연구를 이데올로기의 종언에 관한 지성사 연구와 연결시켜야 한다고 보는 이유는 연구 대상이 되는 저자들이 실제로는 포퓰리즘이라는 용어를 매카시즘과 그 여파가 남아있던 짧은 시기에만 제한적으로 사용하고 있을 뿐만 아니라, 그 시기에도 다른 인접 개념들과 혼용하고 있기 때문이다. 게다가 이 인

---

7 '탈-이데올로기적(post-ideological)' 혹은 '탈-이데올로기' 개념의 역사에 관해서는 다음을 참조하라(Veldhuizen 2021).

접 개념들, 그리고 다원주의나 상호존중과 같은 포퓰리즘의 대립개념들은 매카시즘 비판을 계기로 일어난 포퓰리즘 개념의 짧은 유행이 가라앉은 이후에도 계속해서 사용되고 있기도 하다.[8]

이러한 주요 인접 개념 및 용어들로는 '기업가적 급진주의(entrepreneurial radicalism)', '사이비-보수주의(pseudo-conservatism)', '지위 정치(status politics)', '편집증/피해망상 스타일의 정치(paranoid style in politics)', '이데올로기 정치(ideological politics)', '급진 우파(Radical Right)', '중도 극단주의(center extremism)', '반지성주의(anti-intellectualism)' 등이 있고, 대립 개념들로는 '이익 정치(interest politics)', '계급 정치(class politics)', '법의 지배(rule of law)', '시민(적 상호존중)성(civility)', '시민 정치(civil politics)' 등이 있다.[9]

마지막으로 본격적 논의에 앞서 냉전 자유주의(Cold War Liberalism)이라는 용어에 대해 간단히 설명할 필요가 있을 것이다. '냉전 자유주의자'라는 범주는 이 연구의 맥락에서는 '이데올로기의 종언'론의 저자들과 대체로 일치한다고 할 수 있다. 자유주의 역사 서술 영역에서

---

8 포퓰리즘 개념의 유의어 혹은 인접 개념과 반의어 및 대립 개념이 다양하게 존재한다는 사실은 포퓰리즘 개념이 이미 처음부터 개념정의의 모호성과 매카시즘 비판이라는 명확한 정치적 의도의 불균형한 결합의 결과물임을 보여주는 근거로 해석될 수 있을 것이다.

9 이런 점에서 이 연구는 예컨대 양승태의 연구(2012)처럼 포퓰리즘 개념을 그 어원인 인민 혹은 포풀루스(populus) 개념에 기대서 설명하는 방식을 택하지 않는다. 기존 포퓰리즘 연구가 주로 기대는 근대적 인민개념 및 인민 주권 개념의 역사가 지나치게 17-18세기의 영국과 북아메리카 식민지에서의 논쟁과 경험 중심으로 선택적으로 구성되었을 가능성은 리(Daniel Lee)의 연구에서 시사되고 있다(Lee 2016). 이 연구는 보통선거를 비롯한 현대적 선거 제도(보통, 평등, 비밀, 직접 선거)와 공교육 체계(주로 초중등 의무 및 무상교육)가확립되기 이전에 혹은 이를 정립하기 위한 사회개혁의 시대에 이에 반대하기 위해서 '인민'과 '대중'에 대한내린 부정적 평가를 현대 '포퓰리즘'에 맞서 '민주주의' 혹은 '입헌주의'를 옹호하려는 이론의 원천으로 삼는접근법도 택하지 않는다.

비교적 최근 부상한 냉전 자유주의는 명목상으로 뿐만 아니라 내용상으로도 '반-전체주의(anti-totalitarianism)'라고 정의될 수 있다. 이는 명목상으로만 반공주의를 내세우고 내용상으로는 권위주의와 극단주의를 승인하고 실천하는 (특히 한국 정치사의 경험에서는 보다 친숙한 형태의) 반자유주의적인 반공주의와의 명확한 차별화를 목표로 한다는 점이 특징이다. (다만 차별화를 의도하는 것과 그러한 차별화에 정말로 성공했는가 여부는 별개의 문제일 수 있다.) 이 연구는 현대적 포퓰리즘 개념의 원형이 바로 미국의 냉전 자유주의자들에 의한 매카시즘 비판을 계기로, 즉 반공 자유주의자들에 의한 반자유주의적 반공주의에 대한 비판을 계기로 형성되었다는 점에 주목한다. '냉전 자유주의'라는 용어는 이러한 정치 이념이자 지적 전통에 대한 학술적 재발견 및 재평가 과정에서, 특히 자유주의 역사서술 분야에서 사후적으로 등장한 것이다.[10]

2. 매카시즘에 대한 반공주의적 비판: 포퓰리즘의 대문자 개념에서 소문자 개념으로

이 연구가 다루는 학자들에게서 공통적으로 관찰되는 점은 과거 미국에 존재했던 정치운동의 이름으로서의 포퓰리즘을 당대 미국 정치의 병리적 측면을 지칭하기 위한 용어로 전유하려는 시도다. 이 전유과정은 이들의 유력한 비판자에 의해 소문자 p 포퓰리즘(populism)의 등장으로 묘사되었다. 소문자 p 포퓰리즘 개념의 주요 주창자인 호프

---

10 전 자유주의에 관해서는 다음을 참조하라(Arblaster 1984; Müller 2008; Moyn 2019; Stewart 2019).

스태터 등장 이전까지 포퓰리즘에 대한 기존 해석을 대표하는 역사학자 중 한 사람인 우드워드(C. Vann Woodward)는 1950년대의 새로운 포퓰리즘 논의에 의해서 '포퓰리즘'이라는 말이 "갑자기 비난조의 용어, 특히 일부 집단에서는 경멸적 호칭이 되었다"고 지적하면서 "소문자 p"의 포퓰리즘 개념의 등장을 비판한 바 있다(Woodward 1959). 그는 또한 이 시기 호프스태터에게 보낸 편지에서 호프스태터와 그 동료들이 사용하는 소문자 포퓰리즘(populism)이 실제로는 (후술하듯이 호프스태터가 새로운 포퓰리스트들을 '사이비-보수주의자'라고 비판한 것에 빗대어) "사이비-포퓰리스트(pseudo-Populists)" 내지는 "가짜-포퓰리스트(quasi-Populists)"라고 규정하면서 대문자 포퓰리즘(Populism)과 구별되는 소문자 포퓰리즘(populism)의 범주의 정당성에 의문을 제기한다(Woodward 2008, 197).

우드워드가 비판한 저자들에 의해서 포퓰리즘은 더 이상 19세기말의 농민 정치운동의 이름이라는 제약을 받지 않게 된다. 이제 포퓰리즘은 구대륙의 전체주의만큼이나 전후 미국의 자유민주주의에 대한 미국 내의 주요 위협으로 인식되는 정치 경향 내지는 전통을 지칭하는 용어로 재탄생하게 된다. 물론 이들은 구대륙의 파시즘이나 전체주의와 포퓰리즘을 동일시한 것은 아니다. 만일 동일시되더라도 그것은 "미국적 파시즘"의 뿌리로서 식별되었다(Ferkiss 1955). 포퓰리즘 개념은 구대륙에서와 같이 전체주의와 파시즘이 성공하지는 못한 미국적 특수성, 그리고 전체주의 및 파시즘의 토양이 된 군주정과 신분 귀족정, 그리고 이들에 기대는 반-혁명주의와 반동주의가 부재한 미국에도 그에 상응하는 반자유주의적 위협이 존재한다는 사실을 강조하고 그 위협의 미국적으로 고유한 성격을 드러내기 위해 동원되었다.

역사적 명칭이 아닌 일반적 범주로서의 포퓰리즘 개념의 부상에 있어서 가장 중요한 계기는 이 개념의 옹호자와 비판자 모두가 동의하듯이 매카시즘의 부상, 그리고 매카시즘이 상징하는 급진적이고 행동주의적이며 평등주의적인 우파 정치의 부상이다. 특히 매카시즘과 그 추종자들이 "자유주의자와 공산주의자 사이의 [명백한] 차이를 가능한 한 완전하게 무색하게" 하려 한다는 점에서 소문자 포퓰리즘 개념의 주창자들의 주된 비판과 대응의 대상이되었다(Hofstadter 1963, 40-41). 이때의 매카시즘 비판은 반공주의 자체에 대한 비판을의도하는 것이 아니라, 오히려 자유주의와 공산주의의 차이를 명확히 하려는 분명한 자유주의적 반공주의의 입장을 전제로 한 비판이라는 점에 유의할 필요가 있다. 따라서 이러한 의도에서, 비렉(Peter Viereck)은 "진정한 미국의 반공주의"와 "사이비-반공주의 선동"을 혼동해서는 안 된다고 강조한다. 왜냐하면 진정한 반공주의에는 합리성과 공정성, 그리고 "인권(civil liberties)"에 대한 헌신이 반드시 포함되어야 하기 때문이라는 것이다(Viereck 1955, 101).[11]

포퓰리즘 개념을 유행시킨 저자들의 공통적인 정치적 지향은 전전의 뉴딜(New Deal) 민주당의 유산을 전후에도 옹호한다는 점에서 찾을 수 있을 것이다. 이들 모두가 냉전 이전부터 뉴딜 자유주의에 대한 전적인 지지를 보내왔던 것은 결코 아니지만, 이에 대한 냉전기의 우파의 공격을 가짜 보수주의 내지는 가짜 반공주의라고 반박하면서 뉴딜의 자유주의적 유산 혹은 전통을 옹호하게 된 자신들이야말로 미국의

---

11 비렉 또한 매카시즘을 포퓰리즘의 연장선상에서 비판한 1950년대의 저자들 중 한 사람이다. 그는 특히 이들 저자 중에서도 철학적 보수주의의 성향이 가장 강한 학자로, 당대 미국 우파 정치가 '포퓰리스트 좌파'로부터 직접 민주주의 이념을 계승한 '민족주의 우파'가 되었다고 비판하면서, 이에 대해 버크의 보수 정치철학을 대립시키고 옹호하였다(Viereck 1956).

진정한 보수주의자들이라고 보았다는 점은 분명하다. 그런 점에서 이들은 중도적인 입장에서 온건 진보주의와 온건 보수주의 사이의 타협을 지향하는 냉전 다원주의 혹은 가치 다원주의의 미국적 판본이라고 할 수 있다. 다시 말해서 공산주의가 아닌 사회 민주주의, 자유지상주의가 아닌 자유주의, 극단주의나 반동주의가 아닌 보수주의 사이의 타협이 가능할 뿐만 아니라 바람직하다고 보면서, 포퓰리즘, 즉 매카시즘을 비롯한 당대의 극단주의적 우파 이념과 전체주의, 즉 스탈린 공산주의 모두에 대한 반대를 분명히 하였다. 그리고 이들은 포퓰리즘 개념의 인접 개념으로 사이비—보수주의, 극단주의, 급진 우파(Radical Right) 등을 사용하였고, 반대로 법의 지배(rule of law), 다원주의, 상호존중(civility) 등을 포퓰리즘에 대한 대립 개념으로 보았다.

보편적 범주로서의 포퓰리즘 개념이 유행하게 된 계기에는 이 같은 정치적인 요인 이외에 미국에서의 사회과학의 부상 및 영향력 확대라는 학문 내적인 요인이 작용한 바도 크다. 역사적 운동으로서의 포퓰리즘과 매카시즘 사이의 동일시 시도가 역사적 자료상으로는 근거가 희박하다고 반박하면서 포퓰리즘 운동의 유산을 비교적 긍정적으로 평가하고자 했던 학자들은 대체로 미국사 분야의 학자들이었다. 냉전 이전의 힉스(John Hicks), 우드워드의 연구에서 유래하는 이러한 포퓰리즘 전통은, 호프스태터 이후의 폴락(Norman Pollack), 뉴전트(Walter Nugent), 정치학자 로긴(Michael Paul Rogin) 등의 연구에 이르러서는 호프스태터에 의해 대표되는 포퓰리즘에 대한 부정적이고 경멸적 재평가, 그리고 포퓰리즘을 매카시즘과 연관시키려는 시도에 대해 대체로 역사적이고 경험적인 자료를 바탕으로 반박하거나 비판하였다(Hicks 1932; Woodward 1938 & 1951 & 1959; Pollack 1962 & 1965 & 1967; Nugent 1963; Rogin 1967). 반면에 포퓰리즘의 소문자 개념을 탄생시키고 그 영향력을 확대시킨 학자들은 대부분 사회과학자들이었다. 이 진영의 대표적인 역사학자 호프스태터도 엄격한 의미에서의 역사학자라기보다는 유럽의 사회학으로부터 영향을 받아서 탄생한 미국 사회과학의 자장 안에서 활동했다는 의미에서 "사회과학자로서의 역사학자"라고 평가받기도 한다(Brown 2007, 72-95).

1) 호프스태터: 기업가적 급진주의로서의 포퓰리즘, 사이비-보수주의로서의 매카시즘

1950년대 포퓰리즘 연구의 기원으로 가장 먼저 검토해보아야 할 저자는 바로 역사학자 호프스태터다. 그는 매카시즘이 그 정치적 위세를 잃은 이후인 1955년에 발표한 저서 『개혁의 시대』, 그리고 같은 해에 사회학자 벨(Daniel Bell)이 편저한 『신 미국 우파』에 수록된 장에서 포퓰리즘과 포퓰리즘으로서의 매카시즘의 문제를 다루고 있다(Hofstadter 1955a & 1955b). 그는 역사학자의 입장에서 포퓰리즘과 매카시즘의 관계를 비교적 단순하게 서술하지 않으려고 한다. 하지만 그렇다고 해서 양자를 무관하거나 간접적으로만 연관된 것으로 보고 있는 것도 아니다. 예컨대 『개혁의 시대』에서 그는 포퓰리즘(Populism)과 진보주의(Progressivism), 그리고 뉴딜로 이어지는 19세기말 이래로 미국 정치에서의 일련의 개혁 정치 운동과 정책을 추동한 사상과 이념이 무엇인지 밝혀내고자 하는데, 그는 여기에서는 명시적으로 매카시즘에 대해서 언급하지는 않는다. 반면에 같은 해에 쓴 "사이비-보수주의자반란"에서는 매카시즘에 대한 매우 명시적인 비판을 하는데, 매카시즘에 대한 이와 같은 명시적 비판의 입장은 이 연구에서 이후에 다루게 될 1963년 작 『미국의 반지성주의』에서 오히려 두드러진다(Hofstadter 1963). 그래서 『개혁의 시대』에서의 포퓰리즘 논의는 비슷한 시기의 다른 저작들에 비추어서 읽을 필요가 있다.

포퓰리즘에 관한 최초 논의는 이미 1953년의 강연문 "미국의 민주주의와 반지성주의"에서 관찰된다. 호프스태터는 아직은 포퓰리즘 대신에 "포퓰리스트 민주주의(populistic democracy)"라는 표현을 사용한다. 그는 다른 대안이 없어서 차선으로 이 용어를 택했다고 말하면서, 긍정적인 의미의 "민주주의"와는 구별된다고 밝힌다. "입헌주의, 토의에 의한 정부, 정치적 소수자의 민권 보장" 등과 동일시되는 민주주의와는 다른 의미의 포퓰리스트적 민주주의란 통상적인 의미에서 "진보적이지도, 보수적이지도" 않으며, 오직 "뒤틀린 방식으로 평등주의적"인 성격을 갖는다고 한다. 그래서 이러한 포퓰리스트 민주주의에서 극우와 극좌가 만나게 된다고 그는 주장한다. 호프스태터는 "인민의 이름으로" 이루어지는 모든 결정의 정당성을 주장하는 포퓰리스트 민주주의는 지식인의 합리적인 의견과 그렇지 않은 일반 시민의 감정에 치우친 편견을 차별하지 않는다는 점을 강조한다(Hofstadter 1953, 286). 호프스태터의 이 강연은 후술하게 될 포퓰리즘과 반지성주의의 관계에 관한 논의와도 밀접하게 연관되어 있다.

이후의 대표작인 『개혁의 시대』에서의 포퓰리즘 논의에서 나타나는 가장 특징적인 점은 무엇보다도 대문자 포퓰리즘(Populism)에서 소문자 포퓰리즘(populism)으로의 개념의 재정의라고 할 수 있다. 그는 이 책에서 포퓰리즘과 진보주의, 그리고 뉴딜의 역사적 관계를 검토하면서, 특히 앞선 시대의 포퓰리즘−진보주의와 이후 시대의 뉴딜 사이에 분명한 단절이 존재한다고 주장한다. 그 이유는 1950년대의 미국 정치에서 자유주의 세력이 처한 상황에 대한 호프스태터의 인식과 밀접하게 연관되어 있다. 그는 종전 이후로 뉴딜 민주당과 온건 자유주의자들이 강력한 정치적 반대와 공격에 직면해 있다고 보는데, 특히

1952년 대선에서의 아이젠하워(Dwight D. Eisenhower)의 당선이 이러한 정치적 반대가 승리를 거두는 중요 사건 중 하나로 본다. 그는 당대의 정치적 적대의 원천이 바로 포퓰리즘-진보주의와 뉴딜 사이의 역사적 단절에서 기인한다는 점을 보이려 한다. 그리고 이를 위해 포퓰리즘과 진보주의 모두를 원래의 역사적 정치운동으로부터 탈맥락화하고 추상화하여 미국 정치의 보다 보편적인 전통 내지는 이념적 계보로 추출해내고자 한다. 그는 자신이『개혁의 시대』에서 말하는 포퓰리즘은 결코 "1890년대의 인민당"의 이념과 정치운동만을 지칭하지 않는다는 사실을 강조한다. 반대로 그는 19세기말의 "포퓰리스트 당"이 "미국 정치문화에 고질적인, 일종의 인민적 충동이 특정한 시기에 고조된 표현물"이라고 하면서 논쟁적인 방식으로 포퓰리즘 개념을 재정의한다. 이 고질적이고 충동적인 정치문화로서의 포퓰리즘은 멀리는 잭슨 민주주의 시대에 그 뿌리가 있으며, 19세기말의 경제변화, 특히 기존의 농업 중심의 경제구조의 변화에 대한 불만으로 고조되었다가, 심지어 호프스태터 당대에도 살아있다고 묘사된다. 마찬가지로 "진보주의"도 1912년의 "진보당"의 이념을 의미하는 좁은 의미가 아니라, "1900년 이후에 어디서나 볼 수 있었던 비판과 변화를 향한 광범위한 충동"으로 규정되며, 특히 농민과 중소사업가가 주체가 되었던 포퓰리즘적 불만이 도시 중산층으로 확대 및 전이된 결과물이라고 보았다 (Hofstadter 1955a, 4-5).

그렇다면 소문자 포퓰리즘 개념의 의미와 내용을 호프스태터는 어떻게 정의하는가? 그는 무엇보다도 포퓰리즘 혹은 그가 사용하는 표현으로는 '포퓰리즘-진보주의' 사상과 운동은 본질적으로 "양가적 성격"을 갖는다고 본다(Hofstadter 1955a, 18). 한편으로 포퓰리즘-진보주의는 뉴딜의 경우와 마찬가지로 미국의 기존 사회와 정치 체제를 근대적으로 변화시킨 가장 주된 원동력이었다고 호프스태터는 인정한다. 그런 점에서 그는 자신의 포퓰리즘 비판이 내재적인 비판, 즉 "대체로 내부로부터의" 비판이라고 밝힌다(Hofstadter 1955a, 12). 하지만 이정치사상과 이념이 다른 한편으로는 반동적인 과거 지향적 신념을 동반한다는 점이 그의비판의 주된 이유다. 이 과거 지향적 신념 혹은 향수는 개혁과 비판 운동의 최종적인 목표가 "미국에 이전에 존재했다고 널리 믿어지는 형태의 경제적 개인주의와 정치적 민주주의를 복원"에 있다고 설파하는데, 이는 특히 뉴딜에 의해 완성된 근대 사회로서의 미국의 현실과 직접적으로 충돌한다는 것이다. 호프스태터는 이러한 이유에서 포퓰리즘의 부정적인 면을 묘사할 때, 포퓰리즘이 미국 특유의 "기업가적 급진주의(entrepreneurial radicalism)"라는 전통의 산물이라고 표현한다(Hofstadter 1955a 58 & 1969a, 9). 특히 이러한 미국적 전통이 자리 잡게 된 배경에는 빈농과 부농의 존재 및 격차, 그리고 사회주의 및 사회민주주의 정당 등으로 나타나는 계급적 분할과 갈등의 부재가 결정적인 역할을 했다고 본다.

물론 호프스태터는 현대의 독자와 연구자들에게 보다 익숙한 포퓰리즘 사상과 언어에 대해서도 결코 간과하지 않는다. 그것은 바로 포퓰리즘이 인민의 이름으로 자행되는 "절대주의" 혹은 "도덕적 성전" 추구라는 비판이다. 인민을 적으로부터 해방하여 그들에게 주권을 회복시켜주고, 시장에서의 "완전히 정직한 경쟁"을 복원시키며, 진보주의 운동의 경우처럼 인민을 타락시킨다고 지목되는 주류에 대한 완전한 금지를 집행하고, 직업 정치가들의 부패를 일소한다는, 매우 비현실적이지만 도덕적으로는 절대적인 목표를 천명하고 추구한다는 점이 바로 포퓰리즘의 본질이라는 것이다(Hofstadter 1955a 17). 그리고 이러한 사회개혁가들의 "도덕적 절대주의"는 특정 목표에 대한,

"과도하게 일관된 실천"으로 옮겨질 때, 권모술수로 무장한 권력자들의 "도덕적 상대주의"와 마찬가지로 "정치적 삶에서의 무자비함"으로 귀결되면서 절대주의와 상대주의 사이의 경계가 흐려진다는 것이다 (Hofstadter 1955a, 16).

정치적 상대방에 대한 무자비함에 대한 경고는 당대의 정치적 상황과 결코 무관한 것이 아니지만, 『개혁의 시대』에서는 1952년 대통령 선거에서의 민주당 후보였던 스티븐슨(Adlai Stevenson)의 패배 이외에 집필 당시의 정치 상황에 대한 언급을 찾아보기는 어렵다(Hofstadter 1955a, 14). 당대의 정치 상황에 대한 명시적 언급과 판단은 같은 해에 발표한 다른 글인 "사이비-보수주의의 반란"에서는 훨씬 더 분명하게 확인된다. 이 글에서 호프스태터는 아도르노(Theodor Adorno)가 『권위주의적 성격』에서 사용한 범주인 '사이비-보수주의(pseudo-conservatism)'에 기대서 매카시즘을 비롯한 당대의 극단적 우파 정치와 미국의 포퓰리즘 전통 사이의 친화성을 더 분명하게 강조한다. 아도르노에 따르면 사이비-보수주의는 '진정한(genuine)' 보수주의와 대립되는 범주인데, 그 특징은 대체로 "모든 관습적이고 전통적인 가치를 승인"하는 동시에 "폭력적인 반-유대주의와 같은 (…) 보다 파괴적" 이념도 승인한다는 데에 있다(Adorno et al 1950, 683). 그리고 이러한 가치상의 모순은 사이비-보수주의 정치에도 똑같이 반영된다. 자신들의 정치적 상대방의 통치는 독재, 혹은 권력 "찬탈"이라고 비판하면서도 스스로는 "경제적으로 가장 강한 집단의 독재를 수립"하는 것을 목표로 한다는 것이다. "따라서 사이비-보수주의자는 진보주의자들을 규탄할 때, 자기들이 하고자 했던 일을 [그들이] 했다는 사실에서 공격하고" 이를 근거로 그들의 폭력적 축출을 주장한다는 것이다. "그들은 민주주의 '남용'에 맞서 민주주의 수호를 주장하는데, '남용'에 대한 공격을 통해 궁극적으로 민주주의 전체를 폐지"하는 데에 이른다고 덧붙인다. 그래서 "사이비-보수주의 이념은 심리적 투사성(projectivity)과 완전히 조화를 이룬다"고 한다(Adorno et al 1950, 685-686). 이러한 사이비-보수주의를 지지하게 되는 가장 큰 동기는 심리학적으로 설명되는데, 이는 "불완전한 동일시"의 결과라는 것이다. 즉 "권위주의적 패턴"을 승인하지만 내면화하지는 않은 "좌절한 중산층"이 나치즘이나 파시즘과 유사한 미국의 사이비-보수주의의 가장 적극적 지지자가 된다는 것이다(Adorno et al 1950, 684). 호프스태터는 매카시(Joseph McCarthy)와 매카시즘의 등장으로 인해 "기존의 정치분석"에 일대 개혁이 필요하다고 주장한 벨의 요청에 부합하기 위해서 아도르노의 사이비-보수주의 범주를 빌려온다(Bell 1955, 14). 호프스태터가 보기에 매카시즘을 비롯한 미국의 자칭 보수주의자들은 겉으로는 보수주의의 언어와 수사를 사용하지만, "미국적 삶과 전통, 그리고 제도에 대한 심각하고 쉼 없는 불만족"을 표출한다는 점에서 사이비-보수주의로 분류할 수 있다. 그리고 매카시즘의 지지자들중 소수, 특히 가장 열성적인 소수가 바로 이러한 사이비-보수주의자들이라고 그는 주장한다.[12] 그들이 가장 증오하면서, 사이비-보수주의 반란을 통해서 전복하고자 하는 것은 바로 루즈벨트(Franklin D. Roosevelt)의 사상과 유산이다(Hofstadter 1955b, 35-37).

사이비-보수주의로서의 매카시즘에 관한 호프스태터의 논의에서 포퓰리즘 개념과 관련하여 가장 주목할 만한 특징은 사이비-보수주의자의 제도 정치에 대한 전면적 불신, 그리고 이익 정치(interest

---

12 이런 점에서 이 시기의 포퓰리즘 개념에는 현대와 달리 다수결주의의 측면이 강조되지는 않았다고 볼 수 있다.

politics)와 대립되는 지위 정치(status politics)의 추구다. 그가 보기에 사이비-보수주의자들의 특징은 단지 자신들이 반대하는 정치세력에 대해서만 전면적 반대와 불신, 증오를 표출하는 데에 있는 것이 아니라 쉼 없는 "의심"과 "공포"가 그들의 정치생활을 전면적으로 지배한다는 데에 있다(Hofstadter 1955b, 36). 이로부터 그들은 모든 공직자가 공산주의와 같은 적들의 편에 서서 국민, 즉 자신들을 배신할 가능성이 매우 높다고 믿기때문에 그들의 배신으로부터의 "절대적 보호의 수단을 고안"하고자 한다. 또한 이를 위해 전면적 헌법 개정을 시도한다(Hofstadter 1955b, 38).[13]

그런데 이러한 제도정치에 대한 전면적 불신과 본원적인 제도 변혁의 시도는 호프스태터가보기에 20세기 전반기 미국 사회의 급격한 경제적 변화와 급증하는 이민에 따른 정체성위기의 산물이다. 그리고 포퓰리즘은 정체성과 지위 위기에 대한 답을 민족주의적인 "아메리카주의"에서 찾았다고 본다(Hofstadter 1955b, 42). 포퓰리즘과 매카시즘의 이러한 지위 정치는 제도 내적으로 수용 가능한 이익 정치와 대립된다. 이익 정치란 "다양한 집단과 블록 사이의 물질적 목표와 필요의 충돌"이라면, 지위 정치는 "지위상승에 대한 열망을 포함한 다양한 사적 동기에서 생겨나는 다양한 투사적 합리화의 충돌"을 의미한다. 그가 보기에 이익 정치는 경제침체와 경제적 불만족의 시기에 주로 나타난다면, 지위 정치는 물질적으로 풍족한 번영의 시기에 대중화된다(Hofstadter 1955b, 43-44). 이익 정치의 경우는 현실적이고 합리

---

13 사이비-보수주의자의 지속적인 의심과 공포에 대한 지적은 포퓰리스트가 '역사 전체를 음모론적 시각'으로 본다는 지적과 연관시켜볼 수 있다. 특히 호프스태터는 역사 속의 "특정한 음모 행위"를 지목하는 것과 역사전체를 "사악한 음모의 실타래"로 엮는 것은 완전히 다르다고 지적한다(Hofstadter 1955a, 71).

적이며 긍정적·적극적 대안과 정책의 실현이 정치 행위의 동기가 되는 반면에, 지위 정치의 경우에는 반대로 복수심과 모멸감, 그리고 희생양 찾기 등의 동기가 된다(Hofstadter 1955b, 44).

호프스태터는 당대 미국 사회의 몇 가지 새로운 특징이 지위 정치의 경향을 강화한다고 보았다. 첫째, 서부 개척과 지속적인 이민 인구의 유입 등에 따라서 지위 상승이 거의 자동적이고 지속적으로 이루어지던 시기가 끝났기 때문이다. 더 이상 지위 상승은 미국 사회의 특징이 아니다. 둘째, 대중 매체의 발전에 따라서 정치는 인민에게 가까워졌고, 관객이 스스로 참여한다고 느끼는 일종의 오락이 되었기 때문이다. 셋째, 지속적인 자유주의 정파의 집권과 그 결과로 강화된 정부와 행정에 대한 반감이 강화되었다. 마지막으로 냉전 초기는 이전의 전후 시기와 달리 적대와 위기의 종결을 가져오지 않았고, 그 결과 미래를 낙관하기 힘들어졌다(Hofstadter 1955b, 52-53). 포퓰리즘에 대한 이와 같은 호프스태터의 개념화는 당대의 매카시즘을 비롯한 미국의 사이비-보수주의가 구대륙의 파시즘이나 전체주의와는 분명히 구별되는 정치 현상이자 운동이라는 점을 전제로 하고 있다(Hofstadter 1955b, 53-54).

2) 실스: 전도된 불평등주의, 혹은 반-법치주의로서의 포퓰리즘

실스의 포퓰리즘론은 아마도 호프스태터의 논의와 비교했을 때, 현대 독자에게 상대적으로 더 친숙하게 받아들여질 수 있을지 모른다. 사회학자인 실스는 분명 미국사학자 호프스태터보다 더 보편적이고 사회과학적이라고 할 수 있는 언어와 범주들을 동원하여 포퓰리즘을 묘사하고 설명하고 있다. 그는 1955년의 발표문 "포퓰리즘과 법의 지배"에서 호프스태터와 마찬가지로 포퓰리즘을 과거에 존재했던 미국의 정치운동의 이름으로부터 당대에 문제적인 정치적 경향의 이름으로 재정의하는 시도를 보여준다. 개인의 자유와 집단의 안정성을 조화시키는 문제를 다룰 것이라고 표명하는 이 발표문에서 자유 사회의 집단적 안정성이 법적 체계에 있어서 "법의 지배"를 통해 실현되고 유지된다고 보고 있다. 이때 법의 지배란 대의제와 권력분립을 포함하는 개념이다(Shils 1955a, 91). 그리고 미국에서 이러한 법의 지배의 확립을 저해하는 특징으로 제시되는 것이 "법에 대한 무시", "정치가에 대한 무시", 그리고 "포퓰리즘"이다(Shils 1955a, 98). 포퓰리즘은 앞선 두 가지 특징 모두를 포괄하는 미국 정치의 특징인데, 대체로 "급진적인 전원적 진보주의"로 기억되지만, 실제로는 "거대 주요 도시"에 대한 적대, 직업 정치가에 의한 전문화된 정치에 대한 반감, 외국인과 구대륙 사상에 대한 의심, 대학에 대한 극단적으로 양가적인 태도, 인민에 대한 직접적 호소 등을 특징으로 한다. 그는 포퓰리즘이 "인민의 의지를 정의와 도덕과 동일시한다"고 비판한다. 특히 포퓰리즘은 자유 사회에 존재하는 기존의 "전통적 제도들의 기준"에 우선하는 것으로서 "인민의 의지"를 내세운다는 것이다. 단순히 인민, 즉 평범한 사람들의 의지를 다른 기준들과 동등하다고 주장하는 것을 넘어서, 그 전능함을 주장한다는 점에서 실스는 포퓰리즘이 "전도된 불평등주의(inverted inequalitarianism)"라고 규정한다(Shils 1955a, 103). 포퓰리즘 이념의 목표는 최소한 그 내용상으로는 평등주의이지만, 그 실제 결과는 완전히 반대되는 것이라는 의미에서다. 그런 점에서 "포퓰리즘은 과잉민주주의(hyperdemocracy)를 가장한 절대주의"이며 "매카시 상원의원이 이러한 절차를 체화하고 있는 것에 그치는 것이 아니라 단지 그에게서 보다 극단적으로 나타날 뿐"이라고 쓰고 있다. 실스는 포퓰리즘이 매카시즘 이전에도 존재한 것이 맞지만, 또한 앞으로도 사라지지 않을 것이라고 말함으로써, 그 또한 포퓰리즘을 역사적인 대문자 개념에서 소문자 개념으로 재정의하고 있음을 보여준다(Shils 1955a, 107).

"포퓰리즘과 법의 지배"를 발표하고 이듬해에 출간한 실스의 저작 『비밀유지의 고뇌』에서 포퓰리즘 비판의 맥락과 배경을 보다 상세하게 확인할 수 있다. 여기서 그는 냉전 초기 미국의 안보 정책이 국내 정치적으로 직면하게 되는 반대와 의혹의 문제를 다루면서, 이들의 미국적 원천으로서 포퓰리즘을 지목한다. 그는 서구 자유민주주의의 특징으로 "사적 비공개(privacy), [공적, 정책상의] 비밀유지(secrecy), 그리고 공개성(publicity)의 평행상태(equilibrium)"라고 규정하면서, 미국에서의 이러한 평형상태 유지의 가장 중요한 위협이 바로 "공개성에 대한 지속적으로 증가하는 압력"과 "변덕스럽게 강력해지는 비밀유지에 대한 집착" 혹은 공포로 인한 "불균형상태"가 포퓰리즘과의 친화성을 갖는다고 말한다(Shils 1956, 36-37). 공개성에 대한 맹목적 믿음과 마찬가지로 맹목적인 비밀유지에 대한 불신과 공포는 "근대 광신주의"의 특징인데, 특히 "정치와 사회에 대한 음모론적 관점"이 그 기저에 있다고 실스는 보았다(Shils 1956, 30). 물론 세계대전 시기와 냉전 초기의 상황에서 보자면 현실적인 관점에서 음모에 대한 경계는 반드시 필요한 것으로 인정하였지만, 맹목적이고 비현실적인 음모론의 특징은 구체적이고 "전문적인 첩보대항 활동"에 대한 관심이 아니라 정부와 관료제 내부의 "도덕적으로나 국적 상으로나 외국"에 속하는 파벌과 그 영향력에 대한 막연한 공포와 연결되어 있다고 보았다(Shils 1956, 32-33). 말하자면 실스가 이해한 바로는 포퓰리즘이란 제도와 전문가에 대한 불신을 동기로 삼아서, 공적 기밀유지에 대한 공포, 그리고 완전한 공개성을 주장하고 실현하려는 절대주의적 정치 내지는 정치적 광신주의로 요약될 수 있다.

실스의 포퓰리즘론에서 두드러지는 특징은, 특히 앞서 살펴본 호프스태터의 논의와 비교했을 때, 그가 포퓰리즘의 대안에 관해서 이론적으로 매우 상세하게 논의한다는 점이다. 이는 실스의 포퓰리즘론이 호프스태터의 경우보다 훨씬 더 보편적인 근대 정치 현상으로 재정의한다는 점과도 무관하지 않다. 그는 포퓰리즘을 근대 지식인과 정치·사회·제도적 권위 사이의 반목을 촉진하는 주요 전통들 중 하나로 거론하기까지 한다. 근대 내부에서의 '반근대'라고 할 수 있는 이들 전통에는 바로 과학주의, 낭만주의, 종말론, 포퓰리즘, 그리고 19세기 실증주의와 같은 반–지성주의 질서의 전통이 있다(Shils 1958a, 18).

그런데 이중에서도 포퓰리즘은 기존의 반권위적 전통이나 경향들과는 달리 비교적 새로운 현상으로, 낭만주의와 기독교에 기원이 있는 도덕적 평등주의, 그리고 서구 문화의 주변부성의 복합적인 원인으로부터 태어났다고 실스는 보고 있다. 그리고 특히 실스는 포퓰리즘이 제도화된 학문과 학술활동을 "온기 없는 기호에 집착하면서 삶의 본질과는 무관한" 어떤 것으로 대한다는 점에 주목한다. 그래서 포퓰리즘이 정치화되면, "보통 사람들의 기준들이 사회의 권위적 제도들에 의해 대표되는 기준들을 압도해야만 한다"고 주장하게 된다고 본다. 그리고 이때의 사회의 권위적 제도들로 실스가 들고 있는 것은 바로 "국가, 법, 교회, 대학"이며, 포퓰리즘은 바로 이들 제도의 권위를 체화하고 있는 "사제, 교수, 의회정치인"을 적대시한다는 것이다. 포퓰리즘의 이런 특징들은 종교에서의 "천년왕국설"의 주요 특징들과 겹치는데, 그 결과 포퓰리즘은 비인격적 지배에 맞서 카리스마적 지배에 반응하며, 인민 개념과 프롤레타리아트 개념 양자의 모호성 덕분에 두 가지가 통합되면서 전체주의와 같은 "이데올로기적 정치 성향"으로 발전할 가능성이 높다고 보고 있다(Shils 1958b, 468-469).

그래서 실스는 포퓰리즘을 비롯한 '이데올로기 정치(ideological politics)'와 그 대안으로서의 '(상호존중의) 시민 정치(civil politics)'를 명확하게 대립시킨다. 전자는 "친구-적", "우리-그들", "주체(who)-객체(whom)"와 같은 방식의, 인간 세계에 대한 "도덕적 분할주의"라면, 후자는 시민, 즉 "통치자로서 혹은 피치자로서 스스로의 자기-지배에서 책임을 공유하는 인간의 덕성"으로서의 상호존중의 "예의(civility)"에 기반 한 정치다(Shils 1958b, 452, 470). 그리고 이러한 상호존중의 덕성과 정치는 다원주의 사회의 원리와 밀접한 관계에 있는 것으로 설명된다. "다원주의 정치는 엘리트들 간의 친화성과 정치적 삶이 이어지도록 하는 제도와 기구들에 대한 공동의 애착을 요구"하며, 이와 같은 "다원주의적 관점을 어떤 단일 정파나 사회정책이 체화하고 있다고 주장될 수" 없는데, 상호존중의 정치는 바로 다원적 가치와 이념의 차이가 극단주의로 격화되는 것을 방지하는 역할을 담당한다는 것이다. 그리고 이를 위해서 진보와 보수는 모두 양자 간의 정파적 차이가 아닌 "다원주의적 온건화(moderation)와 편집광적 극단주의" 사이의 차이를 가장 중요한 차이로 인식할 필요가 있다고 강조한다(Shils 1956, 227).

실스의 포퓰리즘론은 또한 근대화 이론의 관점에서 포퓰리즘을 다루고 있다는 특징이 있다. 말하자면 실스는 호프스태터와 달리 포퓰리즘을 미국사나 미국 정치에만 국한시키지 않고, 미국과 유럽 외부의 신생 국가에서의 근대화의 문제와 결부시켜서 설명한다. 당연하게도 미국과 유럽 문명 내부와 외부라는 장소의 차이는 있지만, 근대화와 근대문명에 대한 '반근대'적 경향 내지는 전통이라는 점에서는 미국적 포퓰리즘과 신생 국가의 포퓰리즘은 본질적으로 다르지 않다.

그는 비-유럽권의 포퓰리즘이 주변부 국가 지식인의 서구 문화에 대한 양가적 태도에 기인한다고 본다. 즉 한편으로는 서유럽 문화에 매료되면서도, 이에 대해 강한 거부감을 갖는 지식인들에 의해 비-유럽 신생국가에서 포퓰리즘이 등장하게 되었다는 것이다(Shils 1958a, 20-21).

3. 반지성주의 비판과 탈-이데올로기적 지식인 정치

이 연구가 다루는 학자들에게 포퓰리즘 개념의 가장 중요한 논쟁적 측면은 바로 지식인의 정치·사회적 역할과 관련된 것이다. 특히 이때 포퓰리즘의 대안과 관련하여 가장 중요한 핵심어는 바로 '반지성주의(anti-intellectualism)'로 보인다. 그런데 '반지성주의'는 '포퓰리즘' 만큼이나 논쟁적이며 대립적인 개념이다. 특수한 맥락과 구체적인 대안이 같이 제시되지 않을 경우에 '반지성주의'는 '포퓰리즘' 만큼이나 그 의미는 대단히 막연하면서도 정치적 의도에서는 적대적인 전선을 명확하게 가르는데 유용한 용어로 활용될 가능성이 매우 높아 보인다. 이 용어가 한편으로는 정치 및 사회로부터의 부당한 침해와 간섭으로부터의 지식인 계급 혹은 학계의 자율성을 옹호한다는 의미의 한쪽 극단에서부터, 다른 한편으로는 고학력 엘리트의 우월감과 선민의식을 정당화해주는 의미의 극단에 이르는 매우 넓은 범위의 용법으로 사용될 수 있는 가능성이 있다. 즉 학문적 순수성과 도덕성에 대한 옹호에서부터 이와는 반드시 일치하지 않을 수 있는 전문가주의와 능력주의에 대한 옹호까지를 포괄할 수 있다.

당연히 역사적인 포퓰리즘 운동은 지식인의 역할에 대해 대체로 부정적인 입장을 견지했다고 봐야한다. 다만 미국 포퓰리즘의 경우처럼 농민 주도의 운동으로서 태생적으로 지식인의 역할 자체에 대해 부정적일 수도 있고 러시아 포퓰리즘의 경우처럼 본질적으로 지식인 운동이면서도 지식인과 인민의 차별화를 당연시하는 자유주의적 방식에 대해 부정적이었던 것처럼 그 구체적인 양상은 달라질 수 있다. 하지만 포퓰리즘이 어떤 방식으로든 지식인과 학자의 정치적 역할에 대해 비판적이었다면, 포퓰리즘 비판 담론은 어떻게든 지식인의 정체성과 역할에 대한 대답을 반드시 내놓지 않을 수 없을 것이다. 실제로 이 연구에서 다루는 학자들이 소문자 포퓰리즘의 전형이라고 지목한 매카시즘은 이들이 보기에는 반공주의의 탈을 썼지만 실제로는 지식인과 미국 내 주요 대학에 대한 공격 내지는 그에 맞선 '반란(revolt)', 즉 반지성주의적 정치 운동으로 인식되었다(Bell 1955, 14; 1960, 111; Viereck 1955).

이러한 포퓰리즘의 반지성주의에 맞서서 포퓰리즘의 비판자들은 유럽에서의 반–전체주의적 이데올로기 비판론의 영향 하에서 탈–이데올로기적 지식인 정치를 추구하였다. 유럽의 전후 이데올로기 비판론은 프랑스 정치철학자 아롱(Raymond Aron)의 경우에서 확인할 수 있듯이 이데올로기를 전체주의 이데올로기와 동일시하면서, 이에 맞서 '이데올로기의 종언(End of Ideology)' 테제를 지지하였다.[14] 북대서양 건너편의 미국 측 동료들은 베버(Max Weber)와 만하임(Karl Mannheim)의 영향 하에서 절대주의적이고 극단주의적인 이데올로기와 포퓰리즘 및 매카시즘을 동일시하면서 미국적 특수성에 기반 한 이데올로기의 종

---

14 '이데올로기의 종언' 논쟁에 관해서는 다음의 연구를 참조하라(Scott–Smith 2002; Brick 2013; Adair–Toteff 2019).

언을 꾀하였다. 호프스태터는 이와 관련하여 다음과 같이 쓰고 있다.

매카시즘의 분출은 급진적 대응을 유도하기 보다는 일부 지식인들에게서 대중적 열정과 반-체제적 선동에 대해서 그들이 느낄 것이라고 생각했던 것보다 더 강한 염증을 불러일으켰다.우파의 포퓰리즘이 과거의 좌파 포퓰리즘에 대한 새로운 회의주의를 불러일으켰다. 다니엘 벨이서구에서의 이데올로기의 종언에 대해서 쓰고 있는 동안에 역사학자들은 미국에서는 이데올로기의 종언이 시작 조차하지 않았다는 생각으로 회귀하고 있었다. (Hofstadter 1969b, 439)

당연히 이러한 냉전 자유주의적 지성주의는 지속적인 비판에 직면해 왔다. 실스 뿐만 아니라 호프스태터의 자유주의적이고 다원주의적인 지식인 정치는 무엇보다도 스탈린주의와 국제공산주의라는 '적'을 상정했던 특정 시기에 소위 '나토 지식인'(Mills 1960)이라고 불렸던 학자들의 자유주의였다. 이 시기 이들 지식인의 주요 학술 활동은 이후에 미국중앙정보부(CIA)의 자금 지원을 받은 사실이 폭로된 문화자유회의(Conference for Cultural Freedom), 그리고 미국의 관련 단체인 미국문화자유회의(American Committee for Cultural Freedom)의 활동의 일환으로 수행된 것이 대부분이었다.[15] 사실 '이데올로기의 종언' 테제는 CIA 자금 지원 사실이 폭로된 1966년 이전에 이미 실패 판정을 받았

---

15 한국에서와 문화자유회의와 관련된 학술 및 이념 활동은 대체로 『사상계』를 중심으로 한 1950-1960년대자유주의 지식인들에 의해 수행되었다. 이와 관련해서는 권보드래의 연구(2011)를 참조하라. 이 연구에서 다룬 저자들 중에는 실스의 1960년 논문 "신생국가 정치발전에서의 지식인"이 『사상계』 1960년 9월호에번역되어 소개된 바가 있다(Shils 1960b; 1960d).

다. 게다가 이를 지지한 자유주의 저자들은 단순히 전체주의 비판자에 그치지 않고 유럽 혹은 영국의 구체제로부터 혁명과 같은 단절적인 변화 없이 온건하고 유기적인 근대화 과정이 존재했다고 믿는, 보수적 다원주의의 신화에 기대고 있었다. 예컨대 실스는 자유민주주의적 균형상태의 모델로 영국을 지목한다(Shils 1956, 37). 밀러(Jan-Wener Müller)는 냉전 자유주의 지식인들이 대부분 지나치게 영국 사회를 이상화하는 바람에 영국이 아닌 사회에서의 다원주의 실현의 조건이나 방안에 대해서는 거의 논의하지 않았다고 지적하기도 하였다(Müller 2008). 실스를 비롯한 1950년대 포퓰리즘 비판자들이 근대화 이론가들이기도 하였으며, 그러한 시각에 입각하여 미국의 과거와 유럽 밖의 사회를 바라보고 있었는데(Gilman 2003), 이는 앞서 지적한 북대서양 문명 중심적 시각에 대한 지적과 연결시켜 생각해볼 필요가 있다.

1) 호프스태터: 반지성주의 비판과 지식인의 전문적·정치적 소명

아마도 호프스태터의『미국의 반지성주의』는 '반지성주의'라는 말의 역사에서 가장 중요한 작품 중 하나일 것이다. 이 책에서 그는 이 말을 '포퓰리즘'으로 바꿔 써도 크게 무리가 없는 의미로 사용하고 있다. 다만 미국 사회에서의 반지성주의에 대한 호프스태터 자신의 비판적 관심은 한편으로는 포퓰리즘에 관한 그의 첫 번째 연구서인『개혁의 시대』이전에 이미 표명된 것이다. 하지만 다른 한편으로는『미국의 반지성주의』는『개혁의 시대』이후의 미국 사회와 정치, 그리고 학계의 변화를 반영하고 있기도 하다. 포퓰리즘 운동과 진보주의 운동을 다룬 이전 저작에서도 중요하지만 여전히 주변적이고 파편적으로 다뤄졌던 '복음주의적 프로테스탄티즘'의 영향은 이제 반지성주의에 관한 저작에서는 가장 중요한 주제로 전면에서 다뤄진다(Hofstadter

1955a, 204 & 1963, 55-141). 심지어 '복음주의적 프로테스탄티즘'은 이제 다양한 분야에서의 반지성주의 전체의 뿌리로 간주되며, 그레이엄(Billy Graham) 목사는 매카시 상원의원을 이은 우파 극단주의의 새로운 대표자로 등극하게 된다. 당연히 반지성주의 비판이 단지 평등주의적이며 지식 전문가에 대해 적대적인 종교 운동이나 종교적 심성에 대한 비판에만 국한되는 것은 아니다. 종교에서의 '복음주의적 프로테스탄티즘'의 영향은 정치에서의 민주주의, 경제에서의 기업가적 성격과 자조, 교육에서의 평등주의적 신념 등으로 확인된다는 것이다.

그렇다면 지식인이란 누구이며 그의 역할은 무엇인가? 여기서 우리는 우선 호프스태터가 이미 1950년대 초중반에 미국의 고등교육사와 학문의 자유의 문제에 관한 연구를 수행했다는 사실을 기억할 필요가 있다(Hofstadter & Hardy 1952; Hofstadter & Metzger 1955). 게다가 그는 앞서 언급했던 1953년의 강연문인 "미국의 민주주의와 반지성주의"에서 이미 강한 민주주의와 반지성주의의 연합이 미국의 자유주의와 지식인 사회에 대한 가장 주된 위협이라고 주목한 바 있다(Hofstadter 1953). 1953년의 강연문에서 다뤘던 주제의 연장선상에서 호프스태터는 『미국의 반지성주의』에서 베버의 직업정치가론을 빌려와서 지식인의 정체성과 역할을 설명한다. 그는 베버의 직업정치가론에서 '정치에 의존한 삶', 즉 정치를 생계의 수단으로 삼는 삶과 '정치를 위해서 사는 삶', 즉 정치의 목적에 헌신하는 삶의 구별을 빌려와서 직업인으로서의 지식인이 지식과의 이중의 관계를 맺는다는 점을 강조한다. 한편으로는 직업적 지식인에게 지식이란 생계의 수단이지만, 동시에 그는 전문직의 직업적 요구사항을 뛰어넘는 "중립적인 지적 능력, 일반화 능력, 자유로운 사변, 참신한 관찰, 창조적 변화, 근본적 비판 능력"을 갖춰야만 비로소 지식인일 수 있다는 것이다. 그런데『미국의 반지성주의』에서는 베버의 직업정치가와 유사하게 지식인에게 모종의 "균형" 감각이 요구된다. 그런데 이 균형은 생계수단으로서의 지식과 진리 추구에 대한 내적 신념 사이의 균형은 아닌 것으로 보인다. 오히려 그것은 지식과 진리 추구에 대한 내적 신념 내부의 갈등에 대한 균형 감각으로 보인다. 한편으로 자신에게 주어진 목적에 헌신해야 한다는 도덕적이고 종교적인 "경건함", 그리고 이와는 완전히 무관하게 자발적이며 자율적인 지적 활동을 수행할 수 있는 내적 충동 내지는 "장난기" 사이의 균형이라고 호프스태터는 설명한다(Hofstadter 1963, 27).

이러한 논의는 여전히 어느 정도는 베버의 직업정치가에 요구되는 균형감각에 유비적이면서도, 직업정치가와 구별되는 직업지식인의 고유성을 주장하기 위한 것으로 보인다. 그러나보다 중요한 것은 지식인에게 있어서의 '경건함'과 '장난기'의 구별을 통해 호프스태터가 비판하고자 하는 대상이 무엇인가 하는 문제다. 그는 한편으로 '경건함'에 대한 논의를 통해서 "하나의 유일한 지식을 위한 삶"이 "강박적이거나 기괴한 것"이 되는 가능성, 즉 진리의 추구가 종교적 "열광(zealotry)"으로 전락할 가능성에 대해 비판한다. 이러한 경우에 "지성은 광신주의에 의해 집어 삼켜진다"는 것이다(Hofstadter 1963, 29). 그렇다면 '지식에 헌신하는 삶'이 광신주의로 전락하는 것을 어떻게 방지할 것인가? 그것은 바로 장난기 혹은 "정신의 놀이"라는 "평형추"의 역할에 달려있다. 그리고 장난기에 대한 논의는 미국의 반지성주의의 한 축을 이루는 이른바 "실용성의 기준"에서 지성과 지식인을 판단하는 습성에 대한 비판을 의도하고 있다. 그는 "원칙적으로 지성이란 실용적이지도 비실용적이지도 않다"고 하면서 차라리 지성과 지식인의 특징은 "초실용적(extra-practical)"하다는 데에 있다고 대답한다

(Hofstadter 1963, 30). 이렇게 봤을 때, 호프스태터에게 지식인이란 특정한 진리나 이념의 대변자도 아니지만, 그렇다고 해서 실용적 목적에 복무하는 기술자도 아닌 직업적 지식인이라고 할 수 있다. 지식인에게 요구되는 이러한 정치가적 균형감각은 다만 지식인 개인이 발휘하도록 요구되는 초인적인 능력은 아닌 것으로 보인다.

『미국의 반지성주의』에서 저자는 지식인의 이와 같은 소명의식과 균형감각에 대한 미국 사회의 반대와 도전을 종교, 정치, 경제, 교육의 영역에서 비판적으로 분석하는데, 이때 반복되는 핵심어는 바로 '실용성'과 '평등주의'(혹은 '민주주의')다. 실용성에 대한 추구와 대중적 믿음은 순수 학문의 목적을 부차적인 것으로 만들고 실용적 목적을 위한 도구로 전락시킨다는 것이고, 평등주의와 민주주의는 지적 탁월함과 지적 불평등의 불가피성을 부정하고 이를 완전한 지적 평등으로 부당하게 대체하려 한다는 것이다. 하지만 이러한 반지성주의에 대한 비판은 단지 학문의 자유나 지식인 공동체의 사회로부터의 자율성을 보장받기 위한 목적에서만 제기되는 것은 아니다. 궁극적으로 호프스태터의 지식인론은 일종의 지식인 정치를 정당화하기 위한 것이다. 순수한 '장난기'는 결국 사회적으로나 정치적으로 무책임한 지식인상의 극단에 도달하게 되며, 지식인의 사회로부터의 '소외'를 당연할 뿐만 아니라 마치 지식인의 도덕적인 의무인 것처럼 잘못 믿게 만든다. 반면에 순수한 '경건함'은 정치적 광신주의, 혹은 실제로는 이러한 광신주의의 필연적인 이면을 이루는 권력에의 절대적 복종과 봉사를 의미하게 된다. 호프스태터는 지식인과 학문 공동체가 이러한 두 가지 극단으로 양극화되고 분열되는 것에 대해 우려하면서 이 공동체 내부에서 연대와 공존, 그리고 타협이 유지되기를 희망했는데, 이를 통해 결국 지식과 정치, 지식과 권력의 관계가 협력과 긴장의 이중성을 잃지 않기를 원했던 것으로 보인다. 미국 정치사는 건국 시대에 지식과 정치권력의 모범적인 협력의 선례를 갖고 있지만, 이 시대는 전문화 이전의 시대이며, 따라서 이 시대로의 회귀는 불가능하다. 호프스태터의 지식인 정치란 현대적 전문화와 직업 지식인 계층이 등장한 새로운 시대에 권력과의 협력을 '순응'과 같은 도구적이고 기술관료적인 봉사로 전락시키지도 않지만, 그렇다고 해서 동시에 권력에 대한 비판과 긴장관계를 정치와 사회로부터의 완전한 '소외'로 증폭시키지도 않을, 중간 영역에서의 타협 및 지식인 공동체의 통합에 대한 모색이라고 말할 수 있을 것이다(Hofstadter 1963, 393-432).

2) 실스: 이데올로기의 종언 및 근대화에 있어서의 지식 전문가의 역할

실스는 1958년에 아롱의 『지식인의 아편』 영역본에 대한 서평을 발표했는데, 그 제목이 매우 의미심장하다(Aron 1957; Shils 1958b). "이데올로기와 시민성: 지식인의 정치"라는 제목의 이 서평은 포퓰리즘과 매카시즘에 대한 실스의 입장과 대안이 무엇인지 매우 잘 요약하고 있다. 분열적이고 전체주의적인 이데올로기 정치와 다원주의적이고 상호존중에 기반한 시민 정치 양자는 모두 지식인에 의해 주도되는 정치이지만, 양자는 매우 상반된 형태의 정치라는 것이다. 그는 한편으로 이탈리아 파시즘, 독일 나치즘, 러시아 볼셰비즘, 프랑스와 이탈리아의 공산주의, 악시옹 프랑세즈(Action française), 영국 파시즘 동맹 등이 모두 매카시즘과 함께 이데올로기 정치에 속한다(Shils 1958b, 450). 이러한 이데올로기 정치에 대한 규정은 실스와 아롱이 모두 '이데올로기의 종언' 담론의 주요 논자였다는 사실과 관련된다. 아롱 또한 『지식인의 아편』의 결론에서 이데올로기의 종언 가능성의 문제를 다루고 있다(Aron 1955). 실스는 같은 해에 『인카운터(Encounter)』지에 "이데올로기의 종언?"이라는 제목의 기사를 실은 바 있다(Shils 1955b). 그리고 이들의 공통분모는 바로 같은 해에 이탈리아 밀라노에서 열린 문화자유회의인데, 그 해의 주제인 '자유의 미래'하에서 가장 중요하게 논의된 내용이 바로 '이데올로기의 종언'이었다. 실스는 벨과 함께 이 회의에 참여한 미국 학자들에 포함되어 있었고, 또한 두 사람은 이후 이데올로기 종언 담론의 미국 측 대표자였다고 할 수 있다. '이데올로기 정치'에 맞선 '시민성의 정치'에 관한 실스의 논의는 바로 이러한 배경과 맥락에서 이해될 필요가 있다.

그렇다면 이데올로기 정치란 특히 지식인의 역할과 위치, 그리고 지식인과 정치의 관계의 관점에서 어떻게 정의될 수 있는가? 실스가 주목하는 것은 이데올로기 정치가 우선 이중적인 신념으로 구성되어 있다는 것이다. 한편으로 인민이나 계급, 혹은 국민과 같은 집단, 그리고 이 집단의 지도자 혹은 지도 정당의 절대적인 우위에 대한 신념, 그리고 다른 한편으로는 그 적대 집단으로서의 유태인 혹은 부르주아를 상정한다는 것이다. 그런데 이데올로기 정치를 특징짓는 보다 중요한 점은 사회의 다원적 영역들에 대한 정치적 영역의 절대 우위 및 정치의 의한 다른 영역의 대체를 주장한다는 점이다. 이데올로기 정치에 의해서 정치는 "종교를 대체하고, 미적 기준을 제공하고, 과학연구와 철학적 사고를 지배하며, 성생활과 가족생활을 규제"해야만 한다고 믿는다는 것이다(Shils 1958b, 451). 이는 아롱이 제목에서 이데올로기 자체를 지목하고 있는 『지식인의 아편』에서, 그리고 그 이전부터 전체주의를 '세속종교(religions séculières)', 즉 국가에 의한 교회의 대체라고 규정하고 비판하는 것과 비교해서 이해할 수 있다(Aron 1955).

이는 실스에게는 정치와 지식인의 관계가 이데올로기 정치에 의해서 바람직하지 않은 방향으로 변질된다는 것을 의미한다. 실스는 매카시즘이 "정치가와 지식인 사이의 화해 과정을 지연시키고 훼손시켰다"고 언급한 바 있다(Shils 1956, 14). 앞서 보았듯이, 이데올로기 정치와 시민 정치 모두 지식인에 의한 정치라는 점에서는 차이가 없다. 다만 위의 서술에 근거해서 봤을 때, 이데올로기 정치는 지식인에 의한 정치이지만, 종교, 과학, 철학, 미학 등 전통적으로 지식인이 주도적 역할을 수행했던 영역들을 정치에 완전히 종속시킨다는 점이 특징이다. 즉 지식인의 전통적인 역할을 부정하고 박탈하는, 모순적 방식의 지식인 정치라고 하겠다. 그리고 그 동기가 된 것은 앞에서 논의했듯이 지식인이 주도한 전통적 영역의 제도와 권위에 대한 지식인 자신의 반감이라고 할 수 있다. 다원적 사회 영역의 전통적 권위를 인정하는 상호존중의 시민 정치에 대한 지식인 자신의 반감이 결국 궁극적으로 정치와 지식인 사이의 불화의 원인이라고도 할 수 있겠다.

이데올로기 정치와 지식인의 정치적 역할에 대한 실스의 논의에서 또한 주목할 만한 것은 바로 근대화와의 관계에 관한 논의다. 앞서 논의했듯이, 실스는 포퓰리즘의 부상의 원인 중에 서구 문화로부터의 주변적 위치를 꼽은 바가 있다(Shils 1958b, 468). 이러한 지적은 결코 우연적이거나 주변적인 것은 아닌데, 실스의 당시부터의 관심사 중 하나는 바로 비서구 저개발 국가에서의 근대화와 경제 발전에 있어서의 지식인의 역할, 그리고 특히 이들 국가에서의 이데올로기 정치, 즉 전체주의적이고 극단주의적 민족주의에 대한 방지 및 배제와 관련된 것이었다. 실스는 1950년대 중후반에 저개발국가에서의 국가형성 및 근대화 발전과정에서의 지식인의 역할에 관한 일련의 연구를 수행하기도 하였다(Shils 1960a & 1960b & 1960c).

4. 몇 가지 제언

결론을 대신하여 1950-1960년대 미국의 포퓰리즘 연구사에 대한 검토내용을 바탕으로 현대 한국의 포퓰리즘 논의에 대해 몇 가지 제안을 하는 것으로 연구를 마무리하고자 한다.

첫째, 포퓰리즘에 대한 학술적 논의와 포퓰리즘 개념을 활용한 적대적 정치활동(소위 '반포퓰리즘' 담론)을 최대한 구별할 필요가 있다. 특히 이 연구는 포퓰리즘을 둘러싼 언론 및 정치권의 논쟁에서처럼 어느 한쪽 편만을 들면서 학문적 성과와 권위를 이러한 목적을 위해 활용하는 것을 피하면서, 다양한 논쟁 당사자들의 상이한 입장을 최대한 복원하고 맥락화하는 연구가 필요하다고 주장한다. '포퓰리즘'이나 '반지성주의'와 같이 '자기-묘사'적 특징이 결여된 용어, 즉 용어에 거의 절대적인 부정적 가치 평가가 내장되어 있음에도 불구하고 용어 사용자 자신은 스스로를 거의 자동적으로 면제시켜주는 방식의 용어의 사용은 대체로 특정한 정치적·논쟁적 맥락에 결부되어 있을 가능성이 높다. 그리고 이러한 발화 상황을 학계가 자각하고 주의하고 있지 못하다면, 이 말을 사용하는 연구자 개인은 기존 연구 및 경험 자료와 같이 학계에 축적되고 공유된 성과를 자신의 가치관이나 정치관을 지지하기 위해 자의적으로 동원할 가능성이 높다. 이러한 행태는 정치 영역에서 특정 가치관이나 정치관을 공유하는 시민들의 환영을 받을 수도 있는 일이지만, 학계는 이와 거리를 둘 필요가 있을 것이다. 이러한 접근방식에 입각하여 이 연구는 현대적 포퓰리즘 개념의 기원이 매카시즘에 대한 냉전 자유주의적 반작용에 있었다는 사실, 그리고 그 배경에는 근대화된 문명사회가지식 전문가에 의해 주도되어야 한다는 생각을 공유한 지식인 및 학자들이 있었다는 점을 밝혔다.

둘째, 위의 문제제기의 연장선상에서 적대적이면서도 포괄적인 용어로서의 포퓰리즘의 대체 용어의 필요성이 검토될 필요가 있다고 본다. 포퓰리즘에 대한 냉전적 재평가에 대해 비판한 미국의 역사학자들 또한 매카시즘과 그에 대한 미국 사회 일부의 지지, 그리고 이러한 극우 정치의 방향성에 대해서는 마찬가지로 비판적이었다. 다만 그들은 포퓰리즘의 특징으로 언급되는 토착주의, 인종주의, 이민자 혐오 등의 현상이 모두 과거 미국 고유의 개혁운동의 상징과도 같은 대문자 포퓰리즘(Populism)이라는 말로 통칭될 수 있는가 여부에 대해 비판한 것이다. 이는 단지 미국사 영역에 국한된 문제가 아니라 현대에도 포퓰리즘이라는 멸칭에 결부되는 다양한 특징들과 관련해서도 충분히 논의가 되어야할 쟁점일 것이다. 물론 그렇다고 해서 포퓰리즘이라는 말이 원래의 맥락 이외의 의미로는 사용되지 말아야 한다는 일종의 규제나 검열을 주장하는 것은 아니다. 다만 포퓰리즘 자체에 대한 일면적 가치 평가를 극복하고, 포퓰리즘으로 지목되는 문제적 현상과 그 대안에 대한 논의가 단순히 '다수결의 횡포' 대 '입헌주의'와 같은 단순화된 적대관계를 벗어나서 다면화 및 다변화될 필요가 있다고 본다. 무엇보다도 포퓰리즘 개념과 연구에 대한 맥락주의적 역사 연구는 규범적 논의의 이와 같은 다면화와 다변화에 공헌할 수 있을 것이다.[16]

마지막으로 아직도 반공주의적 수사가 '자유주의와 공산주의의 명백한 차이'를 은폐하기 위한 의도에서 민주주의 확립 이후에도 지속

---

16 포퓰리즘 및 민주주의 개념사와 지성사를 비롯한 역사 연구와 규범적 연구를 결합시킨 모범적인 연구 사례로는 로장발롱(Pierre Rosanvallon)의 최근 연구(Rosnavallon 2021)를 들 수 있다. 로장발롱의 포퓰리즘 논의 전반에 대한 소개와 평가에 관해서는 셀린저(William Selinger)의 연구(Selinger 2020)를 참조하라.

적으로 동원되고, 포퓰리즘이 주로 보수 정치세력에 의해 자유주의 정치 세력을 겨냥한 정치적 수사로 사용되는 한국 정치와 언론계의 풍토를 고려할 때, 매카시즘과 같은 반자유주의적 반공주의에 대한 중도 자유주의적 비판은 특히 재발견하고 재검토할 가치가 있다고 본다. 물론 매카시즘적인 반공주의만큼이나 그에 대한 미국 냉전 자유주의자의 비판도 현대 한국 민주주의에 그대로 적용할 수는 없는 일이다. 다만 여전히 포퓰리즘과 대립쌍을 이루는 다원주의, 중도주의, 세계시민주의 등의 개념에 대해서는 이들 저자의 논의에 대한 비판적 검토 없이 현대적인 논의를 곧바로 전개하기는 어렵다. 특히 이들 개념들의 의미를 현재적 맥락에서 비판적으로 정교화하고 현대화하기 위해서라도 그 기원이 되었던 시기의 학문적 논의를 반드시 되짚어 볼 필요가 있을 것이다.

| 참고문헌 |

권보드래. 2011. "『사상계』와 세계문화자유회의: 1950-1960년대 냉전 이데올로기의 세계적 연쇄와 한국." 『아세아연구』 제54권 제2호, 246-288.

김주호. 2019. "포퓰리즘의 오용과 복지포퓰리즘 담론의 구축: 보수 언론을 중심으로." 『사회이론』 제55호, 31-71.

남재욱. 2019. "한국에서의 복지국가와 포퓰리즘: 복지 포퓰리즘론을 넘어서." 『시민과 세계』 제35호, 41-70.

양승태. 2012. "21세기 초반 한국정치에서 파퓰리즘의 의미: 정치철학적 및 정치사상사적 탐색." 『정치사상연구』 제18집 1호, 9-31.

유홍림. 2019. "이사야 벌린(Isaiah Berlin)의 '현실감각'." 『정치사상연구』 제25집 2호, 39-63.

장휘. 2020. "한국 포퓰리즘 담론의 논리 구조와 전략: 2000-2019년 조선일보와 한겨레신문의 반포퓰리즘 담론과 대항 담론." 『시민과 세계』 제37호, 31-86.

Adair-Toteff, Christopher. 2019. "Mannheim, Shils, And Aron and The 'End of Ideology' Debate." *Politics, Religion & Ideology* 20:1, 1-20.

Adrono, Theodor, et al. 1950. *The Authoritarian Personality.* New York: Harper.

Arblaster, Anthony. 1984. *The Rise and Decline of Western Liberalism.* Oxford: Blackwell.

Aron, Raymond. 1955. *L'opium des intellectuels.* Paris: Calmann-Lévy.

Bell, Daniel. 1955b. "Interpretation of American Politics." In Daniel Bell, ed. *The New American Right.* New York: Criterion Books, 3-32.

Bell, Daniel. 1960. *The End of Ideology: On the Exhaustion of Political Ideas in the Fifties,* Harvard University Press.

Berlin, Isaiah. 1960. "Introduction." In Franco Venturi. *Roots of Revolution.* pp. vii-xxx.

Brick, Howard. 2013. "The End of Ideology Thesis." In Michael Freeden, Lyman Tower Sargent, Marc Stears, eds. *The Oxford Handbook of Political Ideologies.* Oxford: Oxford University Press, 90-112.

Brown, David S. 2007. *Richard Hofstadter: An Intellectual Biography.* Chicago: University of Chicago Press.

Canovan, Margaret. 1981. *Populism*. New York: Harcourt.

Ferkiss, Victor C. 1955. "Ezra Pound and American Fascism." *Journal of Politics* 17:2 (May), 173−197.

Gilman, Nils. 2003. *Mandarins of the Future: Modernization Theory in Cold War America*. Baltimore: Johns Hopkins University Press.

Hicks, John. 1932. *The Populist Revolt: A History of the Farmers' Alliance and the People's Party*. Minneapolis: University of Minnesota Press.

Hofstadter, Richard. 1953. "Democracy and Anti−Intellectualism in America." *Michigan Alumnus Quarterly Review* 59: 21, 281−295.

Hofstadter, Richard. 1955a. *The Age of Reform: From Bryan to FDR*. New York: Vintage Books.

Hofstadter, Richard. 1955b. "The Pseudo−Conservative Revolt." In Daniel Bell, ed. *The New American Right*. New York: Criterion Books, 33−55.

Hofstadter, Richard. 1963. *Anti−Intellectualism in American Life*. New York: Knopf.

Hofstadter, Richard, & C. DeWitt Hardy. 1952. *The Development and Scope of Higher Education in the United States*. New York: Columbia University Press.

Hofstadter, Richard, & Walter P. Metzger. 1955. *The Development of Academic Freedom in the United States*. New York: Columbia University Press.

Hofstadter, Richard. 1969a. "North America." In Ghita Ionescu & Ernest Gellnerm, eds. 1969. *Populism: Its Meaning and National Characteristics*. Letchworth: Garden City Press, 9−27.

Hofstadter, Richard. 1969b. *Progressive Historian: Turner, Beard, Parrington*. New York: Knopf.

Ionescu, Ghita, & Ernest Gellner, eds. 1969. *Populism: Its Meaning and National Characteristics*. Letchworth: Garden City Press.

Jäger, Anton. 2017. "The Semantic Drift: Images of Populism in Post−war American Historiography and Their Relevance for (European) Political Science." *Constellations* 24, 310−323.

Koselleck, Reinhart. 1988. *Vergangene Zukunft: Zur Semantik geschichtlicher Zeiten*. Frankfurt am Main: Suhrkamp.

Lee, Daniel. 2016. *Popular Sovereignty in the Early Modern Constitutional Thought*. Oxford: Oxford University Press.

Lipset, Seymour Martin. 1955a. "The Sources of the "Radical Right"." In Daniel Bell, ed. *The New American Right*. 166−233.

Lipset Seymour Martin. 1960. *Political Man: The Social Bases of Politics*. New York: Double Day.

Lipset Seymour Martin. 1963. "Three Decades of the Radical Right: Coughlinites, McCarthyites, and Birchers." In Daniel Bell. ed. *The Radical Right*. New York: Criterion Books, 373−446.

MacRae, Donald et al. 1967. *Conference on Populism: Verbatim Report*. London: London School of Economics and Political Science. https://eprints.lse.ac.uk/102463/ (검색일: 2022. 10. 15.)

Mills, C. W. 1960. "Letter to the New Left." *New Left Review* No. 5 (September−October).

Moffitt, Benjamin, and Simon Tormey. 2014. "Rethinking Populism: Politics, Mediatisation and Political Style." *Political Studies* 62, 381−397.

Mouffe, Chantal. 2019. *For a Left populism*. London: Verso.

Moyn, Samuel. 2019. "Before—and Beyond—the Liberalism of Fear." In Samantha Ashenden & Andreas Hess, eds. *Between Utopia and Realism: The Political Thought of Judith N. Shklar*. Philadelphia: University of Pennsylvania Press, 24−46.

Müller, Jan−Werner. 2008. "Fear and Freedom: On 'Cold War Liberalism'." *European Journal of Political Theory* 7:1, 45−64.

Nugent, Walter. [1963] 2013. *The Tolerant Populists: Kansas Populism and Nativism*. 2nd ed. Chicago: University of Chicago Press.

Rogin, Michael Paul. 1967. *The Intellectuals and McCarthy: The Radical Specter*. Cambridge: MIT Press.

Rosanvallon, Pierre. 2021. *The Populist Century: History, Theory, Critique*, trans. Catherine Porter. Cambridge: Polity Press.

Selinger, William. 2020. "Populism, Parties, and Representation: Rosanvallon on the Crisis of Parliamentary Democracy." *Constellations* 20, 231−243.

Scott−Smith, Giles. 2002. "The Congress for Cultural Freedom, The End of Ideology and the 1955 Milan Conference: 'Defining the Parameters of Discourse'." *Journal of Contemporary History* 37:3 (July), 437−455.

Shils, Edward. 1955a. "Populism and the Rule of Law." *Conference on Jurisprudence and Politics*, ed. Scott Buchanan et al., Chicago: University of Chicago Law School, 91−107.

Shils, Edward. 1955b. "The End of Ideology?," *Encounter* 5 (November), 52−58.

Shils, Edward. 1956. *The Torment of Secrecy: The Background and Consequences of American Security Policies*. Glencoe: Free Press.

Shils, Edward. 1958a. "Review: Ideology and Civility: On the Politics of the Intellectual." *The Sewanee Review* 66:3 (Summer), 450−480.

Shils, Edward. 1958b. "The Intellectuals and the Powers: Some Perspectives for Comparative Analysis." *Comparative Studies in Society and History* 1:1 (October),

5–22.

Shils, Edward. 1960a. "The Intellectuals in the Political Development of the New States." *World Politics* 12:3 (April), 329–368.

Shils, Edward. 1960b. "Political Development in the New States." *Comparative Studies in Society and History* 2:3 (April), 265–292.

Shils, Edward. 1960c. "Political Development in the New States: II." *Comparative Studies in Society and History* 2:4 (July), 379–411.

Shils, Edward 저·고영복 역. 1960d. "신생국가의 지식인과 정치발전."『사상계』제8권 제 9호. 134–145.

Stewart, Iain. 2019. *Raymond Aron and Liberal Thought in the Twentieth Century.* Cambridge: Cambridge University Press.

Stravrakakis, Yannis. 2017. "How Did 'Populism' Become a Pejorative Concept? And Why Is This Important Today? A Genealogy of Double Hermeneutics." *Populismus Working Papers* No. 6. 1–23.

Veldhuizen, Adriaan van. 2021. "Defining the Old, Creating the New: Post–Ideology and the Politics of Periodization." In Herman Paul & Adriaan van Veldhuizen, eds. *Post–Everything: An Intellectual History of Post–Concepts.* Manchester: Manchester University Press, 60–78.

Venturi, Franco. 1960. *Roots of Revolution: A History of the Populist and Socialist Movements in Nineteenth Century Russia*, trans. Francis Haskell, New York: Knopf.

Viereck, Peter. 1955, "The Revolt Against the Elite." In Daniel Bell, ed. *The New American Right.* New York: Criterion Books. 91–116.

Viereck, Peter. 1956. *The Unadjusted Man: A New Hero for Americans, Reflections on the Distinction Bewteen Conforming and Conserving.* Boston: Beacon Press.

Woodward, C. Vann. 1938. *Tom Watson: Agrarian Rebel.* London: Oxford University Press.

Woodward, C. Vann. 1951. Origins of the New South. Louisiana: State University Press.

Woodward, C. Vann. 1959. "The Populist Heritage and the Intellectual." *The American Scholar* 29:1 (Winter), 55–72.

Woodward, C. Vann. 2013. *The Letters of C. Vann Woodward*, ed. Michael O'Brien. New Haven: Yale University Press.

현대 포퓰리즘이 제기한
질문은 무엇인가?

이관후

1. '누가 통치할 것인가'의 문제

세계적으로 포퓰리즘이 정치적 화두가 되고 있다.[1] 정치적 저발전 국가에서 나타나는 일종의 동원 기제로 알려졌던 포퓰리즘이 21세기 들어 유럽에서 좌우파 모두에서 정치적 수단으로 등장했고, 미국에서 도널드 트럼프(Donald Trump)의 당선으로 재조명되고 있다. 한국에서도 2016년 촛불집회나 보수세력의 장외집회에 대해서 포퓰리즘 개념을 통한 분석과 전망이 유행하고 있다.

여기서 가장 흥미로운 논쟁 중 하나는, 좌파 포퓰리즘의 가능성과 그에 대한 비판일 것이다. 물론 좌파 포퓰리즘의 가능성에 대한 주장도 하나도 통일되어 있는 것은 아니다. 포퓰리즘이 본래 정치의 본질을 표현하는 것이라는 입장에서(Mooffe 2019), 장기적으로 바람직하지는 않지만 국면적으로 유용하고 피할 수 없는 정치 투쟁의 한 양식이

---

* 이 글은 『시민과 세계』 35(2019.12)에 실린 논문을 수정 보완한 것임.

1 이 글에서 포퓰리즘의 정의는 몇 개의 문장으로 요약되지 않는다, 그것은 포퓰리즘이 매우 강렬한 현상이지만 결코 하나로 정의될 수 없다(Judis 2017; Taggart 2017)는 견해에 동의하기 때문이다. 포퓰리즘은 '정치의 한 수단이자 가능성', '반엘리트주의 정서', '침묵하는 다수라는 수사법', '사회학적 현상', '정치의 한 유형', '인민의 통치'와 같이 다양한 방식으로 규정될 수 있는데, 그러나 내키는 대로 아무렇게나 말할 수 있는 것은 당연히 아니며, 다만 상황에 따라 다양하게 변주될 수 있는 개념으로 이해하는 것이 좋다고 본다.

라는 입장(장석준 2019)까지 그 스펙트럼이 다양하다. 그에 대한 전통적 비판 역시, 포퓰리즘이란 정치의 위기를 보여주는 상징적 현상일 뿐이며 좌파 포퓰리즘이 반대파가 아니라 정치적 주류가 될 때에는 딜레마에 봉착할 수밖에 없다거나(Judis 2017), 좌파 포퓰리즘이 이론적으로는 가능하더라도 실제로는 그 주체를 찾을 수 없는 운동(김만권 2019)이라는 데까지 여러 입장이 존재한다.

이 글은 포퓰리즘에서 제기되는 근본적인 질문이 '누가 통치할 것인가'의 문제라고 본다. 또한 이 질문은 '정치란 무엇인가'라는 물음과도 직결된다. 정치가 어떤 것이냐에 따라 누가 그 일에 적합한가에 대한 답도 달라지기 때문이다. 그래서 '누가 통치할 것인가?'라는 질문은 다시, '통치에 참여하는데 필요한 자격은 무엇인가? 그런 자격기준이 반드시 필요한가?' 등의 질문을 포괄한다.

2. 인민인가, 엘리트인가?

현대사회에서 정치의 주체에 대한 질문이란 곧 '민주주의에서 누가 중요한 일들을 결정할 것인가'라는 물음이다. 원칙적으로 민주주의는 헌법에 명시된 정치적 권리의 보장을 통해서 모든 시민들에게 공적인 결정에 대한 참여를 허용한다.[2] 거의 모든 성인들은 선거권과 피선거권을 부여 받아 주요한 공직에 선출되거나 선출과정에 참여할 수 있는 참정권을 가진다. 그리고 미성년자들에게도 원칙적으로는 시민의

---

2   이 글에서 민주주의는 공적 의사결정과정에 가능한 모든 당사자가 직접 참여할 권리를 갖는 체제를 의미한다. 이 맥락에서 대부분의 현대 민주주의는 버나드 마넹(Bernard Manin)이 언급한대로 '민주정'이라기보다는 '혼합정'이다(Manin 2004).

한 사람으로서 자신의 권리를 주장하고 대화와 설득을 통해 타인의 동의를 얻어냄으로써 그 권리를 신장시킬 수 있는 권한이 주어진다.

그런데 이러한 원칙들에도 불구하고, 민주주의는 실제로 그렇게 작동하지는 않는다. 비단 대표제를 근간으로 하는 현대 민주주의 뿐 아니라 고대 그리스 민주주의에서조차 그러한 원칙이 통치의 지배적 수단이었던 것은 아니다. 아테네에서 민주주의가 가장 역동적으로 구현되었던 시기는 시민들의 힘이 가장 강력했던 시기이면서 동시에 선동가와 변론가들이 대중을 이끌었던 시기다. 아고라에서는 실제로 발언을 한 시민은 소수였고, 참여자의 절대 다수는 야유와 고함, 박수로서 특정한 의견에 반대하거나 찬성하는 역할에 만족했다.[3] 실제로 인민주권이 더 직접적으로 드러나는 제도는 추첨으로 참여 기회가 돌아오는 500인회와, 역시 선착순–무작위 선정으로 정해지는 배심제도라고 할 수 있다. 그러나 모든 결정에 모든 시민이 동일하게 참여하는 것은 여전히 불가능했고, 배심제도는 사법 영역에 제한되었다는 점에서 통치와는 거리가 있었다.

장-자크 루소(Jean-Jacques Rousseau)가 지적했듯이, 다스리는 자와 다스림을 받는 자가 동일체가 되는 것은 논리적으로 불가능하다. 통치 하는 자와 통치 받는 자가 일치하는 것은 시간적으로 동시에 일어날 수 없기 때문이다.[4] 왕이 신민을 통치하는 것처럼 인민이 인민을 통치한다고 말하는 것은 문법적으로는 가능할지 모르지만, 실제로 두 가지 경우는 매우 다른 성격을 갖는다(Weale 2018, 71). 그래서 주권의 양도 불가능성을 주장한 루소조차 '일반의지'라는 이해하기 어려운 개

---

3 이에 대해서는 홍철기(2018)를 보라.
4 고대 그리스인들의 민주주의는 '돌아가면서 통치하는 것'이었다.

념을 수학적 원리를 통해 구현해 내지 않으면 안 되었던 것이다.[5]

헌정주의의 원리가 확립된 근대국가에서는 이런 통치 주체의 문제가 명시적인 주권의 소재만으로 해결된다고 볼 수도 있다. 주권이 왕에게 있으면 왕이, 인민에게 있으면 인민이 통치하는 것으로 간주하자는 것이다. 그러나 실제의 통치 주체는 이처럼 간단하지 않다. 마르크스까지 갈 것도 없이 지금 우리는 '자본'의 통치가 일상화된 포스트 민주주의 시대에 살고 있다(Crouch 2008).

경제 영역까지 가지 않더라도 여전히 인민주권은 현실에서 그 실체가 불확정적인 개념이다. 물론 성문헌법을 갖고 있는 많은 나라가 국민주권을 명시하거나 보편적 원리로서 인민주권을 인정하고 있다.[6] 그러나 군주정·귀족정과 구분되는 민주정이라는 국체(state system)의 정당성이 주권 원리에 따라 확립되더라도, 실제 정치적 운영체제인 정체(political system)에 대해서는 인민의 직접 통치가 아니라 대표에 의한 간접 통치의 원리가 적용되는 것이 일반적이다.

우리의 경우에도 주권이 국민에게 있다는 의미의 국체로서의 인민주권이 헌법적 원리로 확립되어 있다. 그러나 실제로 일상적인 통치의 주체는 국민이 아니라 대통령이나 국회의원 같은 선거로 뽑힌 국민의 대표자들이다. 주권을 위임받은 기간 동안 이들의 통치권을 인정하는 의미에서 대표제와 민주주의적 공화정이 결합된 '민주공화정'이 바로 우리의 정치체제인 것이다.[7] 이러한 민주정과 공화정의 결합

---

5 이에 대해서는 김영욱(2017)을 보라.

6 17세기 이래로 군주(Kingship-in-Parliament)를 포함한 개념으로서 의회 주권이 확립된 영국이나, 연방국가로서 국민 개개인이 아니라 상원이나 선거인단제를 통해 사실상 주(state)가 하나의 정치적 주체로서 주권을 갖는 미국이 여기에 해당한다.

7 대표제 민주주의와 공화정 간의 개념적 유사성에 대해서는 세이워드(Saward 2003)를, 근대적 민주공화정과 인민주권론의 관계에 대해서는 최형익(2014)을 참조. 대표제 민

은 원리적 수준에서 인민주권이라는 이상과 통치의 실제적 운영방식으로서의 대표제가 결합된 근대의 발명품이다.

이 근대의 발명품에 위기가 찾아온 것은 최근이 아니라 사실 그 아이디어가 처음 실현되기 시작한 19세기 후반부터였다. 선거제도를 시작한지 얼마 되지 않아, 보통선거로 뽑히는 대표자들이 다수 인민의 의지(will)를 반영하거나 인민의 이익(interest)을 위해 통치 권력을 행사하지 않으며, 실제로는 소수 상층계급의 의지와 이익을 대변한다는 것이 사실로 드러났기 때문이다.[8] 무엇보다 처음 보통선거권이 인민에게 주어질 때의 기대나 우려와 달리 다수의 대표자들이 평범한 인민과는 동떨어진 소수 엘리트 집단에서 폐쇄적으로 재생산된다는 점이 확인되었고, 20세기 내내 그 경향성은 더욱 강해졌다.[9] 이러한 정치적 대표의 '귀족화' 경향은 20세가 후반에 들어 신자유주의적 자본주의 질서가 지구적 차원에서 확산되는 가운데, 비단 정치적 대표성의 측면 뿐 아니라 사회경제적 측면에서 더욱 광범위하고 체계적으로 자리 잡으면서 1인 1표제의 원리를 실질적으로 붕괴시키는 수준에 이르렀다(Crouch 2008).

이러한 결과는 '누가 통치해야 하는가?'라는 물음에 대한 답을 우리가 오랫동안 회피해 온 대가라고도 할 수 있다. 원리적·이상적으로는 모든 사람이 통치자가 되는 민주주의를 지향하지만, 사실상으로는 소수 엘리트가 통치권을 독점하는 귀족적 과두정을 수립·지속·강화시켜 온 것은 우리 자신이기 때문이다. 모든 인민이 통치에 참여할 수

주주의가 일본을 통해 대의민주주의 혹은 공화주의로 이해되는 과정에 대해서는 이관후(2016a)를 참조.

8 19세기 이후 소위 '대표의 위기'에 대해서는 이관후(2018a, 32–35)를 참조.

9 미국의 경우에는 달(Dahl 2001)을, 한국의 경우에는 이관후(2016b)를 참조.

있어야 한다는 원칙과, 실제로는 어떤 인민들만이 참여할 수 있거나 참여할 자격이 있다고 여기는 생각 사이에서, 여러 정치사상과 이론이 오랫동안 뒤엉켜 있었다.

그리고 바로 이것이 현대 포퓰리즘이 제기한 질문의 본질이다. 현대 포퓰리즘 이론의 핵심이 엘리트의 통치에 대한 반대와 인민의 직접 통치 가능성(혹은 당위성)에 있다면(Judis 2017; Taggart 2017; 김만권 2019; 장석준 2019), 그것이 정치적 수단으로 기능하기 위해서는 '통치의 주체가 가져야 할 자격은 무엇인가?'에 대해 '없음'이라고 답할 수 있어야 하는 것이다.

그런데 이 질문은 현대 민주주의에서 이른바 '대표의 위기'와 그에 대한 대응 현상으로 나타난 우발적인 것이 아니라, 실은 인류가 최초의 정치공동체를 만들었던 바로 그 시점으로부터 끊임없이 제기된 오래된 질문의 재현이다. 따라서 지금의 이 질문에 답하기 위해서는 우리가 지난 역사에서 이 질문에 어떻게 답해왔는가를 먼저 살펴보아야 한다.

물론 이 역사는 하나의 일관된 흐름을 갖고 있는 것은 아니다. 그것은 여러 단절과 변화를 겪었고, 동일한 질문에 대해 입장이 완전히 바뀐 경우도 있다.[10] 다만, 이를 통해서 우리는 많은 변화에도 불구하고 근본적인 질문은 바뀌지 않았다는 것, 곧 이 문제가 민주주의의 시대에도 여전히 통치자의 자격에 대한 우리의 이중적 태도와 관련이 있으며, 특히 계몽주의와 자유주의가 강한 영향을 미치고 있다는 점을 아래에서 살펴 볼 것이다.

---

10 계몽주의나 보수주의가 인민에 대한 교육의 필요성에 대한 태도 등이 그러한 사례다.

3. 근대 이전 통치자의 자격

1) 르네상스 이전의 상황

'누가 통치자로 적절한가'라는 질문에 대해, 고대에는 신의 선택을
받거나, 혈통적으로 고귀하거나, 군사적 힘을 독점한 자가 통치할 자
격이 있다는 관념이 일반적이었다. 이러한 관념은 인류가 정부를 이
루고 살아 온 역사 중에서 실제로 대부분을 차지하겠지만, 현대 민주
주의 이념에는 부합하지 않는다. 따라서 현재에도 유용한 통치 주체
의 자격에 대한 우리의 역사적 고찰은 고대 아테네 민주주의에서 출
발하지 않을 수 없다.[11]

현대 민주주의의 관점에서 볼 때, 고대 아테네의 시민권 확립 과정
에서 중요한 계기는 클레이스테네스의 개혁이다. 그가 정치에 참여할
수 있는 자격을 특수한 소수의 사람들에서 보통의 다수 시민들로 바
꾸어냈기 때문이다. 기원전 6세기 경에 그는 세 가지의 개혁을 실시
했다. 우선 혈통적 순수성을 가진 4부족이 독점하던 투표권을 거주지
중심으로 10개 단위로 나누었다. 둘째로, 행정부에 참여할 수 있는
기회를 추첨으로 부여했다. 셋째로, 일반인들이 참여하는 배심재판을
도입했다. 외국인과 여성, 노예, 미성년 남성은 이 권리를 가질 수 없
었지만,[12] 3가지 모두 대단히 혁명적인 것임에 틀림없다.

---

11 필자는 고대에 아테네만이 민주주의라는 의사결정의 절차를 가지고 있었던 것은 아니
라는 존 킨(John Keane)의 주장에 동의한다. 민주주의의 어원이나 역사는 분명히 그
보다는 오래되었고, 문명의 발생과정과 전파경로를 통해 볼 때 오리엔트로부터 그 아
이디어가 시작되어 지중해를 통해 아테네를 포함한 여러 지역에 확산되었을 가능성
이 높다. 그런 의미에서 고대 아테네는 우리가 고대 민주주의에 대해 가장 많은 정보
를 확보할 수 있는 시공간이지만, 민주주의의 '고향'은 아닐 것이다. 이에 대해서는 킨
(Keane 2017)의 2장을 참조.

12 미성년자는 현재에도 여전히 이 권리를 갖지 못한다. 특히 결혼, 입대, 운전자격 등과

특히 일정한 지역에 거주한다는 이유만으로 그들 모두가 하나의 정치적 단위로 동등한 선거권을 가질 수 있다는 발상, 곧 선거구 개념은 실로 2천년 뒤에나 다시 나타난 개념이었다(Rehfeld 2005, 2011). 근대 국민국가에서 유권자 개념이 특정 영토 안에 거주하는 사람들의 정치적 평등에 기초하고 있다면, 이는 클레이스테네스로부터 시작된 발상이라고 할 수 있는 것이다(이관후 2018a).[13]

그러나 약 200년 동안 짧은 전성기를 누린 고대 아테네의 민주주의는 곧 쇠퇴하는데, 핵심은 '인민 다수에게 과연 통치자의 자격이 있느냐?'는 문제였다. 소크라테스, 플라톤, 아리스토텔레스로 이어지는 일단의 철학자들이 공유했던 생각은, 통치에 참여하는 주체로서 '모든 인민'은 적절하지 않다는 것이었다. 그들이 문제로 지적한 것은 지적 통찰력의 부재, 절제되지 않는 집단적 열정과 광기, 물질적 탐욕, 변덕스러움 등이었다.

그래서 플라톤의『국가』(The Republic)는 민주주의의 대안으로 철인들의 통치를 제시했고,[14] 아리스토텔레스의『정치학』(The Politics)은 보다 현실적이고 보완적인 형태로 혼합정체를 제시했다. 대안의 차이점에도 불구하고 어쨌든 이 위대한 철학자들은 모두 보통의 시민들이 통치하는 체제에 대해서 매우 부정적인 평가를 내렸으며, 그들이 살면서 받았던 대우나 죽음 역시 그러한 우려를 충분히 증명하고 남음이 있었다.[15]

참정권이 일치하지 않는 한국에서는 그 이유가 매우 불명확하다.

13 아테네의 정치제도와 운영 전반에 대해서는 우드러프(Woodruff 2012)를 참조.

14 그러나 이 이상은 실제로는 실현될 수 없는 비극적 운명을 타고 났으며,『국가』의 저자들 역시 그것을 잘 알고 있었음이 분명하다. 이에 대해서는 박동천(2002a)을 보라.

15 민주주의에 대한 이들의 부정적 평가 때문에 포퍼(Popper 2011)가 2차 대전 직후에

고대 그리스 이후 평민들이 통치에 참여할 수 있는 권리를 제도적으로 보장받았던 체제는 로마였다. 쿠리아, 켄투리아, 트리부스, 플레브스 등 여러 유형의 민회와 호민관(Tribune) 제도는 통치과정에 평민들이 참여할 수 있는 기반이었다.[16] 다만 공화정 시기에도 비교할 수 없이 강력했던 원로원의 존재, 그리고 제국 시기에 황제권 하에서 사실상 무력화된 평민 집단의 참정권을 볼 때, '통치의 주체가 되기 위해서는 특별한 자격이 있어야 한다'는 관념은 여전히 매우 강하게 존재했다고 볼 수 있다.

유럽에 기독교가 유입되면서 통치자의 자격에 종교적 신성성이 더해지자 통치권의 문턱은 더욱 높아졌다. 통치권은 강한 자, 부유한 자, 고귀한 자의 권한을 넘어, 신에게 선택받은 자의 권리가 되었다. 이제 인민에게 필요한 덕성은 통치에 대한 이성적 사고나 권리의 주장이 아니라 신의 대리자에 대한 복종이었다. 이 시기에 인민의 통치할 권리는 아마도 고대 이후로 가장 크게 후퇴했다고 할 수 있다. 인민은 전적으로 무자격자가 되었기 때문이다.

전환점은 다시 한 번 동쪽으로부터 왔다. 고대 그리스의 철학을 보존했던 이슬람은 르네상스의 최초의 단초가 될 만한 고전들을 제공했

그에 대해 매우 부정적 평가를 내린 것도 어느 정도는 이해가 가는 일이다. 그러나 근대 전체주의의 혐의를 그들에게 모두 뒤집어씌우고 오히려 19세기에 벌어진 자본주의와 제국주의의 팽창, 그 사이에서 자유주의, 계몽주의, 공화주의자들이 경고한 위기적 징후에 대해 당대 서구인들이 무지하게 반응했던 부분에 대한 자기성찰을 회피한 부분에 대해서는 재고가 필요하다.

16 어떤 학자들은 이러한 제도들이 평민들의 통치에 대한 참여를 실질적으로 보장하기 위한 것이 아니라 오히려 형식적으로만 보장하고 실질적으로 차단하기 위한 제도라고 보기도 한다. 그러나 이러한 제도가 존재한 이상, 그것의 실질적 영향력은 지도자의 리더십과 국가가 처한 상황에 따라 매우 강력할 때도 혹은 매우 무기력한 때도 있는 법이고, 실제의 역사도 그러했다.

다.[17] 변화는 종교와 정치 두 곳에서 모두 나타났는데, 토마스 아퀴나스가 아리스토텔레스 철학의 이성과 욕망을 신앙과 조화시키는 데 성공했고, 이로써 세속적 국가가 교회의 지배 하에서 독립적으로 작동할 수 있는 사상적 계기가 마련되었다. 비슷한 시기 이탈리아에서는 근대 국가이성의 시원이라 할 수 있는 다양한 형태의 공화제적 정치체제와 세속적 정치사상이 등장해서 발전해 나갔다.[18]

마키아벨리의 사상은 그 결과물이다. 통치의 주체가 가져야 할 자격과 관련하여 마키아벨리가 특히 중세의 그림자를 확실히 벗겨낸 지점은 '인민(populi)의 발견'이라 할 수 있다. 흔히 마키아벨리에게서 지적되는 『군주론』(The Prince)과 『로마사논고』(Discourses on Livy)의 차이, 곧 군주정과 공화정에 대한 선호의 차이와 관계없이, 마키아벨리의 모든 정치철학에서는 인민이 국가의 일에 참여할 수 있는 주요한 자원으로서 적절한 자격을 갖추고 있다는 공통점이 발견된다.

그가 『군주론』에서 "이탈리아에는 어떤 형상으로든 빚어낼 수 있는 좋은 질료"가 있다고 말 할 때, 이 질료는 바로 인민을 의미했다. 바람직한 정치적 주체로서 영웅과 일반 대중 간의 선택의 문제에서 군주와 인민이 가진 상대적 장점 중에서 어느 쪽이 우월한지 결정할 수 없다고 그는 주장했다. 나쁜 쪽으로 억제되지 않는 군주와 법적으로 통제되지 않는 인민은 모두 파괴적이며, 여기서 우열을 가리는 것은 무의미하다는 것이다.

의미있는 선택은 양자 모두 법 아래 있을 때인데, 이 경우에는 오

---

17 데모크라티아 라는 단어는 1260년대 도미니크회 수사 뫼르베의 윌리엄이 이슬람에서 전해졌던 아리스토텔레스의 『정치학』을 번역하면서 라틴어에 편입되었다(Dunn 100-101).

18 이 과정에 대해서는 스키너(Skinner 2004)를 참조.

히려 인민이 낫다. 인민들의 정치적 덕은 법에 복종하는 데서 나오기 때문이다. 아리스토텔레스식으로 말하자면, 인민은 법 아래 있을 때 통치자와 피통치자로서의 덕성을 모두 갖추게 된다. 이에 반해 군주의 비르투는 법과 제도를 창조적으로 파괴하는 본질을 갖고 있으며, 로마의 독재관들이 그러했듯이 국가를 새로이 만들거나 새로 만드는 수준의 개혁, 곧 국가가 존망의 위기에 봉착했을 때에만 필요하다. 요컨대 인민이 참여하는 안정적인 공화제가 가능한 곳에서 영웅의 비르투는 시대착오적인 것이다(Wolin 2009, 67-70).

이런 마키아벨리의 사상은 단순히 공화정이 군주정보다 윤리적인 차원에서 더 우월하다는 신념만으로 이루어진 것은 아니었다. 사실 더 근본적인 이유는 현실적인 생존의 문제였다. 마키아벨리가 보기에 유럽의 거대 왕국들에 대항하여 소규모 공화정으로 이루어진 이탈리아가 생존할 수 있는 힘의 원천은, 다양한 재능과 자질을 갖춘 광범위한 시민들을 정치적 주체로 끌어들이는 것뿐이었다.[19] 공정한 절차에 의해 확보된 애국심을 가진 시민들로 이루어진 '저변이 넓은 정체'야말로 힘과 유연성을 동시에 갖춘 국가를 가능하게 하는 근간이었던 것이다(김경희 2005).

물론 마키아벨리는 다수의 인민이 정치에 참여할 때 어떤 문제가 생기는지에 대해서도 이해하고 있었다. 1인 통치의 군주정이나 귀족 과두정에 비해 시민의 다수가 참여하는 공화정은 완벽한 통일성을 유지하기 어렵다. 그러나 마키아벨리는 로마의 예를 들며 파벌이 오히

---

19 이와 매우 유사한 상황이 프랑스 혁명 직후에도 벌어진다. 클라우제비츠는 『전쟁론』에서 그 자신을 국가로 여기는 수백만의 애국적 시민들로 이루어진 군대를 왕의 명령에 의해 수동적으로 소집된 수십만의 군대가 이길 수 없으리라는 점을 포착한 당대의 예외적 군사 전문가였다(Clausewitz 1989).

려 갈등 해결의 정치(the politics of resolution)에 유리하다고 주장했다. 파벌들이 제거되어서는 안 되는 이유는 그것이 체제에 활력을 가져오기 때문이다. 귀족과 평민의 건전한 마찰과 경쟁은 로마에게 더 훌륭한 법과 자유를 가져다주었고, 그것이 바로 로마가 외부의 강한 적들로부터 버틸 수 있었던 힘의 원천이었다(Wolin 2009, 70–72).

여기까지의 서구 정치사를 보면, 고대로부터 로마 공화정, 르네상스 전후 등장한 공화국들에 이르기까지, 그 정치형태가 반드시 민주주의가 아니더라도 인민의 다수나 보통의 시민이 정치에 참여하는 것에 대해서 이미 여러 의견과 제도가 존재했다는 점을 알 수 있다. 즉, 민주주의 이전에도 통치에 참여할 자격을 갖춘 자로서의 인민은 논쟁적 요소였고, 그에 대한 인정과 불인정은 때에 따라 유동적이었다. 그리고 그것은 현실과 유리된 순전히 이론적, 사변적 논변이 아니라 대부분 인민을 통치에 참여시키지 않으면 정치공동체를 유지할 수 없었던 현실의 필요에 의해 제기된 사상이었다.

여기서 우리가 유의할 점은, 아주 짧았던 고대 그리스의 민주주의 전통은 그 이후로는 거의 영향을 미치지 않았고, 오히려 민주주의에 비관적이었던 그리스 철학과 로마 공화정이 르네상스적 전환을 이끌었다는 점이다. 요컨대, 13세기에 아리스토텔레스의 『정치학』이 이슬람을 통해 유럽으로 전해졌을 때, 유럽의 지식인들이 거기서 발견한 것은 '민주주의'라는 단어가 아니라, 신이 만든 세상을 이해하고 발전시킬 수 있는 인간의 '이성'이었다.

물론 모든 인민이 통치에 참여할 수 있다는 의미의 민주주의는 아직 용납되지 않았다. 인민은 단순히 존재함으로써 권리를 갖는 것이 아니라, 신이 인간에게 베푼 모종의 탁월함을 증명할 때에만 통치에 참여할 수 있었다. 이러한 사고는 이탈리아 공화정이라는 당대의 경험을 거쳐 계몽주의와 공화주의로 이어지게 되는데, 통치자로서의 인민이 민주주의와 만나기 전에 이러한 과정을 거쳤다는 사실이야말로, 이후의 민주주의에서 통치자로서 인민의 성격을 규정하는 중요한 계기가 된다.

2) 르네상스 이후의 논쟁

르네상스 이후 유럽에 나타난 계몽주의자들은 전제정에 대항하기 위해 공화정의 아이디어를 가다듬었다. 그러나 이 공화정은 아테네의 민주정을 계승한 것이 아니라 플라톤의 우중정치에 대한 비판과 더불어 아리스토텔레스의 혼합정체에 더 많은 영향을 받은 것이었다. 사실 17-18세기 내내 강력한 군주국들 사이에서 현실적인 어려움에 처한 공화정의 미래를 낙관하기란 어려웠다. 공화정의 활력을 유지하기 위한 시민들의 정치공동체는 강력한 군주가 이끄는 거대왕국들 앞에서 상대적으로 너무 작고 무기력해 보였다. 이렇게 되자 공화정 도시국가의 건강함을 주장하면서도 결국에는 이탈리아의 통일을 주장하지 않을 수 없었던 마키아벨리의 딜레마가 현실이 되어 나타났다.

그 결과 초기 공화주의 사상에서 핵심은 현실적 힘에서의 우위가 아닌 도덕적 우월성이 될 수밖에 없었다. 그런데 공화정이 인민에게서 고대의 영광을 재현할 수 있는 덕성을 발견하기란 쉽지 않은 일이었다. 이성의 빛(Enlightenment)을 통해 전제정을 비판했던 계몽주의자들은 당대의 인민들에게서 통치자의 자격을 찾을 수 없었다. 결국 이들이 택한 방법은 덕성에 기초한 고대의 공화국을 기각하고, 헌정제도와 계몽철학을 결합시킨 새로운 근대적 공화국의 청사진을 그리는 것이었다. 루소는 이러한 공화국을 법치 아래 '현명하게 절제된 민주정부'라고 불렀다(Venturi 2018, 105-112).

이 점에서 몽테스키외(Montesquieu)가 『법의 정신』(De l'esprit des lois)에서 권력의 분립을 주장한 것은 우연이 아니었다. 그러한 권력 구조는 공화국이 이성에 의해 통치되기 위한 필연적 조건이었다. 물론 이 공화국은 여전히 민주정보다는 군주정에 가까웠다. 법률에 의해 통치되고 권력기구들 간의 구성이 짜임새가 있다면 통치자의 숫자에 관계없이 그것은 훌륭한 공화정이었다. 그리고 이 공화국에서 통치자의 덕성은 여전히 매우 중요한 주제였다(Venturi 2018, 70-71).

이 대목에 이르러 계몽주의자들은 선택의 기로에 놓인다. 믿을 수 없는 인민과 더불어 미지의 세계로 더 나아갈 것인가, 아니면 귀족적 군주정과 타협할 것인가? 그리고 18세기 후반에 들자 일단의 계몽주의자들은 덕성에 기초한 고대적 공화국, 곧 루소가 제시한 모든 시민이 정치종교를 통해 애국심을 고양하고 서로를 알고 지내는 소국 지향의 공화국이 아니라, 프랑스와 같은 거대국가에서 공화국이 탄생하고 있다는 사실을 깨달았다. 특히 볼테르는 큰 국가에서 자유로운 인민이 스스로 법을 만들고 그 법에 복종하는 방식의 자치를 통한 공화국의 가능성을 보았다. 그러나 그는 끝내 혼합정체의 이상 혹은 미련에서 완전히 벗어나지 않았다. 즉, 이러한 흐름은 확실히 '민주주의'는 아니었다. 그것의 한 단초가 사후적으로 먼 미래에 포착될 수 있을지는 모르지만, 적어도 이 변화는 민주주의라는, 당대에 아직 불명확하고 조롱당하던 개념이 아니라 공화주의와 계몽주의의 변주 속에서 일어난 사건들이었다(Venturi 2018, 114-130).

르네상스 이후 전제군주정의 상대자는 민주주의가 아니라 공화주의였고, 그 공화주의가 계몽주의의 유산을 필연적으로 내포하는 한 그 형태는 혼합정체의 틀을 벗어나기 어려웠다. 아테네나 제네바 같은, 일체감과 통일성이 있는 루소적인 고전적 공화국, 절제와 덕성을 기반으로 한 소규모 공화국 역시 현실적인 이유로 유토피아적인 이상에 불과했다. 전제군주정을 대체하고 그들과 경쟁할 수 있는 새로운 공화정은 강하고 역동적인 국가여야 했다. 그것은 다양성과 이질성을 포용하고 견제와 균형을 가능하게 하는 헌정적 제도에 기반을 둔 국가였는데, 이 같은 발상 역시 그 자체로 불가능성에 도전하는, 인간 이성이 설계한 계몽주의적인 유토피아의 지향이었다. 따라서 이 근대적 공화정은 한편으로는 고대적 덕성을 포기했지만, 다른 한편으로 이성 중심의 계몽주의적 덕성을 어떻게 국가에 투영시킬 수 있을 것인지에 대한 숙제를 숙명처럼 떠안은 정치공동체였다.

18세기 말 이 정치공동체가 맞이한 새로운 변화의 계기는 과거 고대 아테네와 르네상스 공화정을 가능하게 했던 물적 토대, 곧 경제적 변화였다. 산업혁명과 금융의 발전, 지구적 수준의 상업무역과 식민지화, 유럽 인구의 폭발적 증가, 도시화, 그리고 자본가 계급의 등장과 더불어 거대한 임노동자 계급의 탄생은 계몽주의적 공화정을 자유주의와 민주주의라는 19세기의 이데올로기로 몰아넣었다. 여기서 통치에 참여할 수 있는 주체로서의 인민은 또 한 번 시험대에 서게 된다.

4. 근현대 민주주의에서 통치자의 자격

1) 민주주의는 가능한가?: 버크, 페인, 시이예스, 미국의 건국자들

민주주의는 18세기 말에 이르러서도 아직 계몽주의와 공화주의의 엄격한 맥락 속에서만 유의미했고, 실천적 이데올로기로서는 매우 미약한 영향력만을 갖고 있었다. 기존의 맥락에서 벗어나 가난하고 교육받지 못한 인민 다수가 천부인권의 권리를 가지고 있고 통치에 참여할 자격을 갖추고 있다는 식의 발상은 여전히 용납되지 않았다. 이 한계가 깨어진 계기는 진리를 추구한 사상적 탐구의 결과가 아니라 우발적 계기에 의해 구조적 모순이 일시에 드러난 일단의 혁명들이었다. 대서양의 양쪽에서 거의 동시에 혁명이 일어났는데, 그 둘은 또한 밀접한 연관성을 갖고 있었다. 대서양을 내해로 삼게 된 지구적 세계체제에서는 신대륙에서 일어난 혁명에 유럽의 두 강대국이 모두 개입될 수밖에 없었고, 그 결과 신대륙에서의 혁명이 곧바로 구대륙에 정치경제적 충격을 야기했다.

이 사건들 사이에서 나타난 한 논쟁이 오늘날 보수주의, 자유주의, 민주주의라고 부르는 이념적 사조에 모두 결정적인 영향을 미치게 되는데, 바로 통치자의 자격을 둘러싼 논쟁이었다. 이 시기 '누구에게 통치할 권리가 있는가'에 문제에서 가장 팽팽하게 대립했던 인물은 에드먼드 버크(Edmund Burke)와 토머스 페인(Thomas Paine)이다. 버크는 통치에 적합한 자질을 가진 소수의 '자연적 귀족(natural aristocracy)'이 존재한다는 사실을 의심하지 않았던 반면, 페인은 이를 완강히 거부했다. 이것은 또한 두 사람이 통치에 누가 참여할 자격이 있는가의 문제와 더불어 정치의 본질적 성격에 대한 다른 판단을 내리고 있기 때문에 나타난 차이이기도 했다.

먼저 버크는 사회(국가)가[20] 자연적 질서에 의해 이루어졌으며, 사람들 사이에서의 불평등 역시 자연적 본질이라고 본다. 사람들 사이에는 어떤 자연스러운 위계가 존재하는 것이다.[21] 특히 그에게는 '누구

---

20 정부가 아님에 유의해야 한다.

21 버크는 이러한 자연적 위계를 제거하겠다는 생각은 인간들에게 그릇된 생각과 헛된 기대를 불어넣음으로써 현실의 불평등을 악화하고 고통스럽게 만드는 말도 안 되는 허구라고 비난했다(Levin 2016, 125).

에게 지배할 권리가 있는가'라는 질문이 야기하는 정치적 평등의 문제가 사회적·경제적 평등보다 더 중요한 문제였는데, 부적격자들에 의한 무질서한 통치를 피하는 것은 무엇보다 중요했기 때문이다(Levin 2016, 124-6).

그렇다면 적격자는 누구인가? 버크는 계몽주의의 전통을 따라 혈통이나 작위 같은 봉건적 속성을 내세우지 않고, 근대주의자로서의 면모를 보여준다. 그가 제시한 통치의 적절한 주체로서의 진정한 자연적 귀족은 공정하고 성숙한 계몽된 수탁자(trustees)로서의 자격을 갖춘 사람들이었다. 인민들로부터 주권을 양도받아 그 스스로의 지혜와 양심을 통해 최선의 방안을 찾아내는 것이야말로 그들의 임무였다. 물론 그러한 자연적 귀족은 여전히 세습적 귀족 가문에서 배출될 가능성이 가장 높았다(Ball and Dagger 2006, 188-192; 이관후 2018a, 35).[22] 버크는 통치하는 일이 일반인들이 감당할 수 있을 만큼 쉬운 것이 아니라고 보았고, 아리스토텔레스의 전통을 따라 통치의 자질을 갖추려면 '자산'과 '여가'가 필수적이라고 생각했다. 정치는 높은 수준의 실천적 지혜(practical wisdom)로서 신중한 분별력(prudence)을 요구하며, 그러한 역량은 적절한 경험과 교육을 통해서만 길러질 수 있었다.

이 신중한 분별력이야말로 버크가 공화주의와 계몽주의의 진정한 계승자라는 증거였다. 버크는 신중한 분별력에 대해 "그것은 정치적, 도덕적 덕성 중에 최고에 위치할 뿐 아니라 그것들 전체의 지휘자이자 조절자이면서 기준"이라고 말한다. 버크는 신중한 분별력을 가진 소수를 제외하면 권력, 질서, 평화 정의, 그리고 전통적 제도들을 자

---

22 그러나 그는 자연적 귀족과 세습 귀족을 개념적으로 구분하고 있기 때문에, 그를 중세적 맥락의 엘리트주의자라고 비판하는 것은 온당치 않다. 버크의 입장은 아마도 현대사회에서 능력주의(meritocracy)에 가까운 것이다(이관후 2018, 35).

유와 통합시키는데 필요한 구조의 정교한 기능을 제대로 파악할 수 있는 사람이 드물다고 보았다.

이러한 신중함은 결코 태생적으로 타고나는 것은 아니다. 물론 버크는 천부적 평등을 받아들였다. 거의 모든 사람은 그러한 덕성을 갖출 수 있는 가능성의 씨앗을 갖고 있다. 다만 그것을 싹 틔워 충분한 수준으로 발전시킬 수 있으려면, 자산과 그것을 통한 여가와 같은 특정한 사회적 조건이 필요하다는 것이다. 그래서 버크는 모든 사람이 동등한 권리를 갖지만, 그것은 동등한 것들에 대한 권리는 아니라고 주장했다(Levin 2016, 127–130).[23]

버크가 이것을 정당화 시키는 논리는 단순히 기회의 평등만은 아니었다. 그는 보수주의자였다. 그에게는 개인이 아닌 통일체로서의 사회(국가), 그리고 그것을 유지, 발전할 수 있도록 하는 전통과 관습이 중요했다. 그의 사회(국가)관은 넓게 볼 때 홉스, 이후의 유기체론자들, 오늘날의 애국주의자들과 맥을 같이 한다. 모두가 동등한 역할은 아니지만 동등하게 부분을 이루면서 전체가 완성되는 것이다.[24]

페인은 버크에게 반대했다. 그는 버크가 중세적 귀족주의자가 아님을 잘 알고 있었기 때문에, 비판은 중세적 귀족정이 아니라 근대적 엘리트주의라고 불릴만한 지점에 집중되었다. 그리고 그는 매우 현명하게도 엘리트주의 자체를 비판하기 보다는 정치의 본질에 대해 버크가 잘못 이해하고 있다고 지적했다. 그는 〈정부의 첫 번째 원칙에 관

---

23 버크는 누구나 권력에 대한 기회를 갖지만, 누구나 그것을 가질 수 있는 것은 거짓이라고 주장했다. 이것은 보수주의자의 논설이라기 보다는 현실주의자의 것으로 보인다.

24 물론 홉스의 국가는 훨씬 성서적, 추상적, 기계적인 조합체에 가까웠고, 사회진화론에 영향을 준 유기체론자들은 하나의 살아있는 생명체를, 현대의 애국주의자들은 국가의 역사성이나 상징성을 강조하는 공동체주의자들이라는 차이는 분명히 존재할 것이다.

한 논문〉에서 정치는 버크가 생각하는 것처럼 복잡한 것이 아니며, 여가나 학습이 필요한 영역이 아니라고 주장했다. 또한『인권』(Rights of Man)에서 정치가 신비로운 영역이며 소수만이 이해할 수 있는 미스터리처럼 보이게 하는 것이야말로 앙시앙 레짐의 핵심이었다고 다시 비판을 가했다. 페인은 통치가 역사나 철학에 대한 지식이 필요 없이 날것의 정보만을 가지고 하는 일종의 지적 행위이며, 그러한 차원의 지적 행위를 할 수 있는 능력은 대부분의 사람들에 평등하게 주어져 있다고 믿었다(Levin 2016, 130-133).

그러나 그조차도『상식』(Common Sense)에서 포퓰리즘적 현상에 대해 우려하지 않았던 것은 아니다. 그는 어부에서 폭군이 된 이탈리아의 아니엘로(Aniello)의 사례를 들면서, 그가 나폴리에서 사람들의 가장 저열한 감정에 호소하는 선동적인 연설로 결국 폭동을 일으켰다고 지적했다. 그는 '우리가 경계를 게을리 하면, 장차 이 같은 자들이 들고 일어나 불안과 절망을 이용해 정부 권력을 장악하고 결국 미국의 자유를 대홍수처럼 쓸어버릴 것'이라고 경고했다(Keane 2017, 385-6).

이러한 주장들 사이에서 실질적인 프랑스 혁명의 정신적 지도자였던 시이예스(Sieyes)가 보인 태도는 매우 흥미롭다. 그는 인민들이 정치에 직접 참여한다고 해서 그들의 이해(interest)가 잘 보존될 것이라고 믿지 않았다. 사실 혁명기 동안 그는 고양되지 않은 인민의 무질서한 정치참여에 상당한 불안감을 느꼈다. 그는 모든 인민의 보통선거권을 받아들일 수 없는 계몽주의적 공화주의자였다.[25] 그의 대안은 인간의 권리를 가진 인민과 정치에 참여할 수 있는 선거권자를 구분하는 것이었다. 모든 프랑스의 모든 '국민'은 기본적인 인권을 누려야

---

25 프랑스에서 성인 남성 보통선거권이 확립된 것은 19세기 중반이다.

하지만, 그러한 권리를 구현하기 위해 정치에 참여할 자격이 있는 사람은 교양있는 '시민'이었다.

이 점에서 선거권자들이야말로 인민의 대표로서 국가를 실질적으로 구성하는 자들이었고, 선거권이 없는 인민은 선거권자들을 통해서 간접적으로 대표되었다. 즉, 정치에 참여하는 시민은 직접적인 투표권을 가진 적극적 시민권과 인간으로서 보호받을 권리를 가진 소극적 시민권을 가진 사람으로 구분되었고, 그래서 프랑스혁명의 인권선언은 '인간과 시민의 권리 선언(Declaration of the Rights of Man and of the Citizen)'이라는 명칭을 갖게 된 것이다(Urbinati 2006. 149-52; 이관후 2016b, 7-8).[26]

미국의 건국자들 역시 동일한 입장에 있었다. 그들은 일관되게 민주주의에 대한 두려움을 표시했고, 설령 그것이 가능하다고 하더라도 아주 작은 소국에서만 가능할 뿐 미국과 같은 큰 나라에게는 적용할 수 없다고 보았다. 여기서 크기의 문제는 우리가 종종 오해하는 정치적 효율성의 차원이 아니라 마키아벨리 이래로 루소와 볼테르가 직면했던, 강대국으로서의 성장가능성과 생존의 문제였다. 이들은 정치적 대표자의 자격에 대해서는 다소간의 견해 차이가 있었지만, 미국이 민주주의 국가가 아니라 아리스토텔레스의 혼합정을 지향해야 한다는 점에서 일치하는 의견을 갖고 있었다(Manin 2004; Keane 2017).

또한 이들은 버크의 자연적 귀족정 관념을 공화주의적 덕성의 문제로 연결시켰다. 이것은 연방국가라는 미국적 특성 때문에 더욱 강조되었는데, 제임스 매디슨(James Madison)은 주의 법들이 철저하게 이기

---

26 시이예스를 열렬한 민주주의자로 본다면, 그가 원리적인 측면에서 페인을 받아들였지만 실천적인 측면에서 버크의 주장을 가미하지 않을 수 없었다고 해석할 수도 있다. 그러나 그보다는 시이예스를 볼테르(Voltaire)의 후예로 보는 것이 타당할 것이다.

적이며 변덕스럽고 부패하기 때문에, 연방정부는 인민들이 원하는 것보다는 옳은 것을 지향해야 한다고 주장했다. 인민의 대표들이 가진 의견이 인민들의 의견보다 더 공공선에 부합할 것이라는데 대해 이들은 의심하지 않았다(Sandel 2012, 179–189). 그리고 이러한 엘리트적 경향은 점점 더 강해져서 20세기 가장 위대한 정치학자 중 한 명은 미국의 건국자들이 만들어 놓은 헌법을 고수하는 한 미국을 민주주의 국가라고 부르기는 어렵다고 지적하기도 했다(Dahl 2001).

2) 대표제 민주주의의 등장 : 밀과 토크빌, 선거와 투표권

버크와 페인이 제기한 이 복잡한 문제에 대해 어느 정도의 합의를 본 두 사람은 존 스튜어트 밀(John Stuart Mill)과 알렉시스 드 토크빌 (Alexis de Tocqueville)이었다. 밀은 이러한 자유와 평등, 오늘날 자유주의와 민주주의라고 부르는 것의 조화를 통해 공리주의적 이상을 달성할 수 있다고 보았는데, 그것을 가능하게 하는 장치는 대표제 민주주의였다. 이 점에서 밀이 『자유론』(On Liberty) 이후에 『대의정부론』 (Considerations on Representative Government)을 저술한 것은 우연이 아니다.[27]

밀은 대표들이 대표하는 집단과 유사한 세계관을 갖고 그 집단의 (궁극적) 이해를 반영할 수 있는 자들 중에서 지적·도덕적으로 탁월한 사람들이 대표가 되는 것이 최선이라고 보았다. 이 대표들을 뽑는 과정에서 투표권은 모든 성인에게 허용되어야 했다. 정치의 본질에 대

---

27 좀 더 정확하기 말하자면, 그가 『대의정부론』 다음에 『여성의 종속』(The Subjection of Women)에서 사상최초로 여성선거권을 주장한 것까지가 하나의 일관성 있는 저술이라 할 수 있다. 그의 기준은 지적·도덕적 능력이었고, 여기서 뛰어난 능력을 가진 여성이 제외되어야 할 이유가 없었던 것이다. 반면 그는 보통선거권과 더불어 차등선거권 역시 필요하다고 보았다.

해 밀은 버크보다는 페인의 입장에 있었고, 시이예스의 인민/시민의 구분보다는 진일보한 입장을 가졌는데, 그에게 정치란 여전히 탁월한 자들의 영역이었지만 적어도 자기 이름을 쓰고 간단한 셈을 할 수 있는 정도의 사람이라면 자신의 대표자를 선출할 자격은 갖고 있었다. 또한 반복적인 선거를 통해서 인민의 정치적 자질은 계발될 수 있는 것이었다(Mill 2012[1861]).[28]

거의 동일한 시기에 토크빌은 1830년의 미국을 돌아보고 '자유를 질식시키지 않으면서 평등을 지향하는 민주주의의 되돌릴 수 없는 물결이 어떻게 조화가 가능한가?'라는 질문을 던졌다(이관후 2018b, 270). 이 질문은 단순히 한 지식인의 호기심에서 출발한 것은 아니다. 의회주권을 확립한 명예혁명 이후 비교적 작은 소동들을 통해[29] 선거권 확대라는 다음 단계로 나아가고 있었던 영국과 달리, 대륙에서는 혁명과 반동의 소용돌이 속에서 민주정과 군주정을 포함해 어떠한 정치체제에 대한 희망도 사라진 회의주의가 짙게 드리우고 있었기 때문이다.

대륙의 많은 지식인들은 미국이라는 신생국이 실험하고 있는 '인민의 통치'가 결코 제대로 굴러가리라고 보지 않았다. 그래서 토크빌은 직접 눈으로 그 실체를 보고자 했는데, 그가 발견한 것은 미국인들 사이에 굳게 자리 잡은 평등이라는 습관과 타운홀 미팅 같은 제도들이

---

28 밀의 이 아이디어를 20세기에 로버트 달(Dahl 1971)과 데니스 톰슨(Thompson 1976)은 각각 '참여를 위한 열린 경쟁(contestation open to participation)'과 '자질과 참여의 조화(balance of competence and participation)'로 탁월하게 정리했다.

29 예를 들어, 영국에서 선거법 개정의 계기가 되는 '피털루 광장의 학살' 사건의 경우 적게는 수십 명에서 많게는 수백 명의 사상자가 난 것으로 확인된다. 그 자체로 비극이라고 하지 않을 수 없으나 이는 프랑스 대혁명은 물론 그 전후에 있었던 여러 작은 사건들—가령 레미제라블의 소재가 된 이름없는 수많은 작은 저항들 - 의 피해와도 비할 수 있는 것은 아니다.

었다. 이를 통해 형성된 작은 결사체들은 공공의 정신을 배우는 학교
로서, 이 안에서 시민들은 동등한 존재로서 권리와 의무의 행사방식
을 배우고 익히며 공적 시민으로 성장했다(Keane 2017, 425). 민주주의
의 습성(habit)이 뿌리내린 미국에서는 시민사회 내의 다양한 결사체
들을 통해 자유와 평등이 조화롭게 발전할 수 있는 가능성이 있었던
것이다.

이러한 여러 논의들은 19세기 동안 곧바로 선거권 확대 논의로 연
결되었다. 시민혁명이 일어났던 영국, 미국, 프랑스는 앞뒤를 다투면
서 성인남성 보통선거권을 제도화했는데, 그것은 산업혁명으로 생겨
난 거대한 계급인 노동자들의 정치적 요구를 수용하지 않고서는 내
적인 안정과 외적인 팽창을 동시에 달성할 수 없었기 때문이었다. 이
것은 정치의 주체와 관련하여 대단히 중요한 두 가지 변화를 낳았다.

하나는 정당정치의 출현이다. 미국에서는 잭슨 민주주의 시기를 거
치면서, 영국에서는 글래드스턴과 디즈레일리의 시대에, 선거 캠페인
이라는 요소가 등장했고 처음으로 정당이 조직적으로 활동해야 하는
이유들이 생겨났다(Keane 2017; 박동천 2002b). 명사들의 집합소에서 선
거 머신으로의 변화는 단지 정치의 양상이 변화했다는 것 이상을 의
미했다. 정치의 주체가 한 개인에서 장기 지속되는 결사체로 전환되
고, 그 구성 요소에서도 귀족정과 민주정이 결합한 형태가 제도적 차
원에서 등장했기 때문이다. 즉, 정치적 비전을 공유하는 특정한 엘리
트 집단과 그들을 지지하는 시민들이 집단이 하나의 조직적인 정치
결사체를 형성하면서, 대표제 민주주의는 권력분립이라는 구조 이외
에 주체의 측면에서도 공화주의적 요소를 갖게 되었다.

다른 하나는 보통교육의 확대다. 선거권이 확대되기 이전까지는
나라의 발전과 국민의 교양 수준이 별 관계가 없었지만, 보통선거권

이 주어진 이후라면 보수주의자들이나 계몽주의적 자유주의자들조차 '숫자에 의해 좌우되는 선동정치', '개명되지 않은 무지한 다중의 선택'을 방지할 필요가 생긴 것이다. 그리하여 영국에서는 1867년 성인 남성 보통선거권이 확립된 직후인 1870년에 보수당이 주도하여 공교육 제도가 도입되었으며 초등교육에 대한 국가의 재정투자를 법에 명시했다. 최초의 근대적 공교육은 산업혁명에 따른 도시노동자의 증가와 이들의 정치적 권리주장, 그 결과로 인한 선거법 개정 이후, 이 민주주의의 확산에 반대했던 바로 그 보수주의자들과 자유주의자들의 헌신적인 노력으로 만들어지게 되었던 것이다. 즉, 선거권이 확대됨에 따라 정치참여에 필요한 자격이 없어진 것이 아니라, 참여자의 확대에 따라 그들을 위한 새로운 교육이 신설된 셈이다.[30]

이런 의미에서 본다면, 19세기 선거권 확대 역시 당대에 이해되던 민주주의 개념과 그것의 이름을 통해 이루어진 것이 아니라는 점이 드러난다. 노동자나 농민들도 투표할 수 있다는 생각 그 자체는 민주주의가 아니라 계몽주의, 공화주의, 자유주의의 영향이었다. 당시에는 여성 선거권조차 민주주의의 이름으로 제기되지 않았다.(Dunn 2015, 274)

그것은 한편으로 끔찍한 폭동과 혁명을 예방하고 사회전체의 평화와 안정을 유지하면서, 최소한의 이성을 갖춘 사람들에게 제국적 국민통합을 위해 허용한 정치적 수단이었다. 그것은 사후적으로 우리가 흔히 잘못 해석하듯이 민주주의의 확장이라는 대의명분을 통해 이루

---

30 5-12세의 아동교육에 국가가 재정을 투입하게 된 'Forster Education Act 1870'을 포함하여 이 시기 각종 개혁 법안의 입법과정에 대해서는 콜과 포스터지(Cole and Postage 1965, 358-366)를 보라. 보통교육 이외에도 보건, 복지, 빈민관련 입법이 이루어졌는데, 모두 선거권 확대와 밀접한 연관이 있음은 물론이다.

어진 것이 아니었다. 다만 노동자 계급에게 선거권을 준다고 하여 그들이 노동자 계급을 대표자로 뽑지 않는다는 사실이 발견됨에 따라 더 이상 선거권 확대에 두려움을 갖지 않고 비교적 안정감을 갖고 선거권 확대를 추진할 수 있었던 것이다(Manin 2004).

결국 이러한 요소들은 보통선거권과 대표제 민주주의의 시대에 와서도 통치 주체의 자격에 대한 제한이 실질적으로 완전히 사라지지 않았다는 것을 보여준다. 인민은 여전히 선거, 교육, 결사체에 대한 참여 등을 통해 일정한 정치적 교양을 쌓았을 때에만 정치에 참여할 수 있는 주체로 인정받았다. 19세기에 전통적 공화주의자들이 요구한 시민적 덕성을 갖춘 시민이라는 주체의 문제는, 현대 민주주의의 틀인 대표제 민주주의의 수립과정에서 가장 핵심적인 사안이었다.

3) 현대 민주주의: 엘리트와 대중

20세기를 인류의 역사에서 민주주의의 시대라고 한다면, 그 민주주의는 현대 민주주의이고, 고대의 그것과는 분명히 다른 의미였다. 이런 유형의 대표제 민주주의는 이전에 존재한 적이 없었다. 그것은 계몽주의, 공화주의, 보수주의, 자유주의와 철저하게 결합한 민주주의였다.[31] 그리고 이러한 민주주의 속성은 누가 통치의 주체가 되어야 하는지에 대한 기준에서 강력한 영향력을 갖게 되었다. 보통선거권은 보편화되었지만, 이것이 정치에 참여하는 인민에게 특정한 자격이 요구되지 않는다는 것을 의미하지는 않았다.

사실 20세기에 들어서도 현대의 엘리트 이론은 매우 다양하게 지

---

31 정치적 이데올로기는 아니지만 여기서 거론한 이념들만큼이나 중요한 요소 중 하나는 법의 지배, 곧 헌정주의라고 할 수 있겠다.

속적으로 제기되었다. 나치즘과 파시즘 같은 전체주의 이론은 물론이고, 심지어 사회주의에서 당 엘리트에 대한 블라디미르 레닌(Vladimir Lenin)의 이론, 더 일반적으로는 현대 관료제와 계획사회에 대한 사회학 이론들에서 이러한 경향은 매우 넓게 나타났다. 사회주의에서 두드러지는 것은 마르크스와 레닌의 차이다. 마르크스에게 노동계급은 기강이 잡히고 목적의식적이며 인류전체의 구원할 존재였던 반면, 레닌에게 노동계급은 항상 경제적 문제에 함몰될 위험이 있는 나약한 존재, 엘리트에 의해 지도되고 구원되어야 하는 존재였다. 현대사회에서 관료제의 필연성을 예견했던 베버에게 대중은 일상화된 합리성, 비인격적 공정성, 고도의 전문적 지식을 갖춘 관료조직이 운영하는 사회에서 수동적으로 살아가는 존재였다.

엘리트와 대중의 역할을 엄격하게 구분한 이론가들의 공통된 고민은 대중(mass)에 대한 통제였다. 이들이 보기에 엘리트는 분명한 자격을 갖고 사회체계에서 필수적인 유용한 역할을 수행하는 한정된 집단인 반면, 대중은 급속한 사회 변화가 남긴 침전물로서, 의사소통, 정서, 충성심, 결속력을 갖추지 못한 방황하고 미분화된 사회적 군집이었으며, 건전한 사회적 유기체를 형성하는 집단들에 반하는 인간의 무리였다(Wolin 2009, 350-356).

물론 이들의 이론을 그들이 주장하는 대로 모두 민주주의의 범주 내에서 이해해 줄 필요는 없을 것이다. 이러한 이론들 말고도, 20세기 대표제 민주주의에 대한 대안으로 명백히 민주주의의 발전적 방향이라고 부를만한 이론들이 제기되었다. 1970년대부터 등장한 참여민주주의(participatory democracy), 심의민주주의(deliberative Democracy) 등이 그것이다. 그러나 결론적으로 보면 이러한 이론들 역시 정치참여에 대한 자격 조건을 제거하기 보다는 새로운 기준을 설정했다는 편에 가깝다.

참여 민주주의는 선거 이외의 다양한 제도들을 통해 시민이 정치에 참여할 수 있는 통로를 개척하고, 이를 통해 정치에 대한 신뢰와 효율성을 높이고, 민주주의를 질적으로 향상시키는 것을 목적으로 한다 (Pateman 1970). 그래서 여기에 참여하는 시민들은 공적인 사안에 대해 관심을 갖고 비판적으로 사고하며 적극적으로 행동하는 시민들이다. 이들이 참여하는 비정형적 제도들은 대표제 민주주의를 전복하거나 대체하는 것이 아니라 상호보완적이다. 이들은 선거에 비해서 비정형적 제도를 통해 정치에 개입하지만 무정형적 집단행동이 아니라 일정한 거버넌스 틀 내에서 자신들의 주장을 정치화하기 위해 노력한다 (주성수 2006, 13-30).

그런데 참여민주주의에 대한 관심은 1980년 이후 급격히 줄어들었다(Pateman 2012, 7). 대부분의 시민들은 정치학자들이 생각했던 만큼 공적인 사안에 대한 참여의지나 관심, 지식이 없었던 것이다 (Hibbing and Theiss-Morse 2002; 2005; 이관후 2018a, 35). 그 결과 일부 학자들은 다시 선거나 정당의 개혁에 주목하고, 다른 일단의 학자들은 '참여'의 질적 제고를 위해 '토론을 통한 공동의 숙의'라는 개념에 천착했다. 그 결과, 한국에서 숙의·토의·심의 민주주의로 번역되는 'Deliberative Democracy' 개념이 탄생했는데, 한편으로는 참여 민주주의의 발전적 버전이라고 할 수도 있다.[32]

그러나 다른 한편으로 보면, 결국 참여에 대한 일정한 의지, 공적 활동으로 인해 얻는 즐거움과 그에 따른 사적 생활의 희생, 정치적 사

---

[32] 참여민주주의가 1970년대에 주창되고, 그것이 한 차례 위기를 맞은 뒤 1980년에 'Deliberative Democracy'라는 개념이 처음 나타난 것을 우연으로 보기는 어렵다(이관후 2018c).

안에 대한 지식을 갖추지 않은 다수의 시민들이 간편하게 정치에 참여하는 것은 바람직하지 않거나 불가능하다는 뜻이기도 하다. 예를 들어, 부르스 에이커만(Bruce Ackerman)과 제임스 피시킨(James Fishkin) 등이 주장하는 공론조사나 '심의의 날(Deliberation Day)' 제도는 사실 충분한 지식과 심사숙고, 토론이 없는 참여가 무의미하거나 위험할 수 있다는 것을 보여주는 반증이기 때문이다.[33]

5. 통치자의 자격과 포퓰리즘

1) 포퓰리즘에서는 누가 통치하는가?

현상으로서의 포퓰리즘이 본질적으로 엘리트에 대한 대중적 반감이라는 정서의 정치적 결집이라고 할 때(Judis 2017; Taggart 2017; 김만권 2019; 장석준 2019), 이것은 민주주의에서 '통치의 주체는 어떤 사람들이어야 하는가'라는 오래된 물음에 대한 하나의 응답이라고 할 수 있다. 사실 민주주의를 유일한 게임으로 전제하고 본다면, 정치적 주체에 대한 답은 뻔하다고 생각될 수도 있다. 민주주의에서 더 많은 인민의 참여는 언제나 그 자체로 선이자 아름다운 것으로 여겨지는 경향이 있기 때문이다.

그러나 그러한 이상적인 기대와 달리 현실에서는 항상 대중의 정치 참여에 대한 경고와 불안감이 존재했다. 이것은 오랫동안 이어져 온 '가난하고 무지한' 대중에 대한 공포, 18세기의 민주주의자들에 대한 계몽주의자들의 반감, 19세기에 자유주의자 토크빌이 느꼈던 다수의 폭

---

33 이에 대해서는 이관후(2018c)를 참조.

정에 대한 불안감, 20세기의 시작 전후에서 나타난 선거권의 확대 과정에서의 논란, 20세기 후반 대중사회의 출현에 대한 우려 등 여러 형태로 등장했다.

그런데 이것은 근현대에 민주주의가 확장되는 과정에서 항상적으로 부딪치는 본질적인 질문임과 동시에 오랫동안 회피되었던 불편한 이야기 중 하나다. 그리고 포퓰리즘은 자치(self-rule) 원리로서의 민주주의가 실제의 정치에서 구현될 때 나타난 모순에 대해 대중이 스스로 대안을 증명해 보이려는 시도인 셈이다. 문제는 많은 이론가들은 물론 대중들 스스로도, 이것이 적절한 대답인지에 대해서는 여전히 의문을 품고 있다는 점이다.

포퓰리즘에서 통치의 주체와 관련해서는 우선 두 가지 질문이 가능하다. 첫 번째는 '포퓰리즘에서는 누가 통치하는가?'의 문제다. 이것은 '포퓰리즘에서도 인민이 아니라 지도자가 통치하지 않는가?'라는 의문이다. 둘째는, 만약 인민이 통치한다고 할 때, '그 인민들에게는 덕성이 요구되는가, 요구된다면 어떤 덕성인가, 혹은 어떤 덕성도 요구되지 않는가?'의 문제다.

먼저 첫 번째 질문에 답해보자. 이 질문에 대한 답은 비교적 명확하다. 다른 거의 모든 정치집단과 마찬가지로 포퓰리즘도 그들 스스로의 지도자를 가지며, 오히려 이들이야말로 매우 적극적으로 그들의 대표를 원한다. 포퓰리즘의 가장 강력한 정당화 논리인 '침묵하는 다수'라는 스스로의 수사법은, 공적 사안에 대해 적극적이지 않은 그들이 여전히 계속 침묵하기를 원하고, 바로 그렇기 때문에 자신들의 뜻을 정치에 투영하는 그들의 대표자를 세워두고자 한다는 의미다. 즉, 그들이 포퓰리즘적 행태를 보이는 이유는 정치에 관여하기보다는 계속 관여하고 싶지 않아서이므로 그들은 반드시 대표를 원하는 것이다. 이 점에서 포퓰리즘은 대표제 민주주의의 반대자이면서 또한 지지자들이다.

포퓰리즘은 정당을 불신하는데, 그 이유는 대체로 정당이 지나치게 관료화되어 있다는 측면에 집중된다. 제도화의 수준이 높아질수록 엘리트의 기득권이 강화되고 아래로부터의 의견이 상층부에 반영되지 않게 된다. 문제는 기존 정당을 불신하는 포퓰리스트들 역시 현대 정치에서 그들의 의사를 현실화하기 위해 역시 정당을 만들 수밖에 없다는 데에 있다. 이 정당은 기존 정당보다 반응성(responsiveness)이 뛰어나야 하지만, 정당 정치에서 주류가 될 수록 다시 관료화되는 딜레마에 빠진다.

결국 이상의 두 가지 문제, 정치적 개입을 하지만 직접 하고 싶지 않고, 정당을 만들지만 제도화를 거부하는 문제의 해답은, 대중적 카리스마를 지닌 권위주의적 지도자가 지배하는 정당을 만드는 것 외에 다른 수단이 없다. 그에 더해, 이 지도자들은 정치적 책임성의 문제에 부딪힐 때 국민투표와 같은 직접민주주의의 수단을 적절히 활용함으로써 대중을 착각에 빠뜨린다(Judis 2017, 160-179).

포퓰리즘에서 통치 주체의 문제는 정치학보다 사회학적·심리학적 측면에서 더 잘 설명되는 것 같다. 포퓰리즘은 하나의 정치적 메커니즘이나 머신이기도 하지만, 동시에 사회학적 현상이다. 사회심리학자인 세르주 모스코비치(Serge Moscovici)는 포퓰리즘을 프로이드를 통해 설명하면서, 사랑과 공감으로 맺어진 집단심리학을 통해 이를 이해할 수 있다고 본다. 포퓰리즘 안에서는 참여자들의 개성이 사라지고 심리적인 일치가 나타나기 때문이다.

그래서 이 조직은 본질적으로 교회나 군대와 유사한 것이다. 이러한 조직에서 필수적으로 요구되는 카리스마적 지도자는 나르시시즘의 대상이며, 이 리비도(libido)는 다른 집단과 공유될 수 없기 때문에 포퓰리즘 공동체는 철저하게 배제적이다(Moscovici 1996, 392-399). 현대의 포퓰리즘적 집단에서는 종종 구성원들 간의 수평적 관계가 나타나기도 한다. 그러나 군중 집단 안에서는 평등의 강한 압력이 존재할지라도, 이들은 지도자 앞에 지배받는 동등한 군중이다(Moscovici 1996, 440-444).[34]

포퓰리즘이 매우 강렬한 현상이지만 결코 하나로 정의될 수 없다면(Judis 2017; Taggart 2017), 그 이유 역시 매우 다양한 권위의 형태와 카리스마적 원천, 통치 유형 따른 다양한 지도자들 때문이다. 수많은 포퓰리즘적 지도자들에게 오로지 공통된 것은 그들이 카리스마적 지도자라는 것 뿐이다(Moscovici 1996, 467-77).

우파와 극우정당만이 카리스마적 지도자를 원하는 것은 아니다. 사회주의의 역사에서 레닌 없는 러시아와 체 게바라(Che Guevara) 없는 쿠바를 상상하기 어려우며, 그리스와 스페인의 현대 좌파 포퓰리즘은 더욱 분명하게 카리스마적 지도자에 의존하고, 다소 소박하게는 영국의 제레미 코빈(Jeremy Corbyn)과 미국의 버니 샌더스(Bernie Sanders)까지도 그러한 유형에 포함될 수 있다. 지도자가 누구인가에 따라 포퓰리즘의 내용이 크게 달라지기 때문에, 포퓰리즘은 하나의 현상으로 공통되지만 하나의 내용으로 정의내리기 어려운 것이다.

이러한 특성은 포퓰리즘의 특수한 한계라기보다는 오히려 포퓰리

---

34 모스코비치는 군중들을 부친살해의 공모자들과 같다고 본다. 이는 포퓰리즘에 매우 적절한 설명인 듯 하다. 기존 권력에 대한 거부감, (과장된) 극단적 공황과 공포를 이겨내기 위한 폭력에 의해 무엇인가가 촉발되지만, 자연이 진공을 싫어하듯이 이러한 욕구에 의해 제거된 아버지는 필연적으로 재생되고, 그들은 스스로 지배하기 보다는 다시 복위된 카리스마적 지도자로서의 더욱 권위주의적 아버지를 요구하기 때문이다 (Moscovici 1996, 444-488). 이 설명은 특히 트럼프 현상을 잘 들어맞는 듯 하다.

즘이 정치의 한 유형이기 때문에 지도자와 추종자로 이루어지는 고전적인 정치적 형식에서 벗어나지 않는다는 것을 보여주는 것이다. 여기서 핵심적인 요소는 토론과 절차, 이성이 아닌 지도자의 권위와 권력에 호소한다는 것이다.[35] 바로 이점에서 포퓰리즘은 군중심리와 별개일 수 없으며, 그것은 본질적으로 민주주의와 대립된다(Moscovici 1996, 614).

포퓰리즘적 현상의 가장 극적 상황은 아마도 혁명이라고 할 수 있을 것인데, 바로 이점에서 한나 아렌트(Hannah Arendt)는 그 취약점과 대안을 적절히 제시했다. 그는 모스코비치와 유사하게 프랑스가 국왕, 곧 살해된 아버지의 공백을 메우려 하다가 반복적으로 실패했다고 보고, 나폴레옹 보나파르트와 그의 조카 등 여러 카리스마적 지도자의 복원이라는 시행착오를 거친 후에야 결국 공화주의적 헌법과 보통선거권으로 귀결했던 반면, 미국은 처음부터 그에 대한 분명한 지향점을 갖고 공적 자유와 권력, 공화주의 민주주의의 결합을 헌정주의라는 정치질서로 통합해 냈다고 평가했다(Arendt 1963). 즉 그는 국민은 일정한 제도에 의존하지 않고는 스스로 통치할 수 없다는 것, 국민은 다양한 개인들의 집단으로 구성된 가상의 존재이며 제도들은 의사결정의 방법과 내용 뿐 아니라 실질적으로 누가 국민인지까지 결정한다(Keane 2017, 99)는 점을 이해했던 것이다.

2) 통치자는 어떤 덕성을 필요로 하는가?

이제 두 번째 질문에 답해보자. 만약 포퓰리즘을 인민의 통치라고

---

35 이 점에서 한국에서 촛불 이전과 이후의 정치는 포퓰리즘이라는 같은 정치적 특성에서 크게 다르지 않다고도 할 수 있다.

한다면, 그 인민에게는 어떤 덕성이 요구되는가 혹은 아무런 조건도 요구되지 않는가?

우선 지금 우리가 좌파든 우파든 포퓰리즘을 이념으로서의 민주주의, 정체로서의 민주정 안에서 실명하려고 한다는 점을 전제하자. 그런데 동시에 현대 민주주의에서 지금까지 어떠한 이념과 정체도 시민적 덕성(civic virtue)이라는 공화주의적 개념을 포기하지 않았다는 것 역시 분명하다.

또한 20세기 전반에 있었던 전체주의의 경험 이후, 민주주의에서 시민적 덕성에 대한 강조는 오히려 강화되고 있다. 대표의 위기에서 대표의 덕성에 대한 비판이 있었지만 항상 그 대표자들을 선출하는 인민의 덕성 역시 늘 함께 논의되었고, 포퓰리즘 역시 행동하는 시민으로서의 적극성은 정치에 참여하지 않으려는 침묵하는 다수의 본질과 더불어 딜레마를 형성한다. 사실 정치적 주체로서 인민을 상정하는 민주주의가 멀리는 계몽주의, 가깝게는 공화주의의 후손이라고 한다면, 시민의 덕성은 시기적으로 중요성이 증감할지언정 근본적으로 제거될 수 없는 속성이다.

그렇다면 보다 핵심적인 문제는 민주주의에서 필요한 덕성이 과연 어떤 종류의 것인가 하는 것이다. 이는 또한 정치란 무엇인가의 문제인데, 돌이켜보자면 버크와 페인이 대립했던 바로 그 문제이기도 하다. 현대 민주주의에서 확실한 것은, 민주주의란 소위 동양식으로 말할 때 성인(聖人)과 군자(君子)의 정치는 아니라는 것이다. 민주주의는 오히려 반대로 소인들을 배제하지 않는 정치다.

민주주의는 인민 다수가 반드시 군자이기를 기대하고 출발하는 정치가 아니라, 다수가 소인밖에 못 되더라도 큰 문제가 일어나기 않게 문제를 합리적으로 풀어나가기 위해 노력할 수 있다는 믿음을 가진

정치체제제다(박동천 2010, 113-4). 제임스 밀(James Mill)에 따르면 민주주의는 최선의 통치자를 찾아서 정치를 위임하는데 있는 것이 아니라, '정직하지 않은 놈(knave)'조차도 공공선을 위해 봉사하도록 하는데 있다(Mill 1978; Weale 1999 54-56; 이관후 2018a, 33-34).

지식이나 군자의 문제가 아니라면, 민주주의에서 요구되는 것은 과연 어떤 시민적 덕성인가? 박동천은 새뮤얼 콜리지(Samuel Coleridge)를 따라 민주주의에서 시민에게 요구되는 덕성은 관용(tolerance)이 아닌 관인(toleration)의 태도라고 주장한다.

콜리지는 관용이란 자신의 신조에 반하는 주의나 주장을 용납하는 태도이고, 관인이란 참고 넘어가 주는 경계라고 말한다. 이렇게 둘을 구분하면 관인하지만 관용하지 않는 영역이 생긴다. 잘못된 생각을 받아들여줄 필요는 없고, 오히려 그에 적극적으로 반대를 표명하지만 일정한 경계를 넘어서지는 않는데, 이 경계는 대체로 법치주의라는 절차적 정당성의 측면에서 정해진다(Coleridge 1969; 박동천 2010, 118-9).

반대로 과도한 관용은 이사야 벌린(Berlin 2006)이 말하는 무별주의(obscurantism), 곧 세세히 밝혀 구별해야 할 사안을 두루뭉수리 얼버무림으로써 쟁점의 표출을 봉쇄하는 태도인데, 이는 사상적 계보로 보면 명백히 반계몽주의, 반이성주의에 속하는 것으로 그 이념적 계보는 본질적으로 '보수'인 것이다(Berlin 2006; 박동천 2010, 143-4).

사실 이러한 의미에서의 관인을 민주주의에서 필요한 시민적 덕성으로 포착한 것은 홉스(Thomas Hobbes)였다. 그는 민주주의란 일정한 수준의 상호 공격, 즉 인간들이 서로 상대방의 말을 인내심을 갖고 정도 이상으로 길게 경청해주리라 기대할 수 있는 환경에서만 가능하다는 점을 이해했다(Dunn 2015 109). 물론 홉스는 그 가능성을 높게 보지 않았다.

그런 의미에서의 민주주의적 원칙과 덕성을 포기하지 않았던 동시대의 철학자는 베네딕트 데 스피노자(Benedict de Spinoza)였다. 17세기에 가장 솔직하고 양심적인 철학자로 결코 선동가가 아니었던 그는 '민주주의는 모든 정치적 권위의 기반인데, 그 권위가 행사되는 대상인 인간들의 보편적 합의에 가장 가깝기 때문(Dunn 2015 118)'이라고 주장했다.

요컨대 민주주의에서 필요한 덕성이란, 통치의 대상이 되는 시민들 간에 모종의 합의를 통해 의사를 결정해 나가는 과정에서, 사전에 정해 놓은 룰에 따라 대화를 진행하는 것, 그리고 그 과정에서는 자신과 반대되는 의견을 들어주는 인내와 더불어 의사결정에 필요한 사항을 세세하게 따져보고 자신이 옳다고 생각하는 바를 또한 최대한 적극적이고 논리적으로 표명하는 것이다. 이러한 덕성은 결코 군자의 수준에 이르지 않지만, 동시에 공동체에 하나의 습속으로 자리 잡을 필요가 있다.

그렇다면 포퓰리즘은 이러한 최소한의 덕목을 갖추거나 최소한 지향하는가? 현재의 포퓰리즘 중에서 그러한 덕목을 지향하는 집단은 많지 않다. 우파 포퓰리스트들은 대부분 공적 결정을 위한 지성적 사고와 소통을 위한 인내를 적극적으로 부정한다. 심지어 그들은 그들 자신 뿐 아니라, 그들의 지도자 역시 그렇게 되기를 바란다. 만약 좌파 포퓰리스트들이 계몽주의와 공화주의적 맥락에서 유효한 민주주의의 정치적 수단으로 정당성을 인정받으려면, 이들은 기존의 우파 포퓰리즘이 제기한 통치자의 자격 기준에 대해 반대 입장을 가져야한다. 실제로 스페인 등 일부 지역에서는 이른바 집단지성과 온라인 직접민주주의를 통한 논리적 대화와 인내를 통한 소통을 지향하기도한다.

문제는, 김만권(2019)의 지적대로, 대부분의 '몫 없는 자들'이 그러한 과정에 참여하기가 매우 어렵다는 점이다. 여기에 좌파 포퓰리즘의 딜레마가 존재한다. 그것은 인민 다수의 항상적 직접 참여를 지향하지만 실제로 유의미하게 참여할 수 있는 인민은 결코 다수가 아니다. 반면 그 이상을 포기하는 순간, 그것은 포퓰리즘의 특성을 잃게되어 더 이상 좌파 포퓰리즘이라고 불릴 수 없게 된다. 그것은 상당히 변화될 것이라고 해도 어쨌든 고전적 정당정치로의 복귀를 의미할 뿐이다. 이것은 적어도 민주주의가 계몽주의와 공화주의의 자장 안에 있는 한 지속될 딜레마다.

6. 홉스의 고민

현대 포퓰리즘이 제기하는 근본적인 질문은 민주주의에서 통치 주체의 문제이며, 그것은 단지 현 시점이 아니라 인류가 정부를 구성하여 통치를 시작한 이래로 끊임없이 제기된 질문에 대한 현재적 응답의 하나다.

이 글은 그러한 맥락 속에서 현대 민주주의는 아테네 민주주의의 순수한 복원이나 그것의 계승자라기보다는, 혼합정체로서의 로마 공화정, 르네상스 이후 플라톤주의, 계몽주의, 공화주의, 자유주의, 보수주의, 헌정주의까지 다양한 사상이 결합된 매우 복잡한 이념이자 정치체제로 발전해 왔기 때문에, 민주주의의 순전한 원리 중 하나인 자치는 문자 그대로 구현될 수 없고, 애초에 그것을 지향하지도 않았다고 주장한다.

또한 이를 통해 현대 민주주의에서 나타나는 인민의 통치와 엘리트의 통치라는 딜레마는 오랫동안 풀리지 않던 수수께끼의 한 재현 양식이자, 현재의 여러 포퓰리즘이 공언하듯이 단칼에 내리쳐 끊어낼 수 없는 문제라는 점을 보여주고자 했다. 이 점에서 포퓰리즘이 단순히 반(反)헌정주의나 반(反)자유민주주의가 아니라 오히려 인민주권 그 자체에서 파생된 결과물이며, 동시에 그것은 단순히 민주주의의 적대자나 개혁자가 아니라 민주주의가 태생적으로 잉태한 문제에서 기인하는 것으로 보아야 한다(홍철기 2019)는 지적은 참으로 옳다.

다만, 여기에 이르러 우리는 왜 통치에서 이러한 이중적인 문제가 발생하는가에 대한 보다 심도 있는 질문을 던지고 그에 대해 생각해 볼 수 있다. 그리고 포퓰리즘이라는 현상이야말로 이러한 질문을 구체화하는데 매우 유용한 계기가 될 수 있다. 가령 포퓰리즘을 위에서 살펴본 대로 지도자를 통한 정치이지만 동시에 인민의 통치라고 할 수 있다면, 그것은 과연 무엇을 의미하는가 하는 점이다.

필자가 보기에 이 문제에 대해 가장 가까운 질문을 던지고 나름의 답을 가지고 있었던 사람은 홉스다. 홉스는 『리바이어던』(*Leviathan*)에 앞서 출간한 『시민론(*De Cive*)』에서 다음과 같은 흥미로운, 오늘날에 보자면 다소 수수께끼 같은 주장을 남겼다. "모든 통치체에서는 인민 (a people)이 지배한다. 군주정에서도 인민이 명령한다. 인민의 의지가 한 사람의 의지를 통해 발휘하는 것이다. 그러나 신민(a subject)들은 다중(multitude)에 불과하다. 군주정에서 신민은 다중이고 왕이 인민이 다(Dunn 2015, 113)."

이 주장을 홉스가 리바이어던에서 반복적으로 제시하고 있는 다른 하나의 물음, '왜 주권자는 하나의 인격(person)이어야 하는가?'라는 질문과 연결시켜 보자. 홉스에게 국가는 상호 평등한 수많은 개인들의 사회계약으로 이루어졌으나, 단일한 이성을 가진 하나의 주권 없이는 통치될 수 없었다. 그는 왕이 신민을 통치한다는 것과 인민이 인민을 통치한다는 것이 논리적으로 다르다는 점을 이해하고 있었다. 따라서 1:1로 대리인을 선임할 수 있는 법률적 대표와 달리, 정치적 대표는 사회계약을 맺은 개개인이 아니라 그 전체를 대표해야 하는 것이다.

이처럼 홉스의 국가에서는 개별적 대표성(individual representation)이 아니라 집단적 대표성(collective representation)이 존재한다(Pitkin 1967). 그래서 홉스는 '전체로서의 하나'를 '국가라는 괴물(리바이어던)'로, 각 개인들을 하나의 인민체(a people)로, 그리고 그들을 다시 하나의 통합된 인격체(the unity of a person)로 설명할 수밖에 없었다(이관후 2019). 바로 이러한 논리를 통해서만 '군주정에서 왕이 인민(a people)'이라는 주장이 가능한 것이다.[36]

즉, 민주주의에서 원리적 핵심이 자기 결정으로서의 자기 통치라고 할 때, 우리가 유의해야 할 것은 통치자와 피통치자가 모두 집단성(collectivity)을 가진다는 점이다. 문법상으로는 유사해 보이지만, 그들이 개인일 경우와 집단일 경우에는 전혀 다른 메커니즘이 작동한다. 개인의 경우에 '내가 결정한 것에 내가 따른다'는 것은 비교적 명확하다. 반면 집단의 경우 '우리가 결정한 것에 우리가 따른다'는 것은 매우 복잡한 논의를 필요로 한다. 개인 경우 자치란 외부의 강제 없이 주어진 조건 속에서 가능한 자유롭게 이성적 사고와 감정적 선호에 따라 결정하는 것을 말하며, 복종하는 행위의 주체는 단일하고, 결정의 내용과 범위, 무엇이 그것을 위반하는 것인지를 충분히 알고 있다.

반면 집단의 경우에는 우선 '우리가 결정한다'는 것 자체부터가 모호하다. 어떠한 경우에도 우리 '모두'가 결정자가 되지는 않는다. 역

---

36 이러한 차원에서 '인민'이 갖는 내적 분열성과 그럼에도 불구하고 그것이 정치적 주체로서 기능할 때 불가피한 동일화(identification)의 문제에 대해서는 홍철기(2019, 40-41)를 보라.

사적으로 늘 신분이 낮은 자, 가난한 자, 여성, 외국인, 범죄자, 미성년 등 예외가 존재하고 지금도 그러하다.[37] 결국 이 과정에서 우리는 일차적으로 누가 '우리'인지를 정해야 하는데, 이 범위를 정하는데 있어 어떤 기준을 수립할 것인가에 대한 합의가 또한 필요하다. 또한 이 합의는 시공간에 맞게 변화될 수 있는데, 그 조건과 기준을 변화시키는 것 역시 중요한 '우리의 결정' 사항 중 하나다.

다음으로는 결정의 대상을 정해야 한다. 결정자로서의 '우리'가 정해졌다고 하더라도 그 결정자들이 매번 모든 사안을 다루지는 않는다. 결정자들이 어떤 의제를 다루고 안 다룰 것인지도 결정되어야 할 중요한 문제다. 가령 '우리'가 전쟁의 개시와 휴전, 최고사령관의 임명과 그의 권한이 가지는 한계를 결정할 수는 있지만, 군 내부의 인사와 작전계획이 항상 민주적으로 결정되어야 하는지는 불명확하다. 정치장교가 별도로 있었던 공산주의 국가들이 전쟁에서 실패한 사례는 이 사안이 결코 간단하지 않음을 말해준다.

이것은 사실 결코 예외적인 것 아닌데 보다 일반적으로는 정치와 행정의 구분이 필요하기 때문이다. 이것은 비단 베버가 언급한 현대 관료제에서의 문제만은 아니다. 고대 아테네 민주정에서도 군 지휘관은 물론이고 전문성이 필요한 행정관들은 추첨으로 선출하지 않았으며, 루소 또한 정치와 별개로 행정이 특정인들에게 전담되어야 함을 분명히 했다.

그래서 이러한 문제들을 영구적으로 해결하는 방법을 찾기란 쉽지 않을 것인데, 그렇다고 하여 질문을 아예 포기하는 것은 정치 자체를

---

37 이것은 단순히 법적으로 확립된 보통선거권의 문제는 아니다. 여전히 거의 모든 나라에서 가난한 자, 교육받지 못한 자, 비정규직 등은 그들의 상대자들에 비해 투표율이 낮다. 이것은 구조적 문제다.

포기하고 전체주의로 귀결될 수 있다. 그 해답을 찾아나가는 방안이 단지 공정한 절차를 정하거나 전문성을 높이는 것으로 해결될 리도 없다.[38]

사실 그래서 모든 문제들은 '집단으로서의 우리'가 정치를 어떻게 정의할 것인가의 문제로 귀결된다. 정치란 무엇인가? 다수의 뜻을 따르는 것인가? 진리를 찾는 것인가? 더 나은 의견을 찾는 것인가? 진리나 더 나은 의견이란 무엇인가? 누가 그것을 더 잘 찾을 수 있나? 이러한 질문에 답하려고 할 때, 우리는 정치의 본질적 성격에 대해 이해하고, 그 주체와 그 주체들이 가져야 할 덕성에 대해서도 합의할 수 있을 것이다.

---

38 이에 대한 칼 슈미트의 입장은 '군주 개인이 주권자일 때와 달리 주권자 인민은 개인들로 이루어진 집단이며, 필연적으로 이 집단에는 경계가 확정되어야 한다. '그들'과 구별되는 '우리'의 경계가 확정되어야 하는데, 이러한 결정은 결코 합리적으로, 혹은 합법적인 방식으로 내려질 수 없는데, 이 경계가 확정되어야만 이 경계에 속하는 사람들에게 합리적인 것이 무엇인지 결정될 수 있고, 그 사람들의 이름으로 법이 만들어질 수 있기 때문이다'로 요약될 수 있다(홍철기 2019, 50). 이러한 슈미트의 주장은 대체로 지금까지의 역사에서는 어느 정도 사실이었지만, 필자는 앞으로의 역사에서도 언제나 그러할 것이라고 단정할 수는 없다고 생각한다.

참고문헌

김경희. 2005. '마키아벨리의 국가전략: '저변이 넓은 정체(governo largo)에 기반한 힘과 유연성의 전략'. 『정치사상연구』. 11(1). 133-152.

김만권. 2019. "좌파 포퓰리즘 전략은 민주적 대안인가?". 〈시민포럼 2019 '다음100년 새 로운상상〉 발표문. 121-131.

김영욱. 2017. '일반의지의 수학적 토대와 비관주의: 루소 『사회계약론』 2권 3장의 해석 문제'. 『한국정치연구』. 26(1). 27-52.

박동천. 2002a. '소크라테스의 윤리적 이데아 : 누스바움(Martha Nussbaum)의 해석에 대조하여'. 『정치사상연구』. 6권. 7-43.

박동천. 2002b. '영국 민주화 과정, 한국적 경험에 대한 함의 '. 강정인 외『민주주의의 한국적 수용』. 서울: 책세상.

박동천. 2010. 『깨어있는 시민을 위한 정치학 특강』. 서울: 모티브북.

이관후. 2016a. "왜 '대의민주주의'가 되었는가?: 용례의 기원과 함의."『한국정치연구』. 25(2). 1-26.

이관후. 2016b. '한국정치에서 대표의 위기와 대안의 모색 - 정치철학적 탐색'. 『시민과세계』. 28. 1-34.

이관후. 2018a. '시민의회의 대표성'. 『한국정치학회보』. 52(2). 31-51.

이관후. 2018b. '문재인 정부에 대한 토크빌의 조언 : 적폐청산 없는 포용국가?'. 『시민과세계』 33. 263-278.

이관후. 2018c. 'Deliberative Democracy의 한국적 수용과 시민의회: 숙의, 심의, 토의라는 번역을 중심으로'. 『현대정치연구』. 11(1). 189-218.

이관후. 2019. "연동형비례대표제와 주권의 재구성 한국선거제도 변화에 대한 정치철학적 고찰".『현대정치연구』. 12(1). 146-175.

장석준. 2019. "오늘의 대한민국에서 포퓰리즘에 주목해야 하는 이유".『시민과세계』. 34. 1-36.

홍철기. 2018. '비밀 투표는 '민주적'인가?: 존 스튜어트 밀과 카를 슈미트의 비밀 투표 비판.『정치사상연구』24(1). 101-129.

홍철기. 2019. "포퓰리즘-반포퓰리즘 논쟁에 던지는 두 가지 질문: 포퓰리즘은 정말로 반-헌정주의적이고 반-자유민주주의적인가?".『시민과세계』. 34. 37-68.

Ackerman, Bruce and Fishkin, James S. 2004. *Deliberation Day*. New Haven: Yale

Arendt, Hannah. 1963. *On Revolution*. New York: The Viking Press.

Ball, Terence and Dagger, Richard. 정승현 외 역 2006. 『현대정치사상의 파노라마』. 서울: 아카넷

Berlin, Isaiah. 박동천 역. 2006. 『이사야 벌린의 자유론』. 서울: 아카넷

Clausewitz, Carl von. 1989 [1832]. *On War*, ed. and trans. by Michael Eliot Howard and Peter Paret. Princeton: Princeton University Press.

Cole, G.D.H. and Postgate, Raymond. 1965. *The Common People: 1746–1946*. LonDond: Routledge.

Coleridge, Samuel. 1969. *The collected works of Samuel Taylor Coleridge*. London: Routledge.

Crouch, Colin. 이한 역. 2008. 『포스트 민주주의』. 서울: 미지북스

Dahl, Robert A. 1971. *Poliarchy: Participation an Opposition*. New Haven: Yale University Press.

Dahl, Robert A. 2001. *How Democratic Is the American Constitution?*. New Haven: Yale University Press.

Dunn, John. 강철웅·문지영 역. 2015. 『민주주의의 수수께끼』. 서울: 후마니타스.

Hibbing JR, Theiss–Morse E. 2002. *Stealth Democracy: Americans' Beliefs about How Government Should Work*. Cambridge, UK: Cambridge University Press.

Hibbing JR, Theiss–Morse E. 2005. "Citizenship and civic engagement." *Annual Review of Political Science*. 8(1): 227–249.

Judis, John. 오공훈 역. 2017. 『포퓰리즘의 세계화』. 서울: 메디치.

Keane, John. 양현수 역. 2017. 『민주주의의 삶과 죽음』. 서울: 교양인.

Manin, Bernard. 곽준혁 역. 2004. 『선거는 민주적인가』. 서울: 후마니타스.

Mill, James. 1978[1820]. "Essay on Government." In *Utilitarian Logic and Politics: James Mill's "Essay on Government", Macaulay's Critique, and the Ensuing Debate*, edited by J. Lively and J. Rees. Oxford: Clarendon Press.

Mill, John S.. 서병훈 역. 2012[1861]. 『대의정부론』. 아카넷.

Moscovici, Serge. 이상률 역. 1996. 군중의 시대. 서울: 문예출판사.

Mouffe, Chantal. 이승원, 역. 2019. 『좌파 포퓰리즘을 위하여』. 서울 : 문학세계사.

Pateman, Carole. 1970. *Participation and Democratic Theory*. Cambridge: Cambridge University Press.

Pateman, Carole. 2012. "Participatory Democracy Revisited." *Perspectives on Politics*. 10(1): 7–19.

Popper, Karl. 2011 [1945]. *The Open Society and its Enemies*. London: Routledge.

Sandel, Michael. 안규남 역. 2012. 『민주주의의 불만』. 서울: 동녘.

Saward, Michael. 2003. *Democracy*. Cambridge: Polity Press.

Skinner, Quentin. 박동천 역. 2004. 『근대정치사상의 토대 1』. 서울: 한길사.

Taggart, Paul A. 백영민, 역. 2017. 『포퓰리즘 : 기원과 사례, 그리고 대의민주주의와의 관계』. 파주: 한울아카데미.

Thompson, Dennis F. 1976. *John Stuart Mill and Representative Government*. Princeton: Princeton University Press.

Weale. Albert. 1999. *Democracy*. Basingstoke: Macmillan.

Weale, Albert. 2018. *The Will of The People*. London: Polity.

Wolin, Sheldon. 강정인·이지윤 역. 2009. 『정치와 비전 2』. 서울: 후마니티스.

Woodruff, Paul. 이윤철 역. 2012. 『최초의 민주주의』. 서울: 돌베게

1부 서구 지식의 수용과 변용

| 1장 | 김태진

일본 및 동아시아 정치사상을 전공했고, 현재는 신체 담론을 중심으로 한 정치, 종교, 철학의 연결고리들을 탐색하고 있다. 「메이지 천황의 '신성'함의 기원들 — 메이지헌법 신성불가침 조항의 의미에 대하여 —」(2021), 「천황의 세 신체? 메이지 천황은 어떻게 재현되는가?」(2021), 「근대초극론에서 '도의적 생명력'의 의미 — 생명과 주권의 만남 —」(2020) 등 다수의 논문을 발표했다.

| 2장 | 김도형

일본 근대사상사를 전공하였다. 현재는 근대 일본의 서양수용 및 동아시아적 변용이라는 문제에 관심을 가지고 연구 중이다. 「Civilization development and religion in Modern Japan」(2022), 「『국법범론』과 근대 일본의 대의제 인식: 가토 히로유키의 블룬칠리 번역수용을 중심으로」(2022), 「근대 일본의 블룬칠리 수용과 한계에 관한 고찰 —가토 히로유키의 경우를 중심으로—」(2020) 등 다수의 연구가 있다.

| 3장 | 김현

근대정치사상사, 개념사, 민주주의론에 관심을 두고 연구 중이다. 「근대적 기본개념으로서 '민주주의(民主主義)'의 개념사 : 19-20세기 일본에서의 번역어 성립과 사용의 일반화 과정을 중심으로」(2021), 「개화파의 전제군주권 제한 시도 (1894~1898) : 고종의 정치지도력에 대한 불신과 고종과의 타협 시도를 중심으로」 (2019) 등의 연구가 있다.

| 4장 | 소진형

동아시아 전근대 및 근대 시기 교류사, 번역사, 정치사상사를 연구 중이다. 『『황사영백서』의 유통, 인용, 참조의 방식과 역사적 기억의 재구성」(2022), 「몽테스키외『법의 정신』의 동아시아적 번역과 번역의 연쇄: 19세기 말 20세기 초 일본과 중국의『법의 정신』번역서의 정치개념을 중심으로」(2021), 「열녀: 조선 후기 성리학의 대중화와 여성의 욕망」(2020) 등의 논문을 발표했다.

2부 일본의 정치와 종교, 문화유산

| 1장 | 김태진

위와 상동

| 2장 | 박은영

일본 근대사, 일본 기독교사를 전공했다. 근대국가와 전쟁, 종교 문제에 관심이 있으며, 최근에는 일본 여성사의 관점에서 근대 일본 여성의 사상 형성 문제를 분석하고 있다. 「Just War and Anti-War: Two Stances of the Japanese Methodist Church toward the Russo-Japanese War」(2022), 「근대전환기 일본 여성의 정치참여와 자기인식 - 니지마 야에(新島八重)를 중심으로 -」(2021) 등 다수의 연구가 있다.

| 3장 | 박삼헌

일본 근대국가와 천황, 그리고 국민 형성에 관심이 있다. 최근에는 메이지 이후 '메이지'가 어떻게 국가와 국민의 '기억'으로 재편성되고, 그 과정에서 어떻게 '정치'로 작동하는지 분석하고 있다. 지은 책으로『근대 일본 형성기의 국가체제』, 『천황 그리고 국민과 신민 사이』 등이 있고, 최근 논문으로「다이쇼(大正) 일본의 국가와 사회 그리고 유행성감모」, 「1970년대 일본의 보수주의 언론과 한국인식」, 「아베 정권의 메이지 기억과 정치」 등이 있다.

3부 냉전과 탈냉전기 문화지형

| 1장 | 손민석

서양정치사상을 전공했고, 정치와 종교 문제와 비판적 정치철학에 관심을 두고 연구를 진행 중이다. 지은 책으로는『현대 정치의 위기와 비전: 니체에서 현재까지』(공저), 『디지털 기술과 정치』(공저), 『우리 시대의 그리스도교 사상가들』1,2 (공저), 옮긴 책으로는『신학, 정치를 다시 묻다: 근대의 신학−정치적 상상과 성찬의 정치학』이 있다.

| 2장 | 정주아

한국현대문학을 연구 중이다. 「이병주의『지리산』과 부르주아 지식인의 공산주의」(2022), 「시베리아의 망령들과 '정의(情誼)'의 실험 _이광수의 유정과 안창호의 갑자논설(甲子論說)을 중심으로」(2022), 「학병세대와 군인정치의 시대 그리고 법적 정의−이병주 문학에 나타난 원한과 법의 문제−」(2021) 등 다수의 연구를 발표했다.

| 3장 | 이헌미

한국외교사와 개념사를 전공했다. (탈)식민주의 국제정치이론과 한반도 젠더 정치로 연구 영역을 넓혀가고 있다. 「한일 위안부 외교의 역사와 쟁점」(2021), 「Representation of Diasporic Memories and Possibilities for Post‒Cold War History」(2021), 「반역의 정치학: 대한제국기 혁명의 개념사」(2020), 「Comfort Women of the Empire and the Politics of Memory」(2019), 「사행의 국제정치: 16~19세기 조천·연행록 분석」(2016) 등의 책과 논문을 발표했다.

4부 정치담론의 역사성과 동시대성

| 1장 | 김현·송경호

김현 위와 상동

송경호 인권, 민주주의 등 19세기 동아시아의 정치 개념 수용에 관심을 두고 지성사·개념사 연구를 수행하고 있다. 주요 공역서로 『(완역) 서양사정』(2021), 『서양을 번역하다』(2021), 논문으로 「시큐리티(security)는 어떻게 '안보'가 되었을 까?」(2020), 「근대적 기본개념으로서 '민주주의(民主主義)'의 개념사」(2021), 「How Democracy Became Minjujuui」(2023) 등이 있다.

| 2장 | 홍철기

정치적 대표에 관한 연구로 박사학위를 받았고, 현재는 19·20세기 정치사상사 와 개념사 연구를 하고 있다. 「사회민주적 국제주의에서 민중주의로 ‒ 1920년 대 초반 민주주의 개념의 이념적 원천과 의미 변화 ‒」(2022), 「정치적 개념으로서 의 '대의민주주의'의 역사: '대표', '민주주의', '토의에 의한 정부'의 개념사 및 지성사 연구에 대한 비판적 검토」(2021) 등 다수의 논문을 발표했다.

| 3장 | 이관후

정치사상과 한국정치를 전공했다. 「탈서구중심주의 비교정치이론 방법론의 모색: 강정인의 '상사성' 비유와 '개념적 중립성'」(2022), 「한국 정치개혁의 전략적 변화 모색」(2022), 「한국정치의 맥락에서 본 개헌의 쟁점과 대안: 제왕적 대통령제와 분권형 대통령제」(2020) 등 다수의 연구를 진행했다.